谨以此书献给：

改革开放40周年

改革开放40年

华商投资云南发展研究

HUASHANG TOUZI YUNNAN FAZHAN YANJIU

杨光民 著

中国華僑出版社

·北京·

图书在版编目（CIP）数据

改革开放40年：华商投资云南发展研究 / 杨光民著
. -- 北京：中国华侨出版社，2023. 8
ISBN 978-7-5113-8649-6

Ⅰ. ①改…　Ⅱ. ①杨…　Ⅲ. ①华侨投资—概况—云南
Ⅳ. ①F832.9

中国版本图书馆 CIP 数据核字（2022）第 009577 号

改革开放40年：华商投资云南发展研究

著　　者：杨光民
责任编辑：桑梦娟
经　　销：新华书店
开　　本：787 毫米 × 1092 毫米　1/16 开　印张：29.5　字数：415 千字
印　　刷：北京天正元印务有限公司
版　　次：2023 年 8 月第 1 版
印　　次：2023 年 8 月第 1 次印刷
书　　号：ISBN 978-7-5113-8649-6
定　　价：98. 00 元

中国华侨出版社　北京市朝阳区西坝河东里77号楼底商5号　邮编：100028
编 辑 部：（010）64443056-8013　传　真：（010）64439708
网　　址：www.oveaschin.com　E-mail：oveaschin@sina.com

自　序

这本书是我以25年来所从事的侨务工作和华商（本书所指华商，包括海外华侨华人、港澳台商）投资实践为基础，以理论的视角，从国家对外开放的战略高度，研究华商40年投资云南和华商在改革开放大时代的发展轨迹，研究华商的投资发展规律、华商对中国开放发展的积极贡献！本书在理论上的遵循和探索价值：

——坚持中国改革开放总设计师邓小平华商独特机遇理论

中国拥有几千万爱国海外华侨华人，他们希望中国越来越强大。这在世界上是独一无二的。我们要利用好机遇，把中国发展起来。全球华商有着巨大的资金、技术和商业网络优势，这是中国改革开放的世界性独特机遇。由于祖国充分发挥了华商的独特优势，从而创造了世界经济发展的奇迹。我们用40年时间，走完了西方国家用150年走完的工业化历程。华商的历史性贡献祖国不会忘记。中国的改革开放必须长期坚持华商是我国大发展独特机遇的理论。吸引外资必须坚持积极吸引华商投资。

——坚持贯彻习近平新时代中国对外开放思想

习近平总书记指出：改革开放40年来，中国人民自力更生、发愤图强、砥砺前行，依靠自己的辛勤和汗水书写了国家和民族发展的壮丽史诗。同时，中国坚持打开国门搞建设，实现了从封闭半封闭到全方位开放的伟大历史转折。开放已经成为当代中国的鲜明标识。中国不断扩大对外开放，不仅发展了自己，也造福了世界。①

我们面临百年未见之历史大变局，挑战和机遇并存。我们要坚持“一带

① 引自《习近平谈治国理政》第三卷，北京：外文出版社，2020年，第202页。

一路”的国际合作，坚持推动构建人类命运共同体，坚持和平发展，坚持和发展中国特色社会主义，实现中华民族伟大复兴的中国梦。

华侨一个最重要的特点是爱国、爱乡、爱自己的家人，这是中国人、中国文化、中国人的精神、中国心。中国改革开放，中国的发展建设跟我们有这么一大批心系桑梓、心系祖国的华侨是分不开的。

坚持改革开放，就是坚持党制定的基本国策。党和国家坚持中国利用外资的政策不会变，利用外资是我们的长期方针，对外商投资企业合法权益的保障不会变，为各国企业在华投资兴业提供更好服务的方向不会变。

要把利用外资同转变经济发展方式、调整经济结构紧密结合起来，更加注重引进先进技术、管理经验和高素质人才。扩大对外开放要同实施“一带一路”等国家重大决策紧密衔接起来，同国内改革发展衔接起来。要积极参与国际经贸规则制定，推动国际经济秩序朝着更加公正合理的方向发展。

中国改革开放40年的历程揭示了这样的规律：中国改革开放的大门，永远不会关闭，引进华商投资，引进华商先进的技术、管理、市场网络、奋斗拼搏的商业精神，对于促进我们建立和完善社会主义市场经济体制，激活市场主体，搞活国有企业，都是具有重大借鉴意义的。鉴于改革开放40年我国利用外资超过2万亿美元，外资企业达到90多万家，而侨资企业达到65%以上，因此稳外资，重要的是稳住侨资。

——改革开放40年全球华商与中国的互动发展启示

中国的大发展离不开全球华商的积极参与，华商在参与中国投资的过程中自身有了历史性大发展。20世纪70年代，专家分析全球华商的资产为600亿美元。20世纪90年代，随着中国改革开放的全面深入，华商大量进入中国投资，全球华商的资产发展为1.3万亿美元。到21世纪初期的2007年，全球华商资产发展到3.7万亿美元，华商投资企业达到34万家，占中国利用外资的65%。学术界评价为这是华商搭乘中国顺风车的中国因素和中国机会的互动发展奇迹。

——全球化是中国和全球华商发展的大趋势

全球化使中国已不能离开世界而独善其身。与中国发展命运攸关的全球华商和几千万海外华侨华人，成为连接中国与世界的桥梁，是全球化的积极推动者。无论世界局势怎样风起云涌，深谙国际经济规则和变化规律的世界华商，搭乘中国 40 年改革开放的顺风车，准确把握全球化趋势而屹立于世界经济之林。全球化趋势是人类自农耕文明、工业文明后对世界发展进程和方向影响最深刻的历史性丰碑！全球华商作为世界第四大经济体，是 21 世纪全球化时代的伟大经济动力之一！

——正确评价全球华商经济的可持续发展动力

全球华商的资产规模已经达到 6.5 万亿美元。其投资和经济实力将持续增长，我们对全球华商有两个 75% 和一个 65% 的判断，即 75% 的华侨华人分布在东南亚，75% 的华商资本在东南亚；华商在中国的投资，占中国利用外资的 65%。40 年改革开放中国引进外资 2 万多亿美元，其中 65% 是侨资。充分利用好全球华商的重要资源，是我国实现中国梦的积极力量。

——坚持习近平总书记关于“根”“魂”“梦”为新时代侨务工作主线的重要思想

团结统一的中华民族是海内外中华儿女共同的根；

博大精深的中华文化是海内外中华儿女共同的魂；

实现中华民族伟大复兴是海内外中华儿女共同的梦。

海外几千万华侨华人、全球华商都有一个共同点：对中华文化的认同！这种认同感升华为企业家精神的重要内容。华商在选择投资国家时，除经济利益以外，一个重要因素是对几千年中华文化的深厚感情。这种特殊性，是世界上任何一个其他国家的民族不能比拟的，是我们国家独一无二的优势。我们在吸引华商投资工作中，务必珍惜文化认同这个重要的因素。

——吸引华商投资的五要素规律

华商的投资行为，当然离不开资本追求利益的本质。作者在吸引华商投资项目的长期实践中，分析出华商投资的五个规律：资源、市场、要素、模式和认同。华商来中国投资，一是看好地方的资源；二是要争夺市场；三是要地方政府给予要素配置（政策、土地、规划、环境、税收、基础设施、政府服务等）；四是商业模式，这是华商投资的核心，包括投资模式、盈利模式、合作模式、营运模式等；五是对中华文化的认同，这是华商和几千万华侨华人的“根”“魂”“梦”，是华商投资与外国资本投资的根本不同。我们应该在公平、公开、竞争、合法的条件下，积极吸引华商投资。

本书是作者以改革开放40年为时代背景，在积累25年引进华商投资的实践和理论分析研究基础上，以习近平新时代中国特色社会主义思想为指导，以党的十八大、党的十九大的新理论和新实践为遵循，运用现代经济和微观经济学的理论和方法，以华商投资的实际案例进行实证研究，探索华商投资规律的一本经济理论和学术探索著作。配合国家“一带一路”倡议和云南新一轮大发展机遇，为有关同人熟悉和应用华商资源提供参考。作者浸润在国际经济与华商投资工作的浩瀚海洋中，受国务院侨办和云南省委、省政府，云南省政协多年培养，受到国际华商朋友的信任，受到领导班子、云南省政府侨办同事长期的理解支持，于2021年完成这部40万字著作，特谨将此不成熟的思考和探索的拙作，供读者参考。

杨光民　谨识于昆明九夏书斋

2021年9月16日

目　录

第一章

改革开放40年华商推进云南发展概论

第一节 改革开放初期的侨务和吸引华商投资工作

一、侨务工作从拨乱反正到落实侨务政策的艰难起步

侨务工作是党和国家的一项重要工作。云南省是中国的重要侨乡省，是国家安置归侨难侨的重要基地，侨情是云南的重要省情之一。云南籍海外侨胞和归侨侨眷人口众多，仅次于广东、福建、广西、海南，被称为中国第五大侨乡省。全省有归侨侨眷50多万人，云南籍海外侨胞有250多万人，分布在70多个国家和地区，主要聚居在东南亚。改革开放后移居海外的云南籍华侨华人呈现逐年增多的趋势。

20世纪60年代是云南省侨务工作起步发展的时期。在这期间，云南省侨务部门在省委、省政府的领导下，在中侨委的指导下，围绕党和国家的中心任务，排除各种干扰，认真贯彻党的各项侨务方针和政策，进行了大量卓有成效的工作。1960年以来，国家在云南先后兴办了13个华侨农（林）场，安置了来自印度尼西亚、印度、缅甸、越南等国的归难侨8万多人，并创办了昆明华侨补习学校，为归侨青年创造了学习和深造的机会。1978年党的十一届三中全会以后，我省侨务工作逐渐恢复发展。1978年12月，第二次全国归侨代表大会召开，标志着各级侨联工作进入了恢复时期。

1978年8月，省委、省政府批准设立云南省人民政府侨务办公室，统一管理全省侨务工作。1978年11月，中央召开全国侨务会议预备会，重申中华人民共和国成立以来的侨务政策的正确性，为侨务战线拨乱反正指明了方向。1981年5月，召开全国国内侨务工作座谈会，提出新时期侨务工作的根本方针是“保护和发扬侨胞爱祖国爱故乡的热情”。1984年3月，全国侨办主任会议明确了侨务工作必须为经济建设服务的指导思想。1985年2月，全国侨务

工作座谈会提出，加快落实侨务政策步伐，以社会主义经济建设为中心，把侨务工作的着重点转移到为社会主义工业、农业、国防和科学技术现代化建设服务的轨道上来。云南省结合实际，认真贯彻落实中央、国务院会议精神，各级党委、政府进一步加强对侨务工作的领导，建立健全了各级侨务机构。

二、侨务工作在“三个转变”中发挥作用

1992年，邓小平南方谈话发表后，中国改革开放步入了全面、快速发展时期。随着云南改革开放和现代化建设的不断推进，云南侨务工作得到了快速发展，在促进云南省对外开放和经济发展中发挥了积极的作用。1992—2005年，侨务工作实现了“三个转变”：由过去以做落实政策工作为主，向以经济建设为中心的三大任务服务转变；由过去主要做国内归侨侨眷工作，向以国外工作为主导、以国内工作为基础，全面开展国内外侨务工作转变；由过去侨务工作仅靠侨务部门来做，向以侨务部门为主导，依靠社会各方形成合力共同做转变。

第二节 侨务工作从落实政策到服务改革开放的转变

1995年9月28日，党的十四届五中全会通过了《中共中央关于制定国民经济和社会发展“九五”计划和2010年远景目标的建议》，这是中国特色社会主义市场经济条件下的第一个中长期计划。其出台背景就是在1992年邓小平南方谈话后，党和国家正式确立改革的社会主义市场经济目标。在“九五”计划鼓舞下，海外华侨华人参与国家经济建设的积极性空前高涨。云南侨务工作从此进入一个新阶段。

“九五”以来，云南省各级侨务部门紧扣全省经济社会发展中心任务，围绕改革开放，积极发挥优势，团结海外广大华侨华人和知名华商，以侨为桥，

突出抓好侨务引资引智、侨务资源涵养、依法护侨、华文教育等重点工作任务，为云南改革开放作出了新贡献。

一、服务经济建设，侨务引资引智成效显著

云南省各级侨务部门紧扣当地经济发展需要，积极吸引广大海外华侨华人、知名华商企业，充分发挥海外华商的资金优势和商业网络优势，充分发挥东盟华商会、外企入滇等侨务经科品牌活动的独特作用，积极服务云南沿边开发开放、桥头堡、建设面向东南亚辐射中心等重大战略的实施。

2003—2018年，云南省共举办15届东盟华商会，40多个国家的5600余名华商参会，签署正式合作协议150余个，举办多场引智人才专场洽谈，吸引了一批海外华裔专业人士来滇工作。与此同时，积极开展“外企入滇”活动，共组织、接待近2000人次的华商来滇投资考察，签署了7个合作框架协议，达成投资项目意向51项，总金额达4.7亿美元。2011年，国务院侨办和云南省政府共同授牌设立的“瑞丽国际华商产业园”，签署招商引资项目协议18个，其中，2个重点项目已动工建设，总投资103亿元。同时，云南省侨办和各沿边州（市）侨办积极服务国内企业“走出去”赴周边国家投资发展，多次组织国内企业赴缅甸、泰国等国家进行投资考察，促成多个中缅经贸合作项目，推动我国与周边国家经贸合作。20年来，云南省侨务系统共举办各类引资引智活动157场，签订合同外资167.6亿美元，实际到位外资59.23亿美元。

二、贯彻落实侨法，推进侨务工作法治化建设

云南省各级侨务部门积极开展《中华人民共和国归侨侨眷权益保护法》（以下简称《侨法》），宣传、贯彻工作，全省共设立27个侨法宣传角，开展了多种形式的普法宣传活动：云南省人大常委会在2012年和2013年两次对《侨法》及其实施办法落实情况进行检查，使归侨侨眷在升学就业、退休待遇、参政议政等方面的合法权益得到有效保护。加强基层侨务工作网格化建

设，认真做好归侨侨眷人数较为集中社区的侨务工作，以打造社区为侨服务公共体系为核心，拓展社区侨务工作平台，国务院侨办授予云南省3个全国社区侨务工作明星社区、16个全国社区侨务工作示范单位。全面落实中央依法治国、依法行政要求，持续推进侨务工作法治化、正规化建设，出台《云南省华侨回国定居办理工作实施办法》，依法开展华侨回国定居管理审批工作。多年来，全省各级侨务部门共出具“三侨生”证明600多份，为300多名归侨侨眷认定身份，处理来信来访7394件，结案6412件。

三、围绕民生改善，积极开展扶贫帮困工作

结合云南侨情特点，各级侨务部门多方争取支持，加大对散居困难归侨侨眷帮扶力度。多年来，在国务院侨办的关心、支持下，中央财政共下拨云南归侨侨眷生活困难补助2130万元。云南省侨办和相关省级部门共同出台了《云南省关于做好散居困难归侨侨眷扶贫救助工作的实施意见》，省级财政每年增加预算100万元用于散居困难归侨侨眷帮扶。各级政府部门持续投入资金1.2亿元开展扶贫救济工作，178687名归侨侨眷得到救助支持。各级侨务部门通过开展送医送药送温暖活动及节日慰问，累计走访慰问归侨侨眷2.3万余户，发放慰问金近900万元。各级侨务部门积极协调当地民政部门，将散居在农村的归侨侨眷贫困户优先纳入困难补助范围，将城镇居民贫困户符合低保条件的优先纳入低保范围。积极做好海外热心公益侨胞对云南贫困地区捐赠的服务工作。在国务院侨办支持下，组织开展“点亮藏区牧民新生活计划”，通过海外侨胞捐赠1000多万元购买1万多台电视机，送给迪藏区1万多户贫困家庭，帮助藏区群众解决实际困难。积极对边疆、贫困、民族地区公益事业发展给予帮助，云南8个沿边州（市）五年共接受海外涉侨捐赠8000多万元，捐建学校、卫生院200多所，救助孤儿、特困学生、贫困病人3000多人次。多年来，全省共实施“侨爱工程”捐助项目673个，收到海外侨胞捐赠7.93亿元，33万名群众直接受益，引起社会良好反响。

第三节 改革创新，华侨农场发展进入新阶段

认真贯彻落实《国务院关于推进华侨农场改革和发展的意见》的要求，围绕“三融入”目标，2009年，根据国务院侨办领导的指示，省政府召开云南华侨农场改革会议，对深化和推动改革提出6项强化政策措施。通过深化体制改革，全省13个华侨农场有7个并入周边乡（镇），5个设立华侨管理区，1个林场整体改制为公益事业单位，在体制上全部融入地方。为妥善解决原华侨农场管理人员的分流问题，省级核定了165个行政编制和62个事业编制，有关州市调剂使用行政、事业编制171个。侨场体制改革后，实现了4个转变：

一是侨场由国有农业企业转变为乡（镇）职能部门或政府派出机构；

二是管理人员由企业职工转变为财政供养的行政事业人员，基层一线职工、场员转变为城乡居民；

三是由国企经营转变为农村经济合作组织经营；

四是侨场由独立社会纳入县域经济转变为各项惠农、强农政策全覆盖的地方基层组织，实现了融得进、能发展、不反弹。

经省政府同意，省侨办、省发改委联合制定了《云南省华侨农（林）场改革发展五年（2008—2012年）规划》，将侨场经济社会发展纳入全省改革发展大局统筹安排，重点实施了水利基础设施建设、道路建设和电网改造、产业发展培育、安居和民生工程建设、基本农田建设与中低产田改造等5大工程。“十二五”期间，全省各地在侨场基础设施建设、产业发展、社会事业等方面共整合实施项目79个，投入资金达7.14亿元。其中，省级投入资金2.57亿元，各州（市）投入配套资金1.13亿元，整合支农、惠农项目资金3.44亿元，华侨农（林）场发展条件得到有力改善。

一是全面实施危房改造工程，实现“住有所居”。完成了13个侨场9432户归难侨、5241户非归难侨，共14673户危房改造任务，共计投入补助资金32903万元。

二是推动养老保险全覆盖，实现“老有所养”。采取政府适当补助、个人自筹为主的办法，妥善解决侨场归难侨养老保险欠费及缴费困难问题，2011年—2015年共投入财政资金2544.4万元补贴“4050”人群养老保险。全省侨场职工、改制场员应参保16625人，全部参加基本养老保险统筹，参保率100%。

三是全面实施医疗保险，实现“病有所医”。全省侨场退休人员、在职职工、改制场员和家属分别参加城镇职工基本医疗保险、城镇居民基本医疗保险和农村新型合作医疗保险。其中，在职职工835人、退休人员8180人全部参加城镇职工医疗保险，参保率100%；改制场员和家属参加城镇居民基本医疗保险的有8643人，参加新型农村合作医疗保险的有25935人，参保人员共34578人，参保率达96.2%。

第四节 服务对外友好交往，广泛联谊侨胞

紧紧围绕服务云南对外开放，积极拓宽交往渠道，丰富涵养手段，提升开展侨务公共外交工作的能力和水平。在对外联谊交往工作中，坚持以周边国家为重点，制定《云南省侨务资源涵养“十二五”规划》，提出了侨务资源涵养工作的目标、定位和方法。以深化与云南籍海外侨胞联谊交往为目的，成功举办了六届“世界云南同乡联谊大会”，共有超过40个国家和地区、近1800位云南海外同乡和海外特邀嘉宾出席。大会成为深化与云南籍海外侨胞情谊，推动海外云南籍侨团和谐建设，引导海外云南同乡发挥优势，维护中国与周边国家友好关系的重要平台。

多年来，多次举办云南华侨华人社团负责人研习班、国际潮团实务研讨班、非洲华裔参政人士访华团、世界华侨华人社团与泰国知名华商出席在北京召开的世界华商论坛大会。举办侨商负责人联谊大会、侨领云南行等各类联谊活动，共76个国家和地区的400个侨团2.1万余人次的海外侨胞参与活动，其中侨领4000余名、华裔新生代6000余名，培育和发展了一支在政治上有影响、社会上有地位、经济上有实力、专业上有造诣，能够在各领域、各层面发挥积极作用的对我友好力量。

第五节 适应侨胞文化需求，积极推进华文教育

云南拥有毗邻东南亚、南亚的独特区位，为发挥云南沿边侨务优势，云南各级侨务部门积极开展教师培训、教师外派、教材发送、举办华裔青少年夏（冬）令营、招收华裔学生等华文教育工作，同时不断创新华文教育模式，打造华文教育工作新平台。2011年，根据国务院侨办领导指示，云南省政府决策成立云南华文学院。同年6月，国务院侨办与云南省政府签署省部共建合作协议，成立了云南华文学院。云南省政府每年安排1700万元资金，用于支持、帮助家庭困难华裔学生的就读，国务院侨办按照1：1投入。

2011—2018年，云南华文学院共招收缅甸、老挝、泰国、越南等99个国家留学生1.8万多人次。至2019年，全日制在校留学生1334人，培训海外侨校学员587人，资助贫困华裔学生487人。省侨办直属的昆明华文学校进一步加强与海外侨校合作办学，创新合作模式。2013年，昆明华文学校与缅甸曼德勒云南同乡会联合新办云华师范学院，该校系全亚洲第一所，由华侨华人捐资兴办的国务院侨办云南省侨办支持的大专建制华文师范学校。开展汉语师范类大学专科教育，培养缅甸本土华文教师，迈出了海外华文教师本土化培训的关键步伐，多年来昆明华文学校就读海外学生达4600多人次。2011

年，云南省政府批准新成立的云南海外文化教育中心已在缅甸、老挝、新加坡设立分中心。此外，还在全省高校、中小学中建立了23个华文教育基地和12个华文教育学习先修点。

第六节 以周边国家为重点，大力开展侨务公共外交

云南省侨办把周边国家侨务公共外交作为团结海外华侨华人的侨务工作的重点。在资源涵养工作中，以缅甸为重点，分别针对缅甸华裔新生代、缅甸华裔商业杰出青年、缅甸主流新闻媒体界人士组织开展了一系列有针对性的友好交流活动，进一步促进中缅友好，发挥侨务公共外交的作用。在华文教育工作中，大力支持沿边地区开展对缅华文教育工作并针对缅甸实际改版了适合缅甸华校的华文教材，外派教师也重点支持缅甸华校，创新与缅甸曼德勒云南同乡会合作，建设了大专层次的云华师范学院，多次派出文艺团体赴缅甸开展慰侨演出。在经贸交流工作方面，第11、第12、第13届东盟东华商会都专门设立“中缅经贸合作专场推介会”，邀请缅甸企业、缅甸华商到会进行项目推介，并邀请缅甸政府官员到会宣传缅甸投资及经贸政策。同时，组织多批次华商赴中缅边境地区考察、投资，服务国内企业赴缅开展投资和贸易，推动中缅经济贸易合作交流。云南沿边、侨乡优势在服务国家周边外交工作中的作用进一步凸显。

第七节 创新华文教育工作体制，弘扬中华文化

作者于2013年经云南省委决定调任省政协常委、港澳台侨外事委正厅级

副主任后，杨焱平同志继任省侨办主任。按照国侨办和省委、省政府指示，一张图纸画到底，一届接着一届干。结合周边国家侨胞对华文教育需求比较强烈的实际，杨焱平同志继续团结班子积极采取举措，创新工作平台，多形式、多渠道地开展华文教育工作。在工作平台的建设方面，完善了云南华文学院、云南海外文化教育中心，设立了23个华文教育基地、12个边境先修点及3个海外分中心。在工作体系建设方面，在昆明做强云南华文学院、昆明华文学校、云南海外文化教育中心三个重要基地，加强其开展华文教育和文化交流的综合性功能。在边境一线，做实12个华文先修点学校，依托国民教育优秀学校服务边境线上的华裔学生，帮助华裔学生回国学习深造。在境外的海外分中心主要承担与海外侨校、侨团的联系、协调等具体工作。云南华文教育工作形成了“昆明—边境—海外”的三大格局，开创了云南华文教育工作新局面。

第二章

云南吸引华商投资的发展回顾分析

第一节 云南吸引华商投资的区位优势

云南地处中国西部，与缅甸、老挝、越南地理相连，边境线长达4210千米。

党的十八大以来，党中央高度重视云南对外开放工作在国家对外开放战略中的特殊作用。习近平总书记于2015年、2020年两次视察云南时明确指出，云南是我国面向南亚东南亚和环印度洋地区开放的大通道和桥头堡，希望云南正确认识和把握在全国发展大局中的地位和作用，要主动服务和融入国家重大发展战略，以大开放促进大发展，加快同周边国家互联互通国际大通道建设步伐，把云南建设成为民族团结示范区，生态文明排头兵，面向南亚东南亚辐射中心。

习近平总书记指出，云南的优势在区位，出路在开放。这些重要指示，进一步明确了云南在国家对外开放格局中的重要地位和重要作用，指明了云南发展的方向和路径。改革开放以来特别是20世纪90年代以来，云南抓住经济全球化和区域经济一体化发展的重要契机，充分发挥和利用与南亚东南亚国家地缘相近、人缘相亲、商缘相通、文缘相融的优势，在党中央和国务院的领导下，以主体省身份积极主动参与大湄公河次区域经济合作和孟中印缅地区合作，打造了中国西南地区对外开放合作的重要平台，凸显了云南在国家周边对外工作中的独特优势和作用。

进入21世纪特别是党的十八大以来，云南省委、省政府围绕国家的开放战略，抢抓国家扩大开放的重大机遇，主动服务和融入“一带一路”建设，以国家西向印度洋开放战略为主线，积极开展澜沧江—湄公河合作、孟中印缅经济走廊建设、中缅“人”字形经济走廊等重大国家战略，围绕公路、铁路、航空、水路、电力和电信等互联互通工程，推进以中老铁路、中老公路为重点的中老泰国际通道建设，推进以高速公路、铁路为重点的中缅国际通道建设，推进以芒市—猴桥—密支那—雷多铁路前期工作和规划为重点的中印国际通道建设；继续加密云南至南亚东南亚国家重点城市的航班，加快建设面向南亚东南亚的国际通信枢纽，进一步提升与周边国家的互联互通水平。在国际区域合作进程中不断迈出新步伐，打造了我国西南对外开放的新高地。21 世纪以来，云南从开放末梢走向前沿、从边陲走向窗口。截至 2019 年，云南省企业在 60 多个国家（地区）设立 800 多家企业（机构），实际对外直接投资累计超过 100 亿美元，不断激发云南省企业走出去的动力和活力。5 年来，云南省进出口贸易累计完成 1315 亿美元。改革开放 40 年来，云南累计利用外资超过 120 亿美元，外资企业达到 5000 家。招大引强方面，泰国正大集团、TCC 集团，印度尼西亚力宝集团，美国沃尔玛、可口可乐、星巴克，丹麦嘉士伯，德国拜耳、费森尤斯，以色列化工，新加坡吉宝、普洛斯、丰树和中国香港恒隆等；汇丰、恒生、大华、渣打和马来亚等外资银行相继入驻；洲际、希尔顿、香格里拉、地中海、悦榕庄、索菲特等国际知名酒店品牌陆续落户。云南世界 500 强企业达到 127 家，其中，华商企业占 65%。经济对外依存度持续提升，面向南亚东南亚辐射中心建设优势逐步形成。

第二节 云南吸引华商投资的初期阶段分析

海外华商投资企业，是中国改革开放的先行者、贡献者与受益者。根据学术界和政府涉外经济部门的分析研究，全国吸引华商投资可以分为三个大的阶段：1979 年开端期、1989 年发展期和 2008 年高速发展期，并且有中国改革开放阶段性特征，反映了中国改革开放的历史进程。清华大学华商研究中心龙登高博士受国务院侨办委托，主持完成了“侨资企业数据库的开发与运用”和《中国侨资企业发展年度报告》对华商投资的阶段进行了分析。作者利用国务院侨办的普查数据和学术界对华商投资的研究成果，对改革开放 40 年以来，海外华商在中国投资企业的发展脉络与发展阶段性特征进行系统性分析研究，并提出华商在中国改革开放与经济变迁中的重大影响与作用。

一、1978—1989 年华商投资的开端期

1978 年党的十一届三中全会打开了国门，海外华商率先选择投资中国。

从全国看，这时新加坡和中国香港地区成为新兴工业化经济体，马来西亚、印度尼西亚、泰国、菲律宾“东南亚四小虎”的华商开始国际化经营，中国成为其投资承接地。泰国正大集团谢国民率先在中国投资，获得国家批准的深圳外资 0001 号批文；印度尼西亚华商林绍良在印度尼西亚与中国关系尚未恢复正常的敏感时期，于 1981 年通过香港与福建地方政府合作在家乡福清兴办了清华糖厂。

云南是中国五大侨乡省之一，1988 年，有了第一家华商企业。云南省在海外的华侨华人大部分分布在东南亚，其中以缅甸、老挝、印度尼西亚、越南、泰国为主。这些国家的华商，在这一时期纷纷回到家乡投资。

二、1989—1992 年华商投资的发展期

这一时期侨务工作进入实现“三个转变”阶段，国务院侨办提出侨务工作要以经济建设为中心，为国家改革开放战略服务，为华侨华人生存发展服务。邓小平南方谈话发表后，中国改革开放步入了全面、快速发展时期。党的十四大明确提出建立社会主义市场经济体制，中国进一步开放内陆和周边地区，形成多层次全方位的对外开放格局。20 世纪 90 年代以来中国政府鼓励外商投资生产型企业项目，如工业、农牧渔业、交通、能源、邮电等生产性项目，以及基础设施建设项目。1992 年，政府作出了加快发展第三产业的决定，利用外资的领域逐渐扩大到金融、贸易、商业、旅游等第三产业。海外华商在这些领域的发展具有优势，投资中国发展势头强劲，中国大陆市场广阔、劳动力成本低廉，可以使他们获得丰厚的利润，于是来大陆考察、洽谈合作的投资者成倍增加。一些世界著名的华人企业家，如马来西亚的郭鹤年、郭令灿，印度尼西亚的林绍良、李文正，菲律宾的陈永栽、郑周敏，新加坡

的黄祖耀、李成义、林增，泰国的谢国民、苏旭明、郑明如、陈龙坚、张锦程等，纷纷前来考察和投资。他们大多投资于基础产业和基础设施等大型项目，进行大规模成片土地开发。有关统计资料显示，新加坡、马来西亚、泰国、印度尼西亚、菲律宾等国华人财团的对华直接投资金额，1992 年达 16 亿美元，超过 1979 至 1991 年的总和，到 1994 年突破了百亿美元大关。泰国正大集团是来华投资最早、投资项目最多的华人财团，投资高达 1200 亿元。马来西亚郭氏兄弟集团在华的投资额较多，投资总额超过 40 亿美元。印度尼西亚三林集团在中国投资工业、地产、金融、酒店业超过 15 亿美元。

三、20 世纪 90 年代和 21 世纪初是华商直接投资流入中国快速增长时期

从全国看，中国实际利用的外国直接投资 FDI 年度总额在 1998 年达到改革开放以来的峰值，达 454.63 亿美元。邓小平南方谈话成功指引中国改革开放继续前进，全球华商大型公司纷纷投资中国，促进中国实现 20 世纪 90 年代以出口导向制造业为主要驱动力的高速增长，抓住参与经济全球化的历史性机遇。随着云南改革开放和现代化建设的不断推进，侨务工作得到了快速发展，在促进云南省对外开放和经济发展中发挥了积极的作用。1993 年，提出实施“大侨务”和“积极参与，争做贡献”的工作思路；1997 年，提出“以经济建设为中心，打基础、抓重点、办实事、求实效”的工作思路；1999 年，提出“兴侨务，促开放”的指导思想和发挥“桥梁作用”“服务功能”的工作定位，逐步形成了一系列符合省情的新时期侨务工作基本思路。这一阶段的主要工作包括以下四个方面。

一是为引进资金、技术、人才做好牵线搭桥工作。1993 年，按照全国侨务工作会议精神，云南省侨务工作会议提出要求，积极服务扩大开放。

二是云南省侨务工作会议以后，省侨务部门在扩大对外合作交往，参与和牵头组织一些大型对外经贸活动，围绕基础设施和支柱产业建设，配合有关部门开展招商引资，引进资金、技术、人才和开拓国际市场等方面做好牵线搭桥工作。1992—1999 年，全省侨务部门接待华侨华人、港澳同胞达 3.5

万人，其中从事经贸考察和洽谈活动的达40%以上；1992年，省政府在香港组织经济贸易洽谈会、1993年开始每年举办的昆明出口商品交易会，省政府部署通过侨务渠道邀请了海外客商1200多名，引荐了一批有实力的跨国财团；组织省内200多家国有企业参加了在深圳、郑州、长沙举行的“对外经济技术合作洽谈会”；组织昆明、楚雄、曲靖等地的高新技术开发区或经济技术开发区到新加坡、马来西亚、泰国招商；引进了一些海外著名的华裔专家学者到云南省进行学术交流和开展人员培训等。

三是省、市（州）政府采取切实措施积极吸引华商投资。据统计，截至1998年年底，云南省批准外商投资企业1700多家，实际利用外资10.7亿美元，其中华侨华人、港澳同胞投资企业和投资额均占75%以上。1998年评出的10个省级出口创汇和税前利润双优先进企业中，侨资、港资企业占67%；在12家“全省外商投资出口先进企业”中，侨资、港资企业占75%；在37家“云南省外商投资经济效益先进企业”中，侨资、港资企业占95%。1998年，建立了省侨办侨资企业服务联系点。

四是从云南改革开放40年的实战回顾，华商投资经历了三个阶段：开端期、发展期和增长期，这与全国吸引外资的主要发展阶段是吻合的。

第三节 2008—2017年云南吸引华商投资高速增长期

进入21世纪，海外侨情发生了变化，党中央、国务院更加重视侨务工作，对做好新形势下的侨务工作做出了重大部署。

从全国看，2001年中国加入世界贸易组织后，中国国内需求成长，跨国公司大举投资中国，侨资与外资开始以国内市场定位决定投资方向，侨资企业的投资产业发生变化。华商传统的加工业开始转变为服务业。根据清华大学龙登高教授的分析，这一阶段侨资投资服务业的企业数量从1992年以前的约12%，上升到2004年的约18%。在京、津、沪、深、广等大城市，侨资企业在服务业领域的比重从1991年前的27%大幅上升到2004年的40%，北京服务业的比重最高，达55.4%。房地产行业的增长快。1998年，海外华商当年在中国大陆投资达到创纪录的352亿美元。2006年后，全国华商投资比重逐年稳定上升，特别是2008年美国次贷危机之后，欧美日韩企业的投资大受抑制。海外华商则更具适应性，利用自身独有的优势，紧贴中国政府的经济规划和发展导向，抢占先机。2008年，华商投资比重逼近50%，2010年以后超过60%，2014年、2015年分别高达73.3%、74.6%。

这一时期云南省侨务工作以邓小平理论和“三个代表”重要思想、科学发展观、习近平新时代中国特色社会主义思想为指导，全面贯彻党的侨务工作方针政策，围绕省委、省政府工作大局，侨务工作服务对外开放的作用得到了进一步体现和发挥。国外侨务工作按照“挖资源、创品牌、建机制、求实效”的思路，以东盟华商会为招商平台，以引进大华商集团公司为重点，围绕云南省产业发展重点，吸引大华商，发展大项目。这一阶段的吸引侨商投资工作进入高速发展期。

一、为经济建设开放服务

认真开展侨务经济科技工作，促成了一批招商引资和引智项目。据统计，省政府侨办自2000—2005年，共邀请有1000多名华商参加昆交会；自2003年起，省政府和国务院侨办主办，省侨办承办，西部六个省政府协办连续举办三届“东盟华商投资西南项目推介会”，共达成投资协议39个，其中有10个项目签署了正式合同，实际引进外资4570多万美元。与欧美11个华裔科技社团结成了友好合作对子，通过举办“海外华裔科技人才项目成果对接活动”，促成了一批科技项目在云南落地。

实施“侨爱工程”“侨心工程”，引导海外侨胞、港澳同胞支持云南省公益事业的发展。据统计，1978年以来，海外侨胞、港澳同胞通过侨务部门对云南省的捐赠折合5.7亿元，主要用于教育、科技、文化等公益事业及抗震救灾等方面。

二、国务院侨办协办昆交会

2000年，根据几年邀请海外华商参加昆交会的实践，我们认为可以更加积极地为云南对外开放发挥作用，在国务院侨办和东部省市侨办的支持下，国务院侨务办公室同意成为昆交会的协办单位，省侨办首次单独组织华商团参加第八届昆交会的经贸洽谈，共邀请来自11个国家的283位海外华商，组成17个分团参加经贸洽谈活动。其中，国侨办组织了8个华商代表团，上海、广东、福建、江苏、广州、深圳、东莞等省、市侨办组织了7个华商代表团，省侨办组织了3个华商代表团。一批知名华商跨国公司、世界华商500强企业参会。在6月7日举行的海外华商经贸恳谈会上，国务院侨办主任郭东坡，省政府省长、省人大常委会副主任王义明，副省长邵琪伟，省政协副主席王兆民，昆明市市长章振国等领导出席了会议。郭东坡发表了讲话，省政府领导作云南实施西部大开发战略基本思路及改善和优化投资环境等7个方面的优惠政策介绍，先后有16位参会华商代表发言。本次活动有22家媒体40多名记者采访报道活动，在中央及省市的主要新闻媒体发表稿件72篇次。

2001年，根据省政府的要求，1月18日，省侨办副主任杨光民及省商务厅有关领导专程访问泰国，拜访泰国中华总商会主席郑明如，传达省政府拟邀请该会作为昆交会协办单位的愿望，探索海外华侨华人商会、团体协办昆交会的新路子。2月28日，泰国中华总商会回函同意协办第九届昆交会，泰国中华总商会郑明如主席很高兴应邀担任昆交会顾问。第九届昆交会期间，省侨办组织接待了以东南亚华人中青年企业家访华团、马来西亚黄植濂家族考察团、马来西亚六大乡团总会访华团、澳门华商团、印度尼西亚百家姓协会华商团、上海侨资企业代表团6个团组80余名海外华商组成的海外华商经贸考察团。海外华商经贸考察团出席了6月6日上午举办的第九届昆交会开幕式；6月7日下午，出席了云南省投资项目推介会。参加此次活动的客人来自新加坡、泰国、印度尼西亚、菲律宾、马来西亚、日本和中国香港、中国澳门等国家和地区，在东南亚地区有较大影响，尤其是中青年华人企业家代表团成员，都是该国著名华人企业的第二代掌权人。海外华商经贸考察团成员大多数为首次来访，对扩大云南在海外知名度，增进东南亚华侨华人经济界对云南的了解起到积极的作用，也为其来云南发展打下了基础。

2002 年，省侨办共邀请了来自澳大利亚、日本、巴西、美国、巴拉圭、泰国、马来西亚和中国香港等国家和地区的 39 名海外华商参加第十届昆交会。按照昆交会组委会统一安排，海外华商出席了第十届昆交会开幕式，分别就其所感兴趣的领域进行了参观洽谈，出席了省侨办与省外资办共同举办的云南省投资机会推荐会。

三、探索举办首届东盟华商投资西南项目推介会

2003 年 8 月 25—28 日，由国务院侨办、省政府主办，省侨办、省经合办、省外经贸厅承办，四川、重庆、广西、贵州、成都等省市区侨办协办，以“东盟华商·投资西南”为主题的首届东盟华商投资西南项目推介会在昆明举行。推介会邀请来自新加坡、印度尼西亚、菲律宾、马来西亚、泰国、美国、荷兰、法国、丹麦、德国和中国香港、中国台湾等 12 个国家和地区的 248 名海外华商参会，国务院侨办副主任李海峰出席会议，省长徐荣凯会见并宴请与会华商。省侨办副主任王冰、杨光民陪同会见。四川、重庆、云南、广西、贵州五省区市及成都市侨办牵头组织的 337 家企业参加了推介会（其中云南企业 287 家）。会议安排了西南投资机会介绍、项目对接洽谈、参加昆交会经贸活动、东盟华商项目签约仪式等活动。大会促成了一批投资项目，签署了 8 个项目合作协议，总投资 3800 万美元，到位 2782 万美元；达成 67 个合作意向。

推介会后，各华商团均致电函向省侨办表示感谢，并诚挚地邀请省侨办回访，以进一步促进双方的友好交往，扩大合作。《人民日报》在对这次推介会的报道中说，为海外华商举办项目推介会，不仅能促进海外华商在中国开拓市场，也能使发展前景不错的中国企业走出去到东盟国家投资，在海外华商自身经济实力不断壮大的同时，促进中国西南地区的经济社会发展，使合作双方实现“双赢”。上海《解放日报》记者对推介会的评价是“打了一手漂

亮的‘侨牌’”。《春城晚报》在对推介会成功签约的报道中说，这是华商关注云南、投资云南的一个新的标志和新的起点。

以东盟华商会的举办为标志，华商投资云南进入高速增长期。从2008年到2018年，一批知名的世界500强华商跨国公司的重大项目先后投资落地云南：泰国正大集团四位一体农业项目，泰国TCC集团并购昆明高星级酒店和玉林泉酒厂项目，TCC集团增资改造、引进洲际酒店公司项目，香港嘉士伯并购大理啤酒厂项目和扩产建100万吨啤酒厂项目，印度尼西亚三林集团投资昆明昆岭薄膜项目，新加坡三德集团投资大理年产四百万吨水泥项目，印度尼西亚力宝集团投资大理高端养生项目，香港积大制药集团投资昆明制药项目，菲律宾上好佳投资昆明食品公司项目等，以及联想投资科技城项目、联想佳沃项目。一批大型地产公司投资云南，如菲律宾世纪金源集团、香港雅居乐集团。华商投资云南进入高速增长期这种态势，与全国引进外资的形势是一致的。

2004年云南省省长徐荣凯（左四）、副省长刘平（左五）在昆明会见泰国TCC集团苏旭明民主席（左三）一行

泰国正大集团董事长谢国民（前左）和缅甸中华总商会赖会长（前右）交流

出席东盟华商会的世界各国华商（前排右起第一人为新加坡三德集团主席高新平、第三人为印度尼西亚三林集团副总林文光）

2012年，第十届东盟华商会的主会场

2008年，云南省政府副省长顾朝曦出席东盟华商会并作主旨讲话

2009 年，国务院侨办副主任谭天星出席东盟华商并作主旨讲话

2011 年，国务院侨办副主任庄荣文出席东盟华商会并作主旨讲话

2012年，云南省委副书记、省长李纪恒（前排右三）、率云南省常务副省长罗正富（前排左三）、副省长顾朝曦（前排右一）到国侨办汇报工作。国务院侨务办公室主任李海峰（前排右四），副主任许又声（前排左二）、马儒沛（前排左一）、赵阳（前排右二）等出席，省侨办主要领导陪同汇报

2016年，国务院侨办副主任王晓萍（前排左四）出访老挝，看望老挝中华总商会长姚宾（前排左二）等侨领

2019 年，中国侨联主席万立骏（后排左三）、副主席李卓彬（后排左五），云南省政府副省长张国华（前排左一）出席第 17 届东盟华商会项目签约仪式

第四节
关于华商资产规模的研究分析

分析把握华商投资工作，首先是要准确把握华商的资产规模，了解华商的投资能力。全球华商资产规模的研究，一直是国内外学术界关注的重点，更是政府关注的重点。近25年期间，作者一直跟踪华商资产、经济规模、发展趋势的分析研究。根据作者的分析研究和工作实践，政府和学术界研究这个问题的主要有六个系统：

国外研究机构、国内研究机构（高等院校）、国务院侨办系统、中国新闻社（《世界华商发展报告》）、《亚洲周刊》、侨办系统实际工作者。

下面将各个方面的研究观点和我的研究观点，做一个综合分析：

国外部分学者对东南亚华人资本额的估算。

东南亚华人资本估算额：

部分学者对东南亚华人资本额的估算

单位：亿美元

年代	东南亚华人资本估算额
第二次世界大战前（20世纪30年代末以前）	6.44（据 H. G. Gallis 估计）
	9.43（据福田省三估计）
20世纪50—60年代	29.67（据内田直作估计）
	29.30（据游仲勋估计）
20世纪70年代	166（据吴元黎估计）
20世纪80年代前半期	600（据游仲勋估计）
20世纪80年代后半期	1000（据郭梁估计）
20世纪90年代	3000（据《亚洲周刊》估计）

一、国外和香港《亚洲周刊》的观点

据《亚洲周刊》2007—2017年统计：全球华商的资产规模达到3.7万亿美元。而仅仅是2011—2017年，全球华商40强的资产规模达到1.37万亿美元。这个数据不包括全球华商335家上市公司。具体数据见下面的项目统计表：

2011年东南亚最大的华商企业

名次	公司名称	总部所在地	市值（百万美元）	营业额（百万美元）	增长率	纯利（百万美元）	增长率	总资产（百万美元）	股东权益（百万美元）	1000名次
1	Bank Central Asia	印度尼西亚	27,620.1	3,575.7	15.7%	1,345.7	9.3%	44,391.3	6,674.6	43
2	华侨银行有限公司	新加坡	26,488.3	6,366.3	4.6%	2,849.0	1.6%	284,809.9	25,221.1	46
3	大华银行有限公司	新加坡	21,447.4	5,874.4	7.9%	2,342.3	−1.2%	230,665.1	22,458.7	61
4	大众银行有限公司	马来西亚	18,878.4	4,905.8	13.8%	1,294.7	12.0%	93,032.8	7,987.5	74
5	鞋庄控股	菲律宾	18,550.6	1,571.7	8.0%	622.0	53.9%	9,534.7	4,670.1	77
6	Thai Beverage Public Company Limited	泰国	18,371.0	5,063.3	6.5%	772.7	22.0%	5,314.4	3,383.5	79
7	SM Investments Corp.	菲律宾	17,626.8	6,502.8	7.0%	625.4	0.2%	16,946.8	6,250.7	84
8	CP All Public Company Limited	泰国	16,147.8	11,850.9	9.3%	399.5	34.1%	9,608.3	1,090.5	88
9	丰益国际	新加坡	14,501.8	38,776.6	-10.0%	1,056.1	−8.7%	37,938.5	15,126.8	102
10	开泰银行	泰国	13,649.1	4,307.0	6.4%	1,152.5	−14.5%	74,607.5	8,344.5	114
11	巅峰控股（约格森米）	菲律宾	12,022.8	5,038.9	24.1%	496.9	23.9%	13,106.2	4,909.7	130
12	盘谷银行有限公司	泰国	9,343.0	2,999.4	6.1%	998.0	−5.9%	82,798.6	10,564.4	173
13	盐仓集图	印度尼西亚	9,316.6	5,255.3	7.9%	480.7	19.1%	4,743.0	2,830.6	175
14	环球罗宾娜	菲律宾	8,869.8	2,396.7	18.1%	272.2	7.1%	2,434.0	1,434.4	185
15	Indofood CBP Sukses Makmur	印度尼西亚	8,746.4	2,370.6	5.7%	224.1	13.5%	1,983.7	1,154.3	189
16	菲律宾长途电话公司	菲律宾	8,489.7	3,760.5	0.2%	484.9	−35.3%	10,002.1	2,496.9	195
17	大城银行大众有限公司	泰国	8,177.8	2,416.7	17.0%	544.1	31.5%	49,796.1	5,557.8	204
18	Central Pattana Public Company Limited	泰国	7,808.3	755.4	8.0%	230.1	7.8%	3,008.6	1,341.2	216
19	True Corporation Public Co. Ltd.	泰国	7,804.9	3,468.0	8.8%	128.8	240.9%	8,258.2	2,176.6	217
20	卜蜂食品企业大众有限公司	泰国	7,266.7	12,677.2	0.2%	322.9	4.7%	14,431.0	3,397.5	233
21	云顶有限公司	马来西亚	7,171.7	4,629.3	-0.6%	355.0	−7.2%	22,872.8	8,342.1	237
22	大东方控股	新加坡	7,134.6	6,392.3	6.7%	573.3	−10.6%	48,044.3	4,547.7	242
23	IOI集团	马来西亚	6,862.7	3,002.4	1.7%	161.0	1113.3%	4,490.1	1,825.6	251
24	丰隆银行	马来西亚	6,606.0	1,068.5	2.7%	486.8	−14.8%	48,549.4	5,400.8	269
25	云顶新加坡	新加坡	6,504.6	1,752.5	-16.1%	54.9	−85.5%	8,778.7	7,026.1	272
26	云顶马来西亚	马来西亚	6,202.5	2,147.3	2.0%	321.7	5.8%	7,038.6	4,879.9	294
27	吉隆坡甲洞有限公司	马来西亚	6,200.5	4,221.4	20.9%	407.2	83.0%	4,689.7	2,671.3	295
28	首都银行	菲律宾	5,714.3	1,481.4	-10.0%	409.3	−7.4%	38,696.5	4,258.4	328
29	城市发展有限公司	新加坡	5,676.5	2,411.8	-12.2%	555.1	0.5%	14,831.0	6,566.3	333
30	快乐蜂食品（巧利比）	菲律宾	5,668.1	2,214.9	11.1%	108.3	−8.1%	1,423.4	673.0	335
31	印多福食品有限公司	印度尼西亚	5,231.9	4,784.5	0.7%	221.7	−24.7%	6,858.5	2,036.6	370

续表

名次	公司名称	总部所在地	市值（百万美元）	营业额（百万美元）	增长率	纯利（百万美元）	增长率	总资产（百万美元）	股东权益（百万美元）	1000名次
32	Hap Seng Consolidated Berhad	马来西亚	4,754.4	1,123.6	16.6%	232.4	20.6%	2,566.5	1,085.1	415
33	PPB集团有限公司	马来西亚	4,706.9	1,035.4	9.4%	268.9	14.7%	5,607.5	5,093.9	428
34	Metro Pacific Investments Corporation	菲律宾	4,691.3	818.4	10.1%	209.8	20.2%	6,641.3	2,633.5	430
35	Charoen Pokphand Indonesia	印度尼西亚	4,598.8	2,248.6	3.3%	137.2	5.2%	1,843.6	937.1	441
36	丰隆金融	马来西亚	4,540.3	1,162.0	1.2%	347.5	-16.2%	53,829.8	3,923.6	451
37	新加坡报业控股有限公司	新加坡	4,437.1	841.7	-4.3%	193.6	-17.5%	4,338.6	2,567.4	455
38	杨忠礼机构有限公司	马来西亚	4,335.9	3,932.9	-8.2%	234.4	-9.9%	17,203.8	3,734.9	469
39	Sinar Mas Multiartha	印度尼西亚	3,878.1	1,052.9	-4.6%	-9.4	-112.4%	4,240.5	985.4	529
40	中银航空租赁有限公司	新加坡	3,585.7	1,090.7	10.4%	343.3	11.2%	12,473.9	2,439.7	576

2017年东南亚最大的华商企业

名次	公司名称	总部所在地	市值（百万美元）	营业额（百万美元）	增长率	纯利（百万美元）
1	Bank Central Asia	印度尼西亚	36,724.9	4,041.0	12.3%	1,548.3
2	华侨银行有限公司	新加坡	34,378.7	6,151.7	-2.7%	2,516.7
3	大华银行有限公司	新加坡	28,575.8	5,841.5	0.2%	2,243.7
4	SM Investments Corp.	菲律宾	20,827.2	7,640.2	9.0%	657.1
5	鞋庄控股	菲律宾	19,480.9	1,680.7	11.6%	501.3
6	大众银行有限公司	马来西亚	18,659.3	2,399.2	4.3%	1,254.7
7	CP All Public Company Limited	泰国	17,968.9	12,802.8	11.3%	472.4
8	Thai Beverage Public Company Limited	泰国	16,616.9	5,402.2	36.3%	977.6
9	开泰银行	泰国	14,845.8	4,345.7	4.0%	1,138.1
10	丰益国际	新加坡	14,788.1	41,401.7	6.8%	972.2
11	盘谷银行有限公司	泰国	10,668.2	2,998.8	3.0%	901.3
12	巅峰控股（约格森米）	菲律宾	10,519.2	5,064.3	4.9%	229.9
13	Central Pattana Public Company Limited	泰国	10,490.4	828.9	13.1%	261.9
14	云顶新加坡	新加坡	10,345.2	1,614.6	-7.2%	193.0
15	盐仓集团	印度尼西亚	9,383.7	5,731.3	8.4%	501.7
16	大东方控股	新加坡	8,777.3	6,924.4	9.1%	427.0
17	云顶有限公司	马来西亚	8,470.9	4,425.5	1.5%	517.2
18	大城银行大众有限公司	泰国	8,321.2	2,591.7	10.5%	606.3
19	丰隆银行	马来西亚	7,669.4	1,096.5	8.9%	516.9
20	城市发展有限公司	新加坡	7,575.3	2,830.1	18.2%	464.0
21	Indofood CBP Sukses Makmur	印度尼西亚	7,541.5	2,589.8	8.6%	270.5
22	云顶马来西亚	马来西亚	7,214.2	2,152.2	6.4%	694.0
23	菲律宾长途电话公司	菲律宾	7,056.6	3,479.9	3.4%	421.3
24	卜蜂食品企业大众有限公司	泰国	6,902.9	13,319.3	8.3%	416.5
25	IOI集团	马来西亚	6,746.5	3,404.2	20.3%	179.1

续表

名次	公司名称	总部所在地	市值（百万美元）	营业额（百万美元）	增长率	纯利（百万美元）
26	环球罗宾娜	菲律宾	6,594.8	2,350.6	2.4%	318.8
27	吉隆坡甲洞有限公司	马来西亚	6,183.4	3,977.3	20.9%	383.7
28	True Corporation Public Co. Ltd.	泰国	6,099.7	3,533.1	5.0%	-79.7
29	印多福食品有限公司	印度尼西亚	5,482.9	5,015.7	4.2%	311.4
30	首都银行	菲律宾	5,386.4	1,646.1	16.0%	380.8
31	Hap Seng Consolidated Berhad	马来西亚	5,356.1	1,178.7	11.3%	241.2
32	快乐蜂食品（巧利比）	菲律宾	5,169.2	2,398.6	13.0%	129.8
33	华业集团有限公司	新加坡	5,025.0	1,044.0	12.7%	208.0
34	PPB 集团有限公司	马来西亚	4,725.2	1,008.8	3.4%	251.8
35	Sinar Mas Multiartha	印度尼西亚	4,707.8	2,297.5	116.7%	102.0
36	丰隆金融	马来西亚	4,487.7	1,213.2	10.8%	363.1
37	Frasers Centrepoint Limited	新加坡	4,464.8	2,917.8	17.1%	452.0
38	Metro Pacific Investments Corporation	菲律宾	4,133.9	943.8	20.4%	241.2
39	中银航空租赁有限公司	新加坡	3,772.6	1,193.1	9.4%	418.1
40	创业集团有限公司	新加坡	3,683.8	2,082.8	8.2%	130.9

二、国侨办所属中国新闻社《世界华商发展报告》的观点

自 2000 年初开始，国务院侨办所属中国新闻社，研究推出《世界华商发展报告》。2007 年，该报告对大陆以外的华商资产，按区域和国别作出估算，并推导出华商总资产数额及其变动情况。该报告以华商上市公司市值为基础，计算其资产总额及每年股值变动引发的资产规模变动情况，对评估华侨华人企业及资本规模极具参考价值。

《世界华商发展报告》基本反映了全球华侨华人的经济规模。该报告是以上市公司的市值为主要依据，其估算依据是《亚洲周刊》每年发布的《全球华商 1000 排行榜》中所列的华商企业股票市值。再设定这些"华商企业的总资产和营业额可达到所在国家或地区同类企业总和的 75% 左右"而进行推算，除中国大陆以外的亚洲地区华商企业总资产约 3.2 万亿美元，总营业额突破 1 万亿美元的估算。再以"世界华商投资中国的资金中来自亚洲华商占 87%、假定世界各地华商对中国大陆的投资倾向与其资产水平基本相同"作为推估基础，得出"全球华商的总资产约为 3.7 万亿美元"的结论。

这个报告应该说对于分析研究世界华商的资产规模情况，是有重要价值的，在一定意义上反映了政府部门的观点。但是报告的统计不足的是，世界华侨华人企业并不都是上市公司，即使是华商的大型企业，很多公司也没有上市。以作者25年来实际深入接触大量华商企业的情况考察，全球海外华商的主体是中小企业，很多家族企业即便是上市公司，也会在上市公司之外，保留下大量的家族公司资产。有专家分析，全球华商数量应该百倍于华商上市公司数量。很多华侨华人的资产总和超过上市公司的经济规模。由此，该报告分析的全球这些上市公司华商企业总资产，没有包括全球华商企业的资产总额，其评估全球华商资产规模是3.7亿美元是较低的。

三、厦门大学庄国土教授的观点

厦门大学庄国土教授是国内华侨问题研究的著名专家，其主持的国务院侨办2009—2010年重点课题研究报告《华侨华人经济资源研究——以华商资产估算为重点》，比较全面地分析研究了全球华商的经济资产规模，是国内目前研究这个问题的代表作。

研究报告通过对全球大华商最为集中的东盟五国华商中小企业的研究（以新加坡和泰国为例），提出即使是在大华商集中的地区，华商中小企业资产也应当占华商资产总额的30% ~ 50%的实证依据。在其他地区，中小企业是华商的主体。长期以来，各类学者和媒体只采用以上市公司总值为基础评估华侨华人经济实力的方法。此项研究成果认为学术界以往的研究方法有误，并根据新方法研究提出新估算。

该研究结论为：2010年东南亚华商的资产规模约15051亿美元。其中，华商大企业的资产9506亿美元，中小企业3944亿美元，外来华资1557亿美元。由于各国的中小企业的数据不全，该部分可能低估或大大低估。如以国别分，则新加坡5896亿美元（占39.77%）、泰国3853亿美元（占25.6%）、马来西亚1812亿美元（占12.04%）、印度尼西亚1866美元（占12.4%）、菲律宾797亿美元（占5.3%）。

2007—2009年东南亚各国华商资产统计

单位：亿美元

国别	年份	国内华商资产统计		国际华商投资统计			总资产
		大企业（上市与非上市）	中小企业	大陆华资	港澳台资	其他	
印度尼西亚	2008	—	—	5.43	139.21	83.22	1866
	2009	1295	343	—	—	—	
新加坡	2007	4356	1367.2	—	—	—	5986
	2008	—	—	35.02	112.56	115.34	
马来西亚	2008	615.8	875.4	3.61	152.79	164.3	1812
泰国	2007	—	1156.4	—	121.3	—	3853
	2008	—	—	—	49.18	179.08	
	2009	2342	—	4.48	—	—	
菲律宾	2009	515.8	242.5	—	—	—	797
	2008	—	—	0.87	24.44	13.59	
越南	2007	—	—	—	—	—	546
	2008	274.9		—	271.7	—	
缅甸	2008	67.17		—	4.59	12.87	94
	2009	—	—	9.3	—	—	
柬埔寨	2007	20	10.07	—	3.93	—	50
	2008	—	—	—	0.42	8.94	
	2009	—	—	6.33	—	—	
文莱	2008	17		—	2.12	14.92	34
	2009	—		0.17	—	—	—
老挝	2008	3		—	0.38	4.29	13
	2009	—	—	5.36	—	—	—
总计		9506.6	3994.57	77.85	882.62	596.55	15051

注：数据引自《华侨华人经济资源研究——以华商资产估算为重点》，国务院侨办2011年编。

报告认为，东南亚华侨华人数量占世界华侨华人人口的73.5%，如以其他地区的华商人均资产如东南亚华侨华人，则港台和东南亚以外的世界华商，其资产总额应在5500亿美元左右。东南亚与其他地方的华商资产当在2万亿美元以上。加上港台，中国大陆以外的世界华商资产总额当接近5万亿美元。

报告根据中国新闻社《世界华商发展报告》、2009年12月6日香港《亚洲周刊》的资料统计，在全球排名前1000强的华人企业中，海外的上市企业共有335家，新加坡、马来西亚、菲律宾、泰国、印度尼西亚五国入选“全球华商1000”的华人企业股票市值分别为1164.79亿美元、679.52亿美元、232.18亿美元、291.37亿美元、141.82亿美元。上述数据表明，新加坡、马来西亚、菲律宾、泰国、印度尼西亚五国华人企业集团具备雄厚的经济实力，占有相当重要的地位。

2009年全球华商1000强东南亚华人企业状况

国别	企业数（个）	总资产（亿美元）	总市值（亿美元）
新加坡	28	3847	1164.79
马来西亚	25	1838	679.52
菲律宾	8	405	232.61
印度尼西亚	9	316	141.82
泰国	1173	202.72	291.37

注:《亚洲周刊》2009年12月6日。

清华大学龙登高教授在《跨越市场的障碍：海外华商在国家、制度与文化之间》一书中认为，2004年华人为最大股东的上市公司，资本额占据日本、中国大陆、韩国以外的亚洲10个股票交易市场股票价值总额的66%，其中，国际华商500强的总市值高达5910亿美元。

报告认为，中新社《2007年世界华商发展报告》课题组是根据《亚洲周刊》全球华商公布1000强华商上市公司总资产情况，除去中国大陆企业后，亚洲地区华商企业总资产约为3.2万亿美元，再结合中国商务部提供的资料

（近 30 年来，世界华商投资中国的资金中有 87% 来自亚洲地区），假定世界各地华商对中国大陆的投资与其资产水平基本相同，由此推断，世界华商总资产的 87% 集中在亚洲地区。按此比例推算，全球华商的总资产约为 3.7 万亿美元。

报告总结：全球华商的资产规模达到 5 万亿美元。

四、关于华商资产规模的新观点

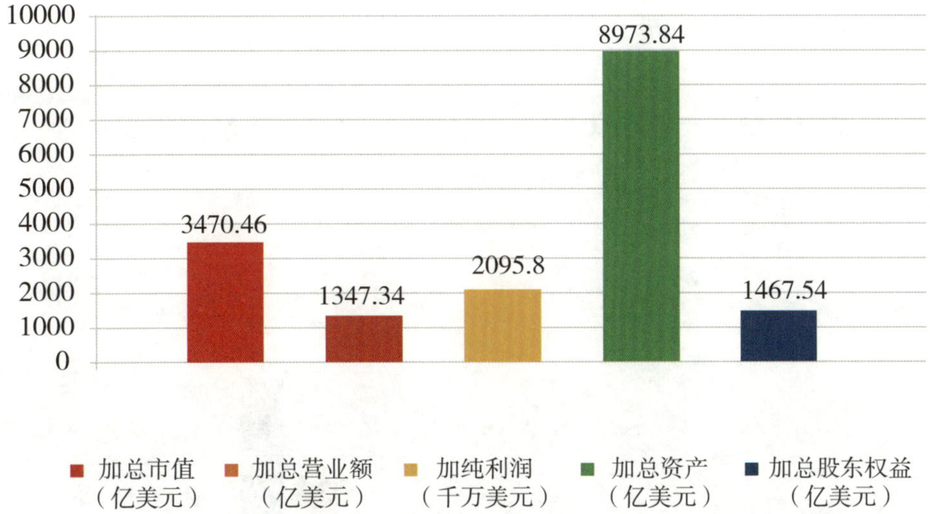

2011 年东南亚最大的 40 家华商企业的主要经济指标

此图为作者根据《亚洲周刊》2011 年统计数据绘制

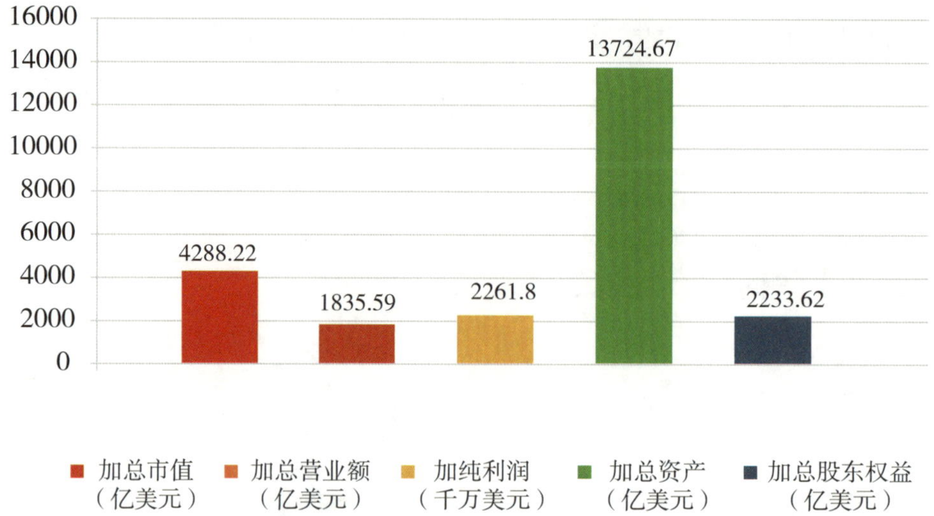

2017 年东南亚最大的 40 家华商企业的主要经济指标

《亚洲周刊》2017 年统计

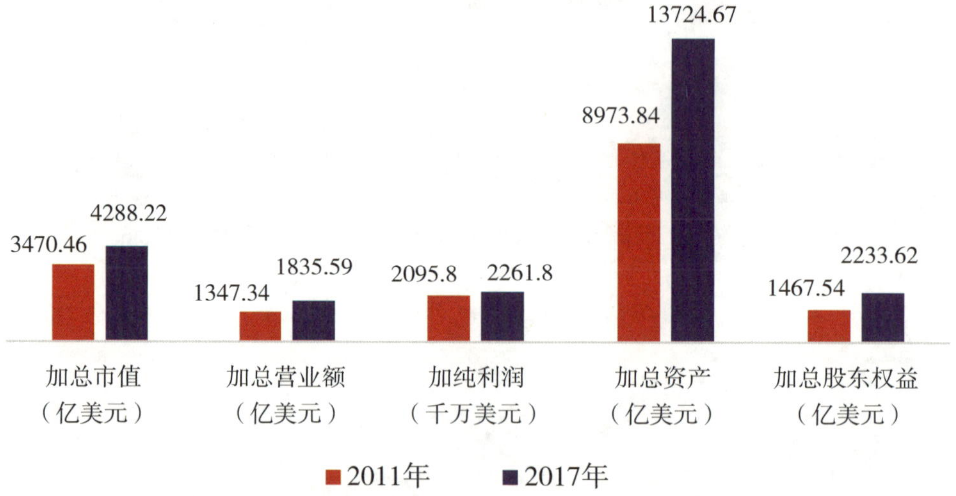

2011 年和 2017 年东南亚最大的 40 家华商企业的主要经济指标

《亚洲周刊 2017 年统计》

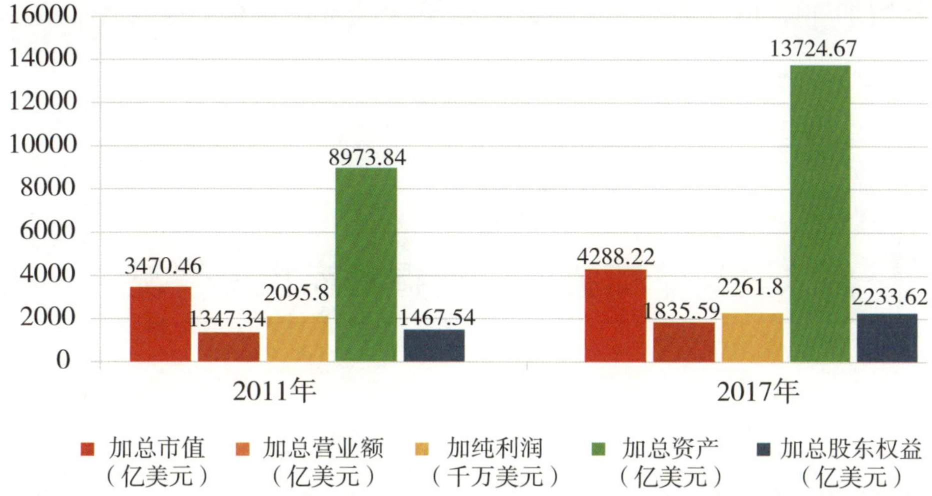

2011 年和 2017 年东南亚最大的 40 家华商企业的主要经济指标比较分析

《亚洲周刊 2017 年统计》

海外华商资产规模分析

截至 2000 年，中国大陆累计利用外资约 6224 亿美元，其中海外华资占 60%；累计批准设立外资投资企业 47 万余家，其中海外华资企业达 34 万余家。

截至 2005 年，中国大陆累计利用外资 6650 亿美元，其中约 4170 亿美元来自海外华商。换言之，海外华资占大陆实际利用总外资的约 67%；批准外商投资企业 55 万家，其中，海外华资企业约 70%。

作者在研究分析全球华商资产规模时，结合积累了近 25 年的华商资产分析资料，综合学术界公布的“世界华商报告”，清华大学龙登高教授和厦门大学庄国士教授的研究观点，按照国际学术界 3∶7 经济结构的理论，70% 的总资产掌握在 30% 的上市企业，30% 的总资产掌握在 70% 非上市公司的中小型企业中。以厦门大学庄教授测算的全球华商资产总规模 5 万亿美元作基数，那么还有 30% 的非上市公司中小型企业资产未被计入。以往学术界对全球华商的资产规模均作了低估。据此作者提出，全球华商资产以5万亿美元为基数，另外增加30%的比例资产及1.5万亿美元的资产规模，全球华商的总资产应统计测算为6.5万亿美元。

第五节 深入调研华商投资，把握华商投资情况

一、20世纪90年代云南开展的调研分析

随着我们吸引华商投资，积极招商引资工作的开展，华商在云南投资规模不断扩大。为了解和掌握华侨华人、港澳同胞在云南投资的企业基本情况、发展趋势和存在的困难，加强各级侨办和所在地区与华商企业家的联系，听取他们对投资环境的意见和建议，更好地为侨资企业服务，2005年国务院侨办下发通知，要求各省区市侨办对所在地区华商企业进行问卷调查。省侨办根据国务院侨办的通知要求，在全省范围开展了华商企业问卷调查，汇总上报国务院侨办。

对华商企业规模的调研，实际上是一个困难比较大的统计课题，是把握华商投资规律的基础。针对云南华商企业发展的几个大阶段，25年来，我们先后开展了几次大规模的全省性调研。

1994年省侨办、省外商投资企业协会的调查

省侨办、省外商投资企业协会联合下发《关于对港澳侨商投资企业进行调查的通知》，对港澳侨商投资企业在生产经营中遇到的困难和问题进行调查了解，发现问题，提出对策建议，为政府改进引资工作提供决策依据。省政府召开对外经济暨外资工作会议，省侨办组织力量对20家华侨、华人、港澳同胞投资企业进行了调查，向省政府上报《我省引进华侨、华人、港澳同胞资金的现状、问题及对策》的专题报告，反映引资工作中存在的问题，并向省政府提出了六个方面的对策建议，为省政府制定政策、进一步改进和加强

引资工作起到了一定的参考作用。昆明市根据省侨办反映的问题和建议，召开市政府常务扩大会议，专题研究改善投资环境问题，采取一系列有力措施，推动引资工作的开展。

1995 年省侨办的调查

根据省人大、省政府的立法计划，省侨办于上半年成立专门的起草小组，完成了《云南省侨资企业权益保护办法（草案）》的起草工作，于 6 月底上报省政府。下半年，为进一步了解掌握云南省外商投资企业现状，了解海外投资者的困难和问题，进一步改善投资环境，改进服务方式，提高对外开放水平，省侨办、省外商投资企业协会联合对省内部分“三资企业”进行了一次随机问卷调查，调查范围涉及省内 13 个地州市的 143 家外资企业，涵盖近 20 个行业，于 1996 年 2 月形成《云南省外商投资企业问卷调查情况综合分析报告》，上报省政府。

1998 年省侨办、省外商协会的统计调查

云南省新批准外商投资企业 1700 多家，实际利用外资 10.7 亿美元，其中华侨华人、港澳同胞投资企业和投资额均占 70% 以上。1998 年评出的 9 个省级出口创汇和税前利润双优先进企业中，侨资、港资企业占 67%；在 12 家“全省外商投资出口先进企业”中，侨资、港资企业占 75%；在 37 家“云南省外商投资经济效益先进企业”中，侨资企业占 95%。

2000 年省侨办、省政府外资办的调查

省侨办联合省人大常委会外侨工委、省政府外资办对部分侨资企业开展了一次调查研究，深入 20 余家有代表性的侨资企业进行了调研，掌握云南侨资企业发展面临的主要问题，了解侨资企业对云南投资环境的意见和要求，向省政府提交了《关于云南省侨资企业现状和发展对策的报告》，其中提出的一些对策建议被吸纳进省委、省政府新出台的《关于进一步改善投资环境，扩大开放，全面实施西部大开发战略的若干意见》。

二、2000 年 9 月省侨办的深入调查

2000 年 9 月 19 日，作者在上述调查基础上，在《调查研究》上发表《加

强我省利用外资工作的思考》论文，分析了云南省利用外资工作存在的六大矛盾，提出了突出引资工作重点、改进引资工作方式、完善引资工作机制等对策建议。文章在改进引资工作方式问题上，充分阐述了利用侨商的对外交往渠道、侨商的整体优势来扩大云南引资工作成效的对策建议。这篇调研文章引起了省委、省政府有关领导的高度重视。

2000年11月18日，中共云南省委书记令狐安对该文批示："确实动了一番脑子，许多建议是可行的，请邵副省长阅处。力争明年昆交会前后，我省在利用外资方面，从领导体制、招商环境、利益机制、工作机制、工作方式等方面有一个较大改进，同时，形成一个全省上下抓招商引资的浓厚氛围。此件可请办公厅摘发各地州市党委、政府主要领导，省直有关部门、工业总公司、大型企业。又及。"

副省长邵琪伟也作了批示，要求省外资办和省侨办有关领导共同研究，提出贯彻令狐安书记就引资工作重要批示精神的具体意见，同时研究全省外资工作会议要解决的重大问题并提出报告，报省政府常务会议讨论决策。

这篇5800多字的调查报告，引起省委、省政府领导的高度重视。2000年我被省委调动到云南省政府外商投资办公室担任常务副主任，时任省委副书记孙淦同志亲自找我去谈话，强调省委主要领导很重视此人事调整，希望我积极努力工作，发挥熟悉海外华商的优势，为云南扩大利用外资作出贡献！从此，我从事吸引外资工作一发而不可收，将人生最宝贵的25个年华，奉献给了吸引和服务华商投资，扩大云南对外开放的事业中！

三、2003年省政府侨办的调查

2003年4—5月，"非典"突袭全国，云南省侨资企业受到影响，根据省政府外商投资办公室和省政府侨办的调查，全省大约70%的侨资企业销售额下降50% ~ 80%。此次调查产业主要涉及旅游、食品、饮料、制药、房地产等行业，投资主要来自美国、新加坡、印度尼西亚、泰国和中国香港等国家和地区。

四、2005 年 4 月国务院侨办组织的系统全面调查

2005 年，国务院侨办发出《关于开展对华侨华人、港澳同胞在境内投资企业调查的通知》，根据《华侨华人、港澳同胞在境内投资企业调查方案》的要求，省侨办与省统计局利用全国工业调查的机会，联合制定了调查方案。通过数据提取、特殊指标的实地走访登记、审核、汇总、评估，形成“2005 云南省侨资企业数据库”资料。这是一次非常重要的全省性华商投资云南全面情况调查。因为我国在统计系统中，没有专门的华商投资科目。在国务院侨办经济科技司司长谭天星同志的大力支持和领导下，作者和省侨办李处长、张处长、马处长多次与省统计局领导商量，终于将侨商投资情况科目纳入全省工业调查指标中统计。

统计表明，云南省侨资企业的投资来源地主要为泰国、新加坡、印度尼西亚、马来西亚、菲律宾、美国、缅甸和中国香港、澳门、台湾等国家和地区。云南侨资企业的投资，工业类投资占 50% 以上，其余的投资涉及农业、服务业、房地产开发等多个领域。侨资企业数量占全省外资的 65% 以上，税收占 63% 以上，销售占 70% 以上。侨资企业在各个行业的分布和发展，对云南省产业结构的调整发挥了重要的作用，特别是很多侨资企业在本行业中，引进了先进的管理经验、先进的技术和人才，对同行业的发展起到带动和示范作用。侨资企业通过发挥自己先进管理和先进技术的优势，促进了新的生产力的形成，同时，通过侨资企业的牵线搭桥，带动了更多的外资进入云南；侨资企业发挥自身优势，利用分布在世界各地的商业网络，把产品打入了国际市场，促进了云南的对外开放。

左为时任中共云南省委书记令狐安，右为作者。

1999年我被云南省委任命为省委农村工作队长，到临沧专区的凤庆县，指导农村党的建设和“三农”建设工作。我充分理解这是组织上对我的信任和锻炼。其间云南省委书记令狐安专门到我们工作队的驻地——凤庆县德思里乡（国家级贫困乡），考察了解工作队开展工作情况和当地“三农”工作。这次考察事先没有通知，我见到令狐书记时，领导说不需要系统汇报，实话实说，半小时可以了。我把到县、乡工作的主要情况、农村存在的实际困难、解决农村脱贫的建议向书记作了汇报。书记很有兴趣听我们讲的农村真实情况，不断插话。汇报持续了一个半小时。之后书记让我们陪同看望了几户贫困农户和党员家庭。看望中，书记从自己的衣服口袋里拿出钱，送给困难群众，每户500元。已经是下午7点半了，书记仍然坚持赶到下一个县，不在我们乡的工作队吃晚饭。我们看着令狐书记乘一辆吉普车轻车简从而去。看着一个省委书记这样简朴，这样深入群众，这样深入云南少数民族高山的乡村，我们深受教育和鼓舞。25年来，令狐安书记这种深入实际、艰苦朴素、不忘初心、一心为民的作风，我始终铭记心中并努力仿效实践。

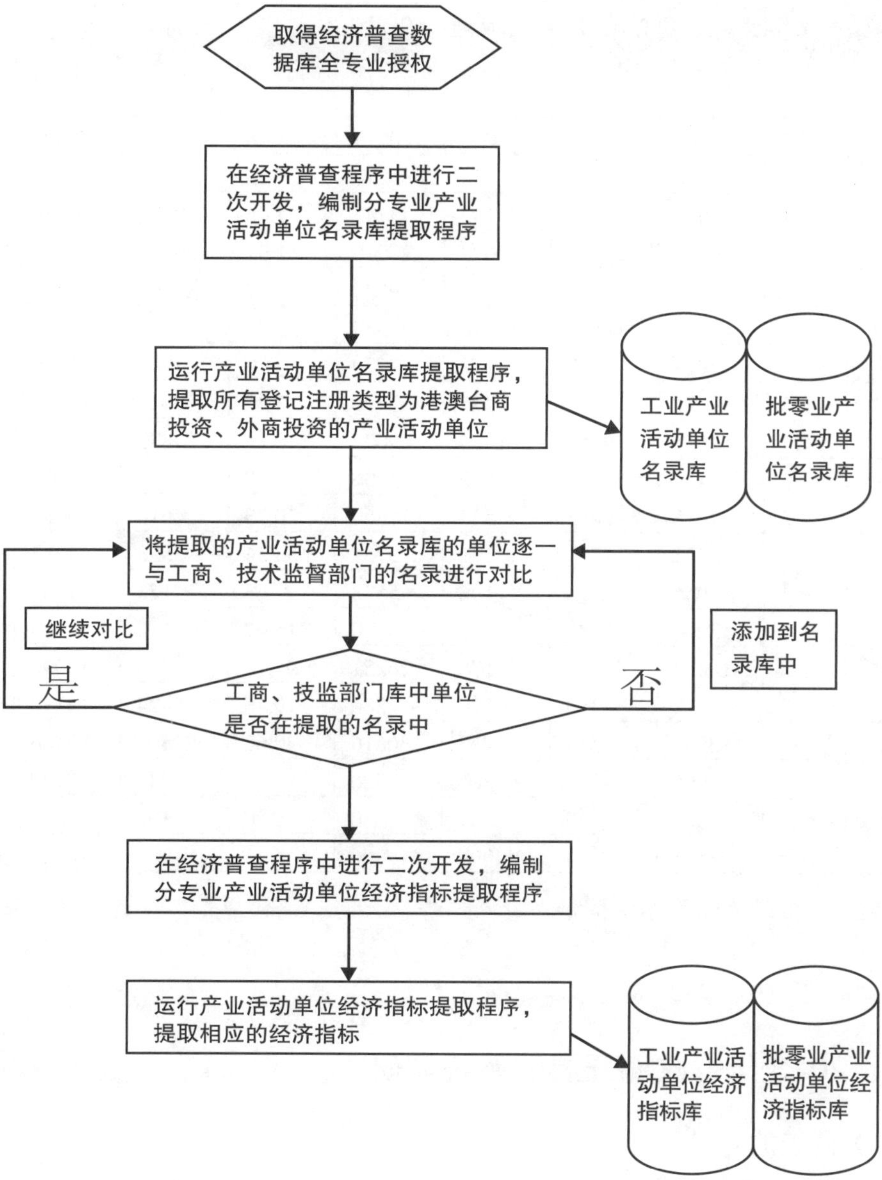

建立外商、港澳台同胞在云南投资产业活动单位名录库及经济指标库流程图

法人单位按投资国别（地区）分组（2005年）

国别（地区）	单位数（个）	实收资本（万元）	年末资产（万元）	年末从业人员（人）	全年营业收入（万元）	华资在实收资本中所占比例（%）	合同利用外资（万元）	注册资金（万元）	其中：华资（万元）
缅甸	25	22983	37295	1038	10079	58.48	13853	20694	17135
柬埔寨	1	1500	2145	25	47	25	374	1504	376
中国香港	281	784627	2352058	37143	1033745	37.06	490371	1730326	441464
印度尼西亚	4	16125	20617	698	20916	81.97	26043	12108	11643
日本	4	15718	13045	346	9039	8.12	8067	15718	8067
中国澳门	6	9492	17875	346	2889	25.81	10868	17975	8056
马来西亚	4	2928	3717	172	1720	0	1906	2886	1906
新加坡	17	69251	176697	2375	62796	3.45	48046	118941	41973
泰国	17	62675	99459	1469	89007	38.22	29879	57335	32536
越南	1	445	348	0	36	0	0	0	0
英国	5	7315	6685	573	11360	20.78	4618	10080	4969
法国	2	3934	7731	171	9751	52.54	2593	5283	2593
荷兰	1	7055	7878	196	5538	63	175	7064	3602
瑞士	1	3000	3883	12	0	16.67	1510	3000	1510
维尔京群	3	14427	47774	178	26251	97.71	19393	14096	14096
加拿大	7	1012	1183	178	880	19.76	5824	6190	5824
美国	35	83351	448514	2527	130616	30.62	521808	85466	40832
澳大利亚	3	2096	4703	204	2326	0	5545	7120	5545
新西兰	1	629	969	9	0	0	166	631	166
合计	418	1108563	3252576	47660	1416996	—	1191039	2116417	642293

注：2005年国务院侨办华侨华人投资调查，云南省统计局专门设计的经济指标调查模型图表。

五、2013年省政协开展的系统调研

（一）调查的背景

过去十余年的侨商投资调研评估认为，云南引进外资的总体构成中，海外侨胞、港澳同胞投资占了重要的份额，侨资企业是云南省外资企业的重要力量。2005年国务院侨办在云南组织的深入侨资企业调查配合了云南省工业经济普查，方法比较科学，数据比较真实。根据调查，侨资企业占外资的67%，营业收入141.7亿元，资本达到110.8亿元，工业占50%以上，从业人

员 4.76 万人。

据 2008 年统计，云南省侨资企业为 1616 个，占全省外资企业数的 61%；侨资企业全年营业收入为 141.7 亿元，占全省外资企业全年营业收入总额的 56.7%；侨资企业的从业人员为 4.77 万人，占全省外资企业吸纳从业人员总数的 66.7%；侨资企业的资产总额为 325.26 亿元，占全省外资企业资产总额的 66%。

为加快实施桥头堡战略，建设开放型经济，政协云南省委员会主席会议决定将“港澳台侨资企业在滇发展情况”作为 2013 年省政协重点调研之一，由常务副主席白成亮和副主席曾华带队，省政协港澳台侨和外事委员会领导及有关政协常委、委员、专家组成调研组，前后历时半年，以在滇港澳台侨资企业为重点，围绕投资规模、重大项目、投资环境、招商引资、企业经营等情况进行专题调查研究。调研组先后听取了省商务厅、省侨办、省台办、省招商局、省外事办等涉外部门的情况介绍，分赴昆明、曲靖、玉溪、楚雄 4 个州市进行实地调研，与泰国正大集团云南公司、香港昆明积大制药有限公司等 36 家港澳台侨企业进行座谈，走访香港华润燃气有限公司等 16 家企业，并对 100 家港澳台侨资企业进行了问卷调查。

（二）华商的主要情况及特点

经过近 40 年的努力，云南省外资企业从无到有、从小到大。特别是近几年，在省委、省政府的高度重视下，全省各地、各部门对外开放力度加大，招商引资成效显著。

据商务部门统计，截至 2012 年底，全省外资企业共有 4000 多家，其中华商和港澳台资企业超过 2400 家（资金来源地为港澳台地区，含华商企业通过港澳台投资），占全省外资企业的一半以上；实际到位外资 54.3 亿美元，占全省外资总量的 57%。在滇港澳台资企业中，港资企业占 3/4，超过 1500 家，实际投资 51.8 亿美元；澳资企业 49 家，实际投资 7302 万美元；台资企业 507 家，实际投资 1.79 亿美元（省台办提供数据为 514 家、5.5 亿美元）。

据侨务、招商部门统计，2012 年全省侨资企业约 2400 家（含来自港澳台地区的侨资企业），累计投资总额超过780亿元，实际投资占云南省外资总量的65%。

调研组对100户港澳台侨资企业反馈的问卷调查表进行了分析梳理。

一是各类投资所占比例。港资企业（含华商透过香港转投资）占53.7%，澳资企业占1.9%，台资企业占24.1%，侨资企业占16.7%。

二是产业所占比例。制造业占44.4%，农业占24.1%，服务业占13%，房地产业占7.4%，金融业占3.7%，贸易业占5.6%，医疗、药研占1.9%。

三是销售情况。2012年企业销售额1亿元以上占25.9%，5000万元以上1亿元以内占11.1%，1000万元以上5000万元以内占24.1%，500万元以上1000万元以内占9.3%，500万元以内占24.1%。

四是纳税情况。2012年企业缴纳税金5000万元以上的占3.7%，1000万元以上5000万元以内的占25.9%，500万元以上1000万元以内的占5.6%，100万元以上500万元以内的占16.7%，100万元以内的占44.4%。

五是从业人员情况。企业从业人员1000人以上的占9.3%，500人以上1000人以内的占3.7%，100人以上500人以内的占38.9%，100人以内的占48.2%。

调研组认为，在滇外资企业总体发展态势较好，港澳台侨资企业表现更加突出。主要有4个特点。

一是增长速度较快。“十一五”以来，特别是近4年全省利用外资规模以每年增加4亿美元的速度递增，年均增长34.2%，2012年当年达到21亿美元。其中，港资（含东盟侨资通过香港投资）所占份额最大，占外资总额的72.28%。据商务部门统计，改革开放40多年，全省利用外资规模累计突破了100亿美元，达到101.6亿美元。

二是单项投资规模扩大。大部分港澳台侨资企业对云南发展前景看好，投资意愿较强，纷纷追加投资。据不完全统计，有近100家侨资企业在滇投资超过10亿元。例如，香港雅居乐集团在滇总投资450亿元，其中瑞丽旅游地产项目总投资达50亿元、腾冲旅游度假小镇建设项目总投资达200亿元、版纳项目达200亿元；香港力宝集团大理项目总投资12.5亿元；泰国TCC集团投资5.2亿元改造邦克酒店、樱花酒店；丹麦嘉士伯集团投资大理啤酒100万吨项目，总投资85亿元；泰国正大投资昆明现代农业项目45亿元；联想佳沃集团投资曲靖市蓝莓项目，总投资10亿元。

三是向高端产业拓展。在云南省产业政策引导下，港澳台侨资企业从烟草配套、电力燃气、化学工业、房地产、商业、酒店业等传统产业，逐步向高原特色农业、生物制药、城市开发、现代旅游等高端产业和现代服务业拓展。尤为可喜的是，香港恒生银行、汇丰银行、东亚银行、泰国农业银行等外资金融机构进入云南市场，开展现代金融服务。

四是投资回报效益较高。港澳台侨资企业充分发挥技术标准高、管理理念先进等优势，与云南特色资源和优势产业相结合，取得较好的经济回报。据不完全统计，有600多家企业年销售收入在1000万元以上。例如，泰国TCC集团在玉溪投资的玉林泉酒厂2011年实现销售1.3亿多元，上缴税金3700多万元，是原企业20年缴税的总和；丹麦嘉士伯集团投资大理啤酒项目，年销售额达50亿元，上缴税金10亿元；新加坡大理三德集团投资的大理水泥厂年销售收入15亿元，年缴税4800万元。

（三）主要贡献及经验

一是促进地方经济发展。根据2012年度我省外商投资企业联合年检数字统计，2011年全省港澳台侨资企业实现营业收入392.6亿元，利润53.4亿元，纳税32.9亿元，吸纳就业人数达10万余人。据2012年省侨办统计，侨资企业形成780亿元固定资产，年销售额达320亿元，年缴税20亿元。

二是促进行业整合。一批华商和港澳台侨资企业成为整合行业资源、引领行业发展的示范和典型。例如，泰国TCC集团、菲律宾世纪金源集团、印度尼西亚力宝集团、新加坡悦榕酒店集团和中国香港雅居乐集团等世界华商500强企业投资高端酒店，整合旅游资源，成为酒店行业发展的亮点；印度尼西亚三林集团、菲律宾上好佳集团和中国香港华宝集团、新加坡三德集团等国际知名华商企业投资建材、食品加工、烟草配套、精细化工等领域，成为行业整合的领头羊。

三是促进产业升级。港澳台侨资企业对云南省内企业产业升级、科技创新、产品换代发挥了积极促进作用。例如，香港积华生物医药公司投资昆明积大制药，每年都研发推出新产品、新技术；香港华宝集团与红塔集团合资的云南天宏香精香料公司成为云南省烟草行业高新技术企业，产品达到国际先进水平，在同行业中处于领先地位。

四是促进对外经贸往来。华商和港澳台侨资企业不仅为对外经贸、现代物流等行业提供资金和技术保障，还引入了先进的营销理念和管理经验，在外贸进出口、商贸流通、现代物流等领域发挥龙头带动作用。2012年，云南与香港贸易额达54.9亿美元，同比增长超过8倍；云南与澳门贸易额1685万美元，同比增长14.5%；云南与台湾进出口总额为2.72亿美元，同比增长103.7%。

五是促进区域协调发展。港澳台侨资企业由过去集中在滇中地区，逐步向周边地区拓展，全省16个州市都有港澳台侨资企业和项目进入，大理、红河、普洱、德宏、临沧等州市成为外商投资新的热点地区。

近年来，在滇华商港澳台侨资企业发展态势良好。主要经验如下。

一是高位策划，高层推动。省领导亲自过问、批示，推动重大外资项目。李纪恒省长带队前往东南亚以及我国港澳地区招商，主动上门推动泰国正大集团、泰国TCC集团、印度尼西亚力宝集团、马来西亚IOI集团和中国香港雅居乐集团、嘉里集团、嘉士伯集团、马来西亚银行等世界500强国际知名企业投资我省重大项目。省委、省人大常委会、省政府、省政协多位领导带队出访东南亚、南亚等国家，深入开展高层互访，搭建双边多边交流合作平台。

二是政策支持，优化环境。深入实施桥头堡战略，增投资、扩内需，我省对外开放思路清晰、方向明确、重点突出、措施有力，相继出台了进一步扩大开放、加强招商引资等一系列文件和政策，形成了较为系统的政策体系。2013年，省政府专门下发了《关于解决建设项目落地困难进一步改善投资环境的意见》《关于简政放权取消和调整部分省级行政审批项目的决定》等文件，进一步加大简政放权力度，取消调整了一批省级行政审批项目，不断优化投资环境。

三是强化措施，注重实效。省商务厅、省侨办、省台办、省招商局等部门主要领导亲自抓大项目，强化措施，狠抓重大华商项目招商，签约项目落实，吸引外资入滇，成功引进了一批港澳台侨资企业和项目；省发改委、商务厅、国土厅、环保厅、林业厅等部门改进审批方式，促进项目落地；昆明、曲靖、玉溪、大理、保山、德宏、临沧等州市党委、政府实施招商总动员，强势启动招商引资工作，形成了“招商、优商、安商、富商”的工作局面，外资及港澳台侨资企业引得进、留得住、能发展。

四是建立机制，强化服务。目前全省县级以上政府都设立了招商引资和外来投资服务机构，建立了领导抓大项目、联系企业、重点企业挂牌保护等制度。各级政府政务中心、服务中心、投诉中心建设不断加强，采取“窗口式”“一站式”“代理式”等方式，不断提高政务服务效能。

第三章

配合吸引华商投资开展海外智力引进工作

第一节 开展海外华侨华人百名博士团科技交流活动

1999年，世界园艺博览会在昆明举办，由国务院侨办、省政府联合举办的海外华侨华人百名博士团观摩中国'99昆明世界园艺博览会暨科技交流活动（以下简称博士团）于1999年9月25—27日在昆明举行。来自美国、加拿大、英国、德国、法国、荷兰、日本、澳大利亚、新西兰、菲律宾10个国家的88名华侨华人博士参加了这次活动。

9月26日下午，省委、省政府在昆明佳华酒店隆重举行海外华侨华人百名博士团赴滇考察交流欢迎大会。国务院侨办主任郭东坡，省委副书记王天玺，省人大常委会副主任王义明，副省长邵琪伟，省政协副主席孟继尧，省属各有关厅局、科研单位、昆明市政府以及开发区领导出席大会。大会由副省长、大会组委会主任邵琪伟主持。

前来考察交流的博士团成员研究和工作的领域包括农业、生物技术、畜牧、林业、水产、病虫害防治、烟草、电子、计算机软件、信息、金融、证券、医疗卫生、制药、环保、园艺、自动化管理、邮电、化工、气象、交通、能源、贵金属研究、经济管理、地震预测、旅游等20多个专业及行业。其中涉及农、林、牧、渔专业和生物技术、食品专业的占了50%；涉及医疗卫生及制药专业的占11.9%；涉及计算机及自动化管理和信息情报及邮电通信的占10.7%；涉及机械和电机电子专业的占8.3%；涉及冶金、化工、能源、交通、地震专业的占6%：涉及金融、证券、经济管理以及气象、环保专业的占6%。

博士团成员分别与云南省183个单位及部门的有关人员作了对口交流。这些单位和部门包括：8所大学的40个院、系（所、室），86个中央驻滇及省内科研机构和地方农业技术推广站，5家省、市级医院，12个省、市厅局单位，35 家企业和 1 个国家高新技术产业开发区。参加学习和交流的各行各业专家学者、工程技术人员、大专院校的师生、省内企业家及经济管理人员和各有关领导及机关干部人数达 3982 人次。博士团成员分别在各有关单位和部门举行学术报告或讲座共 53 场，座谈 94 次，实地考察项目 36 次，现场指导 2 起。与有关方面共达成协议 68 个，转让技术成果 1 项，提出建议 24 条。这次活动是科技与经济项目的初步尝试。

第二节 开展海外华裔专家科技项目推介会

应国务院侨办、云南省政府的邀请，2000 年 10 月 25—31 日，来自美国、加拿大、英国、德国的美国华裔医学科学家协会、中国旅美科技协会、国际华人科技工商协会、旅美中国科学家工程师协会、加拿大—中国科学技术协会、旅英中国工程师协会、中国留德计算机学者学会的 22 名博士来昆明访问。

省侨办为来访的华裔专家举行海外华裔专家科技项目推介会，副省长邵琪伟代表省委、省政府到会作云南省情与科技发展战略重点的报告。省级 25 个厅局，省、市科研院所、企业、侨资企业 80 余人参加会议。在昆明期间，海外华裔专家参观考察了昆明高新技术开发区和留学人员创业园，举行了两场学术报告会，分别与 40 余家单位进行了科技项目洽谈及交流活动。

会议期间，云南省海外交流协会与参加这次活动的美国华裔医学科学家协会、中国旅美科技协会、美国国际华人科技工商协会、旅美中国科学家工程师专业人士协会、加拿大—中国科学技术协会、旅英中国工程师协会、中国留德计算机学者学会 7 个海外华裔科技团体签订了科技交流合作协议，旨在建立海外华裔科技团体与云南省长期稳定的合作关系。

第三节
开展百名华侨华人博士西部行活动

根据国务院侨办、云南省政府的邀请，2001年8月12—16日，以旅英华人高新科技商业协会会长张其军为团长的百名华侨华人博士西部行活动云南分团一行10名博士，在昆明与开发区、企业、科研机构、大专院校等有关单位进行了科技交流和项目洽谈。他们分别来自旅英华人高新科技商业协会、旅美农业科学家协会、旅美华人病理学家协会、美国园艺学会生物技术委员会。

代表团成员分别到昆明高新技术产业开发区、昆明经济技术产业开发区、云南省农科院、昆明医学院及附一院、附二院、云南省第一人民医院、云南省肿瘤医院、云南大学、昆明理工大学等单位进行了座谈、讲座、交流。

8月15日下午，副省长邵琪伟在昆明饭店会见并宴请到云南交流的云南分团全体博士，对代表团成员来云南省进行科技交流和项目洽谈表示欢迎。邵琪伟向代表团成员介绍了在中央作出开发西部的战略部署后，云南省调整和出台的一系列的引智政策，欢迎海外博博士到云南创业。会见后，邵琪伟与昆明经济技术开发区、昆明高新技术开发区、省人事厅的领导共同出席了云南省海外交流协会与旅美农业科学家协会、旅美华人病理学家协会、旅英华人高新科技商业协会科技交流合作协议的签字仪式。至此，与云南省侨务部门达成科技交流合作协议的海外华裔科技团体已达11个。

中央电视台《中国报道》栏目对博士团在云南的活动进行了跟踪报道。

第四节 开展海外华裔科技人才项目对接活动

结合前几次海外科技博士的活动成效，作者和省政府侨办的团队认真进行分析研究，我们认为，活动尽管下了很多功夫，做了大量组织协调工作，但是与经济工作，特别是引进资金与经济项目结合不足，与云南对外开放战略目标结合不足。我和同事们在分析基础上，经过与国务院侨办领导的汇报沟通，确定开展科技人才成果与我省项目对接活动。

2004 年 8 月 10—12 日，省侨办、省科技厅联合主办了云南省海外华裔科技人才项目成果对接活动。此次活动共邀请来自美国、加拿大、荷兰、德国、法国、瑞典、新西兰 7 个国家的 15 名海外华裔专家，他们拥有博士或硕士学位，并拥有一项以上自主知识产权的实用项目，部分专家的项目水平代表了国际前沿水平。专家的项目主要集中在生物医药、农业、环保、信息和咨询 5 个产业。

在省市企业、昆明市科技局、昆明经济技术开发区、昆明高新技术开发区的支持下，共有 52 家企事业单位参加活动，包括云南白药集团、昆明制药集团、云大科技等上市企业，云南省的部分外资企业、民营中小企业，以及省肿瘤研究所、省环科所和部分高校。

8 月 11 日，举行海外华裔科技专家项目发布会，组织华裔专家分三个洽谈厅与云南企事业单位开展项目对接洽谈活动。活动期间，专家们参观了昆明经济技术开发区创新园，与区内企业进行了座谈，随后前往玉溪参观了玉溪卷烟厂和万方制药公司，考察了斗南花卉拍卖中心，部分专家还考察了昆明积大制药公司。副省长吴晓青会见并宴请参加活动的专家。这次活动由于与经济项目结合，取得了积极成果。

1999—2004 年开展百名博士团科技与经济项目合作活动期间，我作为省政府侨办分管的领导，和领导班子及各处同志们积极努力推进项目，但是科技项目落地效果不好，能够落实的项目少，能够落地的人才少。我与中国旅美科技协会会长李军博士作了深入分析，李博士坦言：国务院侨办支持，云南省政府的领导重视、省侨办组织工作积极努力，组织协调能力在全国侨务系统都是一流的，但是云南经济发展产业配套不足，与中心市场距离远，科技条件差距大，政府给予科技人才落地费用少，吸引人才的条件与东部比较差距大，影响了项目落实。与李博士分析研究后，我们向省政府领导建议：我省的侨务经济科技工作重点，要突出面向东南亚华商的招商引资工作，吸引外资的工作方向要调整到突出东南亚华商投资我省，重点抓好东盟华商会这个主要吸引华商投资项目的国际平台。这个建议得到了省政府领导的肯定和支持。

2008年，云南省政府举行云南省十佳明星侨资企业表彰大会，一批投资规模大、税收贡献大、社会信誉好的华商企业受到省政府表彰

2010 年，云南省侨商会成立，副省长顾朝曦（左六）出席会议。省政协常委、中国香港伍氏集团董事长伍滨（左二）担任首届会长

第四章

改善投资环境
建立华商投资服务机制

第一节 建立侨商联系服务机制

在开展华商投资云南的情况调查中，我们认为，云南吸引外资落后有很多原因，其中一个重要因素是云南投资环境落后，政府各个部门没有形成统一的服务体系。为进一步改善云南省投资环境，更好地为侨资企业服务，协助他们解决在生产经营中遇到的各种问题，依法维护他们的合法权益，使其“投诉有门、服务有人”，各级侨办建立了为侨资企业服务联络的各项机制。

1998年，经过多番的调查论证，经过省政府同意，云南省侨办和省审计厅合作，启动云南省侨资企业联系点工作，省侨办首批确定23家侨资企业作为联系点。侨资企业联系点是全省各级侨办在各地侨资企业中确定的重点联系和服务对象，加强与侨资企业联系，加强为侨资企业服务工作的一个重要手段和途径。全省各级侨办先后确定了100余家侨资企业作为服务联系点，通过经常性走访、调研、电话、信函联系及提供政策法律咨询等方式，及时了解他们在生产经营中遇到的困难和问题，帮助他们排忧解难。

为进一步完善侨资企业联系点工作，1998年7月1日，省侨办正式启动“利侨服务承诺制”。主要内容包括以下几个方面。

侨资企业联系点是省侨办为云南侨资企业提供服务的一种工作机制，凡经年检合格的侨资企业，都有资格成为省侨办联系点。

省侨办定期或不定期走访各联系点，主动上门服务；热情接待所有来访者，认真听取意见，协助反映情况，提供咨询服务，协调侨资企业与有关方面的关系，为其创造良好的发展环境。

省侨办会同有关部门每年召开一次联席会议，集中听取各联系企业的意见和建议，及时通报国家有关政策法规和精神，当好侨资企业与政府间的桥梁，促进侨资企业之间团结合作。

省侨办实行服务承诺制。严格树立政府部门廉洁奉公的公仆形象，侨办联系人走访企业严格遵守“不吃”（非工作餐标准的宴请）、“不要”（向企业要赞助）、“不拿”（红包、赠品）、“不占”（到企业购买低于成本的产品，占小便宜）、“不收”（无偿服务，不收取任何报酬）的“五不”原则，欢迎社会各界监督、检查。

侨资企业联系点实行服务时限制。从正式接受投诉或收到来信来访次日起，在7个工作日内，与有关当事人接触，并进入工作程序；2个月内给予答复，做到负责有专人、事事有回音、件件有答复。

1998年7月30日，经省政府批准，省侨办成立云南省外商投诉中心省侨办投诉点，主要任务是受理海外华侨华人、港澳同胞在云南投资企业的咨询和投诉，并对此进行协查、调解服务。1998—2005年，省侨办投诉点共受理91起案件，已结案86件，转办2件。其中，包括一些涉及金额大、案情复杂、久拖未决的案件。

2003年，省侨办通过省海外交流协会成立了法律顾问委员会，邀请省委政法委、省纪检委、省高院、省高检、省公安厅、省司法厅、省监察厅、省工商局等部门的领导担任法律顾问。

第二节 开展为侨资企业服务活动

1999年，全国侨办系统开展“为侨资企业服务行动年”活动，省侨办认真贯彻全国侨务工作会议及全省侨务工作会议精神，坚持保护与服务并重的原则，在全省范围开展以为侨资企业服务为重点的“兴国利侨”活动。具体做法：

一是全面部署，检查推动。8月，召开了部分地州市侨办“兴国利侨”活动座谈会，检查各地开展“为侨资企业服务行动年”活动情况，并提出了下一步的工作要求。

二是建立了百家侨资企业服务联系点，省侨办服务联系点40家，地州市服务联系点60家。8月15日，在昭通威信召开云南省部分地州市侨办“兴国利侨”活动工作座谈会，11个地州市侨办通报了本地区开展“为侨资企业服务行动年”的情况，省侨办领导在会议上进行了工作安排。

2000年10月11日，副省长邵琪伟主持召开省政府侨资企业现场办公会。省级23个厅局及昆明市政府领导到中澳合资黎马敦有限公司、中美合资可口可乐有限公司、印度尼西亚独资昆岭薄膜有限公司进行考察，并在昆明经济技术开发区召开现场办公会，听取侨资企业介绍发展情况及在生产经营中遇到的困难和问题，省、市有关部门领导当场就侨资企业所提的一些具体问题作了解答，邵琪伟代表省政府就做好为侨资企业服务提出了要求。

2000年1月21日，省侨办召开云南省侨资企业迎新春联系会，30多家侨资企业负责人和省、昆明市有关部门参加会议，副省长邵琪伟参加会议，并要求省级有关部门组成听取意见工作小组，以促进投资环境的改善。省侨办副主任杨光民在会上作《依法维护侨资企业合法权益，为西部大开发战略服务》的工作报告。3月7—10日，由省侨办牵头，与省人大常委会侨工委组成侨资企业听取意见小组到相关侨资企业走访调查，了解企业基本情况、生产经营现状、亟待解决的问题等。2002年1月，省侨办组织召开侨资企业迎新春联系会，25家侨资企业代表及有关部门参会。会后由省侨办领导带队，组成侨资企业走访小组，进一步深入侨资企业听取意见，了解企业在生产、经营中遇到的困难和问题。当了解到侨资企业难以掌握政策法规信息后，省侨办决定在办好《云南省侨资企业通讯》的基础上，每月向侨资企业免费邮送《云南政报》。

2001年10月，应国务院侨办邀请，省侨办推荐昆明积大制药有限公司董事长兼总经理刘一褒，昆明春城湖畔度假村副总经理、项目总监杨辉光作为云南省参加2001年百家侨资企业负责人国庆观礼团嘉宾代表赴北京参加国庆活动。

2001 年 1—3 月，在全省组织的首次外资服务部门公开评议活动中，由省监察厅、省外资办牵头对全省 19 个涉外部门和 10 个公共服务行业进行公开评议，评议内容包括制度建设、依法行政、服务质量、服务态度、组织领导五个方面，省侨办综合排名第一。

2003 年，由省侨办、省经合办和省外商投资企业协会牵头，省外经贸厅、省工商局、昆明海关等十余家部门严格考核评选，推荐“2000—2002 年度全国百家明星侨资企业”，参评企业 20 家。经过国务院侨办会同有关部门评选，云南昆岭薄膜工业有限公司、云南侨通包装印刷有限公司被评选为全国百家明星侨资企业，并颁发证书。

2012 年，云南省政协主席王学仁（前排左三）率团访问柬埔寨，拜会柬埔寨国家副议长翁先生（前排左四），看望侨胞和华文学校

2013年，云南省政府副省长顾朝曦（前排左六）到泰国招商，出席中泰经贸合作推介会，会见泰国主要华商会领导

2012年，云南省政协主席王学仁率团访问老挝，拜会老挝中央政治局委员、全国爱国阵线主席拉冯·辛女士

第五章

云南吸引华商投资发展阶段和贡献分析

第一节
全国华商投资发展的主要阶段

习近平总书记指出，利用外资是我们的长期方针，中国利用外资的政策不会变，对外商投资企业合法权益的保障不会变，为各国企业在华投资兴业提供更好服务的方向不会变。要把利用外资同转变经济发展方式、调整经济结构紧密结合起来，更加注重引进先进技术、管理经验和高素质人才。

在分析云南40年吸引外资工作前，我们首先看全国改革开放40年吸引外资的主要发展阶段情况：经过40年改革开放发展，根据商务部统计数据，2019年全国利用外资累计总额达到2.1万亿美元，外资企业达到96万家。

从中国40年改革开放看

实际利用外资规模从1979年的约3.43亿美元上升到2016年的1260亿美元，年度规模整整增长了367倍。经过40年改革开放的发展探索，中国大陆利用外资规模总额累计达到约2.1万亿美元，成为全世界发展中国家最大的直接利用外资接受国。从发展阶段分析，经历了发端期、发展期、快速增长期三个阶段。

从华商投资发展进程看

在40年改革开放进程中，华商作为贡献者、受益者、参与者，为中国现代化建设发挥了独特、不可替代的重要作用，与世界一同见证了一个伟大的时代。华商投资对中国大陆的经济发展功不可没，它是中国引进外资的主要来源，占中国利用外资的65%左右，为推动中国吸引外资促进外向型经济发展发挥了不可替代的巨大作用。

从华商发展规模上看

改革开放以来的40年，海外华商投资中国大陆金额累计约达11159亿美元，占全国实际利用外资总额的63.2%，始终占据着外商投资一大部分，成为外商投资中国大陆的绝对主力，体现出海外华商对中国经济发展不可或缺的地位。

从华商增长速度上看，据商务部等有关统计资料记载，海外华商投资中国大陆规模从 1979 年的约 0.09 亿美元，增长到 2016 年的 1072 亿美元，增长了 1 万多倍，年平均增速达到 28%。

从华商企业发展效益看

华商投资中国 40 多年以来，获得了巨大的利益，质量和水平不断提高，高技术产业和服务业占比明显提升。

从华商与中国改革开放同步互动看

据统计，改革开放以来，华商投资占中国引进外资的 60% ~ 70%，华商投资企业占外商在华投资企业的 70%。在祖籍国最需要的时刻，海外华侨华人以实际行动雪中送炭，这不仅是身为商人的远见卓识，更蕴含着他们对祖籍国的信任和期待。

从华商对中华文化认同看

清华大学华商研究中心主任龙登高教授认为，华商之所以能够在中国取得成功，主要原因是与中国各级政府的联系较为密切，紧贴中国政府的经济规划和发展导向，了解政府的政策，抢占先机。海外华商对中国市场环境的熟悉度和适应性超过西方外资企业，在语言和文化认同等方面的先天优势也帮助他们迅速占领市场。

从华商适应中国市场变化看

华商以灵活的经营方式，发挥熟悉中国市场优势，快速适应中国市场环境变化。一方面中国经济快速增长，新的机会不断涌现；另一方面中国投资环境不太健全，市场经济体制不完善，具有不确定性，需要投资者调整自身去适应体制。华商由于具备对中国文化的认同，对中国特色社会主义市场经济体制需要逐渐完善的理解，因此往往能够比西方投资者占领投资先机。

中国政府对吸引外资的政策也是非常鲜明的：中国政府多次强调，中国利用外资的政策不会变，中国支持保护外商投资企业在中国的合法利益不会变，中国为各国在中国的外商投资企业提供更好服务的方向不会变。外资在改革开放40年以来，为中国创造了10%的城镇就业、20%的国内税收、40%的进出口贸易。

第二节 云南籍华商投资云南主要项目分析

云南是中国的五大侨乡省之一，海外有300多万云南籍华侨华人和侨胞。国内有50多万归侨、侨眷。党的十一届三中全会全面推进改革开放以来，云南省委、省政府积极扩大对外开放。省政府侨办围绕政府开放和发展中心，积极引导云南籍海外侨胞、华商回家乡投资，成功引进了一批重大华商投资项目。下面着重分析几个有代表性的云南籍华商投资项目。

一、云南在香港的知名华商代表伍氏家族投资项目

第一阶段：1987—1998年开拓投资云南家乡

伍滨、伍达天兄弟俩是云南籍在香港的华商优秀代表，两人先后担任云南省政协常委。其原籍云南腾冲，世代为商，20世纪三四十年代，他们的父亲伍体贤和大伯伍集成在缅甸、越南从事棉纱出口贸易，成功后分别在香港成立了瑞成公司，在云南成立了万通公司。

中华人民共和国成立后，伍体贤主动把云南万通公司的所有财产交给了国家，并先后捐资超过千万元建立云南省文化教育基金和腾冲伍体贤教育基金，帮助云南学子完成求学之路，鼓励老师培养优秀人才。

改革开放以来，伍滨、伍达天在投资云南扩大开放方面作出了积极贡献，先后担任云南省政协常委。进入21世纪，集团公司投资生物制药、农业产业、物流仓储、物联网大数据、SaaS及PaaS的服务及平台建设，争取在物联网的年代赶上快车，助力家乡脱贫攻坚，积极为云南省委、省政府推动八大

产业，打造世界一流的三张牌服务。

（一）投资建立云通化工有限公司

伍氏家族是云南在香港知名华商代表人士。1987年，在伍体贤先生的带领下，伍达天从美国留学归来在云南开展投资项目，首先投资60万美元，开展化工矿产业，即昆明云通化工有限责任公司。云通化工从事氧化锌粉的制造，合作方是官渡区红庙乡。中外双方各占50%股权，合资期为1987—1999年。伍先生考虑：与乡镇企业合作是要起示范作用，不要老往国企去走。考虑到云南资源深加工，加大附加值，必须做高值产品的基本认识。工厂做到了一年投产，两年回本，三年已经是全省排名第三的出口创汇企业。除此之外，还是云南省合资企业上缴利税第三名。短短3年，成为云南省出口创汇超过3000万至4000万美元的重点外资企业，投资项目取得成功。

（二）投资腾云纸业及银杏发展公司

造纸种植产业。为了改变家乡贫困落后的面貌，伍董事长在老家腾冲投资1100万元，并购了一个停工的造纸厂。同时在家乡大力开展植树造林活动。

1990年开展的慈善项目，投资共5000万元。纸业是要建立加强腾冲的工业水平。以当时的合资优势做白板白卡纸，为云南烟草的白板纸填补空白，以产顶进，代替进口，为云南节省外汇。产品得到了国家档案局认可，列入档案专用纸厂。后来整个产业捐赠给了腾冲县政府。

伍氏家族了解到老家穷，伍董事长提出“向山要钱”的口号，希望开展一个长达50年的森林资源项目，解决老百姓的贫困难题。在中科院的帮助下，建立银杏示范基地，培育银杏种苗给老百姓种植，并科学配予技术及化肥给老百姓。银杏又叫公孙树，公种孙享福，30年才挂果。目前基地还有1.5万株银杏树，开始结果的胸径最大有40厘米。按2017年林业厅的评估，价值7000多万元。目前树已成林，白果获得“菲翠录”的国家民优产品称号，间种的茶也得到“中和红”的国优美誉。

（三）投资建设新昆明影城电影娱乐

1992年，邓小平南方谈话以后，改革开放的新形势吸引了更多的海外华商和港澳同胞投资云南。伍氏家族确定在昆明市中心建设全国第三家立体声数码影视城，全部引进美国最新影视数码技术。影视城投入了2000多万元，当年就回收了50%的投资。

该影视城是国家第一家中外合资的文化产业公司，国家批复影业文号001号。全国首创，是云南昆明第一个旧城改造文化项目，创造了龙卷风般的全国奇迹，营收400万元。第一家环杜比立体声剧院，开了全国先河，丰富了昆明老百姓的生活，目前还在营运，作为昆明营收最好的影院达27年。

（四）房地产旧城改造盘通屋业项目

总投资20亿元（世纪广场及中心），建设昆明中心区地标世纪中心（180米钢结构），参与旧城改造成集影城、书城、商城三位一体的综合项目。带来了麦当劳、屈臣氏、家乐福等一批全新的企业，给昆明的消费市场注入了新的活力。

（五）投资世纪阳光建筑师事务所

投资西南第一家中外合资建筑事务所，创云南对外合作新模式，中方（省设计院）以人力入股。改变老式苏俄设计模式，世纪广场等80多个项目在滇以新技术、新审美观，挑战云南钢结构首例完美收官（世纪广场180米钢结构办公楼）。项目全程抗震数据为以后云南超高、高地震抗强度打下标准基础。

（六）投资农业物联网、医药、物流等新行业

医药投资企业嘉和生物2020年在香港上市。

第二阶段：开拓新投资领域

（一）投资进入农产业品物联网

围绕云南省委、省政府打造的世界一流“三张牌”，云南农业产业逐步迈向万亿元级。作为云南省政协常委、省侨联副主席，香港云通公司董事、总裁伍达天先生敏锐看到这个商机和公司发展的战略方向。云南自然条件与种植条件优势明显，在全国的农产品流通市场有着明显的特色，其中很多农产品的上市时间有得天独厚的优势，错季销售可为云南农产品流通带来最大的优势。

伍达天对云南农业产业流通环节进行了深入研究，深谙其中的商机。云南产地产业状态与市场需求脱节，产地定价机制不足，流通渠道不稳定，产地农产品做货标准化不足等现象也为云南的农产品流通带来了很多不利的影响。农业产业的发展，需推动原产地产业升级。

一是分析定位产地农产品流通价值。加强产地分拣分级、包装中心、冻库等基础设施的深度运营体系建设。建立外部流通企业合作社的运营机制，使市场的要货、做货标准倒推到产地，在产地为市场各个渠道提供一站式统货、做货、包装服务。

二是产地信息化与运营结合落地。合作社信息分为：合作社的建社管理，社员分红，入股管理，社员的种植管理，农资农服管理。一部分是社员信息化，及时掌握全国一级批发市场的单品价格行情；另一部分是销售通路的线上及时触达，代卖方案的标准化生成，销售的售中与结算。推动产地信息化升级与建立农产品数字供应链体系，这两部分信息化工具与专业团队运营缺一不可。

三是定制化的龙头企业引入战略。由于大型批发贸易企业多数为立足几个优势单品基础上作扩充，每个企业在各自单品上的品牌、标准化运营，流通渠道上都有着各自的优势和喜好。要根据产地不同的品类吸引不同的企业与合作社深度结合，因地制宜地引入龙头企业。

四是产地合作社理事长与骨干社员的意识提升。要建立专业的团队与他们共同运营与工作，在实操的过程中，逐渐通过结果来刺激组织者，过程中再穿插培训与考察，才能够真正地带动产地核心组织成员的专业能力和思维意识的提升。

根据以上四点分析，伍先生确定与浙江康铭泰克科技股份有限公司、北京农合天下信息科技有限公司、宁波寻农在线信息科技有限公司联合，为推动云南农产品产地产业升级以及“合作社龙头企业”的模式建设，打通产地与市场的流通渠道多措并举，让市场渠道稳定，长期地将订单给到产地。这是长远地打通农产品流通渠道的第二步。

浙江康铭泰克信息科技股份有限公司在全国服务了300家大型生鲜零售连锁品牌，包括宜品生鲜、新隆嘉、地利生鲜、天香果园、宽广、食行生鲜等一批国内零售头部客户。覆盖800万名C端储值会员，终端门店终端近4000家，2019年平台农产品2C流通额为500亿元，2B采购订单额为360亿元。在第二步产地服务标准化升级落地后，有针对性地引入外部企业参与产地的种植投资、合作社和货管家站点中来。每个零售企业与大型贸易商对不同的单品有着不同的战略布局、渠道优势、标准化运营及品牌优势，根据产地的农产品品类及产地状态有针对性地引入合适的龙头企业，定制化打造“合作社+龙头企业”的产业模式，以龙头企业的存量保底流通份额带动增量渠道建立，逐步打造区域农产品品牌。在引入龙头企业这个板块，最好的龙头企业不一定是最合适的，最合适的龙头企业一定是最有成效的。第三步，完善整体产地一产结构升级，逐渐打造区域品牌，带动市场流通渠道升级。

五是建立云南区域农产品的数字化供应链体系，为各个市州的种植业提供科学决策的依据。防止农产品出现盲目扩大种植导致的价格体系崩塌、产品大量滞销的现象。产地及时掌握到市场动态，主动与市场接轨，改变现在被动等待发货及产地代办收货的现象。立足区域，放眼全国渠道，逐步形成按照份额配置农产品种植的模式。

伍达天提出公司与上述三家企业均为云南省侨商的投资企业，充分发挥各自在产业链上的优势，为云南的产地产业升级与市场流通渠道的建立添砖加瓦。从务实、落地的角度去打造“一县一品，一品一产业带”，最后有效地推动云品出滇。

伍达天对农业产业物流仓储、物联网大数据、SaaS及PaaS的服务及平台建设加大投资，争取在数字化的物联网的年代赶上快车，助力家乡脱贫攻坚，积极为云南省委、省政府推动八大产业，打造世界一流的“三张牌”服务。

（二）投资生物医药产业

伍达天与香港嘉和生物公司合作投资开发进入商业化阶段的生物制药，专注于肿瘤及自身免疫药物的研发及商业化，研发的药物涵盖全球前三大肿瘤靶标及10款最畅销药物中的5款。

嘉和生物成立于2007年，是一家生物制药公司，专注于肿瘤治疗及自身免疫药物的研发及商业化。公司建立了由15款靶向候选药物组成的产品管线，在治疗多种肿瘤、自身免疫功能低下等慢性疾病适应症方面极具潜力。

自2007年创立以来，嘉和生物的战略重点一直集中于主要治疗领域，该领域在肿瘤、自身免疫功能低下及其他慢性病方面拥有大量未得到满足的医疗需求。除在中国上海及美国旧金山建立的研究中心外，该公司亦一直在全球范围内扩展研发布局，以建立及丰富新药产品管线。公司于2020年10月在香港上市，该公司主要凭内部科技研发能力建立由15款靶向候选药物组成的产品管线，该药物在中国具有巨大的商业化潜力，涵盖已知及新型生物学通路。该公司目前有17项临床试验正在亚洲进行，将分别向国家药品监督管理局（国家药监局）提交两项新药上市申请（NDA）及向国家药监局及美国食品药品监督管理局（美国食药监局）提交四项临床研究用新药申请（IND）。

伍氏集团多年来对云南经济作出的贡献：

向省、市缴税总额逾5亿多元；

据不完全统计，在云南先后创造2000多个就业岗位；

向各级政府和社会组织文教机构捐款、公益事业3.2亿元。

1985 年，云南省委书记普朝柱（右一）在昆明会见吴体贤先生和夫人

2002 年，云南省委书记令狐安（左一）与省政协常委魏汝芳女士合影

1985 年春，云南省政协常委伍体贤和云南省妇联常委魏汝芳一起到昆明出席会议

云南省政协常委伍滨与伍达天合影

2010年，云南省政府举行向海外华侨华人华商捐赠授荣大会，魏汝芳发表讲话，代表伍氏家族向云南省公益事业捐赠3.2亿元

云南省政协常委、伍氏集团总裁伍达天在云南旅港同乡会大会上讲话

二、武克钢先生投资云南红葡萄酒厂项目

（一）投资云南红集团

1997 年，伴随改革开放大潮，武克钢在云南投资云南红集团。该企业是香港通恒国际投资有限公司 100% 持股的在云南省进行葡萄酒生产、销售及酒庄旅游的葡萄产业集团。“云南红”葡萄酒品牌创建于 1997 年，目前已成为国家商标局认定的中国驰名商标。

集团酒庄所在地为红河州弥勒市，距昆明 140 千米，高速公路行程约 2 小时，高铁行程仅 36 分钟。酒庄风景优美，是国家级 3A 级景区。进入 21 世纪 20 年代，随着国家高铁网络建设，酒庄的交通条件极大改善，客流量迅速增加，旅游收入占比快速提高。当前，酒庄所在区域已被当地政府规划为以葡萄产业为主的旅游产业集中地，周边道路等基础设施已极大改善，甚至已经在修建通用机场。因此，云南红集团将旅游业规划为下一步集团的发展重点。

（二）投资人股权结构

云南红产业集团的母公司通恒国际投资有限公司（注册地：香港）100% 持股云南红酒庄葡萄酒有限公司（注册地：弥勒）、云南高原葡萄酒有限公司（注册地：弥勒），云南高原葡萄酒有限公司又 100% 持股云南通云酒业有限公司（注册地：昆明）和云南红酒庄旅游开发有限公司，此外还持有弥勒神酿葡萄种植开发有限公司 90% 的股权（其余 10% 为云南红集团的关联人持有）。股权结构图如下：

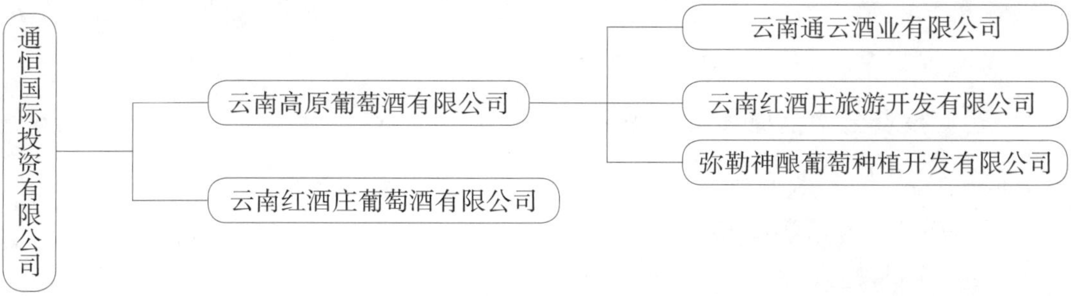

云南红酒庄旅游开发有限公司是高原公司新设立的旅游基础设施开发单位，其核心资产是酒庄住宿区土地（含房产）和酒庄内教堂所占土地和房产。

神酿公司是葡萄种苗培育单位，负责葡萄种苗培育、酒庄农业管理等辅助工作。

（三）公司发展目标

2018年、2019年公司的利润增长为15%左右。增长因素在于：旅游业逐渐成熟，酒庄旅游销售增长旺盛；近年来云南红集团为适应中国高度酒（白酒）、养生酒和轻度酒饮料市场的增长，陆续推出了葡萄烈酒、养生酒（基于葡萄烈酒的中药泡制酒）和轻度起泡酒产品。随着这些新产品的上市，云南红产品出现新的增长点。

云南红将旅游业规划为集团的发展重点，在结构上已经于2017年以土地、房产等不动产出资成立了云南红酒庄旅游开发有限公司，拟提升、改造旅游景观和基础设施，新建旅游项目，扩大旅游收益。

（四）投资通恒国际情况

武克钢是香港永久居民，1980年，被交通部科学研究院指派到香港招商局负责深圳蛇口工业区开发工作，并于1986年担任深圳蛇口区副区长。1997年，通恒国际在云南投资设立云南高原葡萄酒有限公司，创建了“云南红”葡萄酒品牌，并在其后的产业发展过程中相继投资了云南红酒庄葡萄酒有限公司、昆明云南红酒业发展有限公司及云南高原生物资源开发有限公司、云南通云酒业有限公司，历经20年的发展，现已成为一个集葡萄种植和葡萄酒生产、销售、旅游于一体的葡萄酒产业集团公司。武克钢现任通恒控股董事长、通恒国际董事长、云南红酒庄庄主。

（五）投资云南高原葡萄酒有限公司

法定代表人：武克钢

注册资本：550万美元

实缴资本：550万美元

公司类型：有限责任公司（台港澳法人独资）

成立日期：1997 年 7 月 4 日

经营范围：生产和销售葡萄酒、葡萄果汁、葡萄蒸馏酒、露酒系列产品（以上经营范围中涉及国家法律、行政法规规定的专项审批，按审批的项目和时限开展经营活动）。

云南高原葡萄酒有限公司经云南省红河哈尼族彝族自治州外经贸局红外贸〔1997〕第 07 号《关于合资经营“云南高原葡萄酒有限公司”合同、章程的批复》的批准，由通恒国际和东风农场在云南省红河州弥勒县成立。

发展情况：1997 年，由通恒国际与国营弥勒东风农场合资成立云南高原葡萄酒有限公司，开展生产和销售自产的葡萄酒系列、白兰地系列、葡萄果汁系列业务，创立具有独特云南民族特色品牌“云南红”。2003 年，通恒国际收购了国营弥勒东风农场股权，持有云南高原葡萄酒有限公司 100% 的股权。

云南高原葡萄酒有限公司历经 19 年的发展，已成为规模较大的华商葡萄酒生产企业，依照国际标准在葡萄园区内建立了大型的现代化厂房，引进法国、意大利的葡萄酒生产设备，建成中国西南地区最大的橡木桶酒窖，现有五大系列几十个品种的葡萄酒产品。云南高原葡萄酒有限公司拟投资“年处理 2 万吨葡萄酒工程项目”，项目建成后公司将具有年处理 2 万吨葡萄酒的生产能力，为云南红集团下一步的规划与发展奠定良好的基础。

经营范围：预包装食品兼散装食品（限云南高原葡萄酒有限公司生产的葡萄酒系列、白兰地系列、果汁系列等产品）的销售（依法须经批准的项目，经相关部门批准后方可开展经营活动）。

经营范围：旅游咨询；农业观光旅游；餐饮服务；住宿服务；KTV 娱乐服务；会议服务；婚庆服务；预包装食品，水果，工艺品（象牙制品除外），化妆品，日用百货，保健食品的批发、零售（依法须经批准的项目，经相关部门批准后方可开展经营活动）。

（六）发展综合旅游项目

省委、省政府将弥勒市建设成云南省重要旅游城市和休闲度假旅游示范城市。弥勒市委、市政府积极鼓励支持旅游业的发展。先后荣获“中国最佳休闲旅游县”“中国最佳文化生态旅游目的地”“2008中国生态旅游百强县”“国际旅游名县”和“最具发展潜力的国际休闲目的地”等荣誉称号。云南红酒庄被评为“全国农业旅游示范点”，弥勒市政府拟将其建设成为重点生态旅游区。

1. 区位优势

云南红酒庄距昆明约150千米，从昆明出发可由G80、G326公路进入，交通便捷。它是云南著名的九乡旅游风景区、阳宗海旅游度假区、自然遗产石林同线，九乡—石林旅游线路可延伸至此。毗邻澄江抚仙湖，位于滇中大昆明国际旅游区和滇东南喀斯特山水旅游区的接合部，隶属昆河旅游经济走廊，南下沿昆河公路可至越南老街、安沛、河内等地区。独特的区位优势为无论是昆明本土游客还是省外游客观光休闲、度假休闲提供了有利条件，也有利于国内国际自驾车团停留。2015年，云南红酒庄接待游客12万人次，收入2000余万元。在此基础上建设云南红精品酒庄综合旅游项目，提升酒庄的接待能力和品牌定位，将吸引更多不同消费层次的游客，同时扩大酒庄的影响力，为酒庄带来更大的市场空间。

2017年，弥勒市开通高铁，从昆明高铁站到酒庄的高铁行程不超过36分钟，车站距离酒庄5千米，极大地促进了客流涌入，云南红酒庄的旅游产业进入新时代。

2. 产品优势

云南红酒庄已成为全国农业旅游示范点，有着优美的自然风光，湖泊草甸与葡萄园交相辉映，自产美酒美食，原有的旅游开发设施为后续发展奠定了较好的基础。广阔的空间为旅游度假地产的开发提供了有利条件，以特色农业为依托的发展特征也易于实现与石林九乡喀斯特山水旅游目的地和以阳宗海、抚仙湖等以水景为依托的旅游度假区的特色化、差异化发展。

3. 品牌优势

“云南红”作为云南本土的红酒品牌已在省内外形成了较好的市场认知，对今后酒庄的营销可以有较好的带动作用。整个红河的旅游品牌在红云红河集团、元阳梯田，以及多部电影等要素的带动下逐步崛起，云南红酒庄作为红河依托农业的一张清新亮丽的名片，其崛起指日可待。

4. 项目内容

云南红精品酒庄综合旅游项目拟建设一个具有休闲和度假功能的综合性酒庄。深入借助区域内的良好的山谷、水系等等资源，在农业观光、酒文化体验、酿酒的基础上，形成休闲产品的体验、度假方式的延伸，是一个装在酒瓶中的休闲度假目的地。项目建成后的主要功能有生态观光、名酒品鉴、会议度假、休闲度假。

云南红精品酒庄的建设是典型的休闲化酒庄打造模式，在形成红酒的品牌的同时，更加注重休闲度假产品的营造，建设依托葡萄产业、山地要素，以葡萄酒酒文化体验为核心，整合周边旅游资源，打造一个集观光、休闲、度假、商务、养生、娱乐、体验等多种功能于一体的大型葡萄酒特色田园度假综合体。

云南红酒庄储酒窟

云南红酒庄

云南红文化馆

三、香港天城集团投资云南项目

（一）集团公司投资主要情况

云南天城集团是香港中怡国际有限公司董事长尹元江先生创办，1992 年云南省政府到香港招商引资的重点项目，注册资金 1300 万美元，是最早在云南投资成立的港资侨商企业之一。经过近 30 年的辛勤耕耘和市场沉淀，目前旗下已拥有 24 家子公司，是一家集房地产开发、建筑施工、物业管理、商业运营、旅游酒店、康复医疗等于一体的多元化投资云南侨商企业集团。产业主要分布在云南的昆明、大理、西双版纳和浙江、深圳等省、市、县，在云南累计投资总额近 100 亿元，完成房地产项目开发面积达 350 万平方米，近 10 年缴纳税款 5 亿元，为 1500 多名员工创造了长期稳定的就业岗位。

天城集团先后在云南开发了昆明园林居、医大广场，大理紫云街、驾浦街、青春海岸公寓、国际城、艺海天城、大理滇西商务中心，西双版纳景洪商贸步行街和允江花园商住小区、宜良乡鸭湖等项目，又顺应国家“大健康、大旅游”城市发展规划，调整产业结构和转型升级，逐渐由房地产开发向康养医疗、品牌酒店、文旅小镇等项目综合体方向发展。目前，在昆明宜良通过10年的综合开发建设，已完成逾35亿元的项目投资，开发面积达150万平方米，成为当地最具影响力的外资企业。2008年，开始在南盘江两岸打造花乡水城“乡鸭湖”项目；2017年，整合资源引进国际先进技术和设备，组建昆明长和天城康复医院，成为西南地区一流的国际康复医院；2019年，引进洲际品牌酒店，开创国际大酒店落户昆明宜良、助力县域经济的先河，为打造文游产业、发展康养项目创造了条件。

（二）做好华商的带领人

云南省侨商会是2008年由云南省侨办牵头组织的投资云南的华商商会，创会的会长伍滨凝聚了在云南投资的侨商企业家，为他们创造信息互通、政府部门沟通联系，选择投资项目，维护侨资企业权益，改善投资环境起到了很大作用。2019年，政府与商会脱钩，经过省侨办、省委统战部研究，推荐尹元江担任新一届会长，接过了侨商会的精神和旗帜，继续去完成侨商会的目标和任务，继续为国家的改革开放和招商引资服务。

（三）为社会公益事业做贡献

云南天城集团在创始人尹元江的带领下，在发展经济的同时，始终不忘“源于社会、回报社会”之初心，积极参与公益事业，为社会的和谐与进步尽一份企业责任。2011年，投资1.9亿元建设匡山小学异地项目，无偿捐赠给宜良县教育局使用；同时又投资1.1亿元，先后建设了宜良第一幼儿园、海贝幼儿园，并完成幼儿教育的全部配套、交付使用；向大理市政府捐资3700万元用于兴办民族教育，为云南的教育事业作出了积极贡献。

天城集团在昆明市区建设的天城集团大厦

天城集团董事长尹元江先生

天城集团在大理建造的大理滇西商务中心

天城集团在昆明建设的康养高端社区

第三节 40年改革开放华商投资云南主要发展情况

自1984年第一家外资企业进入云南，经过近40年的努力，云南省外资企业从无到有、从小到大。特别是进入21世纪以来，在省委、省政府的高度重视下，全省各地、各部门对外开放力度加大，招商引资成效显著。

据商务部门统计，截至2019年底，全省外资企业共有5000多家，实际吸引外资120亿美元。其中，华商（港澳台资）企业超过3000家（资金来源地为港澳台地区，含华商企业通过港澳台投资），占全省外资企业的一半以上；实际到位外资64.3亿美元，占全省外资总量的57%。在滇港澳台资企业中，港资企业占3/4，超过1500家，实际投资51.8亿美元；澳资企业49家，实际投资7302万美元；台资企业507家，实际投资1.79亿美元（省台办提供数据为514家、5.5亿美元）。

据省侨务、省招商部门统计，2012年全省侨资企业约2400家（含来自港澳台地区的侨资企业），累计投资总额超过780亿元，实际投资占云南省外资总量的65%。

根据云南省政协2013年对港澳台侨资企业调查，对调查问卷表进行了分析梳理。

一是各类投资所占比例。港资企业占53.7%，澳资企业占1.9%，台资企业占24.1%，侨资企业占16.7%。

二是产业所占比例。制造业占44.4%，农业占24.1%，服务业占13%，房地产业占7.4%，金融业占3.7%，贸易业占5.6%，医疗、药研占1.9%。

三是销售情况。2012年企业销售额1亿元以上占25.9%，5000万元以上1亿元以内占11.1%，1000万元以上5000万元以内占24.1%，500万元以上1000万元以内占9.3%，500万元以内占24.1%。

四是纳税情况。2012年，企业缴纳税金5000万元以上占3.7%，1000万元以上5000万元以内占25.9%，500万元以上1000万元以内占5.6%，100万元以上500万元以内占16.7%，100万元以内占44.4%。

五是从业人员情况。企业从业人员1000人以上占9.3%，500人以上1000人以内占3.7%，100人以上500人以内占38.9%，100人以内占48.2%。

华商企业主要有四个特点。

一是增长速度较快。"十一五"以来，全省利用外资规模以每年4亿美元的速度递增，年均增长34.2%，2012年达到21亿美元。其中，港资（含东盟侨资通过香港投资）所占份额最大，占外资总额的72.28%。据商务部门统计，改革开放30多年，全省利用外资规模累计突破了100亿美元，达到101.6亿美元。

二是单项投资规模扩大。大部分华商和港澳台侨资企业对云南发展前景看好，投资意愿较强，纷纷追加投资。据不完全统计，有近100家侨资企业在滇投资超过10亿元。例如，2012年联想控股集团昆明科技城项目总投资达160亿元，投资玉溪现代农业项目达10亿元；香港雅居乐集团在滇总投资450亿元，其中，瑞丽旅游地产项目总投资达50亿元，腾冲旅游度假小镇建设项目总投资达200亿元，版纳项目达200亿元；力宝集团大理项目总投资12.5亿元；泰国TCC集团投资5.2亿元改造邦克酒店、樱花酒店；丹麦嘉士伯集团投资大理啤酒产100万吨项目。基地建设总投资100亿元。嘉里集团投资昆明香格里拉，泰国正大投资昆明现代农业项目45亿元等。

三是向高端产业拓展。在云南省产业政策引导下，港澳台侨资企业从烟草配套、电力燃气、化学工业、房地产、商业、酒店业等传统产业，逐步向高原特色农业、生物制药、城市开发、现代旅游等高端产业和现代服务业拓展。尤为可喜的是，香港恒生银行、汇丰银行、东亚银行等外资金融机构进入云南市场，开展现代金融服务。

四是投资回报效益较高。港澳台侨资企业充分发挥技术标准高、管理理念先进等优势，与云南特色资源和优势产业相结合，取得较好经济回报。据不完全统计，有600多家企业年销售收入在1000万元以上。例如，泰国TCC

集团在玉溪投资的玉林泉酒厂 2011 年实现销售 1.3 亿多元，上缴税金 3700 多万元，是原企业 20 年缴税的总和；丹麦嘉士伯集团投资大理啤酒项目，年销售额达 50 亿元，上缴税金 10 亿元；新加坡大理三德水泥年销售收入 15 亿元，年缴税 4800 万元。

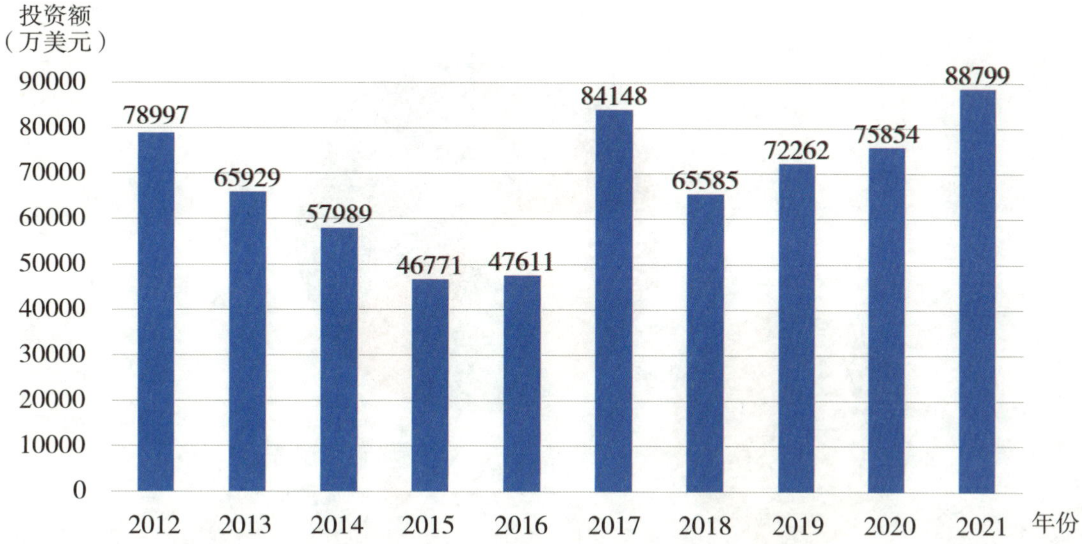

2012—2021 年云南省实际利用外资发展情况

根据云南省商务厅 2021 年统计编制

从 2001 年中国加入世界贸易组织以来，全国利用外资进入快速增长期。据商务部统计，云南省由于特殊区位，实际利用外资、华商投资从 2008 年开始进入快速增长期。其中，2012 年实际利用外资首次当年突破 7.8 亿美元。2021 年云南省新设外资企业 337 家，同比增长 26.22%；实际利用外资 8.88 亿美元，同比增长 17.07%，增速高于西部地区平均水平 2.87 个百分点；新设市场主体和实际利用外资规模双双达到历史最高水平，进一步推动云南从“末梢”走向“开放前沿”。到 2013 年，云南利用外资规模累计突破 100 亿美元，达 101.6 亿美元。

到 2021 年，云南省共有来自全球 90 多个国家和地区的 5000 余家（含分支机构）外商投资企业在云南投资经营发展，其中，65% 以上的投资，是华商和港台商投资。每年上缴税收 70 亿元以上，年进出口总额近 41 亿元，吸纳就业 11 万人左右。华商投资企业，已成为云南省市场主体的重要组成部分，为云南省构建开放型经济新体制、推动产业转型升级、发展发挥了重要作用。

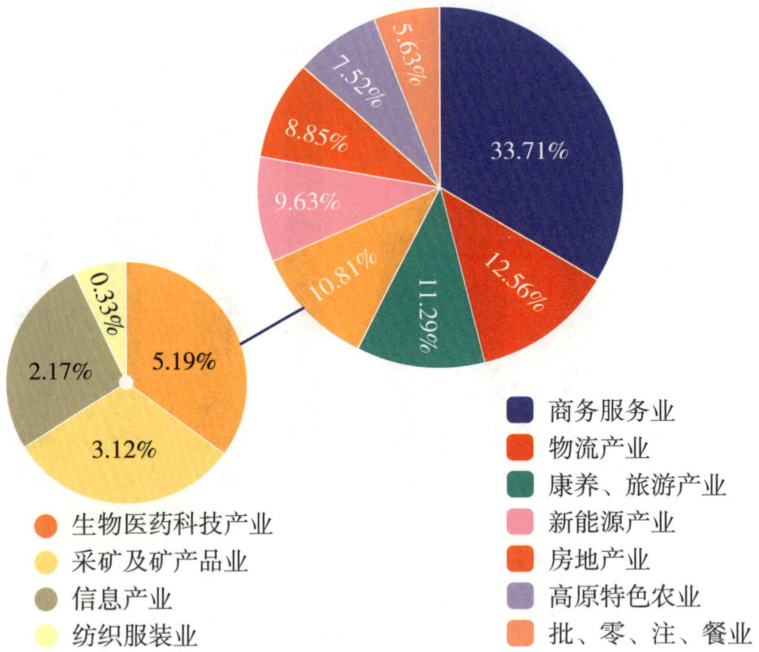

2021 年云南省分行业实际利用外资占比

注：资料来源于商务厅 2021 年统计数据。

第四节 40 年改革开放华商投资主要贡献及发展经验

40 年改革开放，促进在滇华商和港澳台侨资企业成为云南改革开放和经济社会发展的重要力量，考察华商投资云南改革开放 40 年的历史，侨资在云南积极发展的各个阶段都占据重要的地位。改革开放之初，侨资在云南外商直接投资中占主导地位，占比高达70%以上。1992—2003年，欧美日韩外商投资开始增长，侨资所占比重有所下降。但从2006年开始，华商投资比例再一次上升。大批国际知名华商进入云南投资重大项目，如泰国正大集团、泰国TCC集团、香港嘉士伯集团、新加坡三德集团等。2008年开始的世界金融危机致使全球FDI在2008年和2009年连续大幅下降，但是云南外商直接投资FDI受影响小，这主要归功于华商投资的强力支撑。在吸引外资方面，云南省委、省政府积极落实外资优惠政策，不断深化以"放管服"为重点的外资管理体制改革，简政放权，优化服务，大力改善营商环境。下放管理权限，推行"多证合一""单一窗口""单一表格"办理，推广实施外资备案制管理加负面清单管理模式等措施。云南省社科院陈利军副院长认为，云南出台的各项招商政策，促进了外资发展。而且先后出台了《云南省人民政府办公厅关于印发云南省省级重大招商引资项目推进工作办法的通知》《云南省人民政府关于积极有效利用外资促进外资增长推动经济高质量发展的实施意见》《外商投资企业设立及变更备案暂行管理办法》《云南省工业园区产业布局规划（2016—2025年）》《云南省招商引资奖补办法（试行）》《云南省提升利用外资水平政策措施》等政策文件。紧紧围绕重点产业、重点区域、知名企业实施精准招商，并重视重大项目引进落地。根据云南省招商局的统计，2000年年末，全省累计审批成立外商投资企业1958家。2005年合同利用外资4.56亿美元，实际利用外资1.89亿美元，外商投资企业进出口总额为4亿美元。到2005年末，全省累计批准成立外商投资企业2714家，合同利用外资累计18.5亿美元，实际利用外资累计5.8亿美元。到2017年云南实际利用外资累计超过120亿美元，2018年当年全省实际利用外资为6.55亿美元，2019年为7.22亿美元。2020年尽管受新冠疫情影响，但仍取得较好成绩，全年共批准利用外资项目267个，合同利用外资36.76亿美元，实际使用外商直接投资7.59亿美元。华商投资不仅对全省经济增长、结构调整、产业升级、增加就业、区域合作、扩大开放发挥了积极的推动作用，而且对维护和平、促进统一、保持稳定具有特殊的重要意义。作者分析华商和港澳台商投资40年来的主要贡献，表现为“十个促进”。

第一，促进地方经济发展。根据2012年度我省外商投资企业联合年检数字统计，2011年全省港澳台侨资企业实现营业收入392.6亿元，利润53.4亿元，纳税32.9亿元，吸纳就业人数达10万余人。据2012年省侨办统计，侨资企业形成780亿元固定资产，年销售额达320亿元，年缴税20亿元。华商投资是具有积极影响的力量，华商经济是“世界第四大经济体”，是改革开放以来中国经济发展进程中不可或缺的重要因素。尤其是华商与中国改革开放密切联系，其投资为推动中国外向型经济发展，促进中国吸收外资发挥了不可替代的重大作用。

第二，促进行业整合。一批港澳台侨资企业成为整合行业资源、引领行业发展的示范和典型。例如，泰国TCC集团、菲律宾世纪金源集团、印度尼西亚力宝集团、新加坡悦榕酒店集团和中国香港雅居乐集团等世界华商500强企业投资高端酒店，整合旅游资源，成为酒店行业发展的亮点；印度尼西亚三林集团、菲律宾上好佳集团和中国香港华宝集团、新加坡三德集团等国际知名华商企业投资建材、食品加工、烟草配套、精细化工等领域，成为行业整合的领头羊。

第三，促进产业升级。港澳台侨资企业对产业升级、科技创新、产品换代发挥了积极促进作用。例如，香港积华生物医药公司投资昆明积大制药，每年都研发推出新产品、新技术；香港华宝集团与红塔集团合资的云南天宏香精香料公司成为全省烟草行业高新技术企业，达到国际先进水平，在同行业中处于领先地位；联想集团投资昆明联想科技城，引入云计算、研发中心、闪联系统、3D数码等，提升了昆明数字城市水平。

第四，促进对外经贸往来。港澳台侨资企业不仅为对外经贸、现代物流等行业提供资金和技术保障，还引入了先进的营销理念和管理经验，在外贸进出口、商贸流通、现代物流等领域发挥领头带动作用。2012年，云南与香港贸易额达54.9亿美元，同步增长超过8倍；云南与澳门贸易额1685万美元，同步增长14.5%；云南与台湾进出口总额为27200万美元，同步增长103.7%。

第五，促进区域协调发展。港澳台侨资企业由过去集中在滇中地区，逐步向周边地区拓展，目前全省16个州市都有港澳台侨资企业和项目进入，大理、红河、普洱、德宏、临沧等州市成为外商投资新的热点地区。特别要肯定的是，在国际金融危机期间，港澳台侨资企业表现稳健，没有发生大规模停薪、裁员、撤资、逃债、逃税等情况，为促进经济发展、维护社会稳定作出了积极贡献。

第六，促进中外双向投资的桥梁纽带作用，推动了中国改革开放发展进程，有效促进了中国经济增长和社会进步，促进中国经济发展与海外华商投资存在长期稳定的正向协调关系。这进一步充分说明了海外华商投资在中国经济发展中的重要作用。

第七，促进改革开放机制完善。华商投资对中国经济社会发展的贡献有目共睹。他们是中国大陆开放的先行者、社会改革的重要参与者和中国经济奇迹的卓越贡献者，无论是中国大陆的思想解放与观念更新、制度创新与体制变革，还是产业发展升级与社会发展进步，无不渗透着海外华商的影响与推动。

第八，促进云南经济全球化和国际化进程。华商投资带来了广泛的国际市场和商业网络，带来了商事活动的国际化和国际规则。华商投资促进云南加快融入国际产业和供应链进程。

第九，进一步促进了云南各级干部群众思想观念的更新。

第十，进一步促进云南发挥面向南亚、东南亚开放的区位优势。

第五节 华商投资主要经验分析

近年来在滇港澳台侨资企业发展态势良好，是国务院侨办的大力支持指导，是省委、省政府正确领导，全省上下认识统一，围绕云南省发展战略和资源优势精心策划，高位推动的结果。我们在招商实践中总结的主要经验如下。

第一，高位策划，高层推动。省领导亲自过问、批示，推动重大外资项目。历任省长亲自带队前往东南亚以及我国港澳地区，主动上门推动泰国正大集团、泰国 TCC 集团、印度尼西亚力宝集团、马来西亚 IOI 集团和中国香港雅居乐集团、嘉里集团、嘉士伯集团、马来亚银行等世界 500 强国际知名企业投资我省重大项目。省委、省人大常委会、省政府、省政协多位领导带队出访东南亚、南亚等国家，深入开展高层互访，搭建双边多边交流合作平台。

第二，政策支持，优化环境。深入实施桥头堡战略，增投资、扩内需，云南省对外开放思路清晰、方向明确、重点突出、措施有力，相继出台了进一步扩大开放、加强招商引资等一系列条件和政策，形成了较为系统的政策体系。2013 年，省政府专门下发了《关于解决建设项目落地困难进一步改善投资环境的意见》《关于简政放权取消和调整部分省级行政审批项目的决定》等文件，进一步加大简政放权力度，取消调整了一批省级行政审批项目，不断优化了投资环境。

第三，强化措施，注重实效。省商务厅、省侨办、省台办、省招商局等省级部门主要领导亲自抓大项目，强化措施，狠抓重大签约项目落实，吸引外资入滇，成功引进了一批港澳台侨资企业和项目；省发改委、省商务厅、省国土厅、省环保厅、省林业厅等部门改进审批方式，促进项目落地；昆明、曲靖、玉溪、大理、保山、德宏、临沧等州市党委、政府实施招商总动员，强势启动招商引资工作，形成了“招商、优商、安商、富商”的工作局面，外资及港澳台侨资企业引得进、留得住、能发展。

第四，建立机制，强化服务。目前全省县级以上政府都设立了招商引资和外来投资服务机构，建力了领导抓大项目、联系企业、重点企业挂牌保护等制度。各级政府政务中心、服务中心、投诉中心建设不断加强，采取“窗口式”“一站式”“代理式”等方式，不断提高政务服务。

2004 年 6 月 10 日，国务院侨办主任李海峰出席华商大会开幕式并作主旨演讲

2006 年 8 月，全国政协副主席罗豪才（前排左二）出席东盟华商会。云南省省长徐荣凯（前排左一）、副省长邵琪伟（前排左四）、昆明市市长章振国（前排左三）陪同考察东盟华商会和昆交会，对东盟华商会的举办给予了高度评价

2018 年，中国侨联主席万立骏到云南视察省侨联法律服务中心，省委常委、统战部部长杨宁（右二）陪同

2017 年，在第 17 届东盟华商大会上，中国侨联主席万立骏发表主旨演讲

2016 年，中国侨联、省政府领导、华商领袖出席东盟华商大会项目签约仪式

第六章

华商投资云南重要国际平台建设回顾分析

第一节
亲历东盟华商会国际投资平台建设艰难历程

20世纪末，世界经济出现两个显著特点：经济全球化和经济区域化。中国经济与世界经济联系更加紧密的同时，中国与近邻东南亚地区10国经济区域化日益突出，中国—东盟自由贸易区建设在双边高层的强力推动下步伐加快。

经济全球化浪潮席卷全球，贸易壁垒被打破，商品在国际市场开展跨国竞争，资本跨国界流动，劳动力开始前所未有地跨国界旅行。中国作为过去20多年里全球经济增速最快的地区，吸引了大批国际资本和技术人才进入，中国经济与世界经济的联系更加紧密。同时，地区经济一体化趋势愈加明显，东盟10国经济联系日益紧密，东盟在经济、政治领域发挥着越来越重要的作用，中国经济发展与东盟各国的发展联系更加密切，东盟国家急于搭上中国经济高速增长的发展快车实现双方共赢，中国—东盟自由贸易区建设在双边高层的强力推动下步伐加快。全球化、地区经济一体化和中国东盟自由贸易区建设为中国西南地区经济发展创造了独特机遇，云南与东盟各国地缘接近，具有发展与东盟国家经济关系的先天优势。

2003年初，我从省政府外商投资办常务副主任调回省侨办担任副主任。在省外商投资办主持工作3年期间，我系统掌握我国对外开放的战略布局、引资政策及政府外资项目审批的政策和各部门职责、流程，深刻了解国家和省委、省政府引进外资促进云南对外开放的部署、政策和难点。之前我在省侨办工作，熟习了一大批国际知名华商，了解他们对投资云南有较大意向，回到省侨办后，我经慎重考虑，向省侨办领导班子建议：顺应国家大力推动中国—东盟自由贸易区建设大势，抢抓机遇、谋划搭建一个以吸引东盟华商到云南省投资的一个区域性国际投资平台，实现华商资本与全省资源、市场的结合，促进云南省开放发展。省侨办领导班子十分支持我的想法，让我先提出相应的方案，之后我起草了举办东盟华商投资项目推荐会初步方案。

方案建议由国侨办、省政府共同召开此活动。

内容为：省政府介绍云南经济发展战略，发展改革委、商务厅等介绍我省重点招商项目，我省与企业与外商开展招商项目对接洽谈等。

规模：东盟 10 个国家华商，人员 150 ~ 200 人，争取会前推动一批项目，会上正式签约，以增强与会华商信心。

会议拟于 2003 年 8 月举办，这个方案经省侨办领导班子讨论后，由我向时任省政府副省长邵琪伟同志专门作了汇报。邵副省长非常肯定和支持举办此活动，以期为云南对外开放搭建一个新的涉侨国际性引资平台。同时对方案提了明确指示：名称改为“东盟华商投资西南项目推荐会”。

主办：国务院侨办、云南省政府。

协办：四川、重庆、广西、贵州、成都。这个考虑是争取西南部五省市进来，以便和昆明进出口商品交易会配合。活动的关键是恳请国务院侨办支持，能够帮我省邀请一大批有实力、有投资意向的知名华商参会，寻求投资到我省。邵副省长决定由省政府副秘书长崔质涛同志和我立即到国侨办汇报此方案，争取国侨办同意将活动确定下来。

我和崔副秘书长根据省政府领导的指示，立即飞赴北京，向时任国侨办经济科技司副司长谭天星同志作了专题汇报。谭司长非常支持，当即表示同意并且认为这个活动事关重大，又协调安排当天让我们向时任国侨办副主任李海峰同志作了专题汇报。李海峰主任以敏锐目光和站在国家促进中国—东盟自由贸易区建设战略高度，充分用好侨务资源，为国家战略服务，明确表示支持举办此活动，并对举办活动的目的、内容、华商邀请、项目准备，部、省合作协调工作机制等作了明确指示。要求我们回昆后以省政府正式文件，向国侨办申报批准。回昆后，我们将国侨办领导指示向邵副省长作了专题汇报，并起草了活动方案。3 月中旬，经邵琪伟副省长、徐荣凯省长批示同意，省政府正式报国侨办，申请以国侨办、省政府名义举办第一届东盟华商投资西南项目推介会。

活动经国务院侨办正式批准同意后，距正式开会仅有半年时间，在省政府领导、省侨办领导班子支持下，我担任总指挥，负责华商邀请，签约项目落实，中方拟洽谈项目筛选对接，会务筹备组织等工作。邵副省长多次听取汇报，协调省级各部门给予大力配合支持。

第二节 牵头组织10届东盟华商会回顾分析

首届东盟华商会

首届东盟华商会于2003年8月25—28日在昆明成功举办，活动由国务院侨办和云南省政府主办，云南省侨办、云南省经合办和云南省外经贸厅承办，四川、重庆、广西、贵州、成都等省区市共同参与，初步形成了省部共建，西南地区6省区市侨办共同参与的活动机制。

国务院侨办副主任李海峰，云南省政府副省长邵琪伟、省政协常务副主席孟继尧出席会议。来自新加坡、印度尼西亚、菲律宾、马来西亚、泰国、美国、荷兰、法国、丹麦、德国和中国香港、中国台湾12个国家和地区的248名海外华商与西南六省区市337家企业积极参会，规模大大超出了原活动预期。

新加坡中华总商会前任会长郑民川、名誉会长陈共存，泰国中华总商会副主席吴宏丰，印度尼西亚中华总商会主席、大江国际有限公司名誉董事长陈大江，菲律宾国家银行董事长蔡黎明，菲律宾菲华工商总会理事长胡炳南，泰国国会商务委员会主席雷哇，香港美林投资管理公司副总裁章曼琪等12个国家和地区的248名海外华商参会，国务院侨办副主任李海峰出席会议并做主题演讲。省长徐荣凯会见并宴请与会华商。

四川、重庆、云南、广西、贵州、成都六省区市侨办牵头组织的337家企业参加了推介会（包括云南企业 287 家）。会议安排了西南投资机会介绍、项目对接洽谈、参加昆交会经贸活动、东盟华商项目签约仪式等活动。大会促成了一批投资项目，签署了 8 个项目合作协议，总投资 3800 万美元，到位 2782 万美元；达成了丹麦嘉士伯啤酒集团收购大理啤酒厂扩厂 10 万吨项目，台湾展鑫有限公司与昆明眼科医院合作等 4 个投资合作项目（直接投资 3336 万美元）；67 个项目达成合作意向（省外项目录 27 个）。

筹备工作得到了国务院侨办李海峰主任、许又声副主任的支持和领导，经科司吴洪芹司长、谭天星副司长、张毅副司长的具体的领导和支持，从重点华商的邀请，重大项目的对接，到大会的组织安排协调等，都给予了具体的指导和支持。应国务院侨办和省侨办邀请，新加坡中华总商会、印度尼西亚中华总商会、菲律宾菲华商联总会、菲律宾菲华工商总会、马来西亚马中经贸总商会、泰国国会商务委员会、泰国华商联谊会和中国香港潮州商会青年委员会、泰国清莱中华商会等华商组织及嘉士伯集团等企业组团参会。应邀参会的重要华商有新加坡中华总商会会长郑民川、名誉会长陈共存，泰国中华总商会副主席吴宏丰，印度尼西亚中华总商会主席陈大江，菲律宾国家银行董事长蔡黎明，菲律宾菲华工商总会理事长胡炳南，泰国国会商务委员会主席雷哇，香港美林投资管理公司副总裁章曼琪等。

本届推介会是发挥侨力资源优势为中国—东盟自由贸易区建设，为西部大开发战略服务的一次有效的尝试。云南、重庆、四川等省市政府的领导出席会议并作投资机会介绍。地州市党委、政府积极参与推介会的相关活动，广泛与华商进行接触，会议期间还举办了昆明市、文山州等专场投资推介会。

推介会后，各华商团均致电函向省侨办表示感谢，并诚挚地邀请省侨办回访，以进一步促进双方的友好交往，扩大合作。《人民日报》在对这次推介会的报道中说，为海外华商举办项目推介会，不仅能促进海外华商在中国开拓市场，也能使发展前景不错的中国企业走出去到东盟国家投资，在海外华商自身经济实力不断壮大的同时，促进中国西南地区的经济社会发展，使合作双方实现“双赢”。上海《解放日报》记者对推介会的评价是“打了一手漂亮的‘侨牌’”。《春城晚报》在对推介会成功签约的报道中说，这是华商关注云南、投资云南的一个新的标志和新的起点。

东盟华商会是国侨办与云南省政府合作，发挥侨务资源优势，促进西南地区与东盟华商合作交流，促进西南地区对外开放的一项重要举措，是侨务部门紧紧围绕国家发展新战略和对外开放新格局而举办的一项重要涉侨经贸品牌活动。在首届成功开展的基础上，国务院侨办和云南省政府共同决定，东盟华商会每年在昆明举办一届。

第二届东盟华商投资西南项目推介会

主题：东盟华商投资西南共谋发展

主办：国务院侨办、云南省政府

承办：云南省侨办、云南省经合办和云南省外经贸厅

协办：四川省侨办、重庆市侨办、广西壮族自治区侨办、贵州省侨办、成都市侨办

时间：2004年6月4—7日

国侨办李海峰副主任，云南省政府徐荣凯省长、邵琪伟副省长等省部级领导出席会议。来自新加坡、印度尼西亚、菲律宾、马来西亚、泰国、缅甸、荷兰、德国、美国、中国香港10个国家和地区的146名海外华商参会，四川、重庆、云南、广西、贵州、成都六省区市221家企业参会。

泰国中华总商会主席郑明如，新加坡金轮控股私人有限公司执行董事主席王钦杰，印度尼西亚中华总商会总主席、大江国际有限公司名誉董事长陈大江，菲律宾华商联合总会副理事长、董事长甄炳兴，菲律宾菲华工商总会理事长许自钦，泰国国九属会馆、泰国云南会馆理事长欧阳嘉运，全德华侨华人联合会常务副主席金剑苏，泰国正大集团副总裁黄叶夫，香港华润电力，菲律宾上好佳集团等重要华商和团体参会。

签署了泰国宪成集团投资曲靖市新建20万吨工业大麻纸浆项目，协议利用外资2.2亿美元；香港皇骏国际有限公司投资建设嵩明东盟国际旅游商务度

假项目，协议利用外资 2.5 亿美元等 17 个项目，协议利用外资 4.79 亿美元。

第三届东盟华商投资西南项目推介会

主题：东盟华商投资西南共谋发展

主办：国务院侨办、云南省政府

承办：云南省侨办、云南省经合办和云南省外经贸厅

协办：四川省侨办、重庆市侨办、广西壮族自治区侨办、贵州省侨办、成都市侨办

时间：2005 年 6 月 3—4 日

设四川馆、成都馆、重庆馆、广西馆、贵州馆、云南馆等 6 个洽谈区域，每个展洽区域按照 20 个国际标准展位进行安排，6 省区市企业同时与华商进行洽谈。国侨办李海峰副主任，云南省政府徐荣凯省长、刘平副省长，省委王学仁副书记及省部级领导出席会议。

来自新加坡、菲律宾、印度尼西亚、泰国、马来西亚、缅甸、美国、德国、澳大利亚、日本、巴西和中国香港、澳门等 13 国家和地区的 130 名华商，西南六省区市的 136 家企业参会。泰国 TCC 集团董事局主席苏旭明、泰国九属会馆主席李光隆、印度尼西亚中华总商会总主席陈大江，以及美国华尔顿集团、马来西亚南发集团、泰国宪成集团等一些大的华商企业参会。

签署了美国华尔顿集团投资建设昆明东盟国际商贸港项目等 14 个项目，其中：投资协议 9 项，拟利用外资 4.9 亿美元；贸易合同 5 项，年出口金额 350 万美元。

第四届东盟华商投资西南项目推介会暨亚太华商论坛

主题：东盟华商投资西南共谋发展

主办：国务院侨办、云南省政府

承办：云南省侨办、云南省经合办和云南省外经贸厅

协办：四川省侨办、重庆市侨办、广西壮族自治区侨办、贵州省侨办、成都市侨办

时间：2006年8月23—24日

在东盟华商会上增设亚太华商论坛，国际涉侨经贸平台不断完善。随着我国开放形势发展，国家推动西部大开发战略，需要东盟华商会的办会形式、规模、内容要不断充实创新。2006年，筹备第四届东盟华商会时，为了满足海外侨胞希望了解中国西部“十一五”战略发展规划，进一步扩大与中国合作的良好愿望，根据省政府领导指示，我率队到国侨办向李海峰主任、经科司谭天星司长作专门汇报，建议在“东盟华商会”后，增加“暨亚太华商论坛”文字，丰富东盟华上会的内涵，得到了国侨办领导同意。增加了“亚太华商论坛”板块，进一步丰富了活动内容，实现了投资引导和宣传效果的提升。首届论坛围绕“关注中国西部，共谋合作发展”的主题，进一步推动海外华商与云南和中国西南地区的合作交流。同时，也为西南五省区企业搭建了一个与华商交流、了解海外信息和实现企业走出去的平台，增加了活动内涵，扩大了活动影响力。

论坛主题为“关注中国西部，共谋合作发展”，6位知名海外华商精彩演讲，全国政协副主席罗豪才，国务院侨办主任李海峰，云南省省长徐荣凯、副省长刘平，重庆市人大常委会副主任赵公卿，四川省政协副主席陈杰，广西壮族自治区政府副主席刘新文，贵州省政府副省长蒙启良等省部级领导出席会议，并推介各省的最新发展战略、重点招商项目。以第四届东盟华商会为标志，我们将办会模式、内容、项目洽谈与论坛结合，有了创新，办会趋于成熟。

邀请了来自新加坡、马来西亚、泰国、印度尼西亚、菲律宾、缅甸、老挝、美国、加拿大、澳大利亚、新西兰、日本和中国香港13个国家和地区的180名海外华商参会。其中，亚太地区的主要华商会均组团参会，一批世界华商500强企业、有项目意向的华商企业集团参会，包括泰国TCC集团、泰国正大集团、印度尼西亚融侨集团、印度尼西亚金峰集团、泰国宪成集团、新加坡三德集团、美国华尔顿集团、新加坡保费融资有限公司等。

签署了泰国TCC集团收购昆明樱花酒店、邦克饭店项目、新加坡三德集团投资大理水泥生产线项目等37个项目，协议外资17.45亿美元。其中：云南省有28个项目，协议外资8.81亿美元；西南五省区市有9个项目，协议外资8.64亿美元。云南签约的28个项目中，有正式合同2项，合同外资1825

万美元；投资协议 1 项，协议外资 8625 万美元；投资意向 25 项，协议外资 7.75 亿美元。

参加大会的西部各省政府领导

香港积华制药董事总裁刘建彤（左二）与楚雄州政府经开区主任张华（左三）参加大会签约项目

泰国中华总商会会长吴宏丰（前排左一）、马来西亚中国经济贸易总商会会长颜清文（前排左二）

印度尼西亚广肇总会会长林源德（前排左二）、缅甸华商商会会长赖松生（左三）

东盟华商会重点项目洽谈馆

海外华商积极参加各项目洽谈活动，达成了一批投资意向

美国华商会与呈贡新区管委会、招商局洽谈拟投资项目

印度尼西亚金峰集团董事长林文光（左一）和中国侨商会副会长屠海鸣（左二）洽谈投资项目

东盟各国华商与各省政府代表洽谈拟投资项目

华商出席东盟华商大会

2012 年东盟大会举行华商投资项目大型签约活动

2011 年，华商出席项目签字仪式

第五届东盟华商投资西南项目推介会暨亚太华商论坛

主题：东盟华商投资西南共谋发展

主办：国务院侨办、云南省政府

承办：云南省侨办、云南省经合办和云南省外经贸厅

协办：四川省侨办、重庆市侨办、广西壮族自治区侨办、贵州省侨办、成都市侨办

时间：2007 年 6 月 5—6 日

论坛主题：关注中国西部，共谋合作发展

国侨办许又声副主任，云南省罗正富常务副省长、刘平副省长，省人大常委会常务副主任牛绍尧、副主任王义明，省政协常务副主席管国忠、副主席曾华等省部级领导参会。

菲律宾联盟银行董事长陈永栽、香港玖龙纸业有限公司董事长张茵、泰国九属会馆主席李光隆、中华总商会总主席陈大江、新加坡中华总商会名誉会长郑民川、日本中华总商会会长黄耀庭、马来西亚中华大会堂总会长林玉唐、香港潮州商会会长马介璋、香港中华厂商联合会第一副会长尹德胜等重点华商参会签署了丹麦嘉士伯集团投资大理啤酒厂扩产 20 万吨项目等 4 个正式合同和投资协议。签署正式合同和投资协议 4 项，总投资额 14.6 亿元，分别是：丹麦嘉士伯集团投资 2288 万美元建设大理啤酒厂扩产 20 万吨项目；新加坡三德集团投资 7700 万美元在弥渡县新建 200 万吨水泥生产线项目；美国华尔顿集团投资 5800 万美元建设阳宗海亚太华商论坛旅游综合项目；日本 H.I.C 株式会社投资 256 万美元中日合资生产 SONYPS2 游戏机软件项目。会期达成投资意向 8 项，总投资额 851.1 亿元。正式合同和意向总投资达 23.11 亿元，产业包括建材、食品、旅游、酒业、工业园区、软件外包等。

达成重大投资意向 4 项：香港玖龙纸业拟投资云南林浆纸一体化项目，泰国九属会馆主席李光隆拟投资兴建云南华侨城项目，马来西亚发林集团董事长林玉唐拟投资曲靖、昆明建设云南华商工业园项目，泰国华人青年商会拟投资曲靖建设云南华商工业园项目。

第六届东盟华商投资西南项目推介会暨亚太华商论坛

主题：东盟华商投资西南共谋发展

主办：国务院侨办、云南省政府

承办：云南省侨办、云南省经合办和云南省外经贸厅

协办：四川省侨办、重庆市侨办、广西壮族自治区侨办、贵州省侨办、成都市侨办

地点：中国昆明

时间：2008年6月5—6日

论坛主题：关注中国西部，共谋合作发展

国务院侨办李海峰主任、任启亮副主任，省政协王学仁主席、省政府罗正富常务副省长，省政府刘平副省长、顾朝曦副省长、和段琪副省长，省政协王学智副主席、曾华副主席等省部级领导出席会议。

来自泰国、印度尼西亚、新加坡、菲律宾、马来西亚、缅甸、老挝、柬埔寨、美国、加拿大、英国、法国、荷兰、芬兰、澳大利亚、日本、俄罗斯、阿根廷、巴西和中国香港、中国台湾21个国家和地区的359名海外侨领和华商参会，为历届规模较大的一次。

泰国正大集团副董事长、正大能源化工集团有限公司董事长谢炳，香港玖龙纸业（控股）有限公司董事长张茵，泰国中华总商会主席吴宏丰，菲律宾菲华商联总会理事长陈本显，印度尼西亚中华总商会总主席陈大江，菲律宾上好佳集团董事长施恭旗，马来西亚慕达纸业有限公司董事长、马来西亚中华工商联合会名誉会长林源德，马中经贸总商会总会长杨天培，中信物流有限公司董事长谈惠法，丹麦嘉士伯集团大中华区总裁王克勤，美国联邦快递公司亚太区董事总经理田长桉，印度尼西亚力宝集团中国区总裁郑承文，印度尼西亚三林集团包装工业集团公司副董事长兼总裁林克旭，菲律宾陈永栽集团公司副总裁蔡黎明，新加坡大华银行大华创投高级经理许春晖，新加坡三德集团董事局主席高新平等重点华商参会。

签署了香港玖龙纸业有限公司投资60亿元建设云南速生丰产林项目等4

个正式投资协议，总投资额24.15亿美元（170亿元）。分别是：云南省政府与香港玖龙纸业有限公司签署投资速生丰产林项目框架协议，总投资60亿元，分别在临沧、德宏、大理建速生丰产林基地；泰国正大置地有限公司与昆明市政府签署呈贡新城合作开发建设投资框架协议书，项目总投资100亿元；泰国正大制药集团与云南云河制药有限公司签署组建中外合资正大云河制药有限公司合作协议，项目总投资1亿元；美国华尔顿集团与昆明高新区签署锂离动力蓄电池新能源（昆明）产业化基地项目合作协议，项目总投资10亿元。

第七届东盟华商投资西南项目推介会暨亚太华商论坛

主题：东盟华商投资西南共谋发展

主办：国务院侨办、云南省政府

承办：云南省侨办、云南省经合办和云南省外经贸厅

协办：四川省侨办、重庆市侨办、广西壮族自治区侨办、贵州省侨办、成都市侨办、北京市侨办、上海市侨办、江苏省侨办、广东省侨办

时间：2009年6月5—6日

论坛主题：应对金融危机，促进华商发展

发端于2008年的美国金融危机，引起了全球经济动荡，海外华商在这场危机中，面临严重损失或巨大金融压力。东盟华商会在此严峻经济形势下，是否还继续举办，如何确定论坛主题，华商投资项目是否还有意向或能力，这是摆在国侨办和省委、省政府面前的一大考验，亦是摆在我面前的一大挑战（2008年年初，我从副主任被省委提拔为省侨办主任）。2009年是否继续办东盟华商会，形势很严峻。2008年底至2009年初，顾朝曦副省长多次找我去汇报，分析海外华商经济形势。经多番研判，省政府领导果断决策，继续办第七届东盟华商会和论坛，要回答华商普遍关心的如何应对全球金融危机问题。

国务院侨办副主任任启亮，省政协主席王学仁，省委常委、常务副省长

罗正富，省人大常委会副主任江巴吉才，省政府副省长高峰、顾朝曦、和段琪，省政协副主席曾华等省部级领导出席部分会议。举办了大理州、昆明市两场专题投资推介酒会。共有来自泰国、新加坡、马来西亚、菲律宾、印度尼西亚、缅甸、老挝、柬埔寨、澳大利亚、日本、美国、加拿大、巴西、德国、捷克、奥地利、斯洛伐克、葡萄牙、荷兰、意大利、西班牙、英国、比利时、芬兰、丹麦、新西兰、韩国和中国香港、中国澳门、中国台湾30个国家和地区的530名海外侨领和华商参会，为历届规模较大的一次。

一批层次高、投资意向强的世界华商500强企业和知名华商出席大会，包括：新加坡中华总商会国际事务委员会主席、新加坡仁恒置地集团有限公司董事局主席兼总裁钟声坚，泰国中华总商会主席吴宏丰，泰国九属会馆主席陈汉士，泰国潮州会馆永远名誉主席胡玉麟，泰国九属会馆名誉会长李光隆，泰国华人青年商会会长李桂雄，印度尼西亚友光集团名誉董事长陈大江，印度尼西亚三林集团包装工业集团公司总裁林克旭，菲华商联总会名誉理事长蔡聪妙，菲华联谊总会理事长黄进清，马中经贸总商会荣誉会长、马来西亚慕达控股有限公司董事主席林源德，马中经贸总商会荣誉会长、马来西亚五杰集团董事长颜清文，新加坡三德集团有限公司董事局主席高新平，缅甸华商商会会长赖松生，香港潮州商会会长许学之，香港中华厂商联合会会长尹德胜，香港佳宁娜集团董事总经理马鸿铭，香港中联亚投资集团董事长高级助理桑园园，德国中西部华侨华人促统联盟主席蒋平，英国华人社团联合总会会长李文兴，丹麦中华工商联合协会名誉会长曹燕灵等重要华商，是历届参会海外华商层次较高的一届。

正式签署香港（北京）中联亚有限公司投资100亿元在呈贡新区开发行政商业中心项目等一批合作合同、协议共8项，总投资110亿元。

第八届东盟华商投资西南项目推介会暨亚太华商论坛

主题：东盟华商投资西南共谋发展

主办：国务院侨办、云南省政府

承办：云南省侨办、云南省经合办和云南省外经贸厅

协办：四川省侨办、重庆市侨办、广西壮族自治区侨办、贵州省侨办、成都市侨办、北京市侨办、上海市侨办、江苏省侨办、广东省侨办

地点：中国昆明

时间：2010 年 6 月 5—6 日

论坛主题：抢抓桥头堡机遇，促进华商合作发展

国务院侨办任启亮副主任，省委常委、省纪委书记李汉柏，副省长顾朝曦，重庆市政府副市长周慕冰等省部级领导出席会议。

举办重庆市、曲靖市两场专题投资推介酒会。

本届大会共有来自泰国、新加坡、马来西亚、菲律宾、印度尼西亚、缅甸、澳大利亚、日本、美国、加拿大、巴西、德国、荷兰、意大利、英国和中国香港、中国澳门、中国台湾等 18 个国家和地区的 360 名海外侨领和华商参会。

一批层次高、影响力强的世界华商 500 强企业和知名华商出席大会，包括：新加坡仁恒置地集团有限公司主席兼总裁钟声坚，全国政协委员和中国香港中华总商会会长、中国香港新华集团主席蔡冠深，泰华九属会馆主席、泰万威冷冻食品有限公司董事长陈汉士，泰国中国商会主席、泰国苏记电器电脑集团总裁苏锦选，泰国正大置地股份有限公司总裁杨小平，香港潮属社团主席和中国香港潮州商会会长和中国香港隆昌行（集团）有限公司主席许学之等 30 余位有影响、有实力的重要华商参会签署正式合作合同、协议 6 项，总投资 6.85 亿美元；通过项目推介会洽谈达成意向协议 72 个，总投资 7.2 亿美元。

第九届东盟华商投资西南项目推介会暨亚太华商论坛

主题：东盟华商投资西南共谋发展

主办：国务院侨办、云南省政府

承办：云南省侨办、云南省经合办和云南省外经贸厅

协办：四川省侨办、重庆市侨办、广西壮族自治区侨办、贵州省侨办、成都市侨办、北京市侨办、上海市侨办、江苏省侨办、广东省侨办

特邀：浙江省侨办、福建省侨办、海南省侨办

时间：2011年6月5—6日

论坛主题：抢抓桥头堡机遇，促进华商合作发展

国侨办主任李海峰、副主任任启亮，云南省委副书记、代省长李纪恒，省人大常委会副主任李春林，云南省副省长刘平、顾朝曦，广西壮族自治区政协副主席李彬，贵州省政协副主席陈敏等省部级领导出席部分会议。

来自28个国家和地区的500多位海外侨领、华商参加活动。中国侨商会常务副会长、印度尼西亚力宝集团董事局主席李文正，美国金鹰集团董事长王恒，泰国中华总商会主席、猜兰建筑有限公司董事长吴宏丰先生，新加坡中华总商会副会长、新加坡仁恒置地集团有限公司主席兼总裁钟声坚先生，香港潮州商会会长、穗屏企业有限公司董事总经理陈幼南先生，泰国中华总商会，泰国九属会馆，印度尼西亚中华总商会，菲律宾华商联合总会，全德华侨华人联合会，印度尼西亚金锋集团等重点华商和团体参会。达成8个正式投资合作项目，总投资20.2亿美元；洽谈达成了182个合作意向，投资金额达到21.4亿美元；西南5省（区市）达成66个项目意向，占36%。

第十届东盟华商投资西南项目推介会暨亚太华商论坛

主题：关注中国西部、共谋合作发展、展示十年辉煌、携手共创繁荣

论坛主题：抢抓西南开放机遇、促进华商合作发展

主办：国务院侨办、云南省政府

承办：云南省侨办、云南省经合办、云南省商务厅

协办：四川省侨办、重庆市侨办、广西壮族自治区侨办、贵州省侨办、成都市侨办、北京市侨办、上海市侨办、江苏省侨办、广东省侨办

时间：2012年6月5—6日

国务院侨办副主任赵阳，云南省委副书记、省长李纪恒，省人大常委会

副主任杨保健，省政府副省长刘平、顾朝曦，省政协副主席陈勋儒、曾华，贵州省副省长蒙启良，广西壮族自治区副主席蓝天立等领导出席会议。

第十届东盟会项目签约成果创历史新高。经过会前精心推介招商洽谈，本届东盟商会共签署正式合同、协议7项，总投资336亿元，折合50.5亿美元，比上届投资额增加了150%，是历届东盟华商会签约金额最多、履约率最高的一届。

其中，正大集团农业项目动工实施，嘉士伯大理啤酒厂扩建项目动工，力宝大理项目动工等。签约项目涉及农业、食品加工、IT信息技术、酒店、旅游、矿产业、加工制造和商贸物流8个产业。

通过项目推介和洽谈，达成了69个合作意向协议，总投资金额171亿元，折合26亿美元，涉及农业、能源、水利、交通、环保、建材等16个产业。其中，西南重庆选冶炼项目，世界500强企业丹麦嘉士伯集团与省政府签署酒业战略合作协议投资50亿元扩产大理啤酒厂100万吨/年。正大集团、力宝集团和嘉士伯集团具有很强的经济实力和科技实力，具有非常强的项目示范性和带动性。正大新农村建设项目充分凸显华商看好云南桥头堡战略实施商机，看好云南跨越发展新战略。嘉士伯啤酒项目将建成面向东南亚、南亚的啤酒出口基地，凸显云南的地缘经济优势。力宝项目、浙商项目等投资金额大，对提升我省高端酒店业、矿产业和加工出口业发展将发挥积极作用。

李海峰主任在“第九届东盟华商投资西南项目推介会暨亚太华商论坛”开幕式上的讲话

2011年6月5日

尊敬的云南省政府领导、各位海外嘉宾、各位朋友，女士们、先生们：

由国务院侨务办公室和云南省人民政府共同主办的“第九届东盟华商投资西南项目推介会暨亚太华商论坛”，在美丽的春城——昆明隆重开幕了！首先，我谨代表国务院侨务办公室，向远道而来的侨胞们、朋友们致以亲切的问候和良好的祝愿！

中国与东盟山水相连，是好邻居、好朋友、好伙伴。2010年1月1日，中国—东盟自由贸易区正式建立，双方合作呈现出全面、务实、深入发展的新格局。2010年中国与东盟贸易总额高达近3000亿美元，进出口额分别增长44.8%和30.1%，中国成为东盟第一大贸易伙伴。在国际风云不断变幻的新形势下，中国和东盟的政治互信不断加深，战略沟通与协作更加密切，走出了一条具有亚洲特色的区域合作之路，展现了前所未有的发展前景。中国西南地区与东盟国家毗邻而居，山同脉，水同源，是连接中国与东盟国家的重要交通枢纽。“十二五”时期，随着我国深入实施西部大开发战略，大力提升沿边开放的质量和水平，积极推进兴边富民工程，我国西南地区将从国家开放的末端变为开放的前沿，成为经济发展的重要增长极。

云南省外接东南亚、南亚和印度洋沿岸国家，内连西南及东中部腹地，是我国面向西南开放的重要门户。这些年来，云南省委、省政府带领全省各族人民，大力实施“绿色经济强省、民族文化大省、连接南亚东南亚国际大通道”战略，克难攻坚，开拓创新，经受了国际金融危机的巨大冲击和百年不遇特大旱灾的严峻考验，经济、社会、文化和生态文明建设等各项事业取得跨越式发展，滇中城市群带动能力明显增强，区域自主发展能力明显提高。不久前，国务院下发了《关于支持云南省加快建设面向西南开放重要桥头堡的意见》，这在我国对外开放进程中、在云南发展史上具有里程碑意义，也体现了中央对云南省工作的高度肯定和支持。这一重大战略凝聚了省委省政府把握科学发展、和谐发展、开放发展的战略思维，必将载入中国沿边对外开放的辉煌史册。省委、省政府从政治和战略的高度重视侨务工作，重视发挥海外侨胞在云南对外开放和经济社会发展中的作用，多次对侨务工作做出重大部署，以省政府名义专门召开华文教育工作专题会议，华文教育工作走在全国前列；华侨农场历史遗留问题得到全面解决，创造了许多新鲜经验；各项侨务活动特色鲜明，亮点纷呈，影响广大，云南成为全国侨务工作最具活力的省份之一。

女士们，先生们：

在推进中国与东盟区域经济一体化进程中，广大东盟华商发挥了排头兵的作用。在今年博鳌亚洲论坛——华商圆桌会议上，国家主席胡锦涛亲切会见了与会的华商领袖。华商企业家一致认为，广大华商的发展正面临再创事业辉煌的新机遇。我想，这主要基于以下四大因素：

一是经过改革开放30多年的发展，中国经济对世界经济的影响更加深入，为华商事业发展提供了更加广阔的空间；

二是随着区域经济合作和经济全球化步伐加快，海外华商所具有的中外文化背景更加具有优势，跨国投资和合作的势头更加强劲；

三是各国政府致力于发展经济，为华商企业在当地的发展提供了相对稳定的环境；

四是华商企业不断发展壮大，发展步伐更加稳健。

我相信，广大华商一定能够抓住中国新一轮对外开放特别是西南地区开发开放的历史机遇，不断创造事业的新辉煌！

随着自贸区双边经济的相互融合，中国与东盟在文化、教育等方面的交流合作也将更加密切。今天，国务院侨办与云南省人民政府共同建设的云南华文学院将正式挂牌成立。我们希望通过文化的交流，不断增进中国和东盟各国的相互了解和理解，在相知中生和谐，在和谐中促共荣。

最后，祝本届“东盟华商会”取得圆满成功，祝各位嘉宾身体健康、阖家幸福、事业兴旺！谢谢大家！

2012年，第十届东盟华商大会签约仪式。这次大会共签订正大集团、嘉士伯集团、力宝集团等世界500强企业7个项目合同

2013年，泰国TCC集团扩大投资6.3亿元人民币，重新装修其并购的两个国际五星级酒店。苏主席和夫人（前排左七、左八）出席酒店新装修开业仪式

2011 年，印度尼西亚力宝集团主席李文正在大会做主题演讲

2012 年，在第十届东盟华商会上，泰国正大集团董事长谢国民（左一）发表主题演讲

2016年6月，中国侨联副主席李卓彬（前排左一），云南省委常委、副省长张国华（前排左二）签署了中国侨联支持云南省举办东盟华商会的战略协议

2010年，泰国正大集团董事长谢国民在东盟华商会论坛上作演讲

2010 年，泰国正大集团副董事长杨小平在东盟华商会上作主题演讲

2012 年，泰国中华总商会主席吴宏丰在东盟华商会论坛上作演讲

2010 年，出席华商会的侨领

2011 年，出席东盟华商会的侨领法国总商会长、巴黎士多集团主席郑辉（左二），英国总商会长邓柱廷（左三）

2010 年，作者与泰国知名华商胡玉麟会长（左二）、印度尼西亚知名华商陈大江主席（左三）出席在北京召开的世界华商论坛大会

云南省侨办张新明副主任率团访问印度尼西亚中华总会

第三节
不断完善涉侨经贸投资国际平台

一、努力推动将东盟华商的办会模式上升为部省合办

2009年初，根据国务院侨办领导意见我在省政府常务会上汇报，拟将东盟华商会纳入昆交会统筹，提升其办会规格，省政府决策同意，同时确定办会经费增加到每届350万元。按照云南省政府统筹安排，经国侨办同意，东盟华商会活动纳入“中国昆明进出口商品交易会”（以下简称昆交会）统一办会机制，作为与昆交会同步举办的国际性商务活动平台，从邀请领导、项目签约、出席活动、安全保卫等都纳入昆交会系列活动，给予了统筹安排。

2009第七届东盟华商会举办前，我办增加了领导班子成员张新明任副主任。这位同志工作积极主动，配合我主抓经科处，负责东盟华商会筹备工作。张新明亲自跑了东部四省市，增加了北京、上海、江苏、广东四省市侨办为协办单位，活动形成西部六省区市和东部四省市共同参与的“6+4”模式。同时还举办了重庆洽谈会专场，增设了东部侨资企业洽谈馆，为西部各兄弟省区市共享侨务资源，服务东部侨资企业产业转移进行了创新。对洽谈方式进行改进，加强会前项目对接，增强了会中项目洽谈针对性，提升了活动的实效性。2011年第九届东盟华商会，进一步扩大了与东部省市的合作，省侨办主任办公会决定，由张新明副主任率队到东部五省商议，争取各省组织企业到会，共享华商投资的商机。特邀浙江、福建和海南三省侨办参加，合作模式变为“6+4+3”。亚太华商论坛除华商外还邀请西部省区市领导进行演讲，创新了活动内容形式，更好实现了政府与华商的交流互动。在投资项目洽谈方式上努力向国际化、专业化方向发展，在论坛选题上紧扣国际、国内经济形势热点和华商关注重点题材，创新演讲方式，充分发挥投资导向作用。

由于东盟华商会日益成熟，成果突出，2011年国务院侨办将东盟华商会列为重点支持的全国侨务系统两大经济科技会展活动之一，依托此平台重点开展招商引资和经贸合作。

二、积极争取部省领导重视支持东盟华商会

经过10年的发展，东盟华商会的层次和规模不断提升，内容更加丰富，形式更加多样，影响不断扩大，宣传效果明显，成效显著，成果丰硕。东盟华商会在发挥侨务资源优势，服务国家西部大开发战略和桥头堡建设方面的功能和作用日益明显，展现出了旺盛的生命力。东盟华商会已不仅仅是一个涉侨投资促进的平台，而且成为国家转变经济增长方式、实现“十二五”“十三五”发展目标、实施西南大开发辐射中心建设的一个服务平台，是为国家对外开放大局服务、为建设我国向西南开放的桥头堡服务、为建设辐射中心服务为实施国家区域发展战略服务的一个重要平台。

自2003年国务院侨办和云南省政府共同创办东盟华商会这一涉侨经贸品牌活动以来，活动的层次和规模不断提升。党和国家领导人，国侨办和省委、省政府领导非常重视侨务引进侨商促进我国开放工作和西部地区发展。全国政协副主席罗豪才专程来滇出席第四届东盟华商会。全国政协副主席（时任国务院侨办主任）李海峰始终关心重视东盟华商，6次出席讲话，帮助推动重大华商投资项目落地。

东盟华商会已经成为国侨办支持西部发展的重要品牌活动，国侨办李海峰主任、许又声副主任、任启亮副主任、庄荣文副主任、王晓萍副主任等多位领导多次出席活动，经科司给予重要领导、支持。国务院侨办李海峰主任6次出席活动，要求东盟华商会“一届要比一届好，一届要比一届实；精益求精、追求完美、务求实效”。

云南省政府将东盟华商会作为对外开放重要平台进行建设，省政府常务会议每年都听取东盟华商会筹备工作情况汇报，统筹安排。云南省委书记、省长等领导每次均出席会议并作讲话，李纪恒省长、邵琪伟副省长、刘平副省长、

顾朝曦副省长等省领导多次出席活动并做重要讲话。国务院侨办、省委、省政府领导非常重视东盟华商会的作用，要求东盟华商会要精心组织，办出特色，每届办成几件实事。关于侨务招商引资工作：要坚定不移地推进战略合作，通过大力引进战略投资者，促进、带动我省产业结构调整和优化升级。

2011年第九届东盟华商会上，为积极发挥侨务资源优势，服务云南桥头堡建设，云南省侨办积极向国侨办汇报，争取对云南桥头堡建设给予政策支持。在2011年6月5日举办的第九届东盟华商会上，省政府顾朝曦副省长与国侨办副主任任启亮签署了《国务院侨务办公室与云南省人民政府关于发挥侨务资源优势支持云南桥头堡战略合作协议》，明确了国侨办将在打造对外开放平台和基地，助推云南经济结构调整和发展方式转变，加强华文教育合作，扩大对外文化交流和宣传，为侨服务、改善民生，加强对云南侨务工作的领导六个方面支持我省桥头堡建设。

三、打造投资共赢的平台

东盟华商会坚持投资促进为导向，积极引导海外华商把握中国西部大开发和桥头堡建设的战略机遇，深耕中国西部市场，在中国经济快速增长的机遇中寻求自身事业发展，实现双赢。

依托东盟华商会和亚太华商论坛这一平台，东盟华商看到了西南和云南蕴藏的商机，看到了双方合作的前景是广阔的，潜力是巨大的，进一步感受到了云南省领导引进华商的诚意和改善云南投资环境、树立开放新形象的坚强决心，进一步增强了投资云南的信心和意愿。云南独特区位优势，面向东南亚、南亚的辐射功能和桥头堡建设和沿边开放的独特机遇，得到了华商的高度关注和广泛认可。参会华商提出“得西南者得天下”，要“立足云南，汇通天下”，对投资云南满怀信心和希望。

国侨办领导积极评价东盟华商会的投资导向作用。国侨办李海峰主任在第六届东盟华商会开幕式讲话中，充分肯定了东盟华商会和东盟华商的作用。她指出，东盟华商会已成为推动中国—东盟区域经济合作，推动中国西南地区特别是云南与海外华商合作交流的重要平台，为华侨华人的事业发展，为云南的对外开放开发，发挥了重要的桥梁作用；东盟华商在促进中国—东盟自由贸易区建设中具有独特的作用，希望广大华商通过此次活动，进一步增进对西南地区投资环境的了解，加深对中国西部大开发战略的认识，抓住机遇，共谋更好的合作发展。

参会华商看重东盟华商会在西南各省区市的影响力，一致看好中国西南发展，看好云南。香港玖龙纸业有限公司董事长张茵在东盟华商会上说："云南是一个资源大省，是一个非常有潜力的省份，面向东南亚、南亚，可以直接辐射到东盟国家，其独特的区位优势对所有的投资者都具有吸引力。"菲律宾联盟银行董事长陈永栽说："云南与东盟相邻，商机很大。我还要来，要在云南做些实事。"世界500强企业、美国联邦快递公司亚太区董事总经理田长桉在接受媒体采访时说："云南正成为中国连接东南亚国家的重要交通要道，对中国西南地区乃至湄公河次区域经济发展都起着积极的带动和辐射作用。联邦快递公司十分看重云南的区位优势和对东南亚地区的辐射功能，愿意参与到中国西部大开发和云南物流业的发展中来。"新加坡仁恒集团董事长钟声坚在接受媒体采访时表示："云南将是新加坡中华总商会3.5万个企业理想的投资佳地，云南不仅环境好、资源好，还是中国面向东盟的窗口，只要在云南立足，就意味着打开了拥有19亿人口的东盟市场。"

东盟华商会在坚持投资导向作用的同时，坚持以项目推介作为核心，以投资促进为根本，坚持在侨务招商引资领域取得项目突破，服务西南各省区市经济社会发展。每届华商会前，我均亲自率省侨办、省招商局、省商务厅、项目所在地州市相关领导和相关企业，围绕重点项目，专门到东盟国家做项目专题介绍，推介协调重大投资项目。有时为了一个重大华商项目，一年几次到东盟出访紧盯项目。如泰国正大项目、泰国TCC项目和中国香港嘉士伯项目、新加坡三德项目、印度尼西亚力宝项目等。我们省侨办领导班子团结干实事，省侨办分管的副主任张新明，秘书处、国外处、经科处、文教处领导李荣、张鹏、马春、樊心红、杨波、李鸿宾、刘云娥、马昌志、胡恒富、高利元等处长积极配合，尽职尽责，克难攻坚配合促成了一批大项目。经过10年的不断耕耘，东盟华商会取得了丰硕的成果。据统计，10届东盟华商会共组织了20场项目专题推介会，西南六省区市1200余家企业参会，来自近50个国家的4000余人次的华商与各省区市企业进行对接和洽谈。活动累计签署正式合同100余个。总投资220亿美元，实际到位资金50余亿美元。

第一届东盟华商会即签署了丹麦嘉士伯啤酒集团收购大理啤酒厂项目等4个投资合作项目；第二届东盟华商会签署了菲律宾上好佳（中国）食品有限公司投资云南建设马铃薯种植基地项目等17个项目；第三届东盟华商会签署了美国华尔顿集团投资建设昆明东盟国际商贸港项目等14个项目；第四届东盟华商会签署了泰国TCC集团收购昆明樱花酒店项目、新加坡三德集团投资大理水泥生产线项目等37个项目；第五届东盟华商会签署了丹麦嘉士伯集团投资大理啤酒厂扩产20万吨项目等4个正式合同和投资协议；第六届东盟华商会签署了香港玖龙纸业有限公司投资60亿元建设速生丰产林项目等4个项目协议；第七届东盟华商会共有香港（北京）中联亚有限公司投资100亿元在呈贡新区开发行政商业中心项目、新加坡三德集团投资大理水泥厂项目等8个项目签署投资协议；第八届东盟华商会上共有泰国TCC集团投资5.2亿元改造管理邦克酒店和樱花酒店项目等6个正式合同、协议签署；第九届东盟华商会共达成了包括泰国正大集团投资70亿元建设德宏现代农业综合体项目在内的8个正式投资合作项目；第十届东盟华商会共签正式合同协议7项，包括正大集团、嘉士伯集团等重大项目总投资高达55亿美元，会后4个项目动工。

在这些投资项目中，有一些是具有带动示范作用的世界500强及世界华商500强企业投资建设的。世界500强企业丹麦嘉士伯集团依托东盟华商会平台，成功收购大理啤酒厂和昆明华师啤酒厂，并以此为基地，扩展辐射整个中国西南市场，取得了令人瞩目的企业收益。正是由于投资收购大理啤酒厂取得了高回报，嘉士伯集团两次增资扩产大理啤酒厂，2007年第五届东盟华商会上嘉士伯啤酒厂与大理市政府签署协议，第一次增资扩产20万吨。

2011年丹麦嘉士伯啤酒集团再次增加投资80亿元扩产大理啤酒厂，该项目将大理啤酒厂现年产28万吨的基础上扩产至100万吨，分三期完成扩产投资。海外华商深耕中国西南市场，与中国经济发展同呼吸共命运，在中国经济高速增长的过程中也实现了自身事业的大发展和提升，丹麦嘉士伯集团、泰国正大集团、印度尼西亚力宝集团、新加坡三德集团、菲律宾上好佳集团等，就是其中的典范。

四、打造联谊交流的平台

东盟华商会紧紧围绕“关注中国西部·共谋合作发展”为主线，根据国际经济投资趋势，每届东盟华商会均以每年的经济热点或政策热点确定一个全球华商关注的论坛主题，通过国侨办、西部各省区市政府领导讲话，知名海外华商演讲，广泛而深入地宣传西部发展和经济建设新机遇。2006年第四届东盟华商会上首次增设亚太华商论坛，论坛主题为“关注中国西部，共谋合作发展”，2009年论坛主题为“应对金融危机，促进华商发展”，2010年论坛主题为“抢抓桥头堡机遇，促进华商合作发展”，2011年论坛主题为“抢抓桥头堡机遇，促进华商合作发展”。已经有全球20位世界500强知名华商或侨领在活动中进行了精彩演讲，极大地增强了海外华商对中国西部的了解，增强了中国西部开发开放对华商的吸引力。

10年来，10届东盟华商会共有42个国家和地区、4000余人次的海外华商参会。首届东盟华商会即有新加坡中华总商会、印度尼西亚中华总商会、泰国华商联谊会、马来西亚马中经贸总商会等知名华商社团参会。之后的每届东盟华商会，国务院侨办和云南省侨办均积极邀请海外华商社团和知名企业参会，一大批世界知名华商社团负责人和华商企业家也积极报名参会。10年来累计参会的主要华商社团及其负责人有：泰国中华总商会、新加坡中华总商会、香港中华总商会、印度尼西亚中华总商会、菲律宾华商联合总会、菲律宾菲华工商总会、泰国九属会馆、全德华侨华人联合会，泰国中华总商会主席郑明如先生，泰国中华总商会主席、猜兰建筑有限公司董事长吴宏丰先生，印度尼西亚中华总商会主席陈大江先生，新加坡中华总商会副会长、新加坡仁恒置地集团有限公司主席兼总裁钟声坚先生，全国政协委员和中国香港中华总商会会长和中国香港新华集团主席蔡冠深先生，日本中华总商会会长黄耀庭，马来西亚中华大会堂总会长林玉唐和中国香港潮州商会会长马介璋，泰国中华总商会主席吴宏丰，菲律宾菲华商联总会理事长陈本显，印度尼西亚中华总商会总主席陈大江，缅甸华商商会会长赖松生，缅甸仰光云南商会会长虞有海，中国香港潮州商会会长许学之和中国香港中华厂商联合会会长尹德胜等。

参会的知名华商企业和企业家有：泰国正大集团谢国民董事长，泰国TCC集团、丹麦嘉士伯集团、菲律宾上好佳集团、印度尼西亚力宝集团、印度尼西亚金峰集团、新加坡三德集团，中国侨商会常务副会长、印度尼西亚力宝集团主席李文正先生，泰国TCC集团主席苏旭明先生，泰国九属会馆主席李光隆先生，印度尼西亚金峰集团林文光先生，菲律宾联盟银行董事长陈永栽和中国香港玖龙纸业有限公司董事长张茵，中国侨商投资企业协会副会长和中国香港怡海集团董事长王琳达，菲律宾上好佳集团董事长施恭旗，丹麦嘉士伯集团大中华区总裁王克勤，美国联邦快递公司亚太区董事总经理田长桉，印度尼西亚三林集团包装工业集团公司总裁林克旭，马中经贸总商会荣誉会长，马来西亚五杰集团董事长颜清文，泰国正大集团副董事长杨小平等。

10届东盟华商会累计共有50多家世界500强企业或业界华商500强企业参会，有近100位有影响、有实力的重要侨领和知名华商参会。

五、打造西部合作发展的平台

东盟华商会立足云南，辐射中国西南六省区市。正如国侨办李海峰主任所言，东盟华商会不仅带动了云南发展，也推动了中国西南地区与东盟地区华商的合作。东盟华商会积极为西南各省区市搭台，助推西南各省区市与华商发展共赢。

2010年第八届东盟华商会上，举行了重庆市专场项目推介招待会，重庆市政府周慕冰副市长，云南省委常委、省纪委书记李汉柏出席活动。这是东盟华商会首次举行云南省以外省份的专场推介会，也是第一次有云南省以外的省级领导出席东盟华商会推介项目。

2003年至今的10届东盟华商会上，西南的四川、重庆、广西、贵州和成都五省区市积极参会。据统计，重庆市组织了300多人次参会，发送引资项目5000多个，与华商交流洽谈1000多人次，形成合作意向200多项；四川省在第九届东盟华商会上达成23个投资合作意向，投资金额103亿元；广西壮族自治区组织132家企业参加活动，发送了230个招商引资项目，与270位华商进行洽谈，签订经贸合作项目合同12个、投资意向16个，合同金额4012亿元；贵州省组织了563个项目参加活动，促成企业与400多位华商进行洽谈，有160多个项目达成意向，签订了10个投资合作意向书；成都市组织150余个当地企业、招商部门和侨务部门参会，与100余位华商进行了接洽，签约项目8个，总投资近5亿元。东盟华商会为西南各省区市在农产品加工、城市建设、工业、旅游能源、物流、制药、园区建设等领域引进华商投资或开展合作发挥了积极作用。这些项目的引进，为西部地区经济发展做出了积极贡献。

我在分析吸引华商投资规律四大因素时指出：资源、市场、要素、模式是促进投资的关键，但是对华商大型跨国公司来讲，模式是更重要的因素。如果农民、政府、银行不能与正大实现有效合作，项目也不能成功。

泰国正大集团谢国民董事长作为当代全球华商的代表性人物，一直坚持企业“三有利”价值观——利国、利民、利企业。对中国的改革开放，对投资中国，无论国际形势发生什么变化始终坚持不变。邓小平给予其高度评价。正大投资具有很强的国际战略眼光，很善于把握中国政府的发展战略规划、战略重点。

1998年，经国侨办李海峰主任介绍，我认识谢国民先生、杨小平先生近20年，正大集团作为国际上四大农业全产业链跨国集团，在农业开发上有自己成熟的商业开发模式，特别是深耕中国市场，了解中国政府的农业政策。农业项目投资是大投资，周期长，投资回报慢，但是正大集团提出“四位一体”开发模式，有效解决了企业和农民的利益，形成双方稳定的发展。这是对中国吸引外资发展农业项目模式的积极贡献！

正大集团杨小平副董事长多次率队到云南昆明、大理、德宏、红河等州市考察洽谈项目，特别是围绕现代农业的“四位一体”（正大 + 政府 + 农业合作社 + 银行）新商业模式项目，反复与政府交流沟通。顾副省长也率有关州市政府领导到北京正大总部直接沟通商议合作项目，我们专门去正大平谷现代农业基地参观学习“四位一体”商业模式，终于促进双方形成一个合作战略协议方案意见，促成正大集团在云南投资了一批农业四位一体产业化项目 13 个，总投资达 97 亿元。

第七章

牵头引进重点
华商投资项目回顾分析

我从1997年担任云南省政府侨办副主任，2000—2003年，担任省政府外商投资办公室常务副主任；2007—2013年，担任省政府侨办主任；2013—2018年，担任省政协常委、省政协港澳台侨外事委副主任（正厅），历经23年。这期间，我均在做华商和港澳台商投资协调服务工作。在改革开放40年大时代背景下，在国务院侨办、省委、省政府的直接领导下，在省政府侨办领导班子和同事的支持下，在省相关部门的支持下，我牵头或参与组织协调了一批重大华商、港澳台商项目的招商、投资落地协调服务工作。有的重大项目，成为云南省或者全国引进华商投资的经典项目。在23年的吸引华商投资过程中，我们总结了一些吸引华商投资的基本的规律。

华商投资把握三环节：

项目策划、项目考察洽谈、项目审批和投资营运。

华商投资把握五要素：

资源、市场、政策、模式、认同。

把握华商投资的五种模式：

国际战略布局型

实力投资型

政府的政策模式型

机会投资型

技术资金型

华商投资把握三重点：

高位策划、高位推动、高层协调。

我国改革开放40年的实践证明：投资、消费、进出口是拉动经济发展的“三驾马车”。而国民经济不断增长，其原动力是来自投资的不断增加和资本的不断积累。投资是推动经济进步的基本因素。投资经济学认为，投资对经济的促进作用主要表现在两个方面：

一是投资是推动经济增长的重要的力量；

二是投资又受到经济增长效益的影响和制约。

经济学把投资的概念概括为：市场主体为获得预期的收益，通过投入资金和其他资源，使其转化为资产、转化为利润、转化为收益的过程。

第一节
牵头引进华商重点投资项目回顾分析

随着中国40年对外开放的不断深入推进，侨资企业在云南取得了长足发展。云南共引进侨资企业3000余户，形成固定资产投资850亿元，年总产值340亿元以上，年缴税超过35亿元，从业人员10万余人的规模，侨资企业占全省外资企业65%，已经成为云南开放经济的重要力量。

现将25年来，我牵头或者参与主要协调招商引进的7个重点华商项目分析如下。7个项目归纳起来分为四个类型：

嘉士伯集团属于战略布局型；

泰国正大集团属于政策模式性；

泰国TCC集团属于实力投资型；

新加坡三德集团属于机会投资型。

项目一：引进泰国正大集团投资项目回顾分析

作为世界500强的知名华商跨国企业，泰国正大集团创立90多年来，始终本着“利国、利民、利企业”的原则。正大集团伴随着中国40年的改革开放不断成长，目前已经累计在华投资设立300家企业（包括在云南的投资），总投资超过1500亿元，年销售额超过1800亿元，行业涉及农牧食品、商业、IT、通信、机械制造、生物医药、金融贸易、地产、文化传播等。企业遍及除青海、西藏以外的全国各省区市，员工超过10万人。

2012年3月，云南省政府省长李纪恒率云南代表团访问泰国正大集团总部，与正大集团资深董事长谢国民举行工作会谈，表示云南省积极支持正大在云南投资项目，为其创造良好投资环境。

谢国民先生很高兴地表示正大集团将把云南作为投资的重点省。

吸引正大集团投资云南，我先后参与牵头或协调招商工作，经历了三个阶段。

第一阶段：2008—2014年

2008—2014年，正大集团时任副总裁杨小平多次率队到云南昆明、大理、德宏、红河等州市考察洽谈拟投资项目，特别是围绕正大集团的现代农业的“四位一体”（正大＋政府＋农业合作社＋银行）新商业模式项目，反复与政府交流沟通。顾副省长也率有关州市政府领导到北京正大总部，直接沟通商议合作项目，专门去正大平谷现代农业基地参观学习“四位一体”商业模式。为了让省、市政府相关部门的领导以及参与合作项目的农业合作社和广大的农民深入了解“四位一体”开发模式，我们与正大集团沟通专门策划设计了正大集团投资云南“四位一体”投资的方案。

一、背景

党的十七大从中国特色社会主义出发，对建设社会主义新农村、走中国特色农业现代化道路、加快形成城乡经济社会发展一体化新格局提出了明确要求。促进农民增收的三大要素资金、技术、市场的合理配置模式欠缺，解决好这些矛盾和问题，关键是要加强农村制度建设和资源配置模式完善与创新，通过完善农村体制机制破解农业农村发展难题，进一步放开搞活农村经济。

二、正大投资云南生猪产业链项目分析

（一）项目整体建设内容与规模（年屠宰加工100万头）

项目包括曾祖代种猪场、祖代繁育场、祖代育成场、父母代种猪场、商品猪场、饲料加工厂、屠宰加工厂和熟食加工厂。

整个产业链项目总投资约40亿元，实现GDP约100亿元，年均纳税约3亿元，就业1.5万人，带动相关产业19万人。

（二）首期项目建设内容与规模（年屠宰加工15万头）

首期项目包括曾祖代种猪场、祖代繁育场、祖代育成场、屠宰加工厂、熟食加工厂。

首期项目总投资约9.26亿元，年营业额约5.64亿元，年均实现缴税约3200万元，项目占用土地2000亩，其中使用设施农业地1800亩，合作社的单亩土地收益年均达到20720元。

三、“四位一体”模式

“四位一体”模式是为了实现农村经济跨越式发展，依据现有政策和法律，由政府、银行、龙头企业和农民专业合作社四个独立主体，各自发挥自身优势，规避产业发展和投融资风险，兴办现代化、大规模农业企业的一种创新投融资和建设运营方式。

模式在搭建时，将农民合作社设置为立项主体，其负责提供项目用地；政府和正大双方共同出资成立的合资公司，作为项目投融资平台及项目资产建设平台，负责项目建设资金筹集及项目具体建设管理事宜；正大所属专业经营公司（以下简称正大经营公司）为租赁经营平台，负责租赁经营合资公司建成的项目资产（租期为20年，租期满后自动延续10年），并按固定资产的10%支付租金给合资公司。在合资公司收回其全部投资及还清银行贷款后，该全部资产移转给合作社所有，合资公司完成其历史使命，正大经营公司继续租赁经营，并支付上述租金给合作社，即合作社拥有长期的资产性收入。

综上，政府和正大双方提供资本金，银行提供贷款，合作社提供土地和劳动力，正大负责建设、租赁经营，其中，政府除提供部分资本金外，还提供政策支持、贷款担保和贷款贴息；正大除提供部分资本金外，还提供建设、技术、研发、品牌、市场营销和经营管理等。

在合资公司收回投资期间，为保证合作社收益，将支付一定补贴给合作社。合作社将享受项目投资收回期间的补贴性收益（万元/年）和实际接受项目资产后的资产性租赁收益，及社员作为产业工人的工资性收益。

“四位一体”模式是正大集团秉承“利国、利民、利企业”的原则，为解决“三农”问题，履行大型企业社会责任而进行的多年思考、探索与实践的结晶。“四位一体”模式试图解决农业项目的资金、技术、市场等生产要素向农村和现代农牧产业合理配置、让专业合作社在短时间内拥有自己的现代化农牧企业，让农民/社员成为项目真正股东。

新模式解决了新时期农民从事农业生产所缺少的三要素：资金（政府+正大+银行提供资金）、技术（正大提供全球最先进的技术）、市场（正大承担市场风险），创新了生产关系（农民/社员是项目主体/股东，龙头企业租赁经营，给农民打工），提高了生产力，这个模式在农村建设现代化农牧企业方面应该具有不可估量的应用价值。

四、“四位一体”模式下各方职能及收益分析

（一）政府

负责发挥政府公信力、组织力、政策力，给予项目引导性投资、政策支持、安排融资、提供担保、贴息，组织农民成立合资社，并进行土地流转、提供市政配套等。

从微观层面讲，首期项目（15万头生猪产业链规模）政府投入资本金1.3亿元，在收回投资期的10.9年里，年均贴息约400万元；政府获得合资公司、正大专业经营公司在项目建设、经营期间的税收（营业税、房产税、增值税和所得税）约3181万元/年，20年合计约6.36亿元，即20年政府纯收益共约为2.32亿元。

（二）正大

负责提供资金、技术、品牌、市场、工程建设管理、生产经营管理；承担市场、养殖及经营风险，得到的是安全的食品加工原料及整个产业链形成的利润。

首期项目投入资本金 1.3 亿元。

1. 正大经营公司

年支付合资公司租金 = 项目固定资产总投资 9.26 亿元 ×10%=9260 万元，20 年共计支付 =9260 万元 ×20 年 =18.52 亿元；承租经营期间缴纳税金 1430 元 / 年均，17 年（除去建设期）合计缴税 2.86 亿元；年均利润 4700 万元 / 年，20 年合计利润 9.4 亿元。

2. 正大合资公司

合资公司 20 年缴纳税金合计 3.5 亿元，年均缴税 1750 万元；正大方占有 51% 股份，20 年缴纳 1.785 亿元，年均缴税 893 万元；

第 1、第 2 项合计，正大 20 年纳税 4.65 亿元；正大经营公司和合资公司 20 年合计缴税 6.36 亿元。

（三）合作社

合作社凭借土地承包经营权，合法集约土地，提供项目用地。

合资公司的收入为正大经营公司支付的租金：项目固定资产总投资 9.26 亿元 ×10% = 9260 万元 / 年，合资公司每年将 9260 万元租金收入中的绝大部分优先还贷和收回资本金（还贷及收回资本金期共约 10.9 年），此期间合资公司从该租金收入中提取适当金额作为每年给合作社的补贴（假设为 300 万元 / 年），以增加农民收入。

签署租赁合同，则合作社获取 10% 全部租金收入 9260 万元。当地农民可就业于养殖场，增加工资性收入。

首期项目，合作社提供土地约 2000 亩，前 10.9 年（合资公司收回本金及还贷期间）假设收入 300 万元 / 年补贴，后 10 年租金收入约 9000 万元 / 年，20 年共计收入 9.3 亿元，单亩土地年均收益 23250 元。

（四）银行

银行凭借资金实力，创新项目融资，提供金融服务，得到利息收入及潜在市场开拓，20 年获得利息收入 4.04 亿元。

五、关于100万头生猪产业链整体估算情况说明

固定资产总投资约40亿元，其中，资本金12亿元，贷款28亿元，贷款及资本金全程全额贴息，收回投资期间（前11.5年）年均贴息1.545亿元；政府20年获得产业链税收保守计算为40.61亿元，保守年均税收2.04亿元；政府年均税收收入－年均贴息支出＝年均纯收入1.142亿元；合资公司20年净利润为37.5亿元，政府方50%股份，分红18.75亿元，此分红理论上是给合作社的，但由政府确定具体分配，即总体上政府是盈利的。产业链规模是100万头，但从整体规划上，也会将社会投资者及相当规模企业纳入，即正大经营公司也会租赁经营社会投资人建设的养殖场，正大的承租使得社会投资者减少投资风险，对促进社会经济发展、食品安全，产业链快速的形成、拉动都有好处。

综上所述，“四位一体”模式的推广将会大大提高现代化、大规模农牧企业在农村的发展，是现阶段科学合理地配置资源行之有效的方式，将中国传统弱小经营者——农民变成大规模现代农牧企业拥有者，“四位一体”模式中收益最大的是农民；政府投入资本金，提供担保、贴息，在项目建设运营过程中，不仅能通过税收回收投资、贴息，而且还可获得社会安全食品、就业和税收等效益，经济数据盈利，且充分发挥了政府公信力、产业发展引导力，达到调整产业结构、促进产业升级目的，在构筑食品安全工程的同时也促进了意义重大的农民资产性增收。

根据这个方案，我们协调正大集团先后与省政府相关部门、昆明市相关部门、大理州政府、昆明市东川区政府进行了深入考察洽谈。经过我们与正大集团多次反复的协商讨论，特别是与昆明市政府、有关县区政府沟通讨论，终于促成正大集团与省政府形成一个合作战略协议方案。在这些工作基础上，2013年3月，李纪恒省长访问泰国正大集团时，双方在杨小平副董事长与云南省政府顾朝曦副省长多次沟通协商基础上，采取“四位一体”的商业模式投资开发云南农业项目，确定正大拟投资云南：玉米种子基地5万亩、生猪100万头/

年、肉鸡 3000 万只、蛋鸡 50 万只、饲料 115 万吨。总投资 45 亿元。会上顾朝曦副省长与正大杨小平副董事长签订战略合作备忘录。

代表团回到昆明以后，为推进落实省政府与正大集团签订的战略合作协议，李纪恒省长专门指示省发改委米东生主任牵头，明确要求省侨办杨光民主任配合米主任，积极推进这个项目的推进落实。根据省领导的指示，李东生主任在发改委多次主持相关会议，研究推动落实正大“四位一体”项目。2012 年 5 月，我陪同正大种子集团的王副董事长到红河州考察洽谈 5 万亩玉米种植基地项目。州委、州政府领导很重视，亲自参加会谈，安排有关县抓落实，红河 1 万亩基地很快启动。

正大集团在昆明市的“四位一体”项目，50 万头生猪全产业链项目，300 万只鸡项目，由我陪同正大集团农牧畜牧业的白宇飞副董事长与昆明市政府领导进行会谈，对项目选址、项目合作内容、原则、模式等达成一致意向。我陪同正大到昆明市的东川区进行详细深入考察，形成了初步投资项目意向。

2013 年，我们协调正大集团到大理州的弥渡县进行实地考察洽谈，按照正大集团“四位一体”的合作模式，达成投资的初步合作意向。正大集团投资建设年产 50 万头生猪全产业链项目。建设内容包括：建设 2400 头曾祖代种猪农场 1 栋，2400 头种猪场 10 栋，4400 头配套油肥猪场 6 栋，550 头肥猪场 480 栋，屠宰场一个，18 万吨饲料厂一个，5 万吨食品加工厂一个。整个项目分 5 年完成，总投资 21 亿元以上。2014 年 6 月 7 日，弥渡县政府与泰国正大集团畜牧业的副董事长白宇飞正式签订投资协议。项目开始动工。

从 2012 年年中至 2014 年年初，正大集团主要在省及州市考察洽谈，在昆明市和大理州形成初步投资意向和投资方案。项目虽然没有实质性的启动，但为下一步的实施打下了一定的基础。

第二阶段：2015—2017年正大投资云南农业项目全面落实

一、省、市政府积极推进项目落实

在前面几年省政府工作的基础上，从2015年开始，在云南省委、省政府、昆明市委主要领导推动下，高度重视正大集团投资云南项目，多次在昆明会见谢国民资深董事长、正大集团副董事长杨小平多次到云南安排正大投资项目工作，省领导多次指示有关州市政府帮助正大集团解决具体问题。在省政府2013年到泰国招商，促进双方签订战略合作协议的基础上，省委常委、昆明市委书记程连元等市领导继续积极推进落实协议，我也多次参加项目洽谈推进工作。经过市委、市政府的研究确定，终于在昆明市东川300万只蛋鸡项目落实动工，总投资40亿元。

从2013年省政府在泰国与正大协议规划100万头猪项目以来，2014—2015年，在省委和省政府的大力推进支持下，分别在昆明、大理积极推进。这些项目由于正大提出的四位一体商业模式比较适合中国农业的国情，比较好地维护了农民的利益，理顺了千家万户农民的土地与正大集团集约化经营关系，解决了农民与正大现代农业技术、市场营销、大规模投资结合的问题，走出了现代农业开发的新路子。

二、正大集团投资云南农业产业化项目快速发展

（一）正大集团投资昆明东川300万只蛋鸡全产业链项目

2015年7月，正大集团杨小平资深副董事长一行到昆明市进行考察交流，省委常委、昆明市委程连元书记会见代表团一行，确定在前期战略协议基础上，双方在昆明东川区合作建设300万只蛋鸡全产业链项目。

2017年1月，在省、市领导的亲自推动下，云南省人民政府与正大集团签署了战略合作框架协议，深化在辐射中心建设、高原特色农业和现代农牧食品、生物医药和大健康、商贸零售及文化、传媒和教育领域的合作，共同将双方的合作推向新的高度，实现正大集团在云南省新的发展。

昆明东川300万只蛋鸡全产业链项目总投资约6亿元，包含饲料厂、青年鸡场、蛋鸡场、蛋品包装及蛋品深加工及配套鳄鱼场、有机肥加工厂等。项目模式为：东川区政府负责提供项目所需的土地、市政配套、优惠政策、防疫安全等；昆明市国资委下属的昆明产业开发投资有限责任公司承担固定资产投资；正大集团各专业的运营公司负责项目的建设管理及项目建成后的租赁经营，并投入项目运营各环节的流动资金，按照世界一流的运营标准进行经营管理。

昆明东川300万只蛋鸡全产业链项目的建设，进一步加快昆明市东川地区农业产业化的升级和供给侧改革，加快贫困地区的产业扶贫、精准扶贫项目的落实，帮助该地区尽快实现脱贫致富。充分发挥集团、政府、投资企业三方在政府政策支持、资金、建设、市场及品牌方面的优势，体现利国、利民、利企业的宗旨，通过提高生产力、创新生产关系，全产业链封闭运作，实现国有资产的保值增值，建成东川区乃至云南省全产业链现代化的示范基地。

（二）正大集团昆明现代食品加工厂项目

2016年11月15日，云南省委、省政府领导在昆明会见了正大集团杨小平资深副董事长一行。杨小平资深副董事长短期内两度到访昆明，充分体现了正大集团对加强与云南省合作的高度重视。正大集团与云南省将在高原特色现代农业、食品工业、大健康等产业等方面加强合作，共同将双方的合作推向新的高度，实现正大集团在云南省新的发展。

为加快云南省、昆明市在农牧食品加工业的产业化升级和供给侧改革，充分发挥正大集团在世界农牧食品行业拥有龙头地位和所具有的引领作用及技术、资金、市场、品牌等方面的优势，正大集团与昆明市国家高新技术产业开发区合作建设现代食品加工项目。

正大昆明现代化食品加工项目为速冻食品加工厂，年产蒸饺1.2万吨，占地约25亩。项目总投资约2亿元，其中，固定资产投资约为1.5亿元，流动资金约为0.5亿元。项目模式为：昆明市高新区管委会负责提供项目所需的土地（招拍挂流程）、市政配套、优惠政策等；昆明市高新区国资公司承担固定资产投资（含土地费用）；正大集团各专业的运营公司负责项目的建设管理及项目建成后的租赁经营，并适时投入项目运营各环节的流动资金，按照世界一流的运营标准进行经营管理。

项目建成投产后，为昆明市食品加工生产企业树立现代化、标准化的企业示范，为广大消费者提供优质、安全、健康的加工食品，增加市场供给，满足人民群众不断增长的生活需求，提高人民群众的生活品质，成为昆明市国家高新技术产业开发区引进的现代化食品加工企业示范，同时也将成为云南省民生工程示范、食品安全示范项目。

（三）正大—弥渡50万头生猪产业链扶贫项目

正大—弥渡50万头生猪产业链扶贫项目，是按照省政府2013年到泰国招商，省政府与正大集团签订战略合作协议的内容要求，大理州政府要求弥渡县委、县政府与正大集团合作，认真贯彻落实省政府要求的成果，于2014年6月签署合作协议的招商引资项目。项目建设采用正大“四位一体”的投资模式，即“县委政府＋龙头企业＋金融机构＋合作社＋农场主＋贫困户”的“1+5”生猪产业扶贫模式运行，推动弥渡县畜牧产业发展，助推脱贫攻坚工作，壮大村集体经济，增加地方财政收入。项目建设的主要内容：建设年产18万吨的饲料厂1个；建设3个5000头种猪场；150栋1100头育肥场；1个肥猪屠宰场；1个食品加工厂。项目建设的目标任务：2017年底，完成150栋1100头生猪育肥场建设（85个贫困村建设137栋，社会投资建设13栋）；2018年底，完成3个5000头种猪场建设，正大生猪出栏数达30万头以上，启动建设生猪屠宰场和食品加工厂；2020年，50万头生猪全产业链全面建成。项目计划总投资7.45亿元，产值突破35亿元，财政税收1亿元以上。

正大集团投资云南项目招商经验分析

第一，云南省高度重视正大集团对云南的投资项目。

泰国正大集团谢国民董事长作为当代全球华商的领袖级代表性人物，一直坚持企业利国、利民、利企业“三有利”价值观，对中国的改革开放，对投资中国，无论国际形势发生什么变化，始终坚持不变。邓小平给予其高度评价。正大投资具有很强的国际战略眼光，很善于把握中国政府的发展战略规划、战略重点。21 世纪中国“一带一路”倡议提出，泰国与云南的战略关系将更加重要。正大集团适时加强对云南投资，时机把握很好。云南省委、省政府高度重视正大投资项目，几届领导一张图纸画到底，持续推进项目落实。

正大集团作为国际上四大农业全产业链跨国集团，在农业开发上有自己成熟的商业开发模式，特别是深耕中国市场，了解中国政府的农业政策，了解农业发展规律，了解农民的实际需求。农业项目投资是大投资，周期长，投资回报慢。正是由于正大集团提出“四位一体”模式，有效解决了企业和农民的利益，形成双方稳定的发展。这是对中国吸引外资发展农业项目模式的积极贡献！

第二，引进泰国正大集团投资云南对全球华商具有标志意义。

正大集团是我国改革开放初期最早进入中国投资的全球华商知名跨国公司谢国民先生作为老一辈的华商领袖代表，始终对祖籍国深怀感恩之心，始终关注支持中国的改革开放，始终将正大集团的发展，融入中国改革开放的潮流。

此外，他也很关心祖籍国的公益事业，关心贫困地区的脱贫工作，关心海外华侨华人子女的华文教育工作，并作了大量的贡献。政府侨办通过正大集团的公益事业的带动和示范作用，积极引导海外华侨华人关心祖籍国的各项社会事业。

第三，正大集团熟悉中国国情，熟悉中国改革开放的政策。

正大集团善于搭乘中国发展的顺风车，在促进中国改革开放事业中，促进自身的发展。省政府侨办作为服务海外华侨、华商的政府职能部门，只要发挥好服务华商的职能，就能赢得华商的信任。

第四，研究把握正大集团投资的商业模式，是促成投资的重要因素。

资源、市场、要素、模式、文化认同五大因素是促进华商投资的关键，但是对正大集团这种大型华商跨国公司，商业模式是更重要的因素。如果农民、政府、银行不能与正大实现有效合作，投资项目也不能成功。正大集团创立的“四位一体”农业开发商业模式，对其他企业具有普遍的指导和借鉴意义，是中国特色社会主义新农村建设的一条重要经验。

第五，正大集团是具有很高社会责任感的国际知名企业。

截至2021年末，据统计，泰国正大集团在云南省已成功投资13家企业，项目总投资超过80亿元，员工超过860人。其中的重点项目有：正大种子公司5万亩玉米制种产业；大理州50万头生猪全产业链项目；昆明市东川300万只蛋鸡全产业链项目；玉溪市100万头生猪全产业链项目等。

2011 年，正大集团副总裁曾劲松（前排左四）率团访问昆明德宏瑞丽开发区

2013 年，云南省省长李纪恒（二排左五）率云南代表团访问泰国正大集团总部，与正大集团董事长谢国民（二排左六）举行工作会谈。会上顾朝曦副省长与正大副董事长杨小平签订战略合作备忘录

2015年，正大集团投资昆明的300万只蛋鸡全产业链项目在昆明东川区正式动工

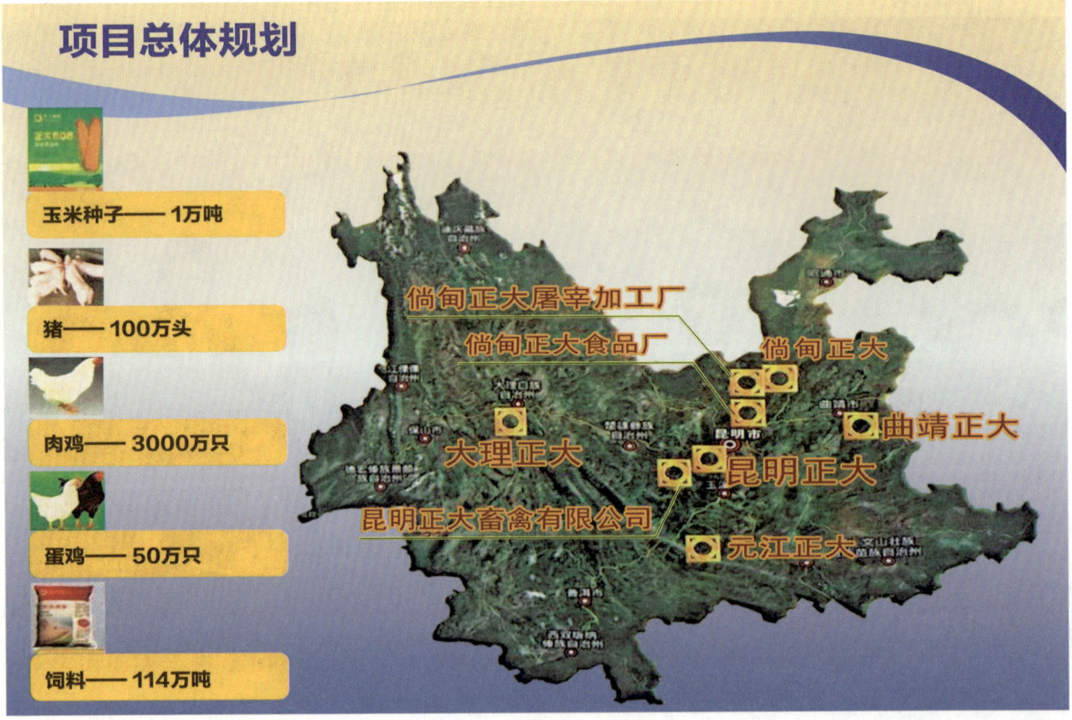

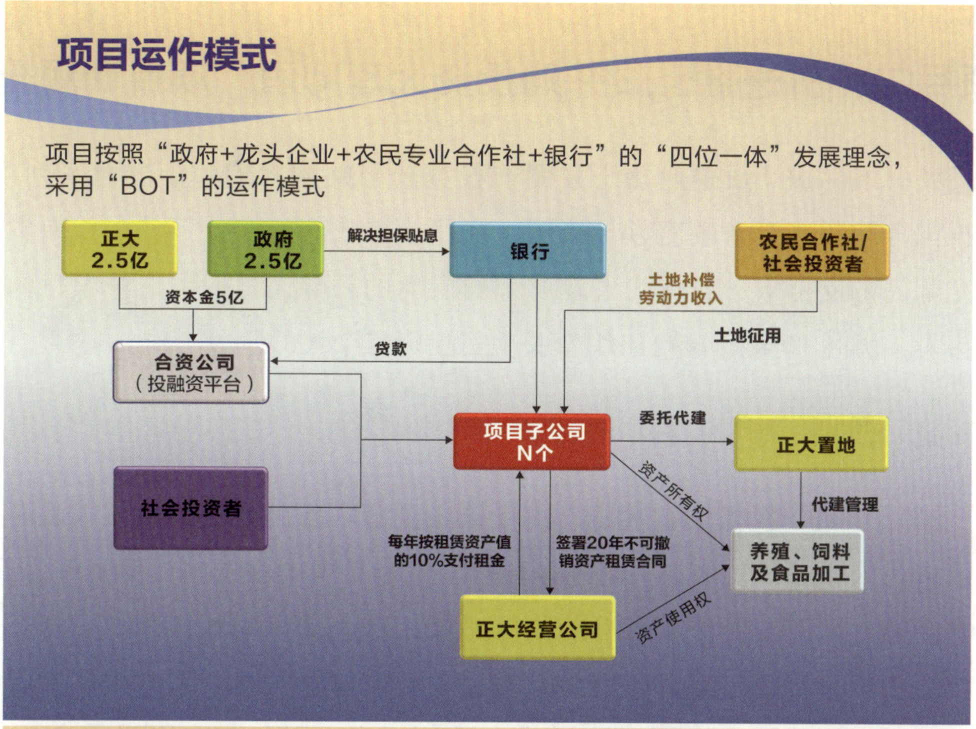

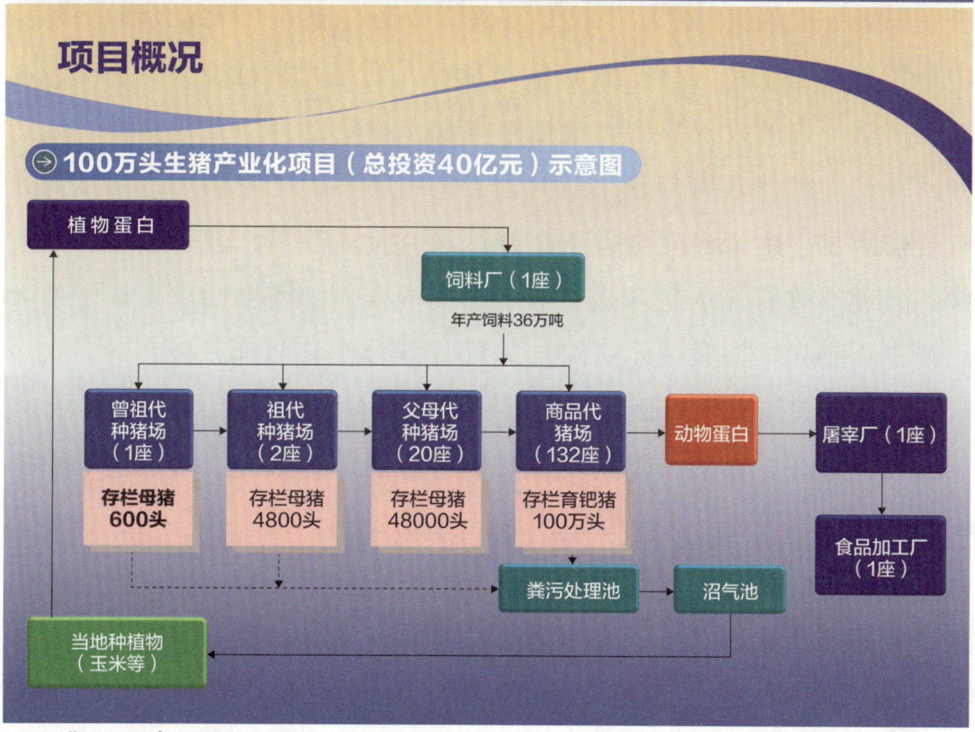

正大集团投资云南“四位一体”项目规划图

项目二：引进嘉士伯并购投资大理啤酒厂项目回顾分析

吸引国际500强企业嘉士集团伯投资云南并购大理啤酒公司系列项目，根据国务院侨办、省政府领导指示，在州、市政府的支持下，在云南省政府各个部门的支持下，我作为省政府部门层面的领导，担任了这个项目的招商牵头人，历时10年，亲自组织牵头项目投资三个大的阶段工作。

第一阶段

2002年初，我担任省政府外商投资办公室常务副主任，时任省政府副省长邵琪伟同志通知我参加一个外事活动。主宾是中国驻泰国大使晏庭爱同志。这次会见晏大使主要交流介绍泰国TCC集团和嘉士伯集团拟合作投资云南啤酒产业项目，希望云南省政府给予重视并且提供了对方联系方式。邵副省长要求我积极推进落实。之后，我专门邀请嘉士伯集团亚洲高级副总裁麦奕鹏、大中华区总裁王克勤，泰国TCC集团负责人到昆明举行项目专题交流沟通的会议，了解外方的投资意图。根据外方初步投资的意向，我协调外方到大理州专门拜访大理州政府分管工业的领导，并考察大理啤酒厂，初步沟通双方均有合作意见。由于当时全省正在开展国有企业改革，鼓励吸引国际大公司合作，大理州政府表示欢迎嘉士伯集团投资合作。回昆明后，嘉士伯大中华区总裁王克勤先生向我表示：对与大理啤酒合作有明确积极意向。TCC集团表示，暂不考虑与大理啤酒厂合作。

2002年8月，在嘉士伯初步考察大理啤酒厂基础上，我约请了嘉士伯集团副总裁麦奕鹏先生、大中华区总裁王克勤先生到昆明作专门会谈，了解他们投资的真实意图，拟投资项目的主要内容、合作条件、商业模式等需要政府帮助解决的主要问题。麦先生见我非常坦诚友好，也真诚地表示：看到云南省的发展潜力，看到我所代表的中国中高层政府官员的专业和敬业素质，看到我们为促进地方发展的责任感，看到我们对外商投资的开放和热情欢迎，他们很感动。他介绍嘉士伯集团这个阶段，正在积极考察适合投资的地区，包括四川、贵州、广西、陕西、内蒙古、新疆，他们都在做选择和比较。根据麦先生的谈话意见，为了坚定嘉士伯投资云南的信心，我积极回答他：根据我们省政府和我本人掌握的外商投资规律和经验，跨国公司在一个地方的战略性投资，必须满足跨国公司投资的基本需求，主要是三条：一是世界500强跨国公司的投资发展战略布局，二是跨国公司长期的稳定的投资收益，三是投资能否获得区域较高市场份额的分割。嘉士伯投资云南大理，完全能够满足上面三个需求。麦先生听了我的意见后说，有杨主任的这三点判断，说明云南省政府非常了解跨国公司投资的规律和方向，这是我们选择投资的一个重要的政府投资政策和环境条件。这次考察以后，麦先生表示：由于省、州政府的重视，由于云南特殊的区位条件，云南大理州是比较适合投资的地方。嘉士伯投资大理啤酒厂，实际是嘉士伯集团对中国西部投资的一个战略布局。由于北、上、广啤酒行业竞争激烈，嘉士伯集团考虑投资中国，可以从中西部地区入手，云南可以成为首选，以后逐渐进入中国的大市场。这是一种战略布局的考虑。

这次会谈我们了解到嘉士伯集团的战略性投资意向之后，我判断，这是我省积极吸引国际500强企业投资云南的重大机会。我们在与周边几个省的竞争中，必须高度重视嘉士伯的投资项目，必须抓紧机遇。我及时召开了省政府外商投资办会议并作了专题研究：我们必须从两个方向抓紧做项目推进工作，一是省、州政府的重视支持，二是促进嘉士伯集团下决心投资云南。会后我将省外资办研究意见向邵副省长汇报，邵副省长明确表示同意我们的意见。之后，我立即联系了大理州政府时任州长赵立雄，请他一定重视这个项目，安排专门时间与嘉士伯集团的高层会谈。赵立雄州长同意后，我及时协调嘉士伯大中华区总裁王克勤率领团队专门到大理，向赵州长等领导作了投资并购大理啤酒厂项目的专题汇报。赵州长很重视与嘉士伯的合作，指示欢迎嘉士伯集团投资，但是招商目标是由现在的大理啤酒厂的2万吨/年规模，扩大达到20吨/年规模。要求技术升级，要求大理州相关部门积极推进。

由于大理啤酒厂是国有企业，当时的企业领导对与外资合作有一些顾虑，双方经过几轮谈判都没有达成共识。招商工作停止下来。听到双方谈判停止的情况以后，我专门到大理了解情况。对大理州政府、大理啤酒厂、嘉士伯三方的意见和矛盾调查清楚后，我专门向徐荣凯省长、邵副省长写了嘉士伯项目招商推进情况专题报告。省领导高度重视，批示大理州主要领导刘平、赵立雄：要重视在国有企业改革中，积极吸引世界500强企业，加强我省工业发展。在省、州（市）领导重视支持下，我又亲自与嘉士伯集团副总裁麦奕鹏先生、大中华区总裁王克勤等高层多次反复沟通交流。双方经历了多次谈判沟通，特别是由于大理啤酒厂时任公司总经理、党委书记杨泽彪同志转变观念，团结工厂的领导班子，引导工厂的广大职工积极支持国有企业改革，支持大理啤酒厂与嘉士伯集团合作，做了大量有效的工作，消除了领导班子和职工的思想障碍。终于2003年6月10日大理市政府和嘉士伯亚洲公司股权并购大理啤酒厂协议正式签约，并购资金为3600万美元。这是当年云南利用外资的最大项目。

第二阶段

2003—2007年，嘉士伯并购大理啤酒厂成功后，面对昆明啤酒市场的快速发展，面对多个国际啤酒集团进入昆明的竞争格局，我与王克勤先生多次沟通，由于昆明市场大，建议嘉士伯可投资昆明啤酒厂，工厂规模可尽快扩大到10万～20万吨/年。在嘉士伯明确了投资意向后，我与昆明市政府主要领导沟通协调，请省、市政府支持嘉士伯扩大投资项目。这个项目于2007年扩大为10万吨/年。嘉士伯进入昆明啤酒市场，投资860万美元并购昆明华狮啤酒厂。嘉士伯并购昆明啤酒厂后，加大了技术改造，加强企业管理及市场营销，并购当年项目的产销利润增长350%。外资投资项目取得成功。到2010年，嘉士伯昆明项目又扩大到20万吨/年。在扩大昆明啤酒厂的产量过程中，工厂的供电、供水、供气、环保等成为突出矛盾，嘉士伯昆明啤酒厂总裁王克勤请我们帮助协调沟通昆明市政府领导，满足该工厂的用电需求。

时任昆明市市长张祖林同志，收到省侨办的专函后，及时作了批示，要求市政府有关部门、嵩明县政府、市供电局，要保证昆明嘉士伯啤酒厂的用电需求。当年昆明嘉士伯啤酒厂已经成为昆明市的纳税大户。

第三阶段

2010年，云南对外开放进入了新阶段——建设西南开放的桥头堡。中央给予云南新的开放政策。我及时邀请嘉士伯集团副总裁麦奕鹏先生、大中华区总裁王克勤先生到昆明，系统介绍云南新的对外开放政策，建议嘉士伯抓住机遇积极扩大在云南投资规模，将大理啤酒厂现在20万吨/年的规模扩大为100万吨/年。他们对新政策、新情况十分重视，希望我们进一步了解省政府的意见，同时他们积极向集团总部汇报扩大规模到100万吨/年的意见。省政府副省长顾朝曦在听取我汇报拟推进嘉士伯扩大对大理啤酒厂100万吨/年建议后，指示积极推动落实。我及时将这些情况通报大理州的尹建业书记、何金平州长，他们表示州政府一定积极支持。之后，我与嘉士伯大中华区总裁王克勤、大理啤酒公司的主席杨泽彪、大理市市长马忠华作了多次沟通协调，杨泽彪主席在大理市人代会上，就扩大投资工作积极提出了建议。在这些筹划协调工作基础上，大理州、市政府就向嘉士伯集团总部提出扩大规模到100万吨/年项目明确了意见和方案。

为了落实大理啤酒规模到100万吨/年的目标，云南省政府领导、大理州、市政府领导，嘉士伯中国区王总裁，嘉士伯大理啤酒厂杨泽彪主席，省政府侨办各个方面形成合力，多次开会研究，多次协调。特别是大理啤酒公司主席杨泽彪同志，发挥熟悉政策、熟悉市场、熟悉政府审批外资项目的程序、熟悉大理州、市领导等优势，上下多番谋划，推动各方形成共识。在这一阶段的招商工作中，我们主要围绕嘉士伯和大理政府需协调的重点项目推进工作，开展沟通协调：一是项目扩大建设100万吨/年需要的土地，要达到五通一平的标准；二是项目建设需要新建大理九鼎山的优质供水系统；三是需要100万吨/年生产规模的双回路供电系统；四是需要解决100万吨/年啤酒的物流条件，排污系统建设；五是原产地搬迁补问题。由于扩建100万吨/年项目，大理啤酒厂需要从老厂区搬迁到大理市工业园区，搬迁补偿也是一个重要保障的条件。

大理州政府领导对上述问题给予了积极支持。在州、市政府上述工作的基础上，经过我们协调，嘉士伯集团总部派出高层代表团专门到昆明与我们会商，沟通与大理州洽谈扩大投资事宜。我受省政府领导委托，明确向嘉士伯集团高层转达：省政府将积极支持嘉士伯集团在大理啤酒厂扩大投资100万吨/年项目，并欢迎和支持他们与州、市政府开展坦诚友好的谈判，达成共识，落实扩大100万吨/年项目，需要省政府给予的支持事项等相关问题，我们将会给予积极的支持。

2012年3月12日，嘉士伯集团高层代表团到达大理州，与州、市政府举行了认真坦诚的商务会谈。经过几天双方坦诚而相互务实的谈判，终于达成了协议，双方签署了《大理市人民政府与嘉士伯香港有限公司建设年产100万吨生产基地的会议纪要》。

2012年4月，为了最终促进嘉士伯集团哥本哈根总部同意扩大投资大理啤酒厂100万吨/年项目，经省政府批准，由杨光民率云南省经贸代表团（省侨办、大理州、市政府、大理啤酒厂的领导等），专门到丹麦哥本哈根嘉士伯总部招商，积极推进大理啤酒扩大投资100万吨/年项目。与嘉士伯集团董事会交流商议，扩大投资100万吨/年项目事宜。这次访问由于准备充分，目标明确，我作了云南新发展战略机遇介绍，马市长介绍市政府对扩大100万吨/年的政府优惠条件，杨泽彪主席汇报嘉士伯大理啤酒厂良好的营业情况。嘉士伯投资委员会负责人听了我们的介绍相当兴奋，说这是在集团总部听过中国政府代表团最有建设性意见的一次会议，表示要在集团投资委员会层面积极研究推动。杨光民与嘉士伯集团投资委员会主席斯女士，在嘉士伯总部进行了深入坦诚的洽谈，外方在嘉士伯的博物馆举行会议和宴会，这是嘉士伯集团对国外高级代表团的最高礼仪。之后双方进行了多次沟通谈判。在这些招商工作的基础上，2012年5月初，云南省政府副省长顾朝曦在昆明会见嘉士伯集团副总裁麦先生、集团 CFO 高先生、大中华区总裁王克勤，明确表示积极支持嘉士伯扩大在云南的投资项目，对嘉士伯集团提出的希望省政府与嘉士伯集团签订投资战略合作协议，希望帮助解决投资的具体政策问题等，都逐一作了明确答复，表示积极支持。根据省政府领导指示，为了进一步推动项目的落实，我们积极协调嘉士伯集团与省政府有关部门，洽谈双方战略合作发展协议，经过努力最终双方达成了一致的意见，嘉士伯哥本哈根总部同意了协议内容，省政府有关部门、省政府领导又审定同意了协议文本。

2012 年 5 月 28 日，大理州政府在大理州龙山国际会议一号大厅，隆重举行了嘉士伯集团投资大理啤酒厂 100 万吨 / 年项目签约仪式。我应大理州政府邀请到会致辞。大理州政府州长何金平、大理市政府市长马忠华、嘉士伯中国区总裁王克勤，代表各方在协议书上签字。至此，经过一年多的努力，双方达成了项目投资协议。

2012 年 6 月在第十届东盟华商会上，顾副省长代表云南省政府与嘉士伯集团副总裁签订《嘉士伯集团与云南省政府关于啤酒产业发展战略合作协议》，总投资 8.288 亿美元，生产规模达到 100 万吨啤酒 / 年。嘉士伯品牌也要在大理啤酒厂落地生产。

省政府与嘉士伯扩大投资 100 万吨 / 年项目正式签约，标志着我们经过 10 年的持续坚持和努力，终于促成一个世界 500 强国际集团投资云南的工业产业项目。从 2003 年嘉士伯并购大理啤酒厂到 2013 年，嘉士伯云南区工厂量增加 400%，销售量增加 450%，销售收入增加 500%，利税增加 600%，成为云南省和全国的先进外资企业。这个项目是我们云南省侨办在国务院侨办、省委、省政府的领导下，在大理州、市政府的支持下，与嘉士伯集团密切配合，积极招商引进的一个世界 500 强工业全产业链项目，这是全省和全国侨务系统一个十分成功的吸引外商投资经典案例。

嘉士伯投资大理啤酒项目能够成功，有很多经验可以借鉴，归纳起来，最重要的是下面六个方面。

一、从企业的生产经营角度看

第一，嘉士伯实行西方现代跨国企业体制的法人治理结构。并购后的大理啤酒厂的组织架构，按照嘉士伯集团的组织制度安排，形成有效的国际化公司法人治理结构。总经理处在最高层，下面是营运总监、财务总监、销售总监、人力资源总监、供应链总监、各业务部长、主任、工长7个层次。嘉士伯设置的财务、采供、人力资源、供应链都实行虚实两条线的汇报管理体制。总监以上的职位，都有两个上级管理者，实行制度上的相互制约。

第二，嘉士伯实行严格的预算管控制。嘉士伯实行西方企业预算制度，对生产经营靠预算，而不是人为管控的。把各种业务划分为费用中心、利润中心、投资中心三大类。利用财务指标，实现对生产、经营业务的核心控制。企业的预算一经通过，任何人都无权更改。

第三，嘉士伯实行先进的科技管理企业手段。从2005年开始，嘉士伯在大理第一家实现生产工艺流程的全电脑数字化监控企业，采用自动分析仪器对生产流程、产品质量进行分析，检验产品质量；对生产全流程环保系统进行在线监督；对生产日统计、销售日报、单日物流状况、市场营销动态、人力资源动态全部实行电脑自动化管理。

第四，嘉士伯建立现代企业制度的销售网络。嘉士伯与供应商、分销商，以能否建立共同成长的战略伙伴为要求，建立完善的电子化的销售系统，经系统认可的经销商，嘉士伯可以投放一个月的信用资金。这个资金必须是用有效的资产来担保的。这一制度的实行，解决了国有企业的赊账、呆账、坏账和三角账等问题。

第五，嘉士伯实行现代西方企业的人力资源管理制度。对人力资源制定引进、培训、使用、管理、激励、降职辞退制度。用制度管人，用体系管人，员工都知道应该做什么，不能做什么。

第六，嘉士伯实行以效益为导向的薪酬制度。从管理层到普通员工的薪酬待遇，与企业的效益同步，与个人的薪酬效益挂钩，极大地调动了管理层和员工的工作积极性。

二、从政府扩大开放积极吸引外资情况看

引进世界500强企业嘉士伯并购大理啤酒厂，是在国务院侨办的重视支持下，在省委、省政府的领导下，云南省坚持扩大对外开放，积极吸引利用外资的重要成果，是坚持全球化的成果，是学习借鉴国际现代企业制度深化改革的成果。

这个项目招商成功很重要的经验是：我们对嘉士伯集团的投资战略布局有一个准确的把握。我们能在周边几个省激烈的竞争中，依靠省、州、市政府的积极支持，向嘉士伯介绍云南具备的资源、市场、政策的优势。我们遵循国际惯例，用好国家鼓励外商投资的政策，以我们侨办系统的全程优良服务，创造良好的投资环境和营商环境，坚定了嘉士伯投资的信心，实现嘉士伯集团从第一期的20万吨/年，经过十年的努力，扩大投资到100万吨/年。实际利用外资达到8.288亿美元。引进一个工业类世界500强企业投资云南，这个成果是非常不容易的。

引进大型跨国公司的过程，就是一个云南省各级干部思想观念不断解放、不断与国际接轨的过程，也是一个跨文化交流沟通、相互包容理解的过程。从跨越10年的引进嘉士伯集团的历程看，云南的各级干部思想观念不断更新，不断熟悉和探索与西方现代企业制度，与市场经济体系，与国际接轨的过程。嘉士伯集团带来的以预算为核心的现代企业管理制度，责权利明确的现代企业法人治理结构，一切以市场为目标的企业管理核心，坚持协议、契约和信用的商业精神文化，对我们深化国有企业改革都有重要的借鉴意义。

引进嘉士伯集团是一个长期持续的努力过程。我作为省级政府部门层面嘉士伯项目招商负责人，这个项目我投入精力最多，时间跨度最长，历经省政府三任省长，五任副省长，大理州、市几届政府的努力，大理嘉士伯公司干部职工的支持，才促进成功的项目。我带领省政府侨办领导班子和同事，10年来坚持不断地积极引导嘉士伯集团扩大投资，坚持不断地改善营商环

境，坚持不断地做好外资企业的投资服务工作。我们坚持功不必在我，抓铁有痕，咬定青山不放松。对嘉士伯集团高层，我们不断坚持转达云南省在扩大开放，在国家对外开放战略中的新地位、新目标，坚定嘉士伯集团高层扩大在云南投资的信心。

10年来，在引进嘉士伯集团项目过程中，我们云南省政府侨办的团队，始终坚持忠诚、干净、担当。不论是逆境还是顺境，不论招商工作有多么困难，招商工作承担多少委屈和误解，始终都坚持围绕发展这个硬道理。坚持围绕促进外资在云南的发展，坚持为企业服务，坚持引进世界500强企业的工业项目，默默无闻地、坚忍不拔地努力。终于十年磨一剑，取得了招商的重大成果。

我们在国务院侨办、云南省政府的领导下，在省发改委、省工信厅、省商务厅、省招商局、省国土厅、省环保厅、省外汇管理局、省工商局等部门领导的支持协调下，终于促成了嘉士伯集团第一期并购大理啤酒厂20万吨/年项目的立项、审批等工作。完成了嘉士伯集团第二期100万吨/年项目的立项审批、环评、外资进入审批等工作，保障了企业新增加投资的正常顺利运营，创造了云南吸引外资的良好营商环境。

2012年3月，云南省省长李纪恒（左三）在香港会见嘉士伯集团副总裁麦奕鹏（左四）、大中华区总裁王克勤（左二）

2012年5月，大理州政府与嘉士伯集团在东盟华商上签订嘉士伯投资大理啤酒厂扩产100万吨/年啤酒项目正式合同

2011年，云南省副省长顾朝曦（左三）在昆明会见嘉士伯集团副总裁（左五）、集团CFO（左二）、大中华区总裁王克勤（左一）

2011年，作者与嘉士伯集团投资委员会主席斯女士在嘉士伯总部的博物馆会见大厅合影

作者与嘉士伯集团高层麦总裁（左三）、大中华区总裁王克勤（左一）在丹麦总部合影

2011 年 7 月，作者率云南省经贸代表团到丹麦嘉士伯总部招商，积极推进大理啤酒扩大投资 100 万吨 / 年项目。在嘉士伯集团大门前，与集团副总裁麦先生（左三）、集团大中华区总裁王克勤（左一）、大理市马市长（左四）、大理啤酒集团杨主席（左五）合影

2012年6月，在第十届东盟华商会上，嘉士伯项目正式签约

项目三：引进泰国 TCC 集团项目回顾分析研究

第一阶段：投资并购邦克酒店、樱花酒店

2003 年年初，时任云南省政府副省长的邵琪伟同志通知我参加一个外事活动。我当时担任云南省政府外商投资办公室常务副主任。主宾是时任中国驻泰国大使晏庭爱同志。晏大使重点介绍了泰国华商的发展情况，由于泰国的开放和实行市场经济，泰国华商经济实力强，泰国地缘和云南经济密切，很多华商都想到云南投资，建议云南省要抓好这个机会。谈话中晏大使推荐了几个重点的华商，泰国正大集团、泰国 TCC 集团、泰国李光隆集团等。会议后，邵副省长指示我积极开展相关招商项目工作。我收集了泰国华商产业情况等大量资料，分析了泰国华商产业与云南省开放的定位、战略布局，与云南产业结合的机会等情况，形成了一个积极吸引泰国华商投资云南的分析意见和重点项目、重点华商招商方案。

泰国 TCC 集团主席苏旭明先生

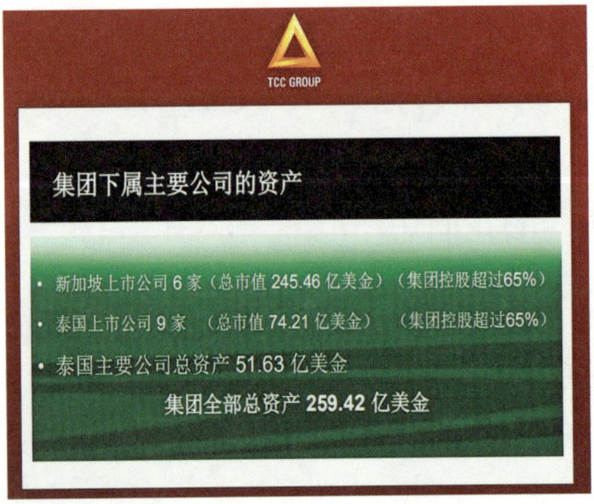
TCC GROUP
集团下属主要公司的资产
• 新加坡上市公司 6 家（总市值 245.46 亿美金）（集团控股超过65%）
• 泰国上市公司 9 家 （总市值 74.21 亿美金） （集团控股超过65%）
• 泰国主要公司总资产 51.63 亿美金
集团全部总资产 259.42 亿美金

TCC GROUP
ThaiBev
BJC
planthaon
TCC LAND
泰国饮料（大众）
饮料企业
含酒精饮料
不含酒精饮料
*Listed in SGX
玛丽洋行(大众)
消费品生产及销售
消费品 医疗保健
技术及产业
供应链
*Listed in SET
东南亚保险
保险及租赁
一般保险
人寿保险
汽车租赁
潘提安集团
农产业
糖业 食糖
食品加工业
农产品
种植化肥
国际贸易
TCC 地产
房地产及零售业
住宅 公寓
办公楼 酒店
商业大厦
零售业中心
工业园区
新收购公司
NCC
Univentures
FRASERS CENTREPOINT TRUST
australand
Master Plan Group
golden land

ThaiBev
泰国饮料(大众)有限公司
是泰国及东南亚地区规模最大及
最出名的生产含酒精性饮料的制造公司
公司成立于2003年
于2006年新加坡上市
是新加坡10年内最大宗的上市计划之一
集资高达380亿泰铢
目前公司市值798.69 亿 人民币
2013年上缴利税 876.4亿泰铢
（约合175.3亿人民币）
占泰国 GDP 的 3.3%

2004年年初，经过省政府批准，由我率领省侨务招商代表团到泰国招商，同时为东盟华商会邀请华商。我们当时考虑对泰国华商的招商工作，重点放在前20位的泰国华商大企业，产业主要与云南省的工业制造业、旅游产业、啤酒产业、出口加工制造产业、农业产业等对接。经过中国驻泰国晏大使的协调，我们专门拜访了泰国知名企业家——世界500强企业TCC集团主席苏旭明先生。出访前，我作了充分准备，用PPT向苏主席介绍云南的区位优势、资源优势、产业定位、招商优惠政策、吸引重点项目的方向等。苏先生在听完介绍后说，杨主任的介绍很好，是他听过的中国招商代表团中思路最清晰、招商项目产业与TCC结合最紧密的，泰国与云南距离很近，他们很想投资云南。但是有一个问题，他对中国的情况不了解，TCC到云南投资需要政府帮助，需要侨办帮助，希望我担任他的投资顾问。为了消除苏先生的担心，我们表示，侨办的责任就是服务海外华商，苏先生到云南投资，我们一定全程沟通协调服务，当好投资顾问，但是不需要一分钱报酬。我们侨务干部清正廉洁，服务全面。双方洽谈讨论非常坦诚深入，苏主席表现出作为世界500强企业家的战略眼光和智慧，明确说投资中国首先从云南启动，投资云南从啤酒产业、酒店产业开始，再扩大到云南的其他产业。

TCC集团当时已经是亚洲啤酒业的龙头企业，单一生产线已经突破年产量200万吨，是亚洲当时最大的啤酒生产企业，其象牌啤酒占泰国啤酒70%的市场份额。为尽快实现TCC投资云南，苏主席表示，投资云南方式以并购云南现有项目为主。根据苏主席投资云南的思路，我们又深入探讨了拟投资云南项目的内容、方式、路径、工作团队等。会谈时我深感，苏主席像我接触的多数白手起家的华商领袖一样，有着非凡的商业智慧、国际化的战略眼光、精明的项目策划能力、优秀的商业精神、勤奋夯实的作风，对投资、商业模式、投资效益测算非常精准，充满了智慧。为人朴实低调，对祖籍国深怀感情和文化认同感。当天，我们虽然第一次认识苏主席，第一次进行正式的商务招商会谈，但是相谈甚欢，像深交多年的朋友。会谈结束后，苏主席主动邀请我们到他家共进晚餐。我长期从事侨务工作的经验告诉我，海外华商能邀请你到家里做客，说明我们的第一次招商会谈很成功，苏主席非常认同和肯定我们。这次会谈双方明确了TCC集团投资云南的方向和主要领域。这是引导TCC集团投资云南的第一步。我们的首次拜访取得了预期的成功，代表团的各位同志都非常高兴。回昆以后，我们将与苏主席招商会谈的主要成果情况，向省政府领导写了专题汇报。省领导非常重视，邵副省长专门指示要求抓紧积极推进落实TCC集团投资云南。

根据省政府领导的要求，我们抓紧整理推荐一批苏主席拟投资的项目标的资料。当时正值国企改革，省、市政府推出了一批国有企业改革的项目，推向市场引进战略投资者。省、政府明确要求在国企改革中，要积极引进一批世界500强企业，提升云南省产业和技术水平，提升我省产业的国际竞争力。经过省、市政府和各个部门的配合，按照苏主席的投资方向，一是在酒业，二是酒店业。对于啤酒企业我们推荐了澜沧江啤酒厂，对于白酒行业我们推荐了玉林泉酒厂、矛粮酒厂、鹤庆酒厂作为与TCC合作的重点标底项目。对于酒店行业，我们推荐了昆明邦克饭店，五星级、属于工商银行的产权；昆明樱花假日酒店，四星级，属于昆明市盘龙区政府和一个日本企业的产权。我们将项目资料整理以后送给苏主席。苏主席由于不太熟悉中文，当时为了双方的沟通，专门委托他夫人的大姐周美珠女士（泰籍华人）与我直接保持联系沟通。时值昆交会和东盟华商大会将召开，省领导希望我们侨办积极争取苏主席能参加东盟华商会议，并且TCC投资云南的项目能在会上签约。省领导的这个要求和任务对我们而言压力实在太大。

2005年4—6月，我几乎每周都要与周女士联系，说明省政府对TCC的欢迎和支持，希望TCC加快项目推进的进度。在项目推进的重要环节和关键点，我与苏主席直接进行沟通协商。苏主席对省领导的重视和关心表示了感谢和理解，同时认为参加东盟华商会是一个很重要的机会。经过我与苏主席多次沟通商议，苏主席确定，2005年6月派TCC集团负责酒店和地产的总裁谢国宾先生率队到昆明，先期考察拟投资的酒店项目。2005年6月初，我经科处、张鹏、杨波陪同谢国宾总裁考察了昆明樱花酒店。我们陪同谢国宾先生从樱花酒店的地下车库开始，爬楼梯逐层进行考察。谢先生对每一层楼的房间硬件设施情况、公共设施情况、卫生间情况、电梯厅情况、酒店日常管理、资产情况等都作了非常深入细致的考察、拍照。我们一直爬到酒店二十几层的顶楼，考察了电梯厅的顶部和供水系统的顶部设备。谢先生作为外资企业的高管，这种敬业和专业的知识，让我们陪同的政府官员都非常敬佩。之后，我们又考察了昆明邦克饭店，考察工作的内容和程序更加深入和细致。在我们陪同考察以后，谢先生的团队又独立在两个酒店进行深入调研，他们专门与部门经理逐一进行谈话、了解情况，与各个层次的工作人员了解情况。经过几天对两个酒店实地考察工作以后，他们按照TCC的并购酒店商业模式，经济测算模式，提出了并购方案。谢国宾先生正式告诉我们：以他的专业知识和国际经验，两个酒店的硬件、地理位置、运营的基本条件、酒店的职工队伍是符合TCC并购酒店的要求的，但是并购酒店的商务条件、价格谈判，还需要双方认真坦诚地进行沟通交流。按照集团并购项目的规定，他会直接向苏主席汇报项目考察情况和建议。同时希望省侨办帮助多做中方项目单位的沟通协调工作。

2005年8月，经过我们前期的工作和沟通，苏主席在夫人和周大姐的陪同下，亲自到昆明考察项目。时任省委副书记、省长徐荣凯会见并宴请了苏先生一行，表达欢迎泰国TCC集团投资云南，省、市政府和项目单位将积极做好服务，配合TCC集团工作，创造良好的投资环境。苏主席首先考察了邦克酒店，认为这个项目处在市中心区位置比较好，可以作为一个高端的商务酒店。然后从邦克酒店步行穿过昆明东风广场中心城区，直接到樱花酒店。在樱花酒店的周围作了考察，苏主席认为这个项目比较好，日本设计，地理位置也比较好，处在昆明市中心的主要交通的中轴线上，今后会有比较好的发展前景。苏主席在外围走了一圈，我们邀请他到酒店内部考察，苏主席婉拒了，说他在外围看过就可以认可了，该酒店的并购方案、经济测算集团内部已分析过，下一步的谈判等商务工作就是由谢国宾先生完成，请杨主任协调当地政府和项目的相关部门抓紧完成商务谈判。我们安排苏主席乘车返回酒店，苏主席坚持步行走回酒店，说这样可以在昆明市中心区广场走一走，作一些深入的考察。

在步行20多分钟的途中，苏主席对我讲，TCC集团在全球已拥有35家高星级酒店，对酒店的并购他们非常有经验，对酒店的经济价值、投资回报分析、酒店营运，他们已经有一套成功的经济模型和商业模式。在步行过程中，我请教苏主席，TCC并购酒店是用什么样的投资分析和经济测算指标。苏主席很坦率地给我讲，一是酒店投资是一个长线项目，对投资回报不能追求很高和很快，我们看重的是投资云南旅游业和酒店业的一个未来的长线。这样对投资方的财力当然是个检验。二是两个酒店都是国有企业，是国资背景，并购起来会比较规范。三是酒店并购我们的财务考虑的是收购成本、平均住房率、投资回报预期、酒店资产的增值这几个主要因素。苏主席对两个酒店进行不到半天的考察就确定并购（当然苏主席的确认，是以我们配合谢国宾先生前期充分考察为基础的，是以省、市、区政府的支持为基础的）。我们原来担心并购酒店工作还有一个艰苦的考察评价过程，看到苏主席作为一名世界500强的企业家，看待并购项目，考虑问题确实非常大气，看长远、看发展趋势。集团具有实力，当家人具有超凡的商业智慧，我对这个项目的成功有把握了。

苏主席返回泰国以后，安排谢国宾先生率领一个专门的并购工作组，到昆明开展并购酒店商务谈判的工作。谢先生对两个酒店的并购商业模式，向我们提出了两个方案，希望省侨办向业主单位转达。鉴于邦克饭店是国有企业，业主产权属于省工商银行，并购方式采取资产式并购；樱花酒店是国有和民营混合企业，并购方式采取股权式并购。

关于樱花酒店并购工作

根据这两种模式，谢先生率工作组首先与盘龙区政府谈判樱花酒店并购事宜。时任盘龙区政府副区长严则敬同志，组成专门的工作小组与TCC集团的谢先生展开了坦诚而富有成效的谈判，当时谈判的焦点是樱花酒店职工的安置问题和并购价格问题。外方聘请国际知名会计师事务所——普华永道开展尽职调查，提出樱花酒店的估值价格报告为1.3亿元。盘龙区政府希望在这个评估报告基础上溢价10%，请我们向苏主席转达。鉴于樱花酒店并购涉及部分国有资产，我让TCC的谢总裁根据国际惯例对酒店评估方式作一份樱花酒店并购的投资回报经济模型分析和商业模式分析报告，提供给市、区政府领导研究参考，以便领导干部统一认识，坚定并购的信心。

昆明樱花酒店并购的投资经济模型分析

泰国TCC集团投资昆明项目工作组根据2005年10月2日杨光民主任的讲话精神和要求，就昆明樱花酒店（以下简称“酒店”）的经营管理现状及投资发展模式提出经济模型分析建议。

一、酒店经营现状

（一）客房销售现状

昆明目前共有挂牌四星级饭店17家，其中怡景园饭店近日刚挂牌，无法取得累积资料，我们使用其余16家四星级饭店（包括樱花酒店）的平均数值进行对比分析。

表1　客房销售现状的对比

	昆明樱花酒店2005年平均值	16家四星级饭店2005年平均值	增减比率（%）
客房平均房价（元）	279.01	289.70	–3.83
年平均出租率（%）	44.73	53.50	–8.77
客房收入占总收入比例（%）	46.58	53.44	–6.86
散客入住比例（%）	71.49	58.00	13.49
团队入住比例（%）	28.51	42.00	–13.49

从表1可了解到：

酒店平均房价和年平均出租率都低于地区内同星级饭店。如果酒店能够达到其余15家同星级饭店的客房销售平均值，则全年樱花酒店客房销售可以达到13294224.36元，比实际完成的客房收入增加258.82万元，增幅达到24.18%。

客房收入占总收入比例指标低于地区内同星级饭店。客房收入比例偏低，应该理解为受到平均房价和平均出租率低下的影响。经营收入的比例结构会影响酒店整体经营的安全指标。

樱花酒店的资料表明：2005年酒店入境旅游者团队入住率为5%。

2003—2005年，云南省接待的入境旅游者在住宿方面的人均日花费21.82美元，以1.7倍的双人住房率计算，即可达到：37.09美元每天。

以上数据说明，2005年昆明入境旅游者对四星级饭店的客房需求量为21.66万间，为当年全市四星级饭店出租率的26.95%。

以樱花酒店235间客房在全市四星级饭店客房市场4116间中的5.71%占有率计算，即：

（21.66万间 ×5.71%）÷（235间 ×44.73%×365天）＝32.23%

计算说明，按照樱花酒店的市场份额，应该可以得到21.66万间客房中的1.24万间（5.71%）的客源份额，占到樱花酒店当年出租率的32.23%，而2005年樱花酒店入境旅游者团队的实际接待量仅为5%，未得到这部分较高消费水平客源的应得份额。

樱花酒店的资料表明：旅游会议客源入住率为3.5%。

按照昆明旅游局和昆明饭店协会的资料，昆明市四星级饭店的会议客源比例平均为15%，樱花酒店的3.5%的数据远远低于同行饭店的平均值。

从上表可了解到，昆明市的四星级饭店大部分在1998—1999年投入营运，其中，大部分饭店又在2005—2006年进行重新装修。樱花酒店于1993年开业以来，尚未进行过大规模的更新改造，硬件设施早已超过了正常期限，虽然有精心维护和局部维修，但设施设备的老化直接影响酒店客房的销售效果。

以上两例说明，目前樱花酒店的客房销售状况不理想，不仅表现在平均房价和平均出租率都低于市内同类饭店，客房的销售策略也存在问题，高达71.49%的散客入住率并没有带来理想的效果。我们认为，房价低和出租率低的现象与饭店的硬件设施有关联，但也必须对酒店的客源群体结构和客房销售结构重新定位，建议对客房销售策略作出调整。

（二）酒店经营状况

由于对樱花酒店的资料收集有限，仅通过对2005年12月损益表（Profit and Loss Statement）上反映的数据分析，我们认为，目前的酒店经营状况有需要改进的地方。为了表述方便，我们以一个有几家管理公司为新建饭店的经营预测模型与樱花酒店的经营状况作对比说明。虽然案例之间的经营环境有差别，但这个经营模型汇集了国际、国内的一些著名管理公司的管理标准，在经营和管理数据的比例设定方面代表了管理公司惯用的经营政策，我们可以通过对比，了解樱花酒店的经营管理现状，以便找出改进的措施。

表2 经营状况对比

	樱花酒店	洲际管理公司	戴斯管理公司	马可波罗管理公司	锦江管理公司	评估表述
经营年份	2005	2008	2008	2008	2008	樱花酒店为实际经营状况，其余为管理公司第一年的经营预测
可供销售房（间）	235	400	400	400	400	—
平均房价（元）	279.01	760	692.77	640	680	—
出租率（%）	44.73	72	86	60	70	—
年出租房数（间）	38371	105408	125560	87600	102200	—
每间房收益（元）	124.82	548.69	594.37	384.00	476.03	—
经营收入（万元） 客房 餐饮 其他 总经营收入	1070.61/46.58 832.85/36.24 395.00/17.19 2298.45/100.0	8011.01/68.00 3204.40/27.00 520.72/4.00 11736.13/100.0	8677.86/52.00 7810.07/47.00 87.68/0.53 16575.62/100.0	5606.40/72.00 1874.40/24.00 336.00/4.30 7817.00/100.0	6950.00/63.00 3000.00/27.00 1150.00/10.00 11100.00/100.0	由于客房经营成本低，收入稳定，管理者都把客房收入作为最为关注的经营内容，一般设定为总收入60%～70%，可保证酒店安全经营。客房收入低，影响到总收入水平

续表

	樱花酒店	洲际管理公司	戴斯管理公司	马可波罗管理公司	锦江管理公司	评估表述
经营成本						四星级客房成本一般在15%以下，餐饮成本一般在55%～65%以下较为合适，樱花酒店虽然把销售税分别计算在部门成本内，但经营成本比例还是较管理公司成本比例高出很多
（万元）	337.68/31.45					
客房	717.19/86.11	921.27/12.00	1164.64/13.00	1261.60/23.00	1050.00/35.00	
餐饮	683.91/97.65	2178.99/68.00	3934.72/50.00	1303.20/70.00		
食品	26.92/24.58					
酒水	6.36/27.72					
餐饮杂项	128.23/32.46					
其他	1182.11/51.43	171.84/33.00	35.07/40.00	252.80/75.00		
总经营成本		3272.10/28.00	5134.44/31.00	2816.80/36.00		
部门利润						由于樱花酒店的经营成本高，相比之下部门利润比例就低，酒店的经营效果也差
（万元）						
客房	732.93/68.46	7089.74/88.00	7513.22/87.00	4344.80/78.00		
餐饮	115.66/13.89	1025.41/32.00	3875.35/50.00	572.00/31.00		
其他	266.77/67.54	348.88/67.00	52.61/60.00	83.20/25.00		
总部门利润	1116.35/48.57	8464.03/72.00	11441.18/69.00	50000.00/64.00		
未分配费用						这部分的费用开支在饭店经营中可理解为固定成本（除了营业税金），按照饭店盈亏平衡理论，固定成本比例在经营收入中越低，饭店的经营安全性就越高。很显然，尽管樱花酒店已经将经营部门的员工费用（工资和福利）和营业税金等列入经营成本，但是其固定成本的比例还是明显高于管理公司
行政及总务	282.13/12.27	938.89/8.00	1224.88/7.40	768.00/9.80	610.50/5.50	
人事及内洗	102.04/4.44					
营销及推广	52.46/2.28	731.20/6.20	288.53/1.70	609.60/7.80	222.00/2.00	
能源费用	294.45/12.81	969.75/8.30	1657.56/10.00	624.00/8.00	1110.00/10.00	
维修费用	227.18/9.88	387.29/3.30	331.51/2.00	204.80/2.60	666.00/6.00	
营业税金			895.08/5.40		611.00/5.50	
基本管理费		234.72/2.00	414.39/2.50	156.00/2.00	277.50/2.50	
总费用	958.27/41.69	3261.86/28.00	4811.95/29.00	2363.20/30.00	3497.00/31.50	
酒店经营利润（万元）	158.08/6.88	5202.17/44.00	6629.23/40.00	2636.80/34.00	4998.00/45.00	

饭店的盈亏平衡分析方法是通过分析产量、成本和利润之间的关系，研究三个因素变化的临界值盈亏平衡点，评价饭店的经营风险和盈亏可行程度。

我们利用此方法原理，建立两则不同固定成本饭店的分析模型，说明不同的经营成本比例对饭店经营效益的影响作用。

图 1　投资盈亏平衡分析模型

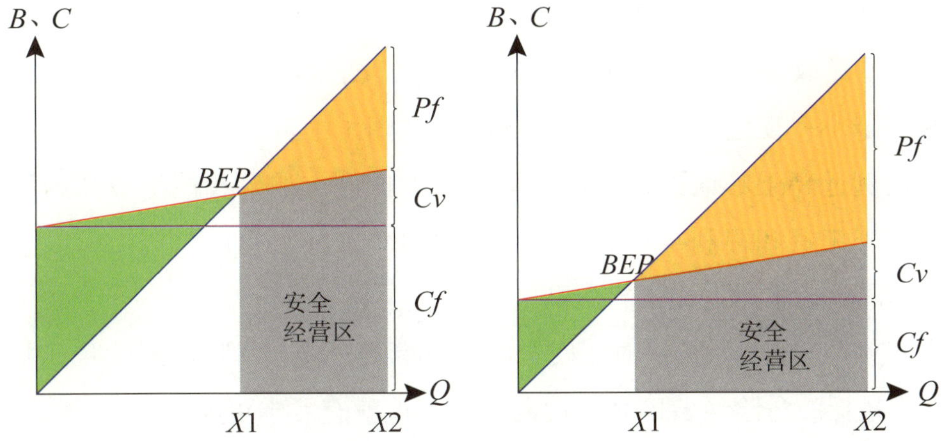

TCC 集团的樱花酒店投资回报商业模式图

图 1 中：*B*——销售收入；

Q——产量或销售量；

Pf——利润；

蓝线——总收入线；

红线——总成本线；

粉线——固定成本线；

BEP（Break Even Point）——蓝线与红线相交点为盈亏平衡点，又称盈亏临界点或保本点；

绿色区域——亏损区域；

黄色区域——盈利区域；

斜线区域——安全经营区。

又设成本函数为线性函数：

$C=(Cf+Cv).\ Q$

式中：*C*——总成本

Cf——单位产品固定成本

Cv——单位产品变动成本

按照饭店管理的理论，以随着经营收入增减而作相应变化的费用称为变动成本；与之相反，不会或基本不会随着经营收入增减而变化的费用称为固定成本。从以上两个图表上可以看出，在总收入（蓝线）相等的情况下，经营利润的变化取决于 Cf（固定成本）的大小，Cf 越大，图表上黄色区域（盈利区域）越小；反之，盈利区域就加大。在图 1 中可以发现，樱花酒店的固定成本比例远高于其他饭店管理公司的预测比例，如果我们把分列到各经营部门的员工工资和福利（约 450 万元）回归“未分配费用”栏，可以想象樱花酒店的固定成本所占比例会更高。

计算所得仅为 6.88%。对照安全经营指标表，樱花酒店的经营状况并不安全，处于最低的危险经营区域，说明稍有不慎就有亏本可能。

二、对策和建议

（一）创造新的营收增长点

根据以上的图表分析，虽然樱花酒店在经营成本和固定成本方面有改进之处，都难有立竿见影之效，且时不等人，要根本上改变经营状况，必须从增加营业收入的环节上着手。我们认为，唯有提高营业收入，才能调动多方面的积极因素，稳定经营管理局面。建议在保持原有收入来源的同时，加入新增元素，达到增收目的，也才能降低固定成本比例，调整酒店安全经营指标。

从 2005 年的接待情况分析，全年 38371 间出租客房，其中散客共使用了 26070 间客房，由此计算，每家协议商家和企业为酒店提供了 57 个客房的客源，平均分摊为约一个星期一个客房。如果酒店继续执行现有的客房销售策略，我们可以预计到，即使酒店更新改造、重新装修及在经营、服务方面努力提高质量，但基于昆明市内还有 16 家四星级饭店的现实，樱花酒店的盈利风险仍较大。

（二）投资回报模型

投资回收年限预测：

预计本次酒店投资和改造的资金额为1.5亿元（含樱花购物中心），按照酒店的自身条件和市场条件，我们提出15年回收投资建议，即：

1.5亿元 ÷15年＝1200万元/年

按照樱花酒店2005年12月的损益表资料，全年经营利润仅158万元，两者差距甚远。所以，以上回收年限预测是建立在酒店（含樱花购物中心）完成改造，全面修整了经营政策的基础上。

由于缺乏樱花购物中心的资料，以下分析仅对酒店部分设定。

酒店年度经营预测：

我们利用饭店盈亏平衡理论对樱花酒店的经营数据进行预测和设定。

年度经营利润：

即，投资回收额1200万元＝年度经营利润1200万元

我们把酒店和商场的经营利润（投资回收额）作出分配，分别表述：

表3　年度经营利润分配方案

单位：万元人民币

分类	方案一	方案二	方案三
酒店经营利润	700	600	500
商场经营利润	500	600	700
合计	1200	1200	1200

年度固定成本：

由于固定成本具有不会或基本不会随着营业收入增减而变化的特性，我们可以采用樱花酒店2005年的固定成本数据，即：

958.27万元＋446.82万元（分列到各经营部门的员工工资和福利）＝1405.09万元

表4　边际贡献率对比

单位：%

分类	客房	餐饮	其他
2005年实际边际贡献率	68.55	13.89	67.54
重新设定	85.00	45.00	70.00
差异	16.45	31.11	2.46

与此同时，也需对原有三个营业项目的收入比例作出调整。

表5 营业收入比例对比

单位：%

分类	客房	餐饮	其他
2005年实际完成情况	46.58	36.24	17.19
重新设定	62	26	12
差异	15.42	-10.24	-5.19

经过加权平均计算，酒店综合边际贡献率为68.4%。

预计营业收入：

方案一：酒店经营利润700万元，即：

（年度固定成本＋经营利润）÷ 边际贡献率＝营业收入

（1405.09万元＋700万元）÷68.4%＝3077.62万元

方案二：酒店经营利润600万元，即：

（1405.09万元＋600万元）÷68.4%＝2931.42万元

方案三：酒店经营利润500万元，即：

经营安全率：

我们以方案二进行计算：

经营利润 ÷ 预计营业收入 ×100%＝经营安全率

600万元 ÷2931.42万元 ×100%＝20.47%

按照理论，尚未达到理想的区域，但已经比樱花酒店2005年实际经营情况的6.88%，提高了13.59个百分点。

说明：

——以上仅为一个比较合理的建议性经营模型，仅作为政府和投资方参考。

——考虑樱花酒店的现实状态，部分指标还冀循序渐进，以臻完备。

——利用15年来完成投资回报是具有可行性的，并购此项目是适宜的。

TCC集团酒店置地公司

2006年10月12日

我们及时将此投资分析报告转给给昆明市政府、盘龙区政府领导、樱花酒店的各个股东参考研究，以此统一各方的认识。TCC 的投资经济分析模型研究报告，坦率地讲，对市政府、区政府的领导，当时都是第一次接触到用国际化的经济理论来分析投资项目回报的。投资分析是建立在数学模型的基础上，用大量的数字分析来论证投资的效益。包括指出投资回报期需要 15 年，投资回报率达到 13% 左右，评估值在 1.3 亿元。研究这个商业模式分析报告后，盘龙区政府领导提出这个报告确实是客观科学的，打开了各级领导的视野，统一了思想，也反映了 TCC 集团的诚意和实力，但希望我们转达 TCC 集团，在 1.3 亿元基础上，能够溢价 10%，这样比较好安排各种债务和安置员工。我及时把这个意见转达了给苏主席，苏先生表示理解并且给予支持。苏主席表示同意盘龙区政府的意见。之后经过坦诚友好的谈判，双方达成了一致意见。2005 年 12 月，TCC 集团以 1.5 亿元并购樱花酒店。

关于邦克酒店的并购工作

从 2005 年 9 月开始，对隶属于省工商银行的邦克酒店，TCC 集团聘请了普华永道国际会计师事务所开展尽职调查。当时并购的焦点主要是：资产评估问题、并购价格问题、酒店管理层干部安置问题、酒店国有企业职工的改制安置问题。对国有资产的转让价格，国家有规定不能低于资产评估的价值。时任省工商银行行长专门与我们交流，鉴于工商银行要上市，非银行主业的资产都要剥离，邦克酒店转让给国际知名的世界 500 强企业，工商银行总部是非常满意和欢迎的。省工商银行已把 TCC 并购的意见专门上报给工商银行总行，中国工商银行总行表示同意，但是银行希望在评估值的基础上溢价 10% 到 15%。希望我们把这个意见转达给苏主席。我把行长的意见同苏先生做了沟通，苏主席表示，为了促成双方合作，尽管并购价格高于评估值，TCC 表示愿意同意省工商银行的意见，以 2.1 亿元并购邦克酒店。并购酒店工作看来已经顺利地通过了。但是这个时候发生的一件事，致使整个项目的谈判又陷入僵局。由于负责这个项目的 TCC 集团谢国宾先生被苏主席安排去欧洲和美国负责新的酒店并购项目，邦克酒店项目临时安排周大姐的女儿谢小姐来负责。由于邦克酒店的地下停车场、地下设备用房在建筑上与省工商银行的办公大楼连为一体，谢小姐提出，并购酒店的内容，应该包括酒店的地下停车场和地下共用设施。但是省工商银行的负责人认为，酒店并购的金额合同中没有明确包括地下停车场和地下共用设施。TCC 酒店如果需要用，应该付一定的费用。原来经过苏主席同意，已经准备签订的合同，一时被拖延下来。省工商银行领导、TCC 方面都来找我，希望我们省政府侨办出面协调。我分别邀请双方了解情况作了沟通，希望大家求同存异，从促成项目合作的大局出发，大家都做一些退让，尽快完成合同的签订。省工商银行方面表示由于涉及国有资产的转让，对双方共有地下室备用设备的问题，省工商银行将向国家工商银行总行再次作汇报。我及时沟通泰国方面，向省政府领导作了汇报。时任省政府助理汤黎路同志很重视，于 2006 年 11 月 7 日专门召集省工商银行的行长、我及有关方面的负责同志召开协调会，听取了我们的汇报，了解了项目目前存在的矛盾焦点。

省工商银行在北京向工商银行总行作专题汇报后形成如下意见：首先感谢 TCC 集团的诚意，欢迎 TCC 收购邦克酒店；同意 TCC 拥有 33.3% 邦克酒店公共设施的所有权，其费用包括在 2.1 亿元收购价格中；在合同中进一步明确双方的权益和义务；有关 TCC 并购邦克酒店后占用银行地下室的使用费用问题，双方协商解决；希望双方抓紧完成合同洽谈和正式签约；鉴于银行年度财务决算制度，建议 TCC 签正式合同后，支付收购总价 30% 的款项，年内收购资金全部到位，完成酒店移交。

汤黎路同志代表省政府作出了指示：同意省工商银行的意见，希望省工商银行、TCC 集团相互理解，立足大局，尽快完成项目签约。

云南省政府建议：根据省工商银行的意见，对 TCC 集团所提要求已有明确意见，省工商银行欢迎 TCC 收购邦克酒店，省政府同意省工商银行的意见，支持和做好 TCC 收购的协调工作；建议 TCC 抓紧时间，派谈判小组赴昆明，与省工商行洽谈并购合同的具体补充事宜，完成正式合同谈判和签约；建议泰方立足大局与省工行相互支持，相互理解，长远合作；省政府将要求省级政府部门，协调配合完成邦克酒店收购审批事宜。要求省政府侨办积极做好双方的协调工作。落实邀请 TCC 集团项目谈判小组按期到昆明，协调外方与省工商银行完成合同的谈判和签约工作。

根据省政府领导的指示，第二天我亲自起草了传真文件，向苏主席、苏太太作了转达。苏主席收到我亲自签发的传真文件后十分重视，做了及时的研究安排，专门打电话给我表示：同意省工商银行的意见和感谢省工商银行的理解，感谢省政府领导的支持，感谢省侨办做了大量协调工作。表示尽快安排 TCC 酒店和置地公司的谢总裁到昆明，开展合同洽谈和签约工作。谢先生于 2006 年 11 月 20 日率领谈判小组到达昆明，与工商银行的领导和工作团队开展合同的谈判和完善工作，最终双方达成正式合同。泰国 TCC 集团并购邦克酒店项目，终于取得完满成功。

困难和经验

这个项目从一开头的考察洽谈，到双方谈判都是比较顺利的。省工商银行领导比较重视。为推动项目的落实，多次到国家工商银行总部作了汇报，得到工商银行总部的同意。苏主席作为投资方，对这个项目十分看好。作为世界 500 强企业，国际知名的华商领袖，苏先生善于看项目的大局、看方向、看项目的发展趋势。苏主席并购这个项目的战略意图，实际是 TCC 进入中国从云南开始的战略布局。在项目考察的开始，对项目谈判过程中发生的问题，苏主席始终能把握好促成双方合作的战略方向。我观察苏主席在指导谈判过程中，始终坚持力主合作成功，长袖善舞，谈而不破，争而不散，坚守初心，确实表达出世界 500 强企业家的商业智慧、真诚的合作态度、运筹帷幄的经验。

在省政府领导的重视和协调下，在省工商银行领导的依法依规又坚持改革开放积极促成合作的努力下，在 TCC 集团苏主席坚定投资支持下、在省侨办的统筹协调下，2006 年底，双方终于签订了正式的并购合同。按照双方协议规定，必须在10个工作日付2.1亿元的并购资金到云南省工商银账户。结果泰国TCC集团3个工作日就将全部资金付给省工商银行。邦克酒店的并购工作也就顺利完成了。2006年东盟华商大会上签订了TCC集团并购邦克酒店、樱花酒店的正式合同。这两个项目成为当年云南省利用外资的最大项目，也是当年云南吸引外资的经典项目。

第二阶段：并购澜沧江啤酒厂和玉林泉酒厂项目

关于玉林泉酒厂项目

按照省政府领导的要求，经过我们省侨办的协调，苏主席2005年在考察了邦克酒店、樱花酒店项目以后，苏主席又亲自去了一趟玉溪市峨山县，考察了玉林泉酒厂。这是一户民营酒厂，生产规模比较小，每年产量只有3000吨左右，但是保持纯粮酿造工艺，是云南清香型白酒的代表。经过双方洽谈，TCC以5500万元全额并购了这个工厂。TCC原估值为4000万元，根据酒厂业主的意见，陪同的商务厅朱晓阳副厅长、省招商局处长、晏大使，市、县政府领导和我们开会协商，由我向苏主席转达：能否请苏主席考虑，为促成TCC在云南白酒领域先落一个项目，建议增加1500万元并购该厂。苏主席慎重考虑后，认为并购玉林泉酒厂后，TCC集团在云南酒业可有一个落脚点，欣然同意增加到5500万元。TCC按照并购合同，三个工作日将5500万元全额付给玉林泉酒厂的业主，对原管理层保留，分管技术的普必恩仍然担任副厂长。职工基本保留。并购工作看上去顺利平静，但是一件意想不到的事，在TCC资金到位后的第二天晚上突然发生：原玉林泉工厂的私营业主将该厂保存几十年的原浆酒偷偷拉走了几十坛。这是TCC集团并购的重要资产，这严重侵犯了泰国TCC集团并购的权益，构成犯罪。TCC的负责人立即向我们报告，我听到情况以后，马上给县委、县政府领导打电话，要求严肃处理，追回被偷走的几十坛原浆老酒。这件事给苏先生留下了非常恶劣的印象。他认为，在中国投资最重要的是公平市场竞争机制、市场环境、投资环境、法治环境、外商权益的保障问题。很多年后，我到泰国拜会苏先生时，他还谈到这件事，明显感到他有一种强烈的心理阴影，影响了他扩大在华投资规模的信心。

TCC 集团并购玉林泉酒厂后即加大了技改投资，增加了流动资金，加强了市场营销。两年后，工厂的规模发展到年产 1 万多吨，销售达到 3 亿元左右，每年上缴税金 6000 万元。一段时间，玉林泉酒厂在云南白酒产业发展较好。TCC 在云南白酒产业算是布局了一颗小棋子。

关于澜沧江啤酒项目

2004 年，时任云南省政府省长徐荣凯从全省酒行业发展的全局考虑，明确指示省侨办：要积极推动 TCC 集团投资我省啤酒产业和白酒产业，要依托 TCC 集团在国际酒产业的产业优势、市场优势、技术优势和资金优势，整合全省小、散、乱的白酒行业，打造云南白酒业的龙头企业。根据省政府领导的指示，2004—2005 年，我亲自陪同苏主席和夫人等 TCC 集团的高层，先后五次到昆明、玉溪、大理州、临沧、丽江考察酒产业投资项目。关于云南的啤酒产业项目的合作考察，TCC 将重点放在澜沧江啤酒厂（民营企业）。经过我们协调临沧市政府，组织省招商局、省商务厅、省发改委的有关厅、处级领导，晏大使两次陪同苏主席到临沧市的澜沧江啤酒厂、矛粮酒厂及大理州的鹤庆酒厂、丽江考察洽谈，苏主席对澜沧江啤酒厂进行了 3 天深入详细的考察，表达了并购澜沧江啤酒厂的明确诚意。苏主席当时 60 岁出头，正值年富力强，企业已经进入世界 500 强前 200 多位，事业处于上升期。TCC 集团当时在泰国企业排前五位，资金实力雄厚。作为亚洲啤酒、白酒产业的“酒王”，苏主席以广阔的国际眼光、深邃的酒行业经验，深谙酒产业发展的规律，从全国和云南啤酒、白酒产业发展的战略定位、资源条件、市场区域、物流因素等，阐述了他对投资云南发展酒产业链的系统观点。在与澜沧江啤酒厂董事长刘光汉的洽谈沟通中，苏主席与刘董事长进行了多轮的会谈，阐述了 TCC 集团与澜沧江合作的优势，特别是 TCC 拥有啤酒产业发展的核心技术——酵素，先进的生产技术和工艺流程，国际顶级的生产设备，国际化的管理和市场运营，先进的人才技术管理、雄厚资金实力等，坦诚表达了合作的意见和方案。苏主席在会谈中充满了坦诚和智慧，对国际和地区的啤酒产业市场数字的精密掌握，对啤酒产业商业模式的成熟经验和理念，对企业管理的国际化先进理念，令在场的政府领导、企业主等受到一场如何管理现代国际企业的教育启发，受到如何发展国际化啤酒产业的教育启发。苏主席明确表示：如果双方合作，TCC集团将投资上百亿元，把澜沧江啤酒厂规模从现在每年不到10万吨，提升到每年100万吨，年纳税超过10亿元，年销售额超300亿元。

由于云南20年前改革开放还处在较低的阶段，人们的思想观念还比较保守落后，澜沧江啤酒厂是民营企业，企业主刘光汉董事长的思想观念和眼界受局限，小富即安，再加上企业是家族式管理，意见不统一，因此在多轮的会谈中，对与TCC合作犹豫不决，算小账，看不到企业大的发展战略远景。最后刘董事长以澜沧江啤酒的品牌价值要溢价超过200亿元为由，拒绝了与TCC集团的合作。我当时作为省级部门层面TCC项目招商的负责人，深深为苏主席的诚意而感动，同时我和在场的临沧行署书记李国伟同志，为澜沧江啤酒集团缺乏诚意、为双方不能达成合作而深感遗憾。参加会议的省、市政府官员都认为，澜沧江啤酒失去与泰国TCC集团的合作，不仅是他们一个企业的损失，更是临沧市和云南省的损失，这个认知不幸被我们言中。不到10年后，澜沧江啤酒厂由于管理经营不善，在激烈的市场竞争中不能适应市场的变化，加上资金短缺，设备落后，产品不适应消费者需求，负债高达200%以上，面临几十项诉讼官司，企业面临破产。2015年，澜沧江啤酒集团的负责人请临沧市政协领导专程到省政协找到我，希望我转达请TCC集团并购该公司。但是时过境迁，TCC的产业布局已是全球化，TCC这时不可能再到云南投资一个啤酒厂。市场竞争的残酷性和竞争的严肃性，揭示了一个规律：企业的发展过程中，市场机遇和发展机遇往往只有一次，稍纵即逝。

2005年苏主席在考察啤酒厂的同时，由我们陪同，还分别到大理、丽江、临沧考察了几户民营企业的白酒厂。这些企业都存在小散弱的情况，企业规模不大，市场影响力较小。苏主席考察以后深感：云南白酒产业小散弱的情况比较突出，缺乏龙头企业，省政府希望TCC集团整合云南白酒产业，打造继贵州、四川白酒产业强省之后，云南成为白酒大省的目标，短期内很难实现。

第三阶段：扩大投资改造邦克酒店、樱花酒店，引入洲际国际酒店管理品牌

从2010年开始，为了提升云南旅游业的产业素质，吸引国际游客到云南，促进云南旅游业与国际接轨，省政府决定鼓励旅游企业积极引进国际知名酒店品牌集团，投资或管理我省的高星级酒店。我们省侨办根据省政府的相关政策，及时与TCC集团谢国宾总裁作了沟通，我亲自向苏主席打电话建议：对TCC集团在昆明这两个酒店新增投资进行改造，并引进国际知名酒店品牌管理公司进行管理，提升两个酒店的层次。苏主席很重视这个建议并认真作了安排。TCC集团当时考虑，结合云南和昆明建设国际旅游城市的发展定位，引进国际顶级的旅游管理酒店品牌。他们对国际酒店管理品牌反复作了比较和市场分析，认为洲际酒店集团比较适合于云南和昆明酒店业的情况。该集团旗下的洲际、皇冠、假日品牌覆盖了所有的五星和四星各个类型的酒店品牌，拥有各种类型的商务型、度假型、城市便捷酒店。最后TCC集团确定邦克酒店引进洲际皇冠酒店系列品牌，樱花酒店引进洲际假日酒店系列品牌。此后，TCC与洲际酒店管理集团达成协议，按照洲际酒店的硬件标准，TCC集团对两个酒店按照国际五星级和四星级的标准，重新投资装修。投资总额达到了6.3亿元，高于当年两个酒店的并购价。为了做好两个酒店的重新投资装修工作，TCC集团派了新的管理团队，到昆明负责开展重新装修项目的策划、设计、组织施工等工作。由于TCC集团派来的新高管谢小姐不熟悉政府的外资项目的管理规定和政策，不清楚酒店重新装修需要经过市政府的规划、环评、消防、市政绿化、城管等一系列的报批流程，新投资项目还需

经过省商务厅、省外管局的新增投资审批项目许可，单纯依靠一个外资律师事务所跑审批，浪费了半年多时间，政府主要审批程序都未搞清楚。结果在未完成政府审批情况下，安排施工队伍进场开始动工，由于未批先动工，该项目的重新装修碰到了诸多的问题。TCC 该高管又反复找到苏主席，请求省侨办帮助协调解决相关问题。这时 TCC 遇到的比较大的问题是：项目已经动工，但是外资的再投资审批工作没有完成。因此，TCC 新投资的 6.3 亿元进不来（邦克酒店新增投资 3.3 亿元，樱花酒店新增投资 3 亿元）。苏主席再次派谢国宾先生到昆明找我沟通，希望我们出面协调省、市相关政府部门，尽快完成政府审批，确保外来投资能够及时进来。同时完成政府的相关审批，根据谢国宾先生的请求，我一方面耐心向 TCC 高管解释，政府对外商新增投资的政策和管理规定、流程，让其补充完善相关的报批资料，完成新增投资的审批；另一方面又亲自邀请和主持省商务厅、省工商局、省旅游局、省人民银行、省外汇管理局昆明市政府的相关厅、处级干部开协调会，对 TCC 新增投资到位的问题进行会商协调。省级政府各部门听取 TCC 汇报情况后，都表示很重视 TCC 新增投资改造两个酒店的项目，但是强调企业必须一方面依法依规完成相关的政府审批，另一方面也按照省级重大招商项目的绿色通道特事特办，允许 TCC 集团 6.3 亿元资金进入国内、投资到项目上。之后我亲自带 TCC 集团的谢国宾先生等高管，直接到了省外汇管理局，省外管局的领导协调他们热情接待并依照法规和 TCC 的申报材料、省协调会意见，当场同意办理了相关 TCC 外资进入国内的手续，至此，拖了半年多的 TCC 投资两个酒店项目的资金进入大陆问题、项目改造完成审批问题才算顺利解决。苏主席听到问题圆满解决后，专门打电话向我表示感谢！

2012 年初，时任云南省政府李纪恒省长将率团访问泰国招商，拜访 TCC 集团苏主席，探讨扩大 TCC 对云南投资被省政府列为重要的访问议程。这时 TCC 集团的谢国宾总裁突然到昆明见我，对方称，2006 年并购的省工商银行所属邦克酒店，TCC 集团按照合同已履行足额付款给工商银行，但是 6 年过去了，省工商银行还没有将邦克酒店的房产权证、土地权证办理并移交给

TCC 集团。我问谢先生这么大的事，而且拖了 6 年，为什么不及时告诉省侨办。谢先生称并购两个酒店工作完成后，苏主席安排他负责欧美市场的酒店并购工作，所以云南项目没有过问。TCC 新来云南的负责人仅是委托外资律师多番奔走，虽然花了不少钱，费了不少时间，但产权证问题一直得不到解决。鉴于李省长即将访问泰国，并专门拜访苏主席，如果这个问题不解决，可能影响 TCC 集团继续扩大对云南的投资。届时如果苏主席当面向李省长提及此事，双方都会不便，希望我们帮助尽快落实解决产权证的办理事宜。

这个问题突然提出来，我们深感事关重大，一方面反映了省、市投资环境还有很多差距，另一方面由于面临省政府领导即将访问泰国，届时我们将很难面对 TCC 集团的苏主席。我立即安排省侨办往科处李荣处长、张鹏副处长、李鸿宾副处长到昆明市的有关部门、省工商银行的有关部门调查了解相关真实情况：拖了 6 年没有落实的产权证问题，主要责任在省工商银行管理层，6 年中多次调整管理人员，熟悉这个项目并购的同志已退休或调动工作，相关并购的资料找不到了，特别是并购合同原件、邦克酒店产权证、土地证、工程图纸等在省工商银行档案室都查不到，由于文件资料不齐，市政府相关部门不能办理产权证。根据上述情况，我主持召开了省工商银行、省商务厅、省招商局、昆明市政府、市土地局、市产权处、市侨办等相关部门负责人的协调会。会上确定几个意见：由省工商银行立即安排专人收集相关申报的资料，办理产权证的手续由省工商银行负责，昆明市土地局、市房地产局、市侨办负责协调配合 TCC 集团完成在昆明市的新产权证办理变更手续。但是过了一周时间，省工商银行反馈：邦克酒店的产权证、土地证、并购合同的原件，邦克酒店工程图纸原件还是找不到。我们又再次协调双方确定：并购合同原件请 TCC 提供其保存的原件用于办理变更手续，工程图纸从市规划局资料库中复印，邦克饭店原土地证、产权证从市土地局、房产局资料库中复印。同时由省政府侨办专门致函市政府，请求特事特办，为 TCC 集团补办并购后的邦克酒店新产权证、土地证。我还与时任昆明市政府市长张祖林同志（后任省政府副省长）专门去面商，说明情况，请市政府给予理解支持。张市长在接到报告以后很重视，很快作了批示：要求市政府相关部门妥善处置，依法依规维护外商的合法权益，维护省、市投资环境和名义，尽快办理TCC集团并购邦克酒店的新产权证、土地证。在拖了6年之后，在省政府李省长访问泰国前夕，TCC集团并购的邦克酒店产权证问题终于得到解决。苏主席看到产权证落实后非常高兴，亲自打电话向我表示感谢：拖了6年的问题终于解决了，现在邦克酒店才真正是TCC集团的。听到苏先生的这个话，我心中不禁感慨万千：由于TCC集团是国际知名的跨国公司，经济实力强，现金流充分，如果是一般的公司，现金流缺乏，经营酒店需要用产权证融资，那么这个项目的经营就很困难。我们西部政府在投资环境、服务水平、依法依规维护侨商投资权益方面，还有很多工作要做，与国际接轨还有很远的路要走。

两个酒店经过一年多的装修改造，于2014年正式重新营业。TCC委托洲际酒店集团管理以后，酒店的经济效益有了大的提高。邦克饭店最高住房率达到91%，最高销售额达到月710万元，最高年销售额7600万元，年最高缴税660万元，提供就业岗位350个。

昆明樱花酒店最高住房率达到90%，月最高销售额达到620万元，年最高销售额达到6250万元，年最高缴税额530万元，提供就业岗位290个。TCC集团投资昆明的两个酒店，取得了较好的经济效益。

项目招商难点

泰国TCC集团虽然是世界知名的500强企业，但集团对中国的投资环境和政策不适应、不熟悉，集团缺乏了解中国的高层管理人才。TCC集团是一个超大型的跨国公司，内部管理层的层级复杂，管理层流动性较大，公司内部的官僚主义较强。TCC集团虽然具有较强的投资实力，但对华投资较为谨慎。对首次进入云南的投资项目，苏主席要亲自考察，亲力亲为才能决策。21世纪初，苏主席还有时间到云南亲自考察项目，但随着TCC产业链、供应链全球布局，苏主席没有精力再次顾及云南的投资项目。2012年，苏主席曾经委托我们帮他策划一个在云南设立TCC集团中国国际投资公司的方案，我和省发改委、省商务厅的处长作了方案，按照苏主席的意向，该投资公司总注册投资高达8亿至10亿美元，投资公司的主要业务放在投资云南的基础设施、能源、重大交通、跨周边国家物流、跨国产业园区、跨国口岸、澜沧江湄公河交通项目等方面。但是后来苏主席没有精力再顾及对云南的投资项目。虽然泰国TCC集团产业结构和云南有很强的互补性，云南和泰国地域相近，TCC集团经济实力较强，苏主席对中国怀有深厚的感情，但是集团没有能够在云南做更大规模、更多产业的投资，这是比较遗憾的。

项目招商经验

一是国务院侨务办、省市政府领导高度重视。省领导多次批示TCC项目，多次亲自会见苏主席来访，省侨办按照国务院侨办李海峰主任的要求，围绕发展服务侨商、带着感情服务侨商、围绕难点服务侨商。李海峰主任在北京专门会见了苏主席。

二是我们在TCC投资项目的关键点、难点和焦点问题上，比如项目引进初期的资产评估，项目扩大投资时的审批外汇进入问题，项目产权证拖延了6年的补办问题等，我们无私无畏，敢于担当，不回避矛盾，排除各种困难，统筹协调各方资源，为侨商项目发展服务。我们坚持一心为侨商的发展负责，敢于担当，清正廉洁，出以公心，赢得了TCC集团的信任，在海外侨商创造良好信誉。

三是我们善于围绕省委、省政府的发展战略和产业重点，实时推动TCC扩大再投资，引进国际酒店管理品牌，提升了省、市旅游产业的素质和水平。两个酒店重新改造升级后，销售业绩直线上升。单月住房比达到91%，年销售达到7600万元。经济效益大大提高，服务的国际化水平明显提高。

2004 年，云南省省长徐荣凯在昆明会见泰国 TCC 集团苏主席

2003 年，作者率团访问泰国 TCC 集团，向苏主席（前排左二）和夫人（前排左一）介绍推介云南重大招商项目

2014 年，苏主席、TCC 集团酒店和地产集团谢国宾（左三）总裁与作者在泰国，深入洽谈并购昆明酒店项目事宜

2004 年，苏主席和苏夫人（左一、左二）在泰国与作者会见，双方深入探讨了 TCC 集团在云南投资项目合作事宜

作者和省商务厅王副厅长（左一）、临沧市李书记（左四），陪同苏主席（左三）考察临沧市澜沧江啤酒集团

TCC 集团并购的云南玉林泉酒厂

玉林泉酒厂用传统方式生产的高端白酒

项目四：引进新加坡三德集团投资大理项目回顾分析

第一阶段：招商和选址考察

2005年，应大理州政府的邀请，我到大理州参加一个专题招商会。在这次会上，我认识了新加坡三德集团高新平主席。高主席是新加坡中华总商会的董事，对到中国投资很积极。高主席向我介绍了集团产业：以电子业起家创办了三德有限公司，经过多年努力，集团发展成为世界最大的电子按键制造商之一。在1985年将业务拓展至中国，是第一位在中国厦门投资的华商企业。1991年，三德在新加坡交易所SESDAQ（“第二板”）挂牌上市并于1993年转为主板（新交所S46）。自1985年开始便一直对国内进行投资，至今累计投资中国超过13家企业，产值50亿元以上。1993年，集团开始投资建材业并在福建龙岩投建水泥厂，在南通设立PVC管材与管件厂。同一年也进军酒店业务。高主席欢迎我率领招商团到新加坡访问招商。

2006年初，经过省政府批准，我率领省侨办经贸代表团到新加坡招商，专门拜访了新加坡三德集团高新平主席。之前根据三德集团的产业结构和我省招商重点，我指导大理州按照国际FDI、外商直接投资指标体系要求，专门准备了大理州水泥产业项目招商资料。高主席认真听取介绍并提出很多问题，我们作了充分介绍，高主席很满意，表示先安排次子高铨壮先生带领公司相关人员到大理州了解情况，之后高主席安排时间专门到大理州考察。

2006年6月，高主席参加东盟华商会后，同高铨壮先生，在我和省侨办张鹏处长、省招商局程英副处长陪同下，到大理州考察水泥厂投资项目。大理州政府很重视，和金平州长与主席亲自洽谈介绍：大理州处在云南滇西八个地州的龙头，正在修建高速公路。大理的北部央企正在新建几个大的水电站，对水泥的需求市场非常大，而且大理州有丰富的水泥生产的重要资源——石灰岩矿。因此到大理州投资水泥产业是非常有前景的项目，投资回报会比较高。

之后分管副州长和我一行陪同高主席先到大理市的水泥厂考察。这是一家国有企业，大理州政府和大理市政府考虑，希望三德集团并购大理市水泥厂，引进先进的技术、管理、资金。这个工厂在大理市郊区，面对洱海，在大理机场附近。高主席考察以后认为，这个工厂位置太靠近城市，环境保护是个大问题。水泥工厂所需要的石灰岩资源不够，所以建议州政府重新选址。我们又到了几个县实地考察项目选址。高主席对水泥产业的投资很有经验，强调产业布局需要资源（石灰岩含量52%）、市场、交通（半径400～500千米）、政府政策的支持。强调水泥产业是富民项目，是政府的高税收项目。考察大理州水泥厂资源情况后，高主席与我们作了一个初步投资考察总结：大理州市场条件好、资源和选址条件具备、政府积极、工业配套能力不足、交通条件不足，对投资项目还要继续作深入考察和可行性研究，重点是项目资源的选址考察。这是投资项目能否落实的关键。

2006—2007年，高主席6次到大理州实地考察项目资源和选址，我、张处长、程处长每次都陪同，并且及时协调大理州、各个县政府及时回答和解决投资的各种困难和问题。在水泥项目的考察过程中，高主席像大多数成功的华人企业家一样，以较高的战略眼光、敏锐的市场观念、踏实务实的作风，对项目的重要控制点、建设内容、资金把控及与政府工作的对接，都亲力亲为，作风朴实。在矿山资源考察中，我们陪同高主席早晨天亮出去，很晚才回。大理州政府、鹤庆县政府、弥渡县政府及各级政府职能部门都大力支持。经过深入考察，三德集团在评价云南和大理州投资环境时认为，从2006年高主席首次到云南省考察开始，云南省侨办根据集团需求，积极协调配合，从项目的推荐、考察、选址、洽谈、签约、落地建设、运营实行“一对一”全程跟踪服务，尽心尽责，体现了良好的服务意识；侨办领导急项目所急，处处为企业着想，不辞辛苦，积极协调各级政府及部门，大事小事亲力亲为。2007年三德集团董事会确定：水泥项目投资大理州是可行的，三德集团确定在大理州投资两条年产200万吨的水泥生产线，年产量达到1000万吨，总投资12亿元以上。这两个项目，分别在大理州的鹤庆县和弥渡县。

当时云南全省水泥生产线产能为年4000万吨，三德集团项目投产后的产量将占全省的25%。这个项目在当时是云南利用外资的重大工业类项目。我们将三德的这一投资方案及时上报给省政府。省政府领导对新加坡三德的投资项目很重视和支持，要求省和大理州级各部门积极支持新加坡三德集团的投资项目。

第二阶段：立项目审批

在三德投资项目选址明确以后，高主席与我和大理州政府领导开会商量：项目推进下一步主要是两个方面工作，存在两种风险：一是政府层面的立项审批。这个工作希望得到省政府侨办、大理州政府的大力支持协调，否则项目不能开展。特别是在国家进行宏观调控背景下，水泥项目投资能否完成审批，这有风险。二是项目进入现场的施工前期准备。项目确定后，三德集团要开展项目设计委托、项目现场的土地拆迁、道路施工进场准备、项目的设备预定等重要的工作，这些项目施工的前期准备工作，三德集团都要付出资金，如果政府审批不能完成，付出的资金将有较大的投资风险。

大理州政府领导和省级有关部门参加会议的领导与高主席讨论后确定：三德集团投资大理水泥项目，从产业方向上是符合云南省和大理州的客观需求的。国家实行水泥产业的宏观调控，我们应该从云南经济发展的实际，从积极方面实事求是地理解政策，关键是要淘汰落后的水泥产能。大理州作为一个少数民族自治州，在政策上应该有特殊性和区别；关于项目的立项审批工作，我们省、州、县三级政府会积极地给以协调。会议对审批事项和项目的前期工作准备作了分工：由省侨办将三德集团投资大理水泥的项目情况向省政府作一个重大招商项目专题汇报。关于项目的立项审批工作，我们确定，按照政府对外资项目审批管理的规定，省政府的有关部门、大理州人民政府、鹤庆县人民政府、弥渡县人民政府和各级政府职能部门的审批，首先开展各个层次政府的项目立项审批工作。

当时国家对水泥生产项目开始实行宏观调控，对老的水泥项目实行等量淘汰，新上的项目必须实行水泥的新生产工艺法——旋转窑生产流程。为积极推进项目审批，大理州的分管领导、鹤庆县的段县长亲自到我的办公室来商量关于审评工作的推进工作。我们邀请了省经贸委、省发改委、省商务厅、省国土厅、省环保厅、省招商局等省政府有关部门的领导来开会。经过认真讨论，会议决定：一是坚决按照国家关于利用外资的相关法律法规依法办事。二是坚持发展是硬道理，坚持积极合理地利用外资发展大理的水泥产业。三是组织强有力的班子，抓紧组织上报立项审批的材料，加紧组织上报到大理州政府、省经贸委的审批资料。鹤庆县的段县长十分熟悉经济工作和政府审批工作流程，短时间内就组织好了上报州政府、省经贸委的审批材料。三德集团的经理高铨壮先生，作为三德集团新一代的经理，全程陪同立项审批工作，熟悉了解国情，了解中国政府对投资的政策工作流程，在艰苦的水泥矿山经受了锻炼。根据大理州的上报材料，我亲自与时任省经贸委刘绍忠主任沟通商议项目审批事宜，刘主任答复：国家正在进行宏观调控，对水泥、玻璃、钢铁、铝合金等产业，新增项目要严格控制，对水泥项目要实行上新项目，淘汰老项目，实现总量平衡才能审批。大理州应该向省里专题汇报，包括承诺等量淘汰老水泥产业的报告，三德水泥厂项目的立项审批。省经贸委可以从全省水泥产业发展布局，从大理州的发展考虑给予支持。但是项目能否最后完成审批，还需要按照国家的有关政策规定和报省政府的同意来办理。

根据省经贸委领导的意见，我及时向大理州政府、鹤庆县政府转达，希望其积极组织开展项目的立项审批工作。同时开展报批报件、行政许可、证照办理、配合企业开展员工招聘等工作，特事特办，跟踪持续服务，给予项目支持。2007 年初在三德项目立项工作开展的过程中，高主席突然给我打来一个电话，反映企业的紧急情况：一方面，三德已经对外委托了项目工程设计、施工设计，确定招标的主要工程设备，签订了主要的施工合同，开展了工程所需土地征地工作及施工前的进场准备。这些工作都付出了大量资金，并且签订了合同。另一方面，项目的立项审批工作还没有完成，省经贸委的最后审批文件、省政府的正式审批文件还没有下达，在这种情况下，如果政府的审批不能够如期完成，项目下马，那么三德集团已经付出的巨额资金将会产生巨大的风险，地方政府也会失去一个重大的外资项目。高主席非常焦急和担心，并且反复强调说明，三德集团作为新加坡的一家上市公司，在大理投资的项目已经向股东会、股民作了说明，如果不能成功，作为新加坡的上市公司的影响将是灾难性的。高主席恳请我抓紧和省经贸委、省政府领导汇报协调，尽快将三德投资大理的项目批复下来。我将三德高主席的紧急电话情况及时向省政府领导作了汇报，并提出建议：一是说明大理州政府对三德投资水泥项目已经明确表示同意，同时承诺等量淘汰大理州内的落后水泥项目。二是省经贸委意见，从全省水泥产业布局看，在大理州由三德集团新建两条新工艺的200万吨水泥生产线，等量淘汰落后产能，是符合国家宏观调控政策的，对三德集团投资大理项目原则上同意。三是三德集团已经在前期项目投入大量资金。我们建议省政府原则上同意三德集团投资大理的水泥项目立项审批工作。省政府崔质涛副秘书长经过请示省政府领导，及时回复我：省政府领导原则同意我所提的三条建议，让我将电话请示的三条建议，以电话记录文件的方式迅速传真给省经贸委和大理州政府。当天晚上，我将向省政府领导汇报的请示整理成电话记录传真文件，签名后，发给省经贸委和大理州政府。至此，三德集团投资大理项目的立项审批工作在关键时刻，有了省政府和州政府领导的支持，经过努力完成了。

高主席收到省政府同意三德投资大理州水泥项目的立项审批文件以后，非常高兴和感动，让我向省政府领导、大理州政府领导转达真诚的感谢。同时一再表示：省政府、大理州政府、县政府领导，敢于坚持发展是硬道理，敢于担当，实事求是正确地理解和执行中央的政策，创造了良好的投资环境。省政府侨办领导，一心为侨商投资服务，不怕困难，敢于承担责任，为侨商投资全程服务，是真正的侨商之家。

第三阶段：扩大投资

新加坡三德集团投资云南项目从大理州的鹤庆县开始，先后投资五个项目，累计投资额超过15亿元。投资领域为建材、文旅、康养、大健康、房地产、酒店和投资管理等。

2006年，投资大理三德水泥有限公司，在云南省大理州鹤庆县投资建设一条日产2500吨熟料新型干法水泥生产线，并预留扩建第二条生产线，项目于2007年3月1日开工建设，于2008年5月18日正式投产。生产基地位于鹤庆县辛屯镇，项目第一期总投资3.69亿元，年产高标号水泥100万吨，年销售收入4亿元，年上缴利税4000万元，提供就业岗位650个，极大地促进了鹤庆县经济的发展，取得了良好的经济效益和社会效益。

2008年，投资大理三德建材工业有限公司，是新加坡三德集团在中国的水泥子公司，生产基地位于大理弥渡县寅街镇蔡家地，投资建设两条日产2500吨熟料新型干法水泥生产线，项目于2008年6月7日开工建设，于2009年12月正式投产。项目总投资7亿元，年产高标号水泥200万吨，年销售收入7亿元，年上缴利税7000万元，提供就业岗位850个，极大地促进了弥渡县经济的发展，取得了良好的经济效益和社会效益。

2010年，投资三德管业（大理）有限公司。在云南省大理州弥渡县投资建设建材企业。项目于2010年1月开工建设，于2011年6月正式投产。生产基地位于弥渡县寅街菜家地，公司引进具有国际先进水平的生产设备及模具，生产各类UPVC、PPR管材、管件，年生产能力5000吨，项目总投资3000万元，年销售额达3000万元，年上缴利税250万元，提供就业岗位100个，极大地促进了地方经济的发展和壮大。

2011年，投资云南三德实业有限公司。在云南省昆明市成立，投资注册资金为3800万元。公司为集项目投资管理、房地产开发、建筑管理施工、建筑材料、进出口贸易、物业服务于一体的综合型公司。

2012年，大理三德兴置业有限公司。大理三德兴置业有限公司在云南省大理州成立，注册资金22380万元。项目用地总面积226亩，生产基地位于鹤庆县西片区，开发面积约30万平方米，预计投资约10亿元，至2020年6月，已累计上缴税金650万元。项目建成后，将为鹤庆县增加税收收入超过2亿元，提供就业岗位50个，为地方经济的持续发展和人居环境的改善提供有力的支撑和保障。

三德集团进入云南市场以来，秉持一贯作风，积极投身公益事业，先后实施了云南大理鹤庆县辛屯镇逢密村北基础设施建设、云南大理鹤庆县农村公路新华至大龙潭通畅工程建设、云南大理鹤庆县辛屯镇中学基础建设建设、云南弥渡县消防设施建设、云南盈江地震捐赠、弥渡县寅街镇加会完小学修缮，捐助云南大理鹤庆龙开口镇下河村基础设施建设、云南昆明白血病患者治疗、云南省罗平县尿毒症患者治疗等公益捐助活动，累计捐款金额超过1200万元，为云南省公益事业贡献了自己的力量。

2007年，新加坡大理三德集团投资大理鹤庆县年生产100万吨水泥项目动工仪式（前排左五为高新平主席）

2007 年，新加坡三德集团董事局主席高新平先生与大理州鹤庆县政府段县长在东盟华商会上签约

2008 年 6 月，新加坡三德集团投资大理州弥渡县年产 200 万吨水泥生产项目奠基典礼

2008年，新加坡大理三德集团投资的年产200万吨新型现代化水泥厂

2007年，新加坡三德集团在大理投资的现代化水泥厂

项目五：引进香港玖龙纸业集团项目回顾分析

第一阶段：省政府领导推荐玖龙投资云南林产业项目

2007年2月，国务院侨办领导告知我们省侨办，香港玖龙纸业集团董事长张茵、副董事长刘民中总裁一行拟到昆明，专门拜访省政府领导，考察拟在云南投资林浆纸一体化项目。我立即将情况专题向省政府作了汇报，同时整理了玖龙纸业集团的相关产业情况。玖龙纸业集团当时已经进入世界500强企业，是中国最大的林浆纸一体化企业，张茵董事长是海外华人新一代艰苦创业的代表性人物，是国际知名华人企业家。云南省对玖龙集团的访问很重视，省委常委、常务副省长罗正富指示做好外商考察洽谈工作并率省有关部门领导与代表团专门举行项目投资会谈，深入介绍了云南省林产业情况，表示欢迎玖龙集团投资云南。

一、云南林产业情况

（一）林地资源情况

云南是我国乃至全球生物多样性最富集的地区之一，也是我国重点林区省份之一。当时全省有林业用地面积3.64亿亩，占全省国土总面积的61.54%，是常用耕地面积的6倍，居全国第二位；森林覆盖率达65.04%，活立木蓄积量达15.48亿立方米，约占全国的1/8，居全国第三位。

（二）市场需求情况

当时全国仅木材供给缺口就达1亿～1.5亿立方米。据统计，云南省生态型的可采伐木材的林业产业产值已占全省林业八大产业产值的一半以上。森林生态旅游产业产值近32亿元，占全省旅游收入的10.2%。

（三）林业发展规划目标

我省“十一五”期间林业发展规划具体目标：营造林9807万亩，其中，人工造林2475万亩，封山育林2016万亩；对现有商品林进行抚育、改造、补植，培育林产业基地5316万亩。森林覆盖率保持在50%以上，林业总产值达到500亿元以上。

到2010年，建设1750万亩速生高产造纸工业原料林基地，建设木材加工及人造板加工原料林基地966万亩，建设林化产业原料林基地897万亩，建设以核桃为主的特色经济林2000万亩。

（四）林业“十一五”规划林产业目标

云南林产业主要发展下面几个方面，实现产值500亿元。一是林纸一体化：到2010年全省培育和营造1750万亩速生高产造纸工业原料林和竹林，木竹制浆能力达到130万吨，纸和纸板100万吨，产值120亿元。二是木材加工及人造板：到2010年建设木材加工及人造板基地966万亩，木材加工业产值100亿元。三是林产化工产业：到2010年，建设优质高产林化原料林基地897万亩，产值达到50亿元。

（五）“十一五”生态建设产业发展区域及主攻方向

在总体布局上，根据云南的自然条件、社会经济条件、森林资源现状及生态环境状况等，基本以天然林资源保护工程区涉及的州市将全省分为南、北两个区域。北部区域以生态建设为主，缩减以木材为原料的产业，大力发展非木质林产业。南部区域在保护生态的前提下，以林业八大产业为核心，全面发展林产业。

北部区域：加强保护、加速绿化、综合治理、合理发展。这一区域为天然林保护工程区涉及的大部分州市，包括迪庆、怒江、丽江、大理、楚雄、昆明、曲靖、昭通、文山9个州市，是云南省生态环境较脆弱的地区，是林业生态建设的主战场。

南部区域：强化局部生态脆弱区域治理，大力发展商品林基地，全面发展林业产业。这一区域主要为非天然林保护工程区涉及的州市，包括保山、德宏、临沧、玉溪、思茅、红河和西双版纳7个州市，是云南省自然条件优越生态环境较好、森林资源丰富的地区。

二、思茅林产业情况

（一）思茅林业资源状况

思茅是云南第二大林区，全市林业用地面积 313 万公顷，占全市土地总面积的 70.6%；有林地面积 276.8 万公顷，占全市林业用地面积的 88.4%；森林覆盖率达 67%，活立木蓄积量 2.25 亿立方米。

（二）思茅林产业发展情况

思茅是国家确定的林业分类经营示范区，是云南最大的林产工业基地，形成以“林板、林纸、林化”为主体，“林果、林特”产品为补充的林业格局。

3 个国有森工局的 84.87 万公顷森林实施天保工程，停止采伐，实行保护，累计完成公益林建设 9.02 万公顷；并全面启动退耕还林工程。

（三）思茅林业发展思路和目标

发展思路：以建设完备的林业生态体系和发达的林业产业体系为目标，建成全省最大的用材林基地、全国最大的松脂原料林基地、全国珍贵用材林基地和国家林浆纸基地，把林业建成全市最大的支柱产业。

发展目标：到 2010 年，年生产木浆 60 万吨，年产松香 12 万吨，人造板等木材加工 135.5 万立方米，建设工业原料林基地 500 万亩，松脂基地 300 万亩。

三、集体林权制度改革

云南省正在开展集体林权制度改革工作，把林权界定到户、到人，落实林地林木的所有权、经营权、处置权、收益权，实现还山于民、还权于民、还利于民。同时，林改配套改革也在积极推进中，放活山林经营权，通过承包、转让等多种形式，建立以村民为微观层次的市场经营主体，落实所有权、经营权、处置权、收益权，规范流转伐指标随林权走，木材自主经营。

玖龙集团听取了省政府介绍林资源和产业发展情况后，非常高兴和激动，表示要高度重视与云南省的合作，深入林区进行调研，尽快形成一个投资合作方案，报省政府。省政府领导表示积极支持玖龙投资云南林浆纸一体化项目，为了玖龙能够尽快进入云南林浆纸一体化项目，建议玖龙可以考虑与省投资公司合作，希望玖龙与有关部门洽谈形成投资意见。

第二阶段：双方洽谈合作方案

根据省政府领导的指示，我们配合省林业厅领导沟通协调了省发改委、省国土厅、省招商局、省投资公司的有关厅、处领导，与玖龙纸业的刘总裁一行，开展了两天的深入坦诚项目洽谈，双方表示了合作意向，为合理、高效益综合开发云南省林业资源，变资源优势为经济优势，实现政府与企业双赢的目标，根据国家《造纸产业发展政策》《国家产业指导目录》等的规定，经友好协商，双方在平等、自愿的基础上，就共同开发建设云南省林浆纸一体化项目达成战略合作意向。

一、项目合作总体方案

合作总目标：玖龙纸业集团与省政府指定的云南省投资控股集团有限公司合作，在云南省适合的区域发展林浆纸项目。

项目规划：根据现有资源调查情况，玖龙先将临沧、德宏和大理作为突破口进行规划建设，从而带动玖龙在云南其他地区林浆纸项目建设。玖龙初步拟定，首期在临沧、德宏和大理各建设一条15万吨化学木浆生产线；中期在所需林资源得到保障的情况下，在上述三州市各建设第二条15万吨化学木浆生产线；远期根据林资源培育情况，在上述三州市再各建设一条30万吨化学木浆生产线。各期的具体规模根据省林规院调查结果进行调整。

拟选合作区域：玖龙首先在临沧、德宏和大理投资建设纸浆厂；之后，再根据资源落实情况，在西双版纳、曲靖等适宜州市投资建设纸浆厂。

合作方式：玖龙纸业集团与省政府指定的云南省投资控股集团有限公司（以下简称云投集团）合资共同组建“云南省林产业（控股）有限公司”和“玖龙浆纸（云南）有限公司”，共同开发建设云南省林浆纸一体化项目。云投集团占“云南省林产业投资（控股）有限公司”55%的股份，占“玖龙浆纸（云南）有限公司”30%的股份；玖龙纸业集团占“云南省林产业投资（控股）有限公司”45%的股份，占“玖龙浆纸（云南）有限公司”70%的股份。

二、云南省政府意见

根据国家发展林浆纸产业政策和云南省林浆产业规划，全力支持玖龙投资云南林浆产业，大力发展林浆项目和综合配套项目。成立领导工作小组，全方位协调解决项目在建设及运营过程中可能面临的各种问题。协调省发改委、省林业厅、省环保局、省国土厅、省建设厅、省商务厅、省工商局等部门积极支持完成对项目的审批。先协调三个州市（临沧、德宏、大理三个地州）政府保证项目原料用林地及采伐指标的供给。据测算，玖龙共需商品林地约900万亩。本协议签订之日起3个月内，三州市商品林地各100万亩交玖龙开展种植。本协议签订之日起12个月内，三州市商品林地各50万亩交玖龙开展种植。三州市余下商品林地各150万亩，在本协议签订之日起两年内交玖龙开展种植。项目达到国家最新排放标准的前提下，协调相关部门保证项目所需环保容量及生产用水。协调相关部门保证纸浆厂建设用地的供给，其中，年产30万吨化学木浆厂约需1500亩土地，年产60万吨化学木浆厂约需3000亩土地。协调解决项目在建设及运营过程中可能出现的其他问题。

三、省政府承诺

协调云投集团在协议签订之后与玖龙签订合资合作协议。对于商品林地的流转，省政府承诺加大支持力度、创造条件，以企业为主体，保障玖龙按省政府承诺的第二条第二款取得企业林基地及林基地建设砍伐指标。协调三州市政府保证项目生产所需原料的稳定供应，并在企业运营过程中保障项目所需采伐指标。在拟选合作区域内不再引入其他林浆纸项目，并对现有消耗林木资源的企业进行整合。按照国家、西部大开发和云南省指定的引进外资优惠政策完整兑现和执行。按照中央和省政府有关发展林产业优惠政策，安排贴息贷款予以玖龙林地种植、新品种、新技术引进的支持。

四、玖龙纸业公司承诺

遵守国家法律、法规和行业规章、技术规程规范，依法开发，合法经营，确保生产安全。在协议签订之日起30个工作日内与云投集团签订合资合作协议。

在本协议签订后，三州市提供足额林地后的30个工作日内正式启动临沧、德宏和大理的商品林种植工作。

保证项目首期三州市各年产15万吨纸浆厂总投资额约45亿元，中期投入与首期相同，约为45亿元，首期造林约投入15亿元。各期的具体规模根据省林规院调查结果进行调整。总投资150亿元，规模100万吨/年。

在商品林地流转方式上，按照省政府确定的原则，依靠当地党委、政府，依法获得。充分照顾农民、政府的利益，在林木获得方式上，采取国有商品林转让、农民自有林收购、市场商品林收购等多种方式，在政府指导下通过市场化运作保证林木的供给。

林基地的建设必须坚持循环发展、环境保护的原则，严格按照政府下达的采伐指标采伐，做到可持续发展。制浆厂采用国际先进环保技术，达到国家排放标准。

玖龙纸业在与云南省会谈达成共识的基础上，根据张茵董事长的意见，快速启动项目前期工作，在昆明注册成立了项目公司。注册资本金1亿元。同时，从总部和海外组织了一批专家积极开展项目前期工作。玖龙纸业的这个团队与省侨办经济处、国外处的同志密切配合，加班加点，搜集整理全省林业资料，跑省政府各部门了解情况，了解政府对外资的各项审批事宜、环节和主要政策，协调省林业勘探设计院、省林科院等部门作专题调研规划等，做了大量工作。

第三阶段：实地考察项目资源和选址

对双方坦诚洽谈形成的投资方案，省政府领导表示支持。之后，经过我们协调玖龙集团，在省政府有关领导、省发改委、省林业厅、省侨办、省招商局、省投资公司等领导的陪同下，我们陪同玖龙纸业用了3个月，首先对云南西北部地区的楚雄州、大理州、临沧市、德宏州，分别开展了比较深入的项目选址考察调研。刘总裁每到一地，都要亲自跋山涉水，深入实地考察了解具体情况。玖龙纸业的专家团队还带了专门测量仪器，对林资源、水资源、土地资源、气候资源等进行专业的调查。各个地方政府的领导高度重视，分别亲自陪同玖龙纸业在现场的调研、考察工作。

为了比较云南西北部与南部的林资源、土地情况，根据玖龙纸业的要求，我们向省政府领导作了专题汇报，由省长助理米东生，省林业厅、省侨办、省投资公司的相关领导陪同刘总裁，专门到西双版纳考察。西双版纳州政府的州长刀林荫同志（傣族，后任省人大常委会副主任）亲自陪同刘总裁一行，在西双版纳的几个县的高山峻岭上，沿着澜沧江两岸，再次进行了深入的考察调研。看着西双版纳原始茂密的森林，看着滔滔不绝的澜沧江，刘总裁表示：这是中国林资源最丰富的地方，也是世界物种资源最丰富的地方。这样的地方，肯定是要进行最严格的资源、环境保护，这样的地方不适合发展林浆纸一体化的项目。刘总裁表示，玖龙纸业投资云南林浆纸一体化项目，按照省政府的指导，区域选择就定在云南的西北部，重点是临沧、大理、德宏，玖龙集团将实行最严格的国际环保标准。他要求玖龙纸业的专家对云南西北部的情况进行更深入的调研考察。同时与云南省林业勘探设计院、云南省林业厅、云南省林业科学院进行技术合作，拿出可行性的研究报告。对在大理州、临沧市、德宏州拟投资项目的选址，也要求团队和政府配合，拿出具体选址方案。

在上述工作的基础上，为了让各部门、各州市的领导进一步了解林浆纸一体化项目现代工业情况，根据省政府领导的意见，由省发改委牵头，省工信委、省林业厅、省环保厅、省侨办、大理州、临沧市、德宏州、楚雄州政府、省投资公司的领导专门到玖龙纸业在东莞的工业生产总部进行详细考察。大家看到玖龙纸业自备的现代化码头，集装箱物流线，自备的发电厂，国外进口的现代化造木浆造纸设备，国际标准的污水处理设备和标准，年产100万吨的生产规模，受到深深的震撼和启发。

为服务好玖龙纸业投资云南，大家纷纷表示，要做好工作，积极促成玖龙在云南的投资。这次考察学习是非常成功的。最重要的是，对云南的各级干部，对从事经济工作、企业工作的干部，在思想观念上是一个极大的促进和改变。

项目考察期间，玖龙纸业与省投资公司的高层，多次进行洽谈沟通。玖龙纸业感到，省投资公司受国有企业机制的限制和高层管理人观念滞后的限制，双方在合作的目标、经营理念、经营体制、管理体制国际化现代企业管理方面存在较大的差距。经过双方协商，并报省政府同意，玖龙纸业集团单独在云南西部投资林浆纸一体化项目，省投资公司退出合作，玖龙纸业集团与省政府形成的合作协议主要内容仍然有效。

第四阶段：访问巴西考察国外先进林浆企业技术

2008年10月，云南省委常委、省政府常务副省长罗正富率云南省政府代表团访问巴西（代表团由省林业厅、省侨办、省外办、临沧市政府、大理州政府领导组成），巴西的现代化林产业基地和现代化林浆纸全产业链一体化生产情况给代表团留下了深刻印象。代表团专门考察了玖龙集团巴西的合作伙伴——SUZANO金林浆纸公司，也是拉丁美洲最著名的林浆纸企业。在该公司的速生丰产林基地，考察了林产业基地科研、苗种培育、种植、分区域机械化收割、物流运输、现代化生产、国际标准环保、全球化市场营销等情况。看到巴西速生丰产林工业化的种植、机械化收割和加工情况，代表团受到极大的震撼，了解了国外先进水平的林浆纸一体化工业生产情况，更进一步坚定了我们与玖龙纸业合作的信心。

访问考察巴西林浆纸一体化企业后，代表团从巴西抵达香港，与玖龙纸业集团董事长张茵举行了专门会谈。罗正富常务副省长代表省委、省政府，表达了对玖龙纸业项目的重视和支持。在考察巴西的基础上，提出了云南省与玖龙纸业合作，发展林浆纸一体化项目的意见。玖龙项目投资计划为：分两三期，在大理州、临沧市、德宏州建设年产量100万吨林浆纸项目，总投资150亿元，年产出250亿～300亿元。省政府按照双方协议的承诺，积极做好玖龙投资的协调服务工作。罗副省长要求大理州政府、临沧市政府、德宏州政府、省级有关部门要积极履行职责，抓好落实。三个州政府的领导回去以后组建了工作班子，与玖龙集团的专业人员开展项目前期的实施工作。但是在项目推进中，在几个重大问题上碰到了困难。

从项目实施的难点看，引进玖龙纸业投资林浆纸一体化项目，面临体制、资源、利益三个大的困难。

一是从体制和政策看

国家的林权制度，是一个高度集中的管理体制。地方政府对林资源的配置事权有限。比如关于林地的流转，玖龙纸业发展100万吨林浆纸一体化项目，经过测算，需要900万亩的林地进行速生丰产林种植。按照投资计划，一年内三个地州需要各自提交100万亩的流转林地给玖龙纸业种植。两年内，各自再次提交150万亩的流转土地给玖龙纸业种植。这样才能保障玖龙纸业林浆纸的生产原料需要。国家对林地的流转是有严格政策限制的。比如林材砍伐指标，国家实行严格的指标砍伐计划。公益林不能砍伐；经济林指标由国家每年下达到各个省，省内每年的指标又层层下达到各个州市政府。这些指标只满足各州市的上千户林业企业还严重不够。省林业厅、省政府领导多次到国家林业局汇报，争取对玖龙纸业拟投资项目给予政策倾斜，但是都未能得到同意。

特别是当时国家实施严格的天保林政策和退耕还林政策。尽管玖龙集团投资的是保护和开发的合理利用项目，实行严格环保，对环境和自然生态没有破坏，对林资源进行重复再生的种植速生丰产林，但是体制和政策不能突破，项目很难落实。

二是从资源上看

云南山地面积达到全省土地面积的94%，全省林业用地3.64亿亩。森林覆盖率达到49.9%，居全国第二位。活立木储蓄量15.4亿立方米，居全国第三位。理论上讲，云南的林资源是非常丰富的。但是，玖龙集团发展100万吨林浆纸，建设用地的土地流转指标需要900万亩，林地的采伐指标需要数量比较大，需要到国家林业局批，地方政府无权调控这些资源。

三是从利益上看

虽然云南林资源十分丰富，但是林资源分别属于国有林、集体林。集体林又分别属于千家万户的农民，特别是实行林地的林权制度改革后，农民对林地有了自主权，个人承包的分散的林地和集体林，很难集中连片地流转给玖龙建设现代化林产基地。云南这种分散的林资源模式，与我们考察的巴西知名林浆纸公司能够控制数千万顷林地资源情况不同。云南林地的利益格局，很难与玖龙现代化国际大型企业的集中产业模式相结合，加上云南工业基础差，交通物流要配套100万吨的现代企业差距大。因此，这个项目难以继续往前推动落实。之后玖龙纸业转到重庆、成都成功投资30万吨项目，云南失去一个重大林资源发展机会。

玖龙纸业项目的招商工作，我从国务院侨办推荐联系协调玖龙纸业集团开始，省政府的项目情况介绍、企业项目商务洽谈、玖龙纸业到几个地州实地考察、省领导到巴西考察国外林浆纸项目、项目在各地州开展前期工作，全程参与。我们认为，15年前云南省的领导对这个项目是高度重视的，在政策允许的范围内是积极推动的。但是由于林业体制和政策，资源的政策限制，利益平衡、农民分散的林资源模式与玖龙纸业现代化、国际化的集中生产模式难以配合等问题，经过近两年的努力工作，项目还是不能落实。我作为省级部门项目招商负责人，心中还是有无限的感慨和遗憾，为云南失去这一重大的林资源良性开发的工业产业项目感到可惜。2009年6月，玖龙集团经再次考察论证，认为云南确实有发展林浆纸产业的优势，尽管条件一时不具备，但还是应先作一战略布局。经双方商议，玖龙在临沧市投资 1.9 亿元建设 10 万亩林产业基地，这样玖龙在云南落了一子。

云南有丰富的林资源，如何在坚持保护青山绿水，在保护自然、敬畏自然的条件下，走出一条环境友好型、生态资源保护型、资源与开发可持续发展型新型模式；如何寻找世界 500 强国际大型龙头企业结合，实现全产业链开发；如何在体制、政策、利益上找到结合点，探索新的合作开发模式。按照党中央“两山”的新精神，云南丰富的林业资源，要走出保护与开发的可持续发展，合理开发的路子，还要作认真探索。

2008 年，云南省常务副省长罗正富（左四）在巴西与知名国际林浆纸企业会谈

2008年，罗正富常务副省长（左三）会见香港玖龙纸业张茵董事长（左二），洽谈推进投资云南林产业项目

2008年，罗正富常务副省长（前排左三）率团考察巴西林产业基地

2009 年，全国政协委员、香港玖龙纸业张茵董事长出席东盟华商会并作主题演讲

2008 年 6 月，全国政协委员、香港玖龙纸业集团董事长张茵出席第五届东盟华商会时与作者合影

项目六：引进马来西亚IOI集团项目回顾分析

第一阶段

马来西亚IOI集团是国际上食品植物油——棕榈油的领导者，在世界500强企业中，排在华商40强的第5位。其在马来西亚企业和国际企业界享有很高声誉。云南省已经种植核桃面积达到4500万亩，其中3500万亩产能达到600余万吨核桃。植物原料的工业化深加工是一个大产业，也是农民脱贫的战略问题。过去15余年中，为了引进IOI，我们积极抓好如下工作。

一是从2003年开始，通过国务院侨办的介绍，我与IOI集团的李深静主席保持密切联系，通过几次邀请其到云南考察访问了解云南资源和产业的情况，双方建立了友谊。多年来，我每次到马来西亚招商都要主动上门拜访李主席，增加双方了解和信任。

二是我持续不断地向省领导推荐IOI的全球产业领导地位情况。2010年IOI集团的市值达1072.3亿美元，营业额355.8亿美元，集团总资产492亿美元。集团是全球植物食品油——棕榈油的标准制定企业，是全球价格制定企业。

省委、省政府对引进IOI很重视。2012年，云南省政府李纪恒省长到马来西亚招商，将考察IOI集团列为重点议题，我陪同专门拜会李主席。李省长考察了IOI总部，对李主席和企业十分重视，认为吸引IOI集团到云南投资，要充分利用好云南已经有4500万亩食用核桃资源，深加工为高端的食用油，将是一个重大的产业，是一个广大农民脱贫致富的好产业。李省长明确向李主席表示，云南省政府欢迎IOI投资，要求我配合云南省发改委主任米东生积极推进落实。之后我们积极加强与李主席的联系沟通，不断提供对方需要的项目资料，同时对全省的植物核桃资源进行收集整理。

第二阶段

根据省政府李纪恒省长的指示，米东生副主席和我研究了招商工作的具体安排。安排部署由省发改委的工程公司、云南省科学技术情报院专门研究提出了招商的可行性研究报告。

一、总体目标

利用云南省丰富的4500亩核桃树资源。力争到2020年，在滇中产业新区建设高端食用植物油生产加工基地，经济总量达到1500亿元。构建起3个技术创新平台（育种和种植研发中心、油料加工技术研发中心、综合利用及副产品利用研发中心），1个精深加工基地，10个示范种植基地，1个产品展示、体验中心，1个全产业链配套产业园区，基本形成科研分工合理、产学研相结合、资源集中、运行高效的滇中产业新区高端食用植物油产业集群新机制，发展成为我国重要的高端食用植物油生产加工基地、替代进口基地和信息化交易物流中心。

二、分项目标

——创新平台：建设育种和种植研发中心、油料加工技术研发中心、综合利用及副产品利用研发中心。

——精深加工基地：到2020年，建设总占地面积1000亩的国内重要的高端食用植物油生产加工基地，形成年产150万吨高端食用植物油及50万吨副产品的生产规模。

——示范种植基地：建成10个高端食用植物油料示范种植基地，到2020年，成为涵盖油菜、核桃、油茶、澳洲坚果、青刺果、亚麻、油橄榄等高端食用植物油料的示范种植基地。

——产品展示、体验中心：打造一个集科普、休闲、文化、教育、会展于一体的高端食用植物油展示、体验中心。

——全产业链配套区：建成西南最大的高端食用植物油主要产品（高端食用植物油）及延伸产品群（食品、饮料，保健品，有机肥料，清洁燃料——生物柴油、燃烧乙醇，生物酒精等）加工、包装材料制造、仓储及流通中心，形成面向南亚、东南亚和国内的最大的高端食用植物油及延伸产业群进出口贸易和电子商务平台。

2014年，云南省政协副主席米东生和我（2013年我调到云南省政协担任常委、港澳台侨外事委员会任正厅级副主任），根据云南省委书记李纪恒的指示，专门组成招商代表团到马来西亚招商。我们专门访问了李主席，准备了《云南植物油——核桃油全产业链项目可行性研究报告》，项目投资100亿元，生产规模每年100万吨，年销售300亿~400亿元。我们介绍了云南优惠政策，吸引投资的效益等。滇中产业新区的招商局李局长汇报介绍了我们的项目招商方案。

（一）项目情况

云南高端食用植物油产业园区项目，将依托云南4280万亩核桃、420万亩油菜、750万亩油茶、50万亩油橄榄等植物油料资源，全力打造一个千亿元产值的食用植物油精深加工产业集群，抢占国内中高端实用植物油市场，确保产业可持续发展。该项目预计总投资70亿元，年产150万吨高端食用植物油，产值800亿~1000亿元，用地规模1800亩。建设内容包括创新平台、精深加工基地、产品展示及体验中心、全产业链园区。建议此项目重点放在曲靖。

（二）项目分析

云南发展高端实用植物油产业有较好的原料保障、加工基础和政策支撑，当前云南核桃种植面积达4280万亩，年总产量102万吨，综合产值305亿元，三项指标居全国之首。而曲靖是云南的工业、农业大市，该项目和曲靖市重点发展产业比较契合，全市油菜及核桃种植已形成一定规模，油菜种植面积133万亩，年产量22万吨；核桃种植面积406万亩，年产量6万吨。曲靖交通便捷、物流便利，具备承接项目的基础和条件。此项目的引进对曲靖地方优势特色产业发展和传统产业转型升级，具有较强的引领和带动作用，必将推动形成一批新产业、新业态、新技术、新模式，从而促进地方经济跨越式发展。

（三）项目建设内容

建议马来西亚IOI集团在滇中产业新区范围内建设“高端食用植物油产业

基地”，项目包括建设1个占地100亩的创新平台，其中育种和种植研发中心50亩，油料加工技术研发中心25亩，综合利用及副产品利用研发中心25亩；建设占地1000亩的精深加工基地，其中菜籽油加工基地200亩、核桃油加工基地500亩、油茶油加工基地150亩、橄榄油加工基地50亩，其他小宗食用油加工基地100亩；建设集科普展示、休闲、文化、教育、会展于一体的占地200亩的产品展示、体验中心；建设10个1000亩的示范种植基地，共计1万亩；建设占地面积500亩的全产业链加工、物流和交易配套区和城市综合体，包括食品、饮料，保健品，有机肥料，清洁燃料如生物柴油、燃烧乙醇，生物酒精等副产品加工，以及仓储、物流等配套和食用植物油及延伸产品群进出口贸易平台及电子商务平台。

滇中产业聚集区（新区）管理委员会为马来西亚IOI集团的投资建设经营创造良好、宽松的环境，在项目融资、项目用地、项目审批等各方面提供最佳的投资环境、最优的政策支持、最好的协调服务。

（四）双方讨论项目的情况

李主席热烈欢迎云南代表团，认真听取了代表团对食物油项目的可行性研究报告与合作方案。双方认真讨论项目合作方案，李主席表示：一是集团对云南省的重视很感谢。二是云南有丰富的食品核桃植物油资源，中国有广大市场这是一个优势。不足之处在于，4500万亩的核桃资源属于集体林，林权制度改革后，核桃林分布在农村千家万户的农民家庭中，如何收集资源是个大问题。如果林资源不能得到有效保障，我们的大规模投资风险太大。三是IOI现代化全产业链的植物油生产模式——植物基地+企业，集团如何与分散的农民资源结合。这个问题企业认为目前政府和企业都不能解决，投资项目风险太大。双方坦诚沟通交流后，认为项目投资条件目前不成熟，双方等待条件成熟后再合作。

IOI重点投资项目情况的难点：云南千家万户的分散林资源与现代化国际企业产业模式不能融合。这是我对华商大型国际集团投资十分重视投资模式的深刻思考。在云南林资源全产业链招商项目上，我经历了香港玖龙纸业和马来西亚IOI集团两个世界500强企业项目的招商实践，尽管做了大量前期工作，长时间地跟踪促进，外方很重视，但是由于云南林资源体制、机制的问题，项目商业模式不能明确。项目不能落实。

我们认为，云南有丰富的林资源，如何在林资源保护生态平衡的前提下寻找国际大型企业结合，实现全产业链开发非常重要，林资源分散的模式无法适应现代化的大生产。

2008年，马来西亚IOI集团主席李深静（左）与作者在世界华商大会上

2013年，云南省政府省长李纪恒（左二）访问马来西亚，欢迎李深静（左三）主席到云南投资植物油深加工项目。中国驻马来西亚大使陪同考察洽谈

项目七：引进香港积大制药集团项目回顾分析

第一阶段

昆明积大制药股份有限公司诞生于1993年8月8日的首届“昆交会”，是云南省政府重点扶持的十户重点制药企业，注册资本3.7亿元，法定代表人刘友波是知名华商。公司类型为股份有限公司（台港澳与境内合资），当时的企业是合作性质，由香港积华药业有限公司和云南的振华制药厂合作。2000年与云南省医药公司、医疗器械有限工业公司合资，成立中外合资昆明积大制药有限公司，是云南省高新技术企业，外商投资先进技术企业，云南省十佳明星侨资企业。积大制药以大众健康为本，坚持品质第一，在“创新、发展”的管理理念下，致力于打造人类健康事业。

经过多年的努力，优质而弹性的生产能力是积大制药赖以实现企业战略的核心。制剂生产基地现有13个车间、16条生产线，全部通过国家GMP认证，部分车间通过了国际市场的药品认证资质。粉针、水针、片剂、胶囊剂、颗粒剂、混悬剂、预灌注等多个系列40多个品种在这具有强大综合优势的优良制造平台精心打造，丰富的产品线增强了企业抗风险能力。

积大制药在云南省西药市场具有重要地位，是云南省专业的西药生产企业，也是云南省西药品种最全的制药企业之一。多年来，产品填补产了云南抗生素、预填充针剂、混悬液无菌针剂、多肽产品等多项空白，抗血栓载药针筒等产品更属全国先进。

昆明积大制药有限公司多年来致力于研发国际专利新药。经过努力，公司已形成6个系列20多个品种、规格的产品规模，5个主要生产车间实现GMP认证，产品70%销往省外市场，20世纪90年代年销售收入近2亿元。

在这个阶段中，我们省政府侨办对积大制药的发展主要是做好外商投资企业的服务环境，帮助协调有关部门做好上门服务，推荐积大制药参加国务院侨办组织的全国百名侨资企业评奖活动，推荐刘董事长获得社会荣誉职务等，以此肯定侨商对云南经济发展的贡献。

第二阶段

合资以后，积大制药加强投资、技术改造、人才引进，加强管理市场营销，迅速扩大市场，原有的场地已经不能满足生产需要。

2002年初，刘董事长亲自到我办公室协商：随着积大制药市场不断扩大，公司看好云南的发展趋势，准备找新的地址扩大生产。新的工厂包括生产线、科研中心、物流、销售公司“四位一体”。刘董事长拟在昆明新选址建厂，问我昆明市什么地方更适合扩大新建厂，或者到昆明周边的州市找新的建厂地址。我建议刘董事长，如果要扩大建厂选新址，最好在昆明市的两个开发区。因为开发区里面有比较完善的政府投资服务体系，开发区的交通、基础设施等比较健全。刘董事长考察完昆明经济开发区、昆明高新技术开发区以后又来找到我，说已经对两个开发区进行了比较，各自都有一些优势，希望听取省侨办的意见，新建工厂放在哪个开发区比较好。我向刘董事长建议，因为积大制药是资金密集、技术密集型的企业，新建的工厂放在高新技术开发区比较好。刘董事长赞同这个意见，希望我帮助与高新技术开发区的领导作一些协调沟通。随后，我与时任昆明高新技术开发区主任刘明同志作了沟通，希望他重视支持香港积大制药扩大建设新工厂的这个项目。经过几番考察比较，在高新技术开发区领导的支持下，积大制药在高新开发区选择了70亩工业用地。2002年7月20日，完成了土地公开出让手续。在高新技术开发区、昆明市政府有关部门的大力支持下，在很短的时间内完成了项目的立项审批、项目总体规划方案审批、项目工程设计审批、项目环境评价审批、省药监局技术审批等。2003年2月1日项目正式动工。项目总投资达到1.75亿元。项目规划5年后达到10亿元的销售目标。

正当项目一切在顺利进行时，突然发生了一个新的情况。2003年3月的一天，省建设厅突然通知积大制药去参加一个重要会议，涉及积大制药在高新技区的一个新建设项目。刘董事长考虑到与政府相关部门不熟悉，省政府侨办是为侨商服务的专门政府机构，特地邀请我陪同他去开会。会议讨论的主要议题是积大制药在高新技术开发区建设施工的工程项目要实行公开招标制度。而刘董事长反复强调，根据国家的有关政策和法律规定，积大制药是外资企业，自己出资建设新工厂，应该实行邀标制度，而不是招标制度。

我在会议双方激烈的讨论中了解了问题的症结，及时打电话给省政府侨办的张鹏处长，让他抓紧了解我国的东部沿海开放地区对外资的建设项目是实行邀标制度还是招标制度。了解情况之后，我把双方讨论的焦点、沿海地区的做法及时向省政府领导作了汇报，表明了我们省政府侨办的态度：对于华商自己投资的企业，没有国有资本参与，应该比照东部沿海地区的做法，实行邀标制度。两个制度，一字之差，但是反映的是不同地区的服务环境和投资环境。省政府领导随后明确指示，支持省政府侨办的意见，并且让我在会上传达省政府领导的指示，对外商投资企业的建设施工项目实行邀标制。省建设厅领导听了我传达省政府领导指示以后，在会议上表示，对于积大制药在高新区的建设项目，按照省政府领导的指示办理，实行邀标制度。邀标制度的实行，使积大制药的投资项目节省了1500万元，也让积大制药看到了政府确实是在为外商办实事、为外商投资改善环境，增强了外商投资的信心。

从2008年开始，刘董事长创立了云南积华生物科技有限公司，引进高科技人才，开展生物科技药物研究。到2012年，积大制药的GSH高科技生物制药中间体项目已经研发成功，该产品达产后，将占全国进口市场的60%，有很好的效益和科技含量，需要寻找新的建厂地址。刘董事长在我们的推荐陪同下专门到楚雄州进行了考察。刘董事长对选址非常满意。州委、州政府领导也表示欢迎积大制药到楚雄投资建厂。积大董事会随后决定，在楚雄州医药产业园区新购一块地，建设楚雄积大生物医药科技公司制药厂。刘董事长考虑楚雄州为云南中北部，靠近昆明市，冬无严寒，夏无酷暑，气候宜人，空气及水质量都达到国家标准，是一个建设生物药业的理想址。同时，州委、州政府也大力支持建设楚雄州的生物药产业园区。积大制药在政府推荐的规划为生物产业园区的选址中，很快就确定了新工厂的建设用地。但是由于当地政府相关部门和项目所在地乡镇农民因为土地的利益问题没有沟通好，建设用地的“七通一平”问题拖了一年多都没有办法落实。为了加快项目的建设推动，积大制药的董事、总经理刘建彤先生按照刘董事长的意见，约请我们到楚雄与州政府领导进行当面协调。我与省政府侨办的马春处长、杨波副处长、李鸿宾副处长及省招商局的程处长同积大刘建彤总经理一行，直接到了楚雄州政府。楚雄州委、州政府领导很重视，时任州委书记张太原同志（后任云南省政府副省长）亲自接待我们一行。在听取了积大制药对新建工厂的土地“七通一平”拖了一年迟迟不能完成的情况汇报后，张书记让州委办公室立即通知州政府常务副州长、州政府发改委、州政府土地局、州政府环保局、州政府建设局、州招商局、州政府侨办、开发区各单位领导立即到办公室开会。我们的会议转变成为州委、州政府的招商引资重大项目的现场协调办公会。

我首先代表省政府侨办向张书记和州政府各部门的领导重视支持华商投资表示感谢，同时详细介绍了香港积华制药的情况，说明积大制药是一家知名的侨资企业，是云南省十大制药企业之一。公司多次受到国家和省政府先进外资企业的表彰，被国务院侨办表彰为全国百名优秀侨资企业。这次到楚雄州来投资积大生物制药厂，是响应省政府和州委、州政府大力发展生物制药业的号召，专门到楚雄州投资新办高科技生物制药厂。建议州委、州政府对积大制药投资所需要协调解决的问题给予支持及积极办理，促进积大项目早日动工生产。

张太原书记是从国家机关到地方来工作的，改革开放意识强，作风务实，行政协调力度大。听完我的介绍和积大制药投资项目当前存在的主要矛盾，需要政府帮助解决的土地“七通一平”、项目立项审批、项目环评审批、项目建设施工许可审批、外资项目工商登记等一系列问题。张书记现场一一作出了答复和安排部署：明确要求州政府各相关部门要建立责任制，工作推进的时间限制，把责任压实，把积大投资楚雄州的项目落实好，促进项目早日开工投产。并且明确常务副州长和开发区管委会主任是这个项目的第一责任人，项目推进的情况要及时向张书记报告。这样，拖了一年多的积大楚雄项目土地问题，终于得到了圆满解决。之后积大制药抓紧项目的施工，项目也顺利投产。

刘董事长作为一名知名的华商在云南投资，坚持和拥护中国的改革开放政策，坚信中国的快速发展会给侨商带来巨大的发展机会，相信侨商的投资会得到政府的支持。楚雄项目的土地协调落实以后，刘董事长专门到省侨办来感谢。他说省侨办就是坚持为广大侨商服务，坚持阳光招商，正门进正门出。云南省政府侨办是真正为侨商服务的，是侨商的娘家。

昆明积大药股份有限公司经过 20 多年的努力，截至 2020 年上半年总资产 99279 万元，2015 年总销售额 14.8 亿元。2019 年利税 3.3 亿元。集团员工达到 2049 人。2002 年创建昆明积大药品销售有限公司，截至 2020 年上半年，总资产 8246 万元；2005 年创建无锡积大制药有限公司，截至 2020 年上半年，总资产 6458 万元；2008 年创建云南积大生物科技有限公司，截至 2020 年上半年，总资产 19.256 亿元；2019 年研发投入占生产总值比 5.99%。

在 2020 年 8 月的全国医药企业百强评比中，积大制药在全国 3000 多家制药企业中荣登 100 强，排在第 88 位，反映了积大制药发展的后劲。

香港积大制药董事长刘友波（右）与国务院侨办副主任任启亮在东盟华商会上合影

2011年，中华人民共和国对外贸易经济合作部原部长石广生（左）到积大制药考察，与刘友波董事长会谈

2007年，全国政协港澳委副主任唐闻生（左四）听取刘友波董事长（左二）介绍企业发展情况

积大制药集团及下属分公司

2008年，参加世界华商领袖联谊大会时，作者在人民代表大会堂金色大厅与正大集团董事长谢国民（右）合影

2011年，作者与泰国知名侨领、泰国潮州商会主席、泰国中华总商会名义主席李光隆合影

2019 年，作者与缅甸知名侨领、缅甸华商总会会长张迎春（右一）等参加东盟华商会时合影

2013 年，作者和俄罗斯中华总商会常务副会长韩义琦（左四）等考察德宏州瑞丽自由贸易区项目瑞丽，市长刀晓瑞陪同（左二）

2004 年，作者主持第二届东盟华商会重大项目签约仪式，国务院侨办副主任任启亮（后排左六）、泰国正大集团副董事长谢炳（后排左五）等出席

2007 年，嘉士伯集团香港公司与大理市政府签订并购大理啤酒厂扩产 20 万吨项目

结合上面引进7个重点侨商投资项目的回顾分析，根据云南省侨办和省商务厅、省招商局等机构掌握的40年华商投资数据，根据省侨办25年来重点项目引进的长期实践综合分析发现：云南省侨办涵养侨务资源和引资的工作重点在东南亚地区，25年来已涵养、联系或引进东南亚地区最大华商40强中的15户，占总数的37.5%。云南省侨办引进的15户东南亚大华商主要来自新加坡、马来西亚、泰国、印度、菲律宾5国，招商项目的产业结构则覆盖东南亚华商具有比较优势的传统产业领域，如制造业、旅游业、商业零售业、食品产业。按国别分，新加坡和马来西亚各引进5户，泰国3户，印度尼西亚和菲律宾各1户；按产业结构分，制造业和商业、零售业各有12户，食品产业3户。其特点如下。

一是东盟华商投资云南主要集中在制造业、商业、服务业、农业、食品业、酒店等领域，制造业占50%，商业、娱乐、服务业占35%，酒店业占15%，华商在云南投资很少涉及银行、金融业、信息通信技术等领域。

二是昆明市的侨资企业占云南省侨资企业总数的70%。出现这种现象主要是由于昆明经济基础较好，发达程度、市场首位度等综合经济指标在云南省内首屈一指，软硬件设施和投资环境都比较理想。

三是在东盟华商投资云南的资金来源地分析中，来自中国香港地区的资金量最大，占了总量的近70%，似乎是投资云南的华商主要是港商。深入分析资金来源地背后的出资者情况发现，实际情况是东南亚华商对华投资，由于受住在国的影响，华商大多通过其在香港注册设立的子公司或分公司，进行对云南等地的投资，其投资方式也由美元投资逐步转为人民币直接投资。也就是说，本数据统计中的港商大部分应该为东南亚华商。

除上面7个重点华商项目以外，云南省侨办25年来，在国务院侨办、省委、省政府的领导下，积极努力，敢于担当，积极招商了一大批华商投资项目，占全省外资的65%。这里不再详述。

第二节 华商和港澳台商投资云南的结构分析

对华商港澳侨商投资情况的统计口径有省商务厅、省招商局、省统计局、省侨办等部门。在内容上有统计外资企业数、合同外资、实际到位外资数几大板块。由于商务部门是按照商务的输机口径统计，因此有很多港澳侨企业以人民币投资不能统计进去。作者根据多年工作经历，采取商务厅和招商局、省侨办统计加权数据归类。

据2018年省侨办举办的第十五届东盟华商会的统计：

改革开放，尤其是举办了15届东盟华商会以来，累计签署正式合同100余项，港澳侨商实际到位资金达50余亿美元。

据省政协2013年开展港澳台侨资企业调研，统计全省外资企业达4000余家，其中港澳侨资企业超过2000余家。实际到位外资54.3亿美元，占全省实际到位外资的57%，港澳侨外资企业户数占全省的65%。而据省招商部门统计，港澳侨的外资以人民币统计，已超过780亿元。据作者在省侨办历年牵头引进华商项目统计：引进重点项目达到47项，直接到位外资17.95亿美元，人民币达1342亿元。可见港澳侨商对云南对外开放经济发展贡献很大。

从经济结构看，一是各类投资所占比例。港资企业占53.7%，澳资企业占1.9%，台资企业占20.1%，侨资企业占27%。二是产业所占比例。制造业占44.4%，农业占24.1%，服务业占13%，房地产业占7.4%，金融业占3.7%，贸易业占5.6%，医疗、药研占1.9%。三是销售情况。2012年企业销售额1亿元以上占25.9%，5000万元以上1亿元以内占11.1%，1000万元以上5000万元以内占24.1%，500万元以上1000万元以内占14.8%，500万元以内占24.1%。四是纳税情况。2012年企业纳税5000万元以上占7.4%，1000万元以上5000万元以内占25.9%，500万元以上1000万元以内占5.6%，

100万元以上500万元以内占16.7%，100万元以内占44.4%。

第三节 侨商和港澳台商投资云南的特点分析

一是增长速度快。近年实际利用外资规模速度加快，利用外资规模以每年4亿美元的速度递增，年均增长34.2%，2012年当年达到21亿美元。其中，港资（含东盟侨资通过香港投资）所占份额最大，占外资总额的72.28%。据商务部门统计，改革开放30多年，全省利用外资规模累计突破100亿美元，达到101.6亿美元。

二是单项投资规模扩大。大部分港澳侨资企业对云南发展前景看好，投资意愿较强，纷纷追加投资。据不完全统计，有近100家侨资企业在滇投资超过1亿元。例如，2012年联想控股集团昆明科技城建设项目总投资达180亿元，投资曲靖市现代农业项目达10亿元；香港雅居乐集团在滇总投资450亿元，其中，瑞丽旅游地产项目总投资达50亿元，腾冲旅游度假小镇建设项目总投资达200亿元，西双版纳项目达200亿元；力宝集团大理项目总投资12.5亿元；泰国TCC集团投资10.2亿元并购和改造邦克酒店、樱花酒店；丹麦嘉士伯集团投资大理啤酒100万吨/年基地建设项目，新增加总投资80多亿元；嘉里集团投资昆明香格里拉酒店项目12亿元；泰国正大集团投资13个现代农业项目，总投资达80亿元。

三是向高端产业拓展。在云南省产业政策引导下，港澳台侨资企业从烟草配套、电力燃气、化学工业、房地产、商业、酒店业等传统产业，逐步向高原特色农业、生物制药、城市开发、现代旅游等高端产业和现代服务业拓展。尤为可喜的是香港恒生银行、汇丰银行、东亚银行等外资金融机构进入云南市场，开展现代金融服务。

四是投资回报效益较高。华商和港澳台企业充分发挥技术标准高、管理理念先进等优势，与云南特色资源和优势产业相结合，取得较好经济回报。据不完全统计，有600多家企业年销售收入在1000万元以上。例如，泰国TCC集团在玉溪投资的玉林泉酒厂2011年实现销售1.3亿多元，上缴税金3700多万元，是原企业20年缴税的总和；丹麦嘉士伯集团投资大理啤酒项目，年销售额达60亿元，上缴税金10亿元；新加坡大理三德水泥年销售收入15亿元，年缴税4800万元。泰国TCC集团2004年并购的邦克、樱花酒店，2012年再次投资6.3亿元进行升级改造，之后住房率均为90% ~ 95%，邦克酒店年最高年销售额达到7600万元，年最高年交税额6500万元；樱花酒店最高年销售额达到6250万元，年最高年缴税额530万元，是过去酒店营业额、交税额的几倍，投资收益很高。

第四节 云南省侨办、省政协统筹协调引进重大华商项目统计分析

1997—2018年省侨办和政协港澳台侨外事委协调引进的重点华商项目

1. 泰国TCC集团并购昆明玉林泉酒厂，总投资740万美元。（世界500强）

2. 泰国TCC集团并购昆明樱花酒店，总投资2625万美元。（世界500强，第一期投资）

3. 泰国TCC集团并购昆明邦克饭店，总投资3867万美元。（世界500强，第二期投资）

4. 嘉士伯啤酒集团并购大理啤酒厂10万吨项目，投资3600万美元。（世界500强，第一期项目）

5. 嘉士伯啤酒集团增资大理啤酒厂，投资 2880 万美元，扩产 20 万吨项目。（世界 500 强，第二期项目）

6. 嘉士伯啤酒集团收购昆明啤酒厂，总投资 860 万美元。（世界 500 强）

7. 新加坡三德集团投资大理鹤庆年产 200 万吨水泥厂，总投资 7767 万美元。（世界华商 500 强）

8. 新加坡三德集团投资大理弥渡年产 200 万吨水泥厂，总投资 7700 万美元。（世界华商 500 强）

9. 香港华宝集团投资红塔卷烟厂香精香料公司，总投资 3750 万美元。（世界华商 500 强）

10. 美国嘉吉公司投资安精细化工厂，总投资 2800 万美元。（世界 500 强）

11. 荷兰温德迷尔园艺公司建设嵩明花卉基地，总投资 560 万美元。（世界花卉 500 强）

12. 美国博尔园艺集团投资嵩明种苗研发基地，总投资 1800 万美元。（世界花卉 500 强）

13. 美国段智寰博士投资昆明眼科医院项目，总投资 650 万美元。

14. 新加坡三德集团投资大理鹤庆水泥厂扩建 100 吨 / 年水泥生产线配套项目，总投资 3000 万美元。（世界华商 500 强）

15. 香港积华制药集团投资昆明积大制药厂，总投资 3 亿元。（世界华商 500 强，昆明高新开发区项目）

16. 菲律宾上好佳食品公司投资昆明上好佳食品厂，总投资 3000 万美元。（世界华商 500 强，昆明经济开发区项目）

17. 香港天成企业集团投资宜良旅游小镇项目，总投资 15 亿元。

18. 菲律宾世纪金源集团投资腾冲地产和酒店项目，总投资 81 亿元。（世界华商 500 强）

19. 菲律宾世纪金源集团投资西双版纳地产旅游项目，总投资 135 亿元。（世界华商 500 强）

20. 新加坡悦榕集团投资丽江悦榕酒店项目（与泰国 TCC 集团合作项目），

总投资3200万美元。（世界500强）

21. 云南亨德森投资控股集团投资创办云南亨德森嵩明外国语职业学院，总投资5.6亿元。

22. 泰国TCC集团新投资酒店改造项目，总投资6.3亿元。

23. 泰国TCC集团引进洲际酒店集团项目，总投资2.1亿元。

24. 迪庆维西鑫瑞贸易有限公司（葡萄牙）投资塔城铜、铁矿项目，总投资1800万元。

25. 新加坡三德集团昆明总部经济项目，总投资1.369亿元。（世界华商500强）

26. 新加坡三德集团弥渡县塑胶建材投资项目，总投资5000万元。

27.（法国）欧华水电公司投资龙陵县公养河四级水电站项目，总投资28亿元。

28. 香港玖龙纸业投资临沧林产业基地项目，总投资1.9亿元。（世界500强）

29. 印度尼西亚力宝集团投资大理有色金属矿项目，总投资3200万美元。

30. 印度尼西亚力宝集团投资大理国际旅游养生项目，总投资15亿元。（世界500强）

31. 香港积华生物医药控股有限公司投资楚雄州生物药业还原型谷胱甘肽（GSH）生物体项目，总投资5.5亿元。（世界华商500强和中国香港上市公司）

32. 中国建筑集团投资云南华丽高速公路项目290亿元PPP项目模式。（参与引进投资）（世界500强）

33. 嘉士伯啤酒集团投资扩产大理啤酒100万吨项目，总投资80亿元。（世界500强）

34. 新加坡三德集团投资大理鹤庆旅游综合地产项目，总投资15亿元。

35. 泰国正大集团投资大理弥渡20万吨饲料厂、100万头生猪养殖项目，总投资40亿元。（世界500强）

36. 泰国正大集团投资红河玉米种子基地项目，总投资6000万元。（世界500强）

37. 雅居乐投资腾冲地产旅游项目，总投资200亿元。（世界华商500强）

38. 雅居乐投资瑞丽综合地产项目，总投资60亿元。（世界华商500强）

39. 雅居乐投资西双版纳旅游文化项目，总投资180亿元。（世界华商500强）

40. 马来西亚绿野集团投资昆明寻甸龙凤湾国际综合旅游项目，总投资3亿美元。（世界华商500强）

41. 新加坡三德集团投资大理旅游养生项目，总投资10亿元。（世界华商500强，新加坡上市公司）

42. 泰国正大集团投资嵩明20万吨饲料厂项目，总投资10亿元。（世界500强）

43. 泰国正大集团投资昆明年产300万只蛋鸡项目，总投资10亿元。（世界500强）

以上共计：17.9549亿美元实际投资，另外以人民币实际投资1142亿元。

第八章

东南亚华商投资规律及发展趋势分析

第一节
东南亚华侨华人分布与特点

一、东南亚华侨华人分布

根据国务院侨办 2011 年统计分析数字，世界华侨华人总数约为 6000 万人，其中东南亚人数最多，占总数的 74%，是华侨华人最主要的分布区。华侨华人在其他地区的分布为：亚洲其他国家 4%，美洲 14%，欧洲 5%，大洋洲 2%，非洲 1%。

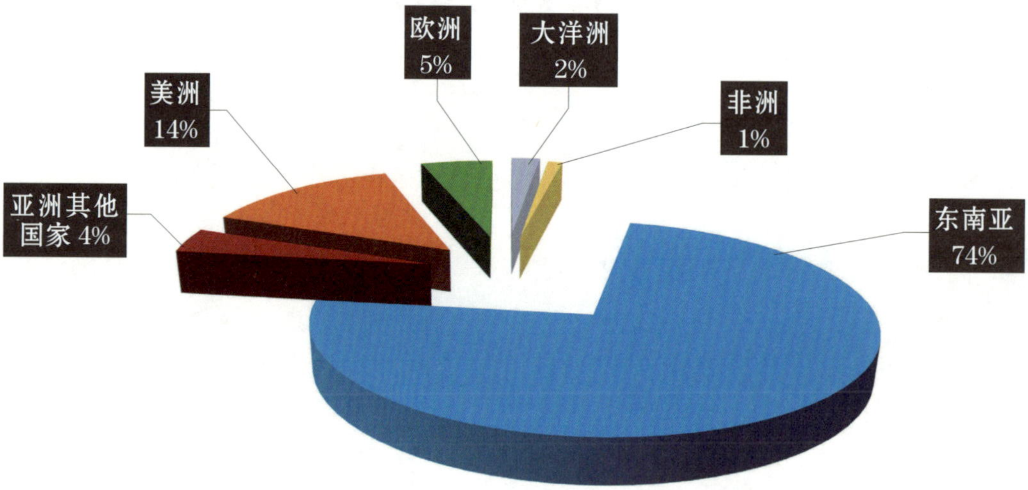

东南亚华侨华人分布情况：

东南亚华侨华人总数为 3348.6 万，具体分布情况是印度尼西亚 1000 万、泰国 700 万、马来西亚 645 万、新加坡 360 万、缅甸 250 万、菲律宾 150 万、越南 140 万、柬埔寨 70 万、老挝 28 万、文莱 5.6 万[①]。

① 以上分国别统计分别详见本书参考文献第 3、第 4、第 6 等专著。

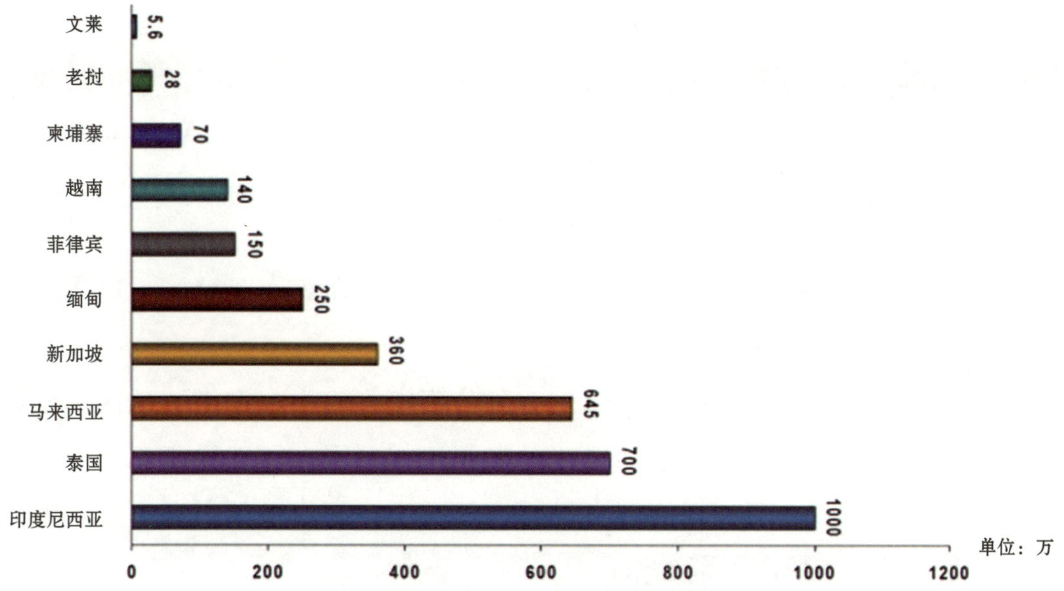

东南亚国家华侨华人分布图

在欧美日澳等国家的具体分布情况是，美国 400 万，加拿大 121.7 万，澳大利亚 67 万，日本 65.5 万，英国、法国各 60 万，韩国 58.7 万。

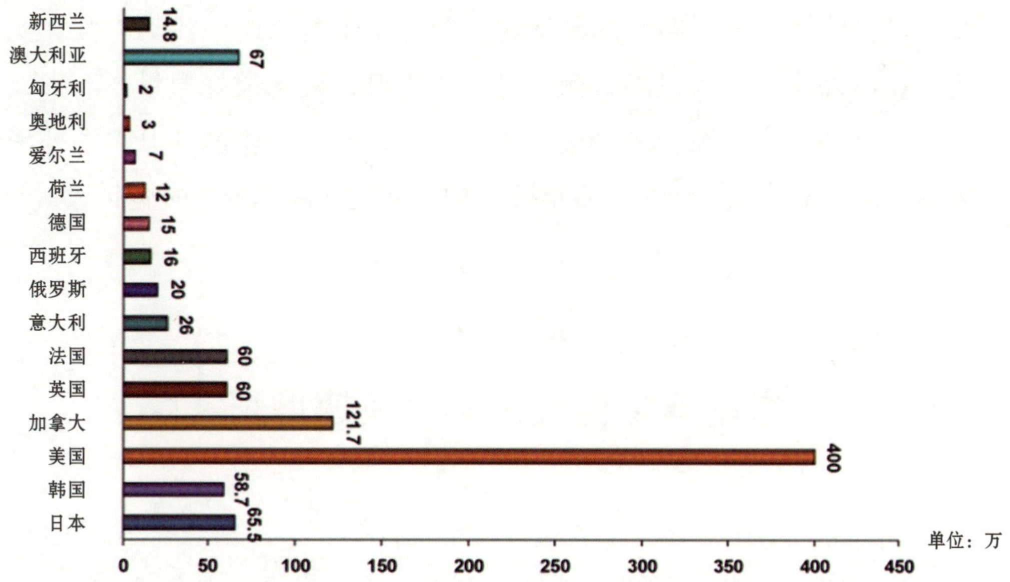

欧美日澳华侨华人分布图

海外华侨华人在构成上有两大特点：一是在5000万海外华侨华人中，华侨约占10%；二是海外华侨华人的主体是外籍华人，约占90%。华侨是我国侨务工作团结和服务的主要对象，华人是我国侨务工作涵养资源的主要力量。

二、东南亚华侨华人分布的三个特点

一是在人口分布上，74%的海外华侨华人分布在东南亚地区，这是开展侨务工作的重点国别地区。

二是在经济分布上，超过70%的海外华商资本集中在东南亚地区。全球华商500强企业主要分布在新加坡、马来西亚、泰国、印度尼西亚和菲律宾（包括中国港台）。这两方面的事实说明，开展侨务工作必须高度重视东南亚地区，尤其是侨务招商引资工作。

三是在职业分布上，华侨华人的专业人士主要分布在美国、英国、加拿大、澳大利亚和日本等国，商业和工人则主要分布在东南亚、非洲、拉美、俄罗斯和欧洲等地。这个结构特点启示我们，进行侨务引智工作的重点应放在教育科学比较完善的发达国家。

四是世界侨情发生了四个深刻变化：海外华侨华人跨国流动增强，实力不断提升；海外华侨华人民族自豪感进一步提升，爱国友好力量不断发展壮大；海外华侨华人生存发展环境进一步改善，社会地位不断提升；海外华侨华人对祖籍国的文化认同感进一步增强，中华文化国际影响力日益扩大。

第二节 东南亚华商经济实力快速增长

《亚洲周刊》2010年对全球华商进行了统计排名，评出全球华商1000排行榜。分析全球华商1000强的产业结构可知，华商主要集中在三大行业，即制造业、商业零售服务业（含金融业）和房地产业。其中，50%的华商集中

在制造业，20% 在商业零售业，15% 在房地产业，金融业占 10%，农业占 5%。分析全球华商 1000 强排行榜，我们发现，中国香港地区上榜华商企业最多，有 139 家，其次为中国台湾地区，上榜企业 119 家，新加坡 28 家，马来西亚 25 家，印度尼西亚 9 家，菲律宾 8 家，泰国 7 家。

一、海外华商大企业主要集中在亚洲地区

中国大陆、港澳台，东南亚国家集中了所有的全球华商 1000 强企业，而亚洲以外地区虽然也有大批华侨华人分布，但多为新生代移民、外贸型小企业或科技类华商企业，故而企业资产较少，处于成长初期。全球华商 1000 强企业资产构成也反映了这个特点，东南亚华商大型上市公司资产总值达 2.99 万亿美元，亚洲华商上市企业资产总值为 0.75 万亿美元，而亚洲以外地区的华商企业总资产仅为 0.16 万亿美元。在海外华商上市企业中，公司市值小于 20 亿美元的占总数的 57%，上市公司的平均市值为 17 亿美元。华商上市公司呈现出日益聚集的跨国公司发展特点，资产、资金和规模都向大公司聚集，强者愈强，大者愈大。

二、东南亚华商经济实力雄厚

全球华商 500 强中约 2/3 分布在东盟国家，东南亚地区证券交易市场上市的企业中，70% 是华人上市公司。华商已经成为东南亚地区经济的重要支柱，在某些国家甚至成为主导经济的力量。分析东南亚地区华商的产业结构，我们发现，和全球华商产业结构类似，东南亚华商大公司也主要集中在三大领域，不同之处在于东南亚华商集中于制造业、金融业和地产业，而全球华商经济结构中投身于零售业的群体数量庞大，超过银行及金融业。

三、东南亚华商金融和制造业实力强

这种分布结构也从一个侧面反映出东南亚华商由于在所在国居住、生活、经营时间久远，已经融入当地社会，资金和实力也更加雄厚，产业结构升级，

管理水平逐步国际化，法人治理结构打破家族制，逐步转型为现代企业，已经从创业初期转入发展成熟期，有资本和实力进入银行及金融业。

在东南亚华商中，投身于制造业的主要包括盐仓集团、IOI集团、正大集团、力宝集团、TCC集团、玖龙纸业、金光集团、三林集团、三德集团、华宝国际、金锋集团、杨忠礼电力及钢铁、金鹰集团等。

立足于银行及金融业的主要有大华银行、华侨银行和盘谷银行等华商金融巨鳄；在城市建设和地产业发展的主要有城市发展、新世界集团、雅居乐集团、新鸿基地产、仁恒置地、世茂集团等；商业零售业有菲律宾SM集团、正大莲花、新加坡百盛集团等。上述华商中多家企业进入云南市场发展。

四、东南亚华商分布格局发生了变化

一是随着经济全球化华商富豪500强与跨国公司的地理分布范围扩大，从东南亚向欧美扩展至五大洲，经营业务遍及全球。如泰国TCC拥有48个五星国际酒店，除亚洲外，欧美均有布点；泰国正大的农业扩张至美国；马来西亚IOI的植物食用油加工扩张至欧洲。

二是移民接收国的华商及其跨国公司成长迅速，其增长明显超过发展中国家。美国、加拿大、澳大利亚等新移民接收国，是海外华人的主要增长点，近年来华商日益成长壮大。

三是华商科技产业发展引人注目，华商科技企业迅速成长。北美科技型华商迅速兴起，台港科技企业崛起并在大陆投资，海归创业如雨后春笋般涌现，改变了华商企业的格局。华商科技企业正迅速成长，引领中国科技产业成长，并成功地抗击金融风暴。

四是新华商与中国大陆“走出去”的大企业引人注目。在中国香港、新加坡的前十大华商企业中，都有中国企业上榜，而且它们在金融危机中逆势而上。

五是华商与中国大陆的关联日益增强，大多数更与中国经济共成长，主要采取两种方式：一种是通过依托中国的贸易而在海外成长，另一种是基本上源于并扎根于中国本土而成长。

五、东南亚华商与中国大陆关系的新特点

一是东南亚传统华商继续深耕中国市场；二是新华商与中国“走出去”的企业在海外合作引人注目；三是许多海外华商依托中国廉价商品从事国际贸易而崛起，欧洲、南美和非洲等地的华商从无到有逐渐增多，在欧美发达国家还出现了贸易先导型的华人跨国公司；四是东南亚华商中有很多都是源于中国并扎根于中国本土获得成长，以至其住在国（地区）并没有意识到他们是华商或侨资企业家，典型的如世茂集团的许荣茂、玖龙纸业的张茵、雅居乐的陈卓林等；五是北美科技型华商归国创业，或者在跨国流动中创业与创新，成为中国科技产业的领军力量。科技型华商大致有四种类型：海归携技术回到中国创办企业；国内民营企业或上市公司的海归 CEO；跨国公司在中国的掌门人；从跨国公司的中国总代理转变为在中国创业的本土企业家。

海外华商资本在吸引外资中占有较大比重。截至 2005 年底，我国累计利用外资 6224 亿美元，其中，约 4170 亿美元来自海外华商。2012 年，我国实际利用外资过万亿美元，华商投资占 65%。换言之，海外华资占中国大陆实际利用总外资约 65%；累计批准外商投资企业 55 万家，其中，海外华资企业约 70%，达到 38.5 万家。

2006—2010 年 5 年里，我国累计实际使用外商直接投资 4260 亿美元，年均增长 11.9%，其中，绝大多数为华商资本。40 年改革开放，海外侨胞和港澳同胞投资创办的企业约占我国外资企业总数的 70%，投资额约占我国实际利用外资总额的 65%。以上这些资金大部分来自东南亚华商投资。

较之金砖四国的其他三国——俄罗斯、印度、巴西，大规模利用华裔资本以发展中国经济成为改革开放后中国经济发展的最大特色，亦即中国独有华商之“独特机遇”。国际上不少学界和政界人士对原来同是社会主义国家的俄罗斯与中国吸引外资情况对比，认为中国经济改革之所以取得成功，是由于海外华商的全力参与所致。“导致（中国和俄罗斯）两国经济形成截然相反

局面的决定性因素，是因为中国拥有爱国华商。”新加坡内阁资政李光耀明确指出：“单就投资规模和投资机会，中国是其他国家所无法比拟的，因为中国拥有巨大的华商群体。”

第三节 东南亚华商经济新特点

一、跨国并购呈大型化趋势

2013年国际资本市场热议的华商典型并购案：泰国正大集团以95亿美元一举并购由英国汇丰持有中国平安保险的15.6%股权。2012年年末，泰国TCC集团以135亿美元全额并购新加坡星狮集团，从而一举奠定泰国第一大综合型企业地位，成为当年最成功华商并购案。2011—2012年，马来西亚IOI集团以25亿欧元并购了欧洲5个食物植物油化工厂，其食物植物油销售占全球市场约15%，成为世界级植物食用油超级跨国公司。

二、华商产业升级加快

随世界经济全球化影响，华商产业升级，在参与国际水平分工与垂直分工中，从产业链低端逐渐向产业上、下游延伸，如印度尼西亚三林集团经过60年发展，形成食品、农业、制造业、金融、化工、汽车和电信等22个产业。正大集团在泰国由传统农业向金融、信息、通信、广电发展。印度尼西亚金锋集团拥有年产100万吨电解铝到铝型材精深加工企业。世界造纸巨头，排中国第一、世界前三位的香港玖龙纸业从收购废旧纸加工，转移到林资源研发、化学木浆制造等全产业链。印度尼西亚金光集团在纸业深加工技术研发方面处于世界领先地位。

三、华商引领中国企业走出去态势强劲

21世纪初，随我国央企在非洲、澳洲并购矿资源受阻，石油企业收购被西方搁置，中国企业“走出去”凭借海外华商与住在国长期经营的人脉、商业网络、经济实力，把过剩产能、资源型、市场在外型企业转出去，海外华商称之为当代“中国因素到来”。印度尼西亚力宝集团大手笔策划印度尼西亚中国工业城，首期开发印度尼西亚国家冶金中心拟规划100平方千米，初期投资800亿～1000亿元。

四、城市化和扩内需成华商投资新亮点

随着国家城镇化建设和打造中国经济升级形成的巨大商机，华商500强看好中国新一轮商机。香港雅居乐集团投资450亿元在云南腾冲、瑞丽、西双版纳打造国际旅游文化大型地产项目已建成。商业零售业是东南亚华商的重点领域，菲律宾SM集团成为除沃尔玛外的世界第二大商业零售跨国集团，施至成主席以132亿美元的资产成为2013年全球十大华商。其投资天津的SM大型商业中心，单体80万平方米，总投资50亿元，成为国内商业巨无霸。

五、华商财富集中在大型华商跨国集团

据福布斯2013年新公布的华人十大富豪名单：李嘉诚以310亿美元的净资产的长江实业排第一位，李兆基的恒基兆业、郭炳江的新鸿基以200亿美元的净资产排第二、第三位，泰国正大谢国民以143亿美元、泰国TCC集团苏旭明以117亿美元的净资产分别排第五、第八位，大陆娃哈哈宗庆后以116亿美元的净资产排九位。十大富豪净资产均超过百亿美元。财富继续集中在华商企业大型跨国公司排名外资地产企业前5强的香港雅居乐集团2013年集团资产达1000亿元，香港上市公司市值320亿港币，2013年销售额破500亿人民币。

2004 年全球华商综合企业十大排名

公司名称	国别地区	负责人	主要产业	现市值（亿美元）
和记黄埔有限公司	香港	霍建宁	港口、电信、制造、能源	291.059
九龙仓集团有限公司	香港	李唯仁	投资、地产、运输、通信	70.287
中信泰富有限公司	香港	荣智健	投资、地产、零售分销	53.629
恒基兆业发展有限公司	香港	李兆基	投资、地产、通信、科技	34.133
云顶有限公司	马来西亚	林梧桐	投资、旅游、制造、电力	28.359
国浩集团有限公司	香港	郭令海	银行、保险、地产、投资	27.425
凯业集团 IOI	马来西亚	李深静	投资、种植、地产、工业	24.991
会德丰有限公司	香港	李唯仁	投资、地产、运输、通信	24.486
花沙尼有限公司	新加坡	Han Cheng Fong	啤酒、制造、地产、出版	18.814
杨忠礼机构有限公司	马来西亚	杨肃斌	建筑、地产、制造、电力	18.238

注：根据 2004 年《亚洲周刊》第十期。

六、新、泰、马、印尼华商经济实力快速增长

新加坡

根据有关学者统计分析，2008 年新加坡共有 40 家华人企业入选《亚洲周刊》全球华商 1000 强。40 家华商集团总资产高达 3416.44 亿美元，比 2000 年新加坡的华商总资产增加了 6.7 倍。新加坡华人中小企业 2007 年达到 14.8 万家，总资产达到 1256 亿美元。

泰国

根据有关学者统计分析，2008 年，泰国华商资产总值为 3852.5 亿美元，占泰国企业的总资产 32%。出现了一批世界级的华商跨国公司。比如，泰国正大集团、泰国 TCC 集团等。泰国华人 70% 从事工商业。华人中小企业有 227 家，这部分企业基本不是上市公司，其资产规模则是泰国华商上市公司资产规模的 15 ~ 20 倍。

马来西亚

根据有关学者的统计分析，2009 年，马来西亚华商资产规模为 1811.9 亿美元，占马来西亚企业总资产的 34.9%。马来西亚的中小企业共 59.8 万家，而华商在中小企业中占超过 80% 的比例。华人中小企业资产规模为 875.4 亿

美元。出现了一批世界500强的大型华商跨国公司。比如，IOI集团是世界棕榈油的全产业链顶级企业，杨忠礼集团是工业和金融的综合企业，林梧桐的云顶集团是亚洲旅游业和博彩业的最大企业。

印度尼西亚

根据有关学者的统计分析和印度尼西亚华商的介绍，印度尼西亚华商有170～200个大型集团和跨国集团公司，5000多个中型以上华商企业公司，有30万～50万个小型企业华商公司。根据《福布斯》和《环球亚洲》等杂志的评估，2009年，排名前20的华人富豪，其资产规模超过620亿美元。这个数字不包括印度尼西亚华商前170～200位大型跨国集团公司的财富。2009年统计，印度尼西亚证券市场上有399家上市公司，其中73%是华人公司。按照这个比例，华商企业的市值超过1400亿美元。根据对5000家中型以上华商企业公司的资产评估，其资产规模应该为2500亿美元。30万～50万华人小型企业公司的资产规模，分析估值为180亿美元。2015年，在印度尼西亚召开的第13届世界华商大会上，作者与印度尼西亚有关企业家、学者进行了讨论分析，比较一致地认为，印度尼西亚华商资产的规模，公开资料看到的是上市公司的华商资产规模。华商资产实际情况是，在印度尼西亚两亿多人口中华人占2%，公司和资产规模占70%左右。印度尼西亚华商的资产规模，应该在6000亿～8000亿美元。

在经历了亚洲金融危机的东盟新、马、泰、菲、印度尼西亚5国中，华商资产迅速恢复。按最新世界华商500强企业排名，在东盟上述5国中，按照股票市值、销售额、资产总额计依次为：

单位：亿美元

国家	股票市值	销售额	资产额
新加坡	633.24	142.18	1505.61
马来西亚	286.09	184.57	636.60
印度尼西亚	183.37	78.64	250.80
泰国	138.61	56.73	798.80
菲律宾	97.45	27.85	238.19
合计	1338.61	489.79	3430.00

注：根据《亚洲周刊》“国际华商500”2010年版编制。

据统计，华商上市公司占东盟证券交易市场上市企业的70%，华商资本占日本、韩国、中国大陆以外的亚洲10个股票市场价值总额的66%，显示了东盟华商强大金融资本实力。

2004年9月《亚洲周刊》“2004国际华商500”排行榜中，东盟华商有140家列入。其中，新加坡63家，马来西亚46家，菲律宾13家，泰国11家，印度尼西亚7家，中国香港入围的13家中，多数也属东盟华商控股的企业，使全球华商500强中东盟占据了绝对优势。有关资料还显示，新加坡、马来西亚、菲律宾、泰国、印度尼西亚5国上市公司的市值总额中，60%以上为华人所有。据作者2003年参加第六届世界华商大会了解的资料，中国香港、台湾和东南亚300家最大华商上市企业中，东盟5国占78家，占市值的32.1%。21世纪初，东盟华商掌握着约1.5万亿美元的巨额游资。

华人资本在马来西亚、印度尼西亚、泰国、菲律宾所占份额

资本类型	国家							
	马来西亚		菲律宾		泰国		印度尼西亚	
	N	M	N	S	N	S	N	S
国家资本	20.0	48.0	20.0	31.4	10.0	13.2	55.0	67.1
本地资本	30.0	22.6	16.7	16.9	10.0	9.9		
华人资本	35.0	25.3	30.0	22.2	40.0	31.3	37.0	29.8
外国资本	15.0	4.1	33.3	29.5	40.0	45.6	8.0	3.1

注：N——公司数目，S——总销售额，M——市场占有额

表格资料来源：Ikuo Iwasaki, A Reflection on Some Basic Characteristics of Ethnic Chinese capital in. 转引自庄国土:《华侨华人经济资源研究》(国务院侨办2009-2010年重点项目)。

第四节
把握华商投资的规律

经济学是一门动态的科学，充分反映经济活动、投资、环境、世界经济和社会转型的变化趋势。经济学按照学科分类，分为微观经济学和宏观经济学。本书第七章分析的 7 个经典华商投资项目，就是按照微观经济学的理论和实证性分析方法来进行分析研究的。被称为西方 20 世纪主流经济学代言人的美国知名经济学家保罗·A. 萨缪尔森提出，宏观经济学的基础是微观经济学。他将微观经济学放在宏观经济学的前面。他认为，经济学家只有掌握了微观经济学严密的推理和实证以后，才能更透彻地了解宏观经济学。他强调对开放型经济的考察和研究，强调利用经济案例研究和实证性经验证据阐述经济理论。他强调市场机制如何运作，以决定价格、产量、收入这三个最基本的经济问题。他强调用实证性的案例，来分析研究三个基本经济问题。这三个问题可以概括为通过市场解决生产什么，如何生产，为谁生产，这三个问题是一切经济制度所共有的。作者在本书中分析研究华商投资规律时，采用的是微观经济学的实证案例的分析方法。以我国社会主义市场经济体制不断发展完善的理论体系，以党的十八大、党的十九大形成的一系列新思想、新理论为指导，试图以华商投资案例的实证性分析研究进一步阐明：经济学按照其核心，是以经验为根据的科学，它解释环绕着我们的世界，然后帮助我们根据正确的经济学原理，设计政府的经济政策。以我国 40 年改革开放的时代背景，以作者近 25 年从事华商投资的丰富实践案例，以实证性的案例为根据，探索华商投资规律，或许是本书在理论和实践结合上的一个贡献。

一、华商投资我国主要规律分析

（一）争夺资源

经济学认为世界上的各种资源都是稀缺的。经济学覆盖了各种理论，但其核心在于理解社会如何合理配置它的稀缺资源。资源的稀缺性，是经济学研究的终极核心。本书的任务当然不是去研究资源的稀缺性问题。华商投资的本质，从资本的本质角度看，是追求利润的最大化。透过华商争夺稀缺资源，我们可以看到它的一个投资的规律——全球资源配置，全球争夺稀缺资源。这是华商投资的本质。因此，华商的投资行为，特别是跨国公司大华商的投资，是市场机制在起推动作用，是经济学的核心——占领稀缺资源——在起推动作用。在马来西亚IOI集团的投资项目，在香港玖龙纸业投资项目、新加坡三德集团大理水泥项目、嘉士伯大理啤酒项目中，我们可以很清晰地看到，华商投资是为了争夺资源这条清晰的线路。

（二）占有市场

在华商的投资行为中什么是市场？经济学通常把市场称为买者和卖者会合在一起的交换物品的场所和机制，市场反映着供求关系，市场反映了定价权。从作者分析研究华商投资20多年的实践案例看，市场反映了华商投资对生产和消费的供求关系判断；市场是价格和物品的货币价值判断；市场是华商投资占领多少市场份额的判断。深谙市场规律的华商，特别是跨国公司大华商在投资考察项目投资活动初期最关心的，是公司的产品能够占多大的区域市场份额，公司的产品在市场上能有多大的定价权，投资项目在市场机制看不见的手，政府有形的手在项目推动上，它们交叉平衡点是什么。在嘉士伯并购大理啤酒厂项目中，我们可以很清晰地看到，嘉士伯占领和分割中西部地区区域啤酒市场的战略布局。

（三）享受政策

为了扩大开放，积极吸引外资，在WTO的框架条件下，我国中央政府和省级政府都会根据条件出台一些吸引外资的优惠政策。对华侨华人投资、港澳台同胞投资，还会有一些有针对性的特殊政策，比如土地、税收、政府奖励、产业政策奖励、人力资源配置、进出口优惠政策、招商引资优惠政策等。这些政策对于扩大和吸引华商投资起到了积极的促进作用。但是从作者吸引华商投资的实践案例看，中小型华商对于各类优惠政策特别重视，而跨国公司型的国际大华商，往往更注重法律框架下的投资政策和投资环境，重视政策的稳定性、长期性、合规性、国际惯例性。

（四）商业模式

商业模式是华商投资十分重要的规律。商业模式决定了投资模式、营运模式、盈利模式。华商的投资商业模式，充分反映了华商对市场无形的手、政府有形的手如何平衡。在正大集团“四位一体”项目中，我们清晰地看到，正大集团对于商业模式策划的国际化、市场化与政府支持的统一。

（五）文化认同

5000 年中华文化，是几千万海外华侨华人的根、魂、梦。海外华商对中华文化的认同感，对祖籍国的热爱，对中国崛起的维护，与西方投资企业的价值不同。西方学者在华商投资具有对中华文化的认同，是持反对意见的。他们不承认华商投资具有对中华文化的认同感，泰国正大集团提倡的“利国、利民、利企业”的价值观，也是广大海外华商企业的企业文化和价值观。因此，每当中国遭受困难和逆境的时候，华商企业总是伸出援助之手，给予无私的支援。对华商的这种文化认同的投资规律，我们一定从中华民族发展大局进行思考和积极的维护。

二、华商的企业家精神在投资规律中的重大作用

西方经济学家在 18 世纪 30 年代提出企业家精神这一概念。它主要是指企业家使经济资源的效率，通过有效的商业管理、技术智慧、个人魅力等，使企业的效益由低转高。近现代以来，将企业家对经济的推动作用上升为企业家精神。主要包括创新是企业家精神的灵魂，冒险是企业家精神的天性，合作是企业家精神的精华，敬业是企业家精神的动力，学习是企业家精神的关键，执着是企业家精神的本色，诚信是企业家精神的基石。过去 25 年间，作者接触的成功华商领袖都有一个共同的精神特质——是为了事业而生存，而不是为了财富、生活富裕才经营企业。

创新、冒险、合作、敬业、学习、执着、诚信是华人企业家的精神内涵。

而货币、资产、财富只是他们成功的标志之一。对事业的忠诚、责任、执着，对中华传统文化的认同，对中华价值观的认同，才是华商企业家精神的顶峰的追求，并由此上升为华商企业家精神。这是我们遵循华商投资规律的一个非常重要的因素。

谢国民先生对当代华商企业家精神的内谛表达为：把创业、技术、创新作为企业家精神的核心，把向年轻一代学习，作为面对下一个新百年，继续保持领先地位，重新定位市场的保障。反映了华商企业家精神的深邃眼光、国际视野、跨时代的胸怀。

第五节 国际知名华商领袖资源涵养情况分析

分析华商投资规律，积极吸引华商投资中国、投资云南。多年来在国务院侨办的领导、指导下，我们形成了一个重要的工作基础，就是在掌握华商投资规律的基础之上，充分利用广大海外华侨华人、华商对中华5000年文化的认同感，对中华文化之根的认同。这是我们吸引华商投资中国与利用西方外资的本质不同。在国务院侨办的领导下，多年来，我们充分应用政策、文化、资源、市场、人脉、荣誉等方式，利用重大节庆、重大活动、重大表彰、重大事件等平台，积极有效地涵养侨务资源，特别是涵养一大批国际知名的国际华商领袖资源。下面介绍分析的三位世界500强国际知名华商企业家：泰国正大集团资深董事长谢国民、泰国TCC集团主席苏旭明、印度尼西亚力宝集团主席李文正，就是作者在过去近25年的侨务工作实践中，以真诚、真心、真做、真服务，建立起来的海外知名华商领袖朋友。

一、泰国正大集团资深董事长谢国民

2017年《福布斯》评选泰国正大集团董事长谢国民为年度100位健在商业思想家

福布斯 2013 年华人 10 大富豪

华人排名	全球排名	姓名	净资产（亿美元）	年龄	国籍	行业	公司
1	8	李嘉诚	310	84	中国香港	多元化经营	长江实业
2	24	李兆基	203	85	中国香港	房地产	恒基兆业
3	26	郭炳江、郭炳联	200	—	中国香港	房地产	新鸿基地产
4	44	郑裕彤	160	87	中国香港	多元化经营	香港新世界、周大福
5	58	谢国民	143	73	泰国	多元化经营	正大集团（中国以外称卜蜂集团）
6	68	施至成	132	88	菲律宾	多元化经营	SM 集团
7	76	郭鹤年	125	89	马来西亚	多元化经营	马来西亚郭氏兄弟、香港嘉里贸易
8	82	苏旭明	117	68	泰国	食品饮料	泰国 TCC 集团
9	86	宗庆后	116	67	中国大陆	食品饮料	娃哈哈集团
10	98	吕志和	107	83	中国香港	传媒娱乐	香港嘉华国际集团

注：根据 2013 年《亚洲周刊》第十二期统计表。

泰国正大集团资深董事长谢国民作为当代全球华商的代表性领袖人物，一直坚持企业“三有利”价值观——利国、利民、利企业。对中国的改革开放，对投资中国，无论国际形势发生什么变化，始终坚持不变，邓小平给予其高度评价。党的几代领导都充分肯定。

2017 年，正大集团资深董事长谢国民以 132 亿美元，排名《福布斯》第 58 位。

2019 年，正大集团资深董事长谢国民以 152 亿美元，排名《福布斯》全球第 75 位。

2017 年，为庆祝福布斯百年华诞，《福布斯》杂志（英文版）发布了百年特刊。特刊隆重推出了世界“百位最伟大在世商业思想家”榜单，上榜者围绕人工智能、挑战、投资、声望、价值观、青年等关键词，对下一个百年分享了见解、经验和短文。

泰国正大集团资深董事长谢国民荣登榜单，并针对“青年”这一关键词发表见解。他表示：每个工业时代都不一样。我们现在正处在一个年轻一代用创业、技术和创新来重新定义市场的时代。如果我们骄傲自满，拒绝变化，那么我们将很快失去自己的位置。想要保持领先的地位，最好的办法就是向年轻一代学习。

1978 年改革开放，正大集团是海外第一家投资中国的外资企业，获得国家颁发 0001 号外资企业登记证（该证书现收藏在中国国家博物馆）。总投资 3000 万美元。正大集团具有很强的国际战略眼光，很善于把握中国政府的发展战略规划战略重点，对中华 5000 年文化有着深深的认同。

激荡 40 年——谢国民获得改革开放特别致敬人物奖。

在纪念改革开放 40 年之际，2019 年 1 月 4 日，“全球华侨华人年度评选”颁奖典礼在北京钓鱼台国宾馆隆重举行。正大集团资深董事长谢国民作为海外华商中的杰出代表，荣获“改革开放特别致敬人物”奖。

改革开放波澜壮阔的 40 年间，华侨华人与中国共同成长。他们是中国改革开放事业的开拓者、参与者、贡献者。中国改革开放之初，在外商对中国犹豫观望之时，正大集团等海外华商率先来到中国投资兴业。正是他们的赤子之心和远见卓识，为改革开放贡献了极为关键的“第一桶金”，中央统战部副部长谭天星为谢国民资深董事长颁奖，并宣读组委会给谢国民资深董事长的致敬词：

“敢为人先，他作为‘0001 号外商’，在开放之初的中国写下浓墨重彩的一笔；善做善为，他发挥‘侨’优势，勇当‘一带一路’生力军，继续投身中国改革开放事业。激荡四十年，他是海外华商同圆共享中国梦的典范。”

2019年，中央统战部副部长谭天星（左）向谢国民资深董事长颁发奖杯

泰国正大集团资深董事长谢国民先生发表获奖感言

谢国民资深董事长发表获奖演讲，改革开放之初正大集团在中国投资兴业的经历，对习近平主席提出的中国梦、“一带一路”倡议高度认同，并介绍了为响应“一带一路”倡议，正大集团积极建言献策、参与建设的泰国东部经济走廊（EEC）项目。他表示，习近平主席提出的实现中华民族伟大复兴的中国梦是海外华侨华人共同的梦，“一带一路”倡议已从中国的倡议成为世界的共识，“共商、共建、共享”创造了国际合作的新模式。他说：“今后的40年中国会更辉煌，我对此充满了信心。”

改革开放40年来，正大集团投资中国达到1200亿元，投资300多个企业，员工达到10万多人，中国区年销售超过1300亿元。整个集团年销售超过500亿美元。

2012年，正大集团以94亿美元之巨，在与强大竞争对手的博弈中胜出，从汇丰手中接盘中国平安，成为其第一大股东。

2015年，正大集团又并购了持有全牌照的金融集团——中信集团的股权。并且选择日本伊藤忠株式会社作为合作方，最终完成了对中信股份的收购。

21世纪中国“一带一路”倡议提出，经济全球化、国际化的趋势不可逆转。无论国际风云怎么变化，无论经济发展出现什么起伏和困难，泰国正大集团，始终坚定地投资中国，促进中国的改革开放。

2008年，泰国正大集团资深副董事长杨小平在东盟华商会上做主题演讲

2013年，正大集团资深副董事长杨小平（左）与作者在泰国正大集团总部商洽沟通投资云南项目推进意见并合影

CHIA TAI GROUP COMPANY LIMITED
正大集團有限公司

謝國民
資深董事長

尊敬的中国人民政治协商会议云南省委员会杨光民常委阁下：

您好！时值岁末，收到您寄来的贺函，十分高兴，特发此信谨致谢意。借此机会，恭祝您新春愉快，万事如意！感谢您对正大集团以及我本人一直以来的厚爱与支持。正是在您和各界领导的关心指导下，正大集团在过去近 40 年时间里，才能够在中国取得不断的发展，才能够为中国的改革开放和新农村事业做出些许的贡献。

作为一名海外华人，我十分看重中国的和平发展环境。中国政治稳定，社会和谐，经济繁荣，战略长远。我对中国的未来充满信心，愿进一步加大在中国的投资与合作，愿和中国人民一道再创中华民族的辉煌。

再次衷心感谢您！

谨致

敬安！

中国侨商投资企业协会会长
正大集团资深董事长

谢国民

（谢国民）

二〇一七年十二月二十七日

True Tower, 33rd Floor, 18 Ratchadapisek Road, Huai Khwang, Bangkok 10310 Tel: (662) 858-3301-3 Fax: (662) 859-8939
泰國曼谷匯權拉差拉披色路門牌 18 號 True Tower 33 電話：(662) 858-3301-3 傳真：(662) 859-8939

2017 年，泰国正大集团资深董事长谢国民当选福布斯全球 100 名知名商业思想家后，致作者的函件

二、泰国 TCC 集团董事局主席苏旭明

2017 年，泰国 TCC 集团董事局主席苏旭明荣登福布斯百名健在商界思想家

TCC GROUP

尊敬云南省政协常委

杨光民 先生：

您发给我的关于我入选福布斯世界百位伟大商业思想家的贺信已经收到，非常感谢！

值此 2018 新年到来之际，我谨代表 TCC 集团向您和您的家人致以新年的问候和美好的祝福，祝愿您和家人：新年快乐，身体健康，家庭幸福，万事如意！

顺致崇高敬意！

苏旭明

（苏旭明）

TCC 集团董事局主席

2017 年 12 月 25 日

TCC Corporation Limited . 54rd Floor, Empire Tower, 1 South Sathorn Road, Yannawa, Sathorn, Bangkok 10120 เลขที่ 1 อาคารเอ็มไพร์ทาวเวอร์ ชั้น 54 ถนนสาทรใต้ แขวงยานนาวา เขตสาทร กรุงเทพฯ 10120
曼谷市沙春区沙春南路 1 号帝国大厦 54 楼 邮编：10120 Tel: 02-2279444 Fax: 02-6595764

2017 年，泰国 TCC 集团董事局主席苏旭明先生当选福布斯全球 100 名在世知名商业思想家后，致作者的函件

2016年，苏旭明主席与夫人周美满女士

2017年，泰国TCC集团主席苏旭明先生被《福布斯》评为：百名在世全球商业思想家。

2013年，苏主席以117亿美元，排名全球500强第82位。

2017年，苏旭明主席以158亿美元总资产，荣登《福布斯》全球富豪榜第62位。再次成为泰国首富。

2019年，苏旭明主席以145亿美元，排名全球富豪第87位。

被《福布斯》提名全球百名商业思想家后，苏旭明的感言是："财富是别人的，身体是自己的；权力是暂时的，名誉是永远的。"

这既是他自己的座右铭，也是泰国TCC集团的企业思想、企业核心价值观。

泰国TCC集团在发展过程中，经过几个重大的国际商业并购项目，一举奠定了集团亚洲酒王的地位。

1994年，TCC集团与嘉士伯合作在泰国推出了象牌（Chang）啤酒。象牌啤酒酿造由嘉士伯监督，实际上是TCC集团泰乍仑控制着酿造过程，还控制着酿造过程的剩余容量，更勿论渠道。象牌啤酒定价适中，口感与嘉士伯在欧洲市场的大象啤酒相同，推出一个月便在泰国获得巨大成功。

2000年，苏旭明通过旗下的泰酿公司（Thai Beverage Public Company）和嘉士伯进一步合作，双方以50∶50的比例投资成立了嘉士伯亚洲有限公司。一年后，公司总收入达7.7亿美元，象牌啤酒一度成为泰国销量第一的啤酒，市场占有率远超定价高端的嘉士伯啤酒。这次并购后，苏旭明集团旗下的泰酿，以象牌啤酒与Mekhong威士忌为主，占领了80%以上的泰国酒业市场，被称为“泰国酒王”。

2006年，苏旭明旗下的泰酿公司辗转到新加坡上市，筹集了高达18亿美元资金，在新加坡开展规模最大的公开售股计划。上市后，泰酿立刻布局全球。苏主席选择并购项目的原则是，投资项目首先要有商业成长空间，要经过商业论证和风险分析，围绕TCC集团的主营业务开展多元化经营，向低成本、高附加值纵深方向投资。

2012年，苏旭明收购新加坡星狮集团（Fraser & Neave）。星狮集团1883年创立，拥有的业务包括房地产、出版、食品与饮品。收购星狮的竞争对象是印度尼西亚华联集团的李棕（“印度尼西亚钱王”李文正之子）。经过几个回合的谈判，在2013年1月，苏旭明主席以112亿美元并购星狮集团。TCC母公司及其旗下泰国酿酒子公司共持有星狮集团90%的股份。这个并购案成为当年国际华商并购的经典案例，标志着泰国TCC集团迈上了一个新的重大台阶。

2019年，苏旭明并购泰国星巴克公司，以巩固其集团作为泰国饮品业消费领域巨头的地位。根据彭博亿万富翁指数，苏旭明的净资产已上升到 134 亿美元。这主要是由于新加坡上市的泰国饮料公司股价上涨了 34%，这笔交易对星巴克的泰国业务估值超过 5 亿美元。收购星巴克在泰国的业务，扩大了苏旭明在东南亚第二大经济体超越啤酒和威士忌业务的战略，还扩展到缅甸和越南的酒精饮料行业。

苏旭明的财富在 2018 年 1 月达到了 177 亿美元的顶峰。

这一时期，苏主席的泰国饮料公司以约 113 亿铢（合 3.55 亿美元）的价格在泰国收购了 240 多家肯德基餐厅。它还以约 7.42 亿美元的价格收购了缅甸领先威士忌品牌制造商 75% 的股份，这是该公司在缅甸的第一笔重大投资。

作者与苏主席在过去 25 年中结下了深厚的友谊，在国务院侨办、云南省委、省政府的领导支持下，牵头帮助 TCC 集团在云南完成几个重大的投资项目。

2013 年，云南省政府省长李纪恒（左三）访问泰国，会见 TCC 集团主席苏旭明（右二），洽谈扩大推进 TCC 投资云南重点项目，苏主席的二公子（右一）、女婿（左二）陪同会见

2003 年 2 月，作者到泰国访问招商，第一次拜会苏主席（左）

2004—2005 年，作者 5 次陪同泰国 TCC 集团主席苏旭明考察昆明、大理、临沧、丽江、玉溪投资项目

2004年，作者陪同苏主席（左四）和夫人（左三）、中国前驻泰国特命全权大使晏廷爱（左一）和夫人（左二）考察云南丽江拟投资项目

三、印度尼西亚力宝集团主席李文正

李文正主席作为国际知名的华商领袖、金融家和实业家，1988年借助印度尼西亚政府金融开放的政策，整合各类资源，仅用一年的时间，在印度尼西亚开设了100家力宝银行，之后又推动力宝银行在印度尼西亚成功上市，市值当天增加了一倍多。之后，他又开设了印度尼西亚力宝人寿保险公司。一时间力宝银行李文正主席在金融界声名鹊起。1984年，李主席并购了香港华人银行。由于经营有方，这家银行的总资产由6亿元港币增加到40亿元港币。之后，李主席又引入香港华润集团，并购香港华人银行50%的股权，使这家银行成为混合所有制。

印度尼西亚力宝集团主席李文正，作为知名国际银行家的报道

在中国改革开放之初，李主席就到中国沿海地区进行投资。他对投资项目有着独到的战略眼光，十分善于应用金融资本的经验，四两拨千斤。他有着宽广的国际化视野，善于研究和分析中国改革开放的政策、发展战略。在全球金融危机的背景下，他提出东盟华商要积极搭乘中国经济发展快车，加快自己的发展。他多次受国务院侨办邀请，到北京和清华大学进行全球华商发展情况的演讲。

在国家提出“一带一路”倡议，鼓励中国企业“走出去”，中国产业结构升级，中国加快信息产业化、数字经济的战略背景下，他向中国政府和印度尼西亚政府提出建议，要利用中国企业“走出去”、中国过剩产能“走出去”转移的机会，加快中国—印度尼西亚的产业结合，在印度尼西亚专门设立大型中国—印度尼西亚工业园区。

李主席早年就读于南京大学，学贯中西，对东西方历史、文化、经济和人文交流有着深刻的了解和认知。这是一位令人尊重的国际华商界的长者，是我的忘年交。

2010年，印度尼西亚力宝集团李文正主席（左三）考察大理投资项目，在大理三塔合影

2011年，作者陪同李文主席考察投资云南项目，主要是两个方向。一是考察投资在大理建设国际大健康养生国际项目；二是考察力宝并购了加拿大矿业公司股权，拟在大理建设国际有色金属大型矿业项目。第一个项目在省、州政府的支持下，总投资12.5亿元，已经在大理州投资建设。第二个项目由于矿产资源不具备工业化开采条件，没有继续落实推进。

2011 年初，作者陪同李主席（前排左三）在大理州鹤庆县考察冶金项目

2011 年初，作者陪同李主席在大理州考察国际旅游文化健康养生项目

2012年，力宝集团投资在大理建设的国际高端康养项目

2012年，力宝集团投资在大理建设的高端康养旅游项目

2010 年，力宝集团主席李文正（左四）在大理州参加矿业项目座谈会

2010 年，李文正主席（左一）带领加拿大国际矿业专家、新加坡力定集团主席李棕（左四）李主席的二公子在大理考察，洽谈矿业综合项目

2014年，李文正主席捐款在清华大学建设的李文正馆，用于开展国际文化交流和科技研发活动

2016 年，第十一届云南省政协主席罗正富（前排左二）会见香港全国政协委员、云南省政协委员访问云南友好代表团

2013 年，云南省政府省长李纪恒（右二）副省长顾朝曦（右三）在香港会见力宝集团主席李文正先生（右一）

省政府举行华侨华人捐赠表彰大会

2019年，缅甸知名侨领虞有海会长（右）、张迎春会长（中）、林文猛应国务院侨办邀请到北京参加中华人民共和国成立70周年活动

2009 年，作者在北京参加世界华侨社团联谊大会，与出席会议的缅甸侨领虞有海（左一）会长等在京西宾馆大厅合影

2017 年，由缅甸中华总商会承办第十四届华商大会在仰光举行

第六节 缅甸华商发展新态势

一、云南省与缅甸的经济合作优势

中缅两国在经贸领域合作互补性强，区位优势明显。据缅方统计，2018—2019财年两国贸易总额为113.6亿美元，约占缅甸对外贸易总额的1/3。中国长期保持缅甸第一大贸易伙伴和最重要投资来源国地位。

目前，双方正重点推进“一带一路”和中缅经济走廊建设。2020年1月，习近平主席对缅甸进行了历史性访问，取得历史性成果。访问期间，双方达成了包括构建中缅命运共同体在内的诸多重要共识，签署了多项经贸合作协议。在两国领导人共同见证下，双方互换了29项合作文件，其中大多数旨在加强双方务实合作。这次访问也标志着中缅经济走廊从概念规划转入实质建设阶段。

中缅经济走廊项下涉及的产能、能源、交通等各领域合作均在有序推进，我们重点推动北部瑞丽—木姐边境经济合作区、西部皎漂深水港和相关经济特区及东部仰光新城合作，我们称之为中缅经济走廊的“三端支撑”。

同时，我们优先推进缅甸最需要的交通和电力互联互通项目。此访期间，习近平主席多次同缅甸领导人强调，中缅合作将充分考虑缅甸自身发展需要和民众意愿，使有关合作项目能够真正有利于缅甸长期发展，符合缅甸需要，让老百姓能够得到实实在在的利益。我们愿同缅方一道，积极落实两国领导人达成的共识，推动有关合作取得积极成果。

二、缅甸华侨华人主要情况

缅甸是与我国接壤的重要邻国，是我国外交必保、必争、必稳的国家，对我国打通西向开放印度洋通道的战略地位十分重要。缅甸华侨华人分布广、影响大，做好对缅侨务工作，对于我们发挥侨务工作优势、积极服务国家公共外交战略意义重大。

云南省社科院副院长贺圣达教授指出，19世纪20年代从陆路进入缅甸华人数量激增，其中，云南籍华人居多，并逐渐在仰光、曼德勒形成一批有影响的华商。

根据侨务部门统计，缅甸现有华侨华人约250万人（不含在缅务工的我国各类劳动人员），占缅甸全国总人口的5%左右。华侨华人聚居在仰光、曼德勒、腊戌、东枝、木姐等经济发达的大城市和与中国云南、泰国邻近的缅北地区，祖籍以云南、福建、广东、广西为主。

在250万海外云南籍华侨华人中，以缅甸人数最多，有200万之众，其中上缅甸180万，下缅甸20万。缅甸云南籍华侨华人除在曼德勒和仰光人数较多外，还广泛分布在靠近云南边境地区的缅北地区。

云南籍侨胞在缅甸人口数量多，经济实力强，侨团组织完善，社会影响大，内部团结，对中国友好并与中国云南交流频繁。部分云南籍侨胞已融入当地主流社会，成为缅甸社会的精英阶层，在缅甸有着不可小视的经济实力和社会影响力。华侨华人商会和其他华侨社团组织较发达完善，组织结构严密，经常开展各种活动。其中，缅甸中华总商会成立超过104年，仰光云南会馆成立85年，曼德勒云南同乡会成立130年，其他重要的缅甸华侨华人社团还有缅华慈善会、缅华文化艺术协会、缅华妇女协会等，在当地都有较大影响力。

随着缅甸政治民主化进程的不断深入，缅甸的侨情也发生了一定的变化。一是在经济领域，随着经济全球化的发展，资金跨国流动的增强，外资开始进入缅甸，缅甸经济与世界经济联系更加紧密，缅甸华商开始走向世界各国市场寻求发展，华商经济实力不断增强。二是随着中国综合国力的不断增强，中缅胞波友好关系的持续发展，缅甸华侨华人的民族自豪感进一步提升，与我国保持友好交往的力量将不断发展壮大。三是随着缅甸新政府上台执政并启动经济改革政策，缅甸与西方国家政治经济关系的改善，缅甸的国际环境发生变化，缅甸华侨华人生存发展环境进一步改善，部分华人加入执政的缅甸巩固与发展党，部分华人和混血华裔当选为国家议会议员和地方议会议员，少数华人还出任了地方政府官员，社会地位和经济地位不断提升，在缅甸社会中的影响力逐渐增大。四是通过多年的文化交流和华文教育工作，缅甸华侨华人对中国和中华文化的认同感进一步增强，中华文化在缅甸社会中的影响力日益扩大。

三、缅甸华商崛起和特点

缅甸华商经济呈现出明显的地理分布特点。在上缅甸华商主要从事农业产品经营、边境贸易、玉石采矿业制糖业、水泥产业、小机电维修等，在下缅甸则以对外贸易、橡胶、塑料、电子制造业和服务业等为主。

当前缅甸华商经济主要呈现三个特点。一是华商经济规模扩张迅猛。缅甸华商大多从事对外贸易特别是与云南的边境贸易，通过对华出口木材、玉石、海产品、农产品等发家致富，并逐渐形成更大规模的经济体，扩大资本和经营规模，引进先进技术进行产业结构升级。目前华商经济已经成为缅甸私营经济和工业经济的重要支柱，并保持较强发展势头。在全缅甸从事农产业经营、玉石采矿、塑料、制糖业、水泥业、钢材业、汽车装配业、国际贸易业、电子行业等经营者中90%以上是华商，全缅甸数千家进出口商60%以上是华商。二是华商产业开始多元化。制造业已经成为缅甸华商资本的重要投资方向，如缅甸尚氏家族欧亚公司、大通公司，30余年在曼德勒发展，正形成日用化工、制糖、水泥、金融、制铁、国际贸易等七大产业，其中日用化工产品占全缅甸70%市场销售份额，年销售20亿元。由于缅甸工业基础薄弱，工业制成品利润高，吸引部分华商投资食品工业、建材业、加工业等行业，同时继续做大做强农业、商品流通业、采矿业等传统产业。如缅甸仰光云南会馆会长虞有海经营的公司涉足玉石开采销售、缅甸国家玉石公盘经营，其是主要操盘手，从事水泥生产、塑料制品生产等多个领域。缅甸华商总会、云南同乡会会长张迎春，在金融、珠宝玉石、建筑、养殖、旅游等行业有了长足发展。如缅甸国际贸易促进会会长李松枝的金山集团中标多项政府大型水电站土建工程，其承建的耶涯水坝是世界第三大混凝土大坝。三是企业以家族经营为主，与政府关系密切。由于多年的军政府统治，缅甸华商企业参与国际竞争少，企业家族色彩强烈，多采用家族制的方法经营和管理。同时，由于缅甸长期军人集权，没有规范有效健全的法律体系，华商企业在生存发展过程中不得不寻求政府的关照，采用各种特殊方式与政府搞好关系。华商资本与政府结合，在缅甸社会产生了广泛的影响力，社会活动能量强大。

21 世纪初期缅甸较大华商企业

企业名称	创办人或经理人	行业
宏邦工业公司	左浙	棉纱、电器、珠宝、工程、种植
顺成贸易有限公司 顺成木业加工产 砖石牌纺纱厂	张明金	木材、家具、木器、棉纱
Yee Shin 有限公司	李祝才	进出口、贸易、宾馆、医院、医疗器材、五羊牌自行车代理等
缅甸高兄弟有限公司	高景生	石蜡、药品、进出口贸易
胜利花珠宝店	龚健铭	红、蓝宝石、翡翠
富贵玉石翡翠中心	潘文光	玉石、翡翠、水雕
三 A 贸易股份有限公司 三 A 水泥厂	杨荣东	农产品、海产品、水泥
缅甸南洋股份有限公司	石品云	自行车轮胎、经销水产品等
黄河木业有限公司	李海龙	地板条
欧亚经贸股份有限公司	尚朝凯、尚朝贤	洗衣粉、洗涤剂、香皂、电池、饮料、制糖厂、水泥厂等
金山集团	李松枝	建筑、房地产、贸易、水利工程
ENHUR TRADING CO., LTD 缅甸灯具制造有限公司	韦子刚	铁钉厂、PVC 管、瓷砖代理商、贸易（建筑材料）制造业
FANSTY WORLD CO LTD	刘明德	游乐场、旅馆、食品厂
COMET CO., LTD	王光亮	藤家具工厂、珠宝店、进出口
TINE CHIT SWE TRADING	陈炳	干虾、纺织袋、其他当地干海产品
MAHABANDOOLA EXPORT IMPORT CO., LTD	黄世票	农产品贸易、面粉、旅馆
MYO THANT AUNG TRANDING CO.,LTD	陈茂丹	农产品贸易
CYT INDUSTRIAL CO., LTD	李松寿	进出口
亚洲环球旅行社	符福源	旅行社
绿色阳光股份有限公司	虞有海	宝石贸易、水泥厂、编织袋厂、农业（甘蔗种植）、金融业
MYANMAR PIPES & ACCESSORIES CO., LTD	王登汉	进出口、UPVC 管与配件、建筑、房地产、旅馆、化工业
THEIN THAN GADAE CO., LTD	林营东	医药品、化妆品
KAUNG HKE SAN CO., LTD	明登	进出口
SEIN DIAMOND INDUSTRIAL & COMMERCIAL CO., LTD	町乐	油漆与化学产品进出口
GOLDEN CIRCLE CO., LTD	许有铨	贸易、豆仔与豆类
SHWE TAUNG DEVELOPMNT CO., LTD	孙雨亭	建筑、房地产、贸易、水利工程

注：此表系《华侨华人经济资源研究》的统计，未反映缅甸华商 21 世纪 20 年代的新全面发展新情况。

第七节
积极开拓云南与海外华商交往

《亚洲周刊》2010年对全球华商进行了统计排名，评出全球华商1000排行榜。下表是全球华商1000强中，云南省侨办与之建立交往或已在云南投资的华商名单。包括排名第19位的中信银行、第29位的大华银行、第32位的华侨银行、第83位的云顶新加坡、第88位的IOI集团、第101位的大众银行、第102位的云顶公司、第116位的盘谷银行、第127位的盐仓集团、第130位的中信泰富、第139位的新世界、第143位的世茂地产、第147位的玖龙纸业、第160位的深圳华侨城、第176位的云南白药、第184位的云顶马来西亚、第186位的泰国卜峰食品、第192位的杨忠礼电力、第256位的华宝国际、第271位的云南铜业、第305位的理文造纸、第362位的亚太酿酒、第377位的云南驰宏锌锗、第381位的仁恒置地、第388位的重庆啤酒（丹麦嘉士伯集团控股）、第477位的金务大、第484位的电讯盈科、第492位的新加坡置地。

全球华商1000强中与云南省侨办建立交往的企业名单

名次	公司名称	总部所在地	市值（百万美元）	营业额（百万美元）	增长率	总资产（百万美元）
19	中信银行股份有限公司	中国北京	31877.3	5972.6	–2.1%	259834.1
29	大华银行有限公司	新加坡	22575.1	3716.4	3.0%	127589.1
32	华侨银行有限公司	新加坡	21810.8	3310.4	8.8%	133585.1
83	云顶新加坡	新加坡	11346.0	337.7	–22.1%	6227.3
88	IOI 集团	马来西亚	10723.8	3558.8	–14.1%	4920.8
101	大众银行有限公司	马来西亚	9431.8	2756.6	–7.5%	61607.7
102	云顶有限公司	马来西亚	9288.4	2523.4	–2.1%	12342.5
116	盘谷银行有限公司	泰国	8086.8	2224.2	2.4%	51680.9
127	盐仓集团	印度尼西亚	7522.7	3173.6	9.0%	2620.9
130	中信泰富有限公司	中国香港	7475.1	5949.9	–0.02%	19966.8
139	新世界发展有限公司	中国香港	6972.0	3874.2	23.8%	25591.0
143	世茂房地产控股有限公司	中国上海	6770.2	2493.2	136.7%	9738.5
147	玖龙纸业（控股）有限公司	中国香港	6697.3	1921.8	–7.0%	4907.7
160	深圳华侨城控股股份有限公司	中国深圳	6210.4	1603.9	26.6%	4500.5
176	云南白药集团股份有限公司	中国昆明	5615.6	1049.8	25.3%	879.1
184	云顶马来西亚	马来西亚	5281.3	1416.3	2.1%	3219.2
186	卜蜂食品企业大众有限公司	泰国	5272.5	4879.5	6.0%	3374.5
192	杨忠礼电力	马来西亚	5138.1	3814.1	120.6%	9623.7
256	华宝国际控股有限公司	中国香港	4031.7	303.4	22.1%	619.7
271	云南铜业股份有限公司	中国昆明	3787.7	2369.1	–37.2%	3876.2
305	理文造纸股份有限公司	中国香港	3331.9	1423	15.0%	2527.0
362	亚太酿酒有限公司	新加坡	2823.8	1402.7	2.1%	1200.8
377	云南驰宏锌锗股份有限公司	中国曲靖	2662.6	559.7	–17.7%	1147.6
381	仁恒置地集团	新加坡	2634.1	1099.8	58.8%	4611.0
388	重庆啤酒股份有限公司	中国重庆	2599.5	330.9	6.6%	482.2
477	金务大	马来西亚	2107.0	773.8	13.5%	1667.9
484	电讯盈科有限公司	中国香港	2075.1	3215	–21.5%	5767.1
492	新加坡置地有限公司	新加坡	2019.5	273.3	11.9%	3528.6

值得注意的是，上表中华商资产、产值、营业额处于前三位的是金融业、制造业和地产业。

下图是2010年全球华商1000强中的东南亚最大华商企业40强排名，它们已经在云南投资，或者与云南省侨办已建立密切联系并希望在云南投资发展。

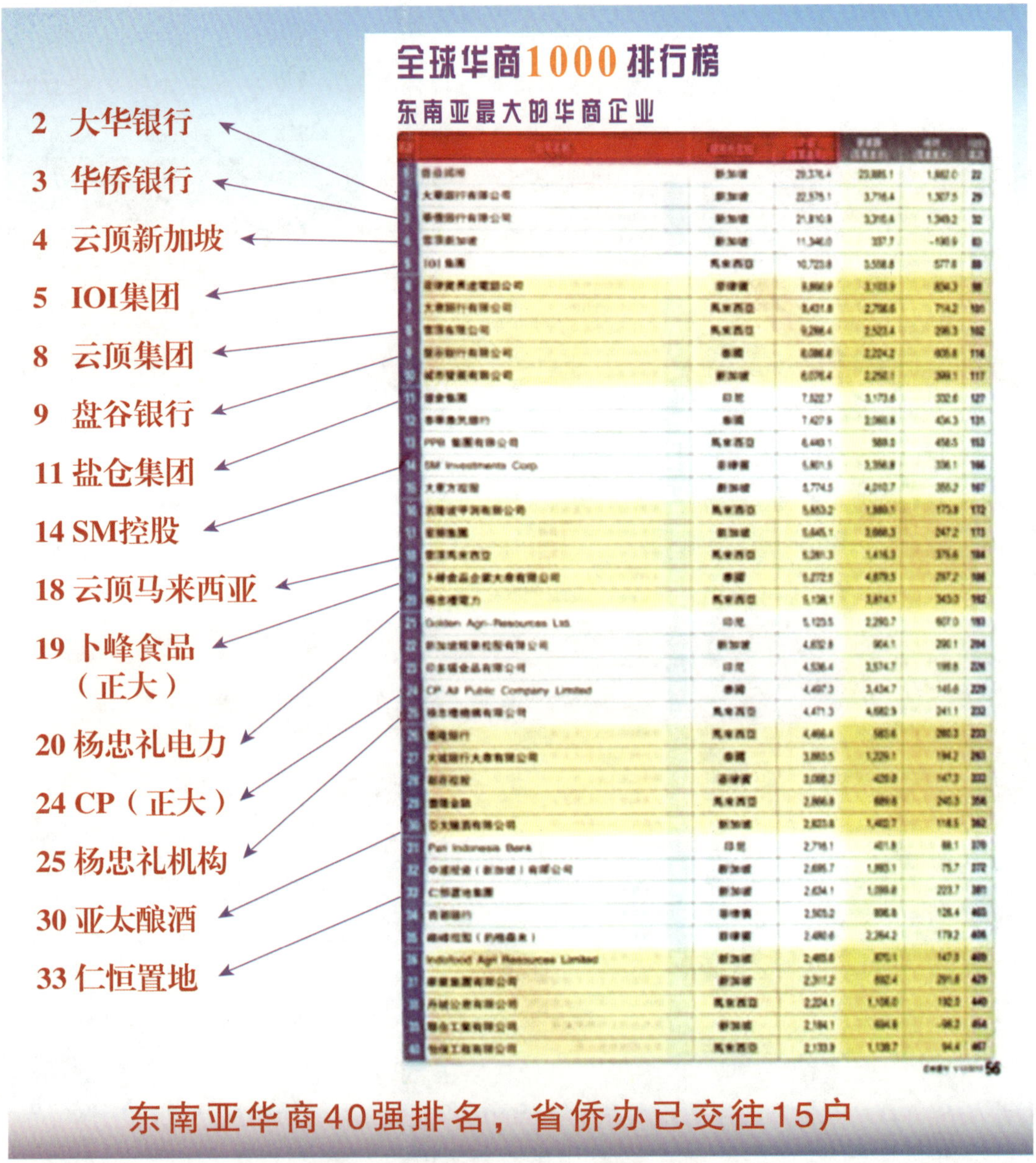

东南亚最大华商企业 40 强排名

云南省侨办涵养资源和引资的工作重点在东南亚地区，目前已涵养、联系或引进东南亚地区最大华商40强中的15家，占总数的37.5%。云南省侨办引进的15家东南亚大华商主要来自经济较为发达的新、马、泰、印尼、菲5国，产业结构则覆盖东南亚华商具有比较优势的传统产业领域如制造业、商业零售业和金融业。按国别分，新加坡和马来西亚各引进5家，泰国3家，印度尼西亚和菲律宾各1家。按产业结构分，制造业和商业零售业各有4家，金融业和食品业分别有3家，房地产业有1家。

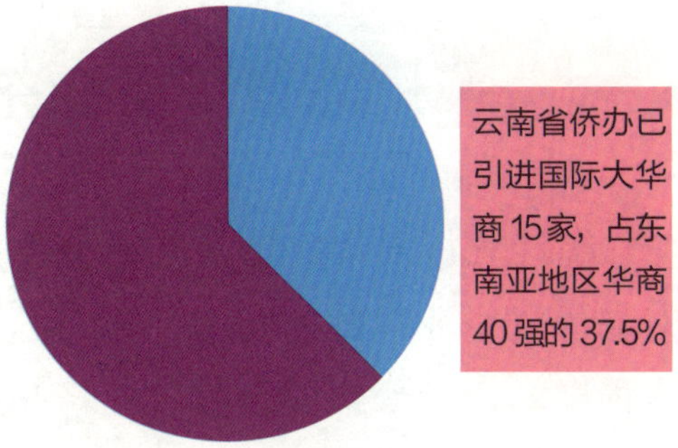

省侨办引进东南亚大华商40强比重

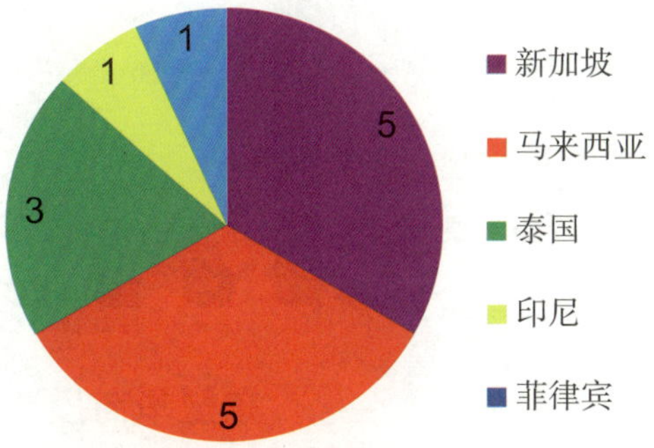

省侨办涵养引进的15户东南亚40强大华商国别分布图

随着40年对外开放的不断深入推进，侨资企业在云南取得了长足发展。云南共引进侨资企业3000余家，形成固定资产投资580亿元，年总产值320亿元，年缴利税超过25亿元，从业人员10余万人的规模，侨资企业已经成为云南经济发展的重要力量。

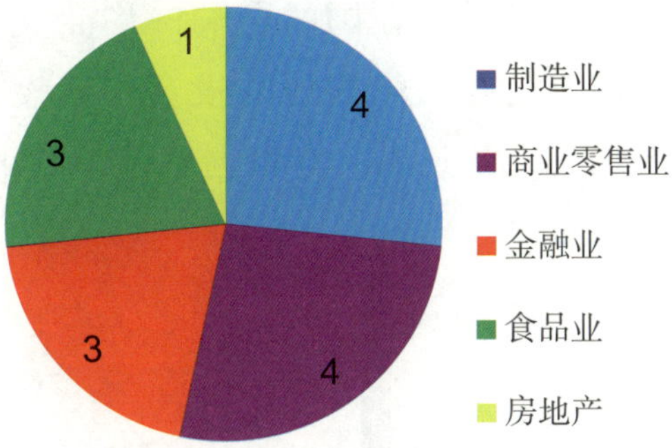

省侨办涵养引进的15户东南亚40强大华商产业结构图

根据云南省侨办和省商务厅、省招商局等机构掌握的40年华商投资数据综合分析发现，东盟华商投资云南主要集中在制造业、商业、服务业、酒店、房地产和基础设施建设等领域，制造业占50%，商业、娱乐、服务业占15%，酒店业占10%，房地产占10%，华商很少涉及银行、金融业、信息通信技术等领域。

第八节 东盟华商投资云南产业结构分析

统计分析发现，华商企事业主要集中在昆明市，昆明市的侨资企业占云南省侨资企业总数的70%。出现这种现象主要是由于昆明经济基础较好，发达程度、市场聚集度等综合经济指标在云南省内首屈一指，软硬件设施和投资环境都比较理想。

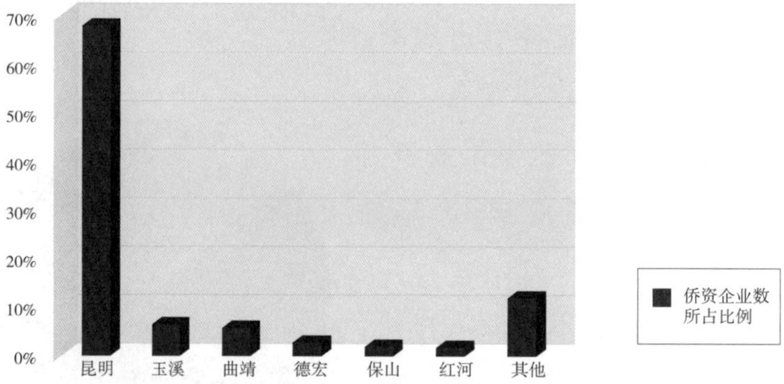

东盟华商投资云南地区结构分析图

在东盟华商投资云南的资金来源地分析中，我们发现来自中国香港地区的资金量最大，占了总量的近70%，似乎投资云南的华商主要是港商。深入分析资金来源地背后的出资者情况发现，实际情况是东南亚华商对华投资过程，由于受住在国的影响，华商大多通过其在香港注册设立的子公司或分公司，进行在云南等地的投资，其投资方式也由美元投资逐步转为人民币直接投资。也就是说，本数据统计中的港商大部分应该为东南亚华商。

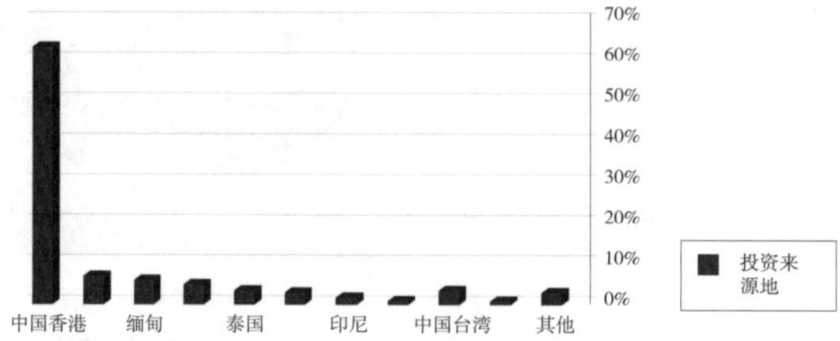

东盟华商投资云南资金结构分析图

2015 年，印度尼西亚力宝集团主席李文正先生出席在印度尼西亚召开的第十三届世界华商大会并作主题演讲

2017 年，作者出席在缅甸召开的第十四届世界华商大会

法国巴黎士多集团现代化的物流系统

2008年，作者访问欧洲知名华商侨领、法国巴黎士多集团郑辉先生

2014年，作者在缅甸与缅甸知名侨领、实业家、德勒云南同乡会会长尚新玺先生洽谈研究促进在缅甸建立云华师范学院项目事宜

2015年，作者陪同法国知名华商郑辉主席考察红河州、河口县国家跨境经济区发展情况，拟投资打通与云南—越南货物出口

2016 年，作者陪同菲律宾上好佳集团主席施恭旗考察昆明投资项目

2007 年，作者在北京出席第三届世界华商论坛会议，与菲律宾知名侨领陈永栽先生合影

2008 年，作者与印度尼西亚知名侨领陈大江先生合影

1999年，作者陪同马来西亚知名华商、马来西亚云顶集团主席林梧桐先生考察石林风景区项目

2010年，云南省人大常委会副主任刀林荫（左五）在西双版纳会见泰国潮州会馆主席李光隆（左六）代表团一行

2016年，云南省政协港澳台侨外事委员会邀请泰国中华总商会会长、泰国潮州会馆会长、泰国九属会馆会长到云南、广东、上海考察访问，了解中国“一带一路”的开放政策。图为泰国侨领考察上海自贸区办事大厅

第九章

开拓创新的云南华文教育研究

第一节 云南华文教育发展情况概述

一、云南华文教育发展历程概述

华文教育是华侨华人传承和弘扬中华民族优秀文化传统、保持民族特性的重要保证，是促进华侨华人与祖籍国联系的重要桥梁，也是涵养侨务资源、增强国家软实力的有效途径。

华文教育能促进华侨华人对中华民族的归属感和认同感，能维系华侨华人与祖籍国的情感。改革开放以来，在国务院侨办、省委、省政府领导下，云南侨办充分发挥区位优势突出，与周边国家地缘相近、人文相通，友好交往历史悠久，开展华文教育优势独特、基础良好等特点，大力推进华文教育工作，取得了显著成效。

（一）探索中的艰难起步

由于历史的原因，改革开放前，周边国家的一些华侨华人及社团，长期保持着与“台湾侨委会”的联系，特别是云南籍华侨华人集中的缅北、泰北，很多侨校长期接受“台湾侨委会”资助，包括教材、师资和经费等。台湾地区还提供奖学金，选择华侨华人优秀子弟到台湾留学、打工，部分还从台湾地区转欧美深造。20世纪六七十年代，缅、泰极右势力排华，造成缅、泰的华文学校转入低潮。改革开放初期，为了弘扬中华文化，增强和引导海外广大华侨华人对祖（籍）国和中华文化认同感，在国务院侨办的领导和支持下，在云南省政府的领导下，云南省侨办开始了对周边国家开展华文教育的艰难开拓。

（二）初次探寻开拓泰北华文教育之路

1998年初，时任省侨办主任李为佑同志率队为团长、我任副团长，带领省侨办几名处长赴泰国、缅甸出访，主要任务是调研泰、缅华文教育情况，相机开展华文教育工作。我国驻泰文化参赞接待了考察团一行，介绍了泰北华侨华人状况，特别是华文教育情况。一方面是海外华侨人对华文教育需求甚大，另一方面是我国台湾地区对华文教育占主导地位。泰北的华文学校，挂国民党旗，用台湾版教材。泰北华校均不让中国大陆官方代表团进入其学校中，处于与我隔绝状态。代表团经过慎重商议，决定困难再大，也要主动赴泰北侨校、华人村，直接面对当地华侨华人和华文学校，调查第一手真实情况。

（三）会晤泰北华裔代表性人士雷雨田将军

代表团乘车从曼谷抵达清迈，休整一天后即赴泰北重镇清莱。几经曲折，进入了泰北著名的华人村大谷地——美斯乐，原国民党残部雷雨田将军控制的区域。这里生活了几万名华裔，大部分为云南籍，所以我们沟通能讲云南腾冲方言、临沧方言。雷将军时年近八旬，精神矍铄，我们说明来意，讲解中国改革开放经济发展，讲解一国两制、一个中国立场，讲解传承中华文化，可以让泰北华人村人得以继续掌握华文。由于双方断绝联系几十年，隔绝较深，雷将军对代表团面上表示出可接触，但不愿详细谈开展华文教育合作事宜，但同意让其部下陪同我们考察美斯乐村中最大一所华文学校。这是一所小学，校舍破旧，周边是村民的茅草屋。进入大门，迎面挂着国民党旗。学生大多为云南籍子弟，衣服破旧，课本均为台湾版教材，由一些台湾派来的教师教学，多为 3 个月至半年，教学水平可想而知。考察归来，我们均感心情沉重，拓展海外华文教育任重而道远。回清迈途中，又考察泰国崇华新生中文学校。这个学校几十年前由华侨华人捐资而办，校长对我代表团较友好，双方开了一个很坦诚的座谈会。校长介绍，学校有 800 ~ 1200 名在校生，教学基本正常，资金靠我国台湾地区和泰国华侨华人捐助，泰国政府对举办华校政策较宽松。校长表达了希望云南省给予办学支持的愿望，学校当前最需要的是中国大陆给予中文教材、中文教师、教学设备、资金等。

访问泰国后我们又去了缅甸，主要在仰光考察华文教育情况。20 年前，仰光华文教育处于低潮，多为各个侨团以佛教学堂、同乡会学堂名义举办，华人子弟学中文积极性高，白天在缅甸学校读书，晚上到各类华校学中文，尽管条件简陋、艰苦，但看得出华侨华人对下一代学中文有着强烈的愿望和认同感、归属感，对代表团十分亲热。各侨领纷纷表示，希望云南给予侨校尽可能的帮助。

二、再次深入考察缅北华文教育

2000年7月，为了更深入了解和把握缅北的华文教育情况，努力拓展我对缅华文教育空间，突破台湾对我华文教育的限制，经省政府批准，由我率团，成员有时任昆明华文学校校长陈春惠（缅甸归侨），省侨办文教处、国外处和州市侨办领导。当时我到侨办任职不久，对缅北情况不了解，深感这是一块神秘而有发展空间，有数百万之众云南籍侨胞的土地。但对考察的困难估计不足。代表团在仰光考察了几所有代表性的侨校，之后从仰光出发，一路北上途经缅甸的仰光、曼德勒、东枝、腊戍等缅北主要城市。当时出仰光后，公路基本上是乡村土路，极少路段为弹石路，代表团租了一辆旧的敞篷吉普车在原始公路上跑，历经高温、蚊虫叮咬，饮食卫生极差，每个公路关口，均有缅甸士兵执枪盘问。陈春惠校长一口流利缅语，加上准备的两麻袋缅币，历经8天，走完了全程。当时我刚40岁，年轻力壮，强烈的使命感和对缅北拓展华文教育的神秘处女地的向往，激励我走完了这一艰辛而充满危险的缅北华文教育探险之旅。

从曼德勒一路北上，在美苗我们专门拜访了当地最大的华文学校。在东枝，我们深入当地侨校、侨团，并与东枝云南同乡会张会长深入谈心交流。张会长多年受台湾资助办学，听到大陆能给予更大支持，内心充满矛盾和犹豫，既想得到大陆支持又怕得罪台湾方面。在得知代表团第二天离开继续北上，张会长约我清晨6点半继续深入会谈。我和他在宿舍旁密林道上散步进行了近一个小时商谈，我反复宣传改革开放和一个中国立场，解释我开展华文教育的优势和政策。这时张会长才说，其孩子即将上大学，是去台湾还是去大陆，他犹豫不决。我当即答复，张会长子女若愿去大陆上大学，省侨办可协调去国务院侨办直属的暨南大学或厦门华侨大学读书，也欢迎张会长组团到国内考察了解侨务系统对海外华侨华人学习华文的优惠和支持。

离开东枝，我们继续北上赴腊戌。沿途经过了十余个缅甸兵站的盘查，卡车走了近 15 个小时，晚上 10 点才到腊戌。令人很感动和终生难忘的一幕出现了：我们住地的院子内，聚集了 200 余名侨领和侨胞，一直在等候我们考察团平安到来。当握着一双双炽热的手，看着他们真诚的目光，我们一行禁不住热泪夺眶而出。同乡会在最大的一所华文学校，打出巨大横幅：热烈欢迎来自祖国的亲人，天下华人大团结万岁！这就是祖国和海外侨胞血浓于水的亲情！缅甸云南乡亲对我们代表团极为友好。在腊戌颇感身处云南腾冲、临沧一样，四处是云南乡亲，周围均是云南方言。同乡们对代表团极为热情，我们深入侨校，看望了一批知名侨领，召开了若干华文教育座谈会，对缅甸北部华文教育的现状、存在困难、主要需求等，做了深入而充分的了解把握，形成了下一步拓展缅甸华文教育的思路和对策。

2000 年 7 月，作者（左五）率团访问缅甸，深入华校考察华文教育情况，缅甸瓦城同乡会长、侨校理事长欢迎代表团（右二、右三）

2000 年，缅甸北部几所华文学校的教师、学生编排了中国歌舞《共饮一江水》，欢迎代表团考察华文教育情况

2000 年，曼德勒的明诚华文学校挂起巨幅红色布标：热烈欢迎来自祖国的亲人，天下华人大团结人万岁！我国驻曼德勒总领事（左四）出席，同乡会长、校长全部参加活动（左一、左二、左三）

2000 年，在缅甸北部腊戌的华文学校，代表团详细调研了学校教学情况

2000 年，作者在缅甸北部东枝的一所华文学校进行实地考察，看望教师和华裔学生

1999年，作者一行拜访缅甸妇女协会的华文学校，李会长介绍缅甸妇女协会办学情况

2010年，作者率省侨办副主任袁光兴、处长胡恒富、国外处副处长杨波、昆明华文学校校长金海等访问缅甸仰光福建同乡会兴办的华文学校，拜访缅甸侨领

2010 年，作者率省侨办华文教育考察团，专门拜访缅甸仰光福建同乡会办的侨校

三、谋篇布局拓展对缅华文教育

回昆后，我亲自根据考察的缅甸华文教育情况，撰写了《缅甸华文教育现状和对策建议》，报省政府和国侨办，引起高层领导高度重视。省侨办李为佑主任主持主任办公会专门听取访缅汇报。会议赞成我们的考察建议，并形成 4 个重大决定：一是决定公费邀请缅北知名各侨校和侨团到云南和广东（暨大）、厦门（华大）访问；二是公费举办一期缅甸华裔夏令营，规模 25 人；三是积极争取国务院侨办支持，在教材、外派华文教师、教学设备、夏令营，助学金等方面选择缅甸一批基础较好、政治上对我友好的华裔，学习华文积极性较高的侨校，给予重点支持；四是由我带队，专门赴京向国侨办文宣司作专题汇报，落实上述支持事宜。

时任国侨办文宣司司长丘进同志亲自听取了我们的访缅考察汇报，明确表示，对云南侨办提出的拓展缅甸华文教育事项给予支持。同时表示，发挥云南沿边区位优势，将国侨办拟编写的华文教材工作会议放到云南召开，由省侨办邀请几位缅甸华文学校的校长参加教材工作会，直接听取海外侨胞的意见。

有了国侨办和省侨办主要领导支持，我牵头立即投入邀请缅甸华文学校校长代表团，举办首期缅甸华裔夏令营，国侨办教材会筹备中。由于侨办领导班子和同事的支持，时任文教处处长王昆林，副处长赵军、张楷模积极配合，特别是李主任力排众议，在经费很紧张的情况下，拨出20万元资金支持上述三件事，当年这些工作均顺利完成。令人欣喜的是，缅甸东枝云南同乡会张会长亲自率校长团访问国内，亲自看到祖国巨大变化，将其儿子送到暨南大学读书，一时在缅华社会引起轰动。

这次缅甸之行中，缅甸侨领对我们反复提的一个紧迫要求，是向华校派出有经验的教师或者学校管理层，以便培训自己本土化的华文教师。经省侨办多次研究并向国侨办汇报争取，决定先由省侨办直属的昆明华文学校中挑选政治坚定、经验丰富、资历较深、熟习缅语的刚退休老校长许文生同志、王东北同志首先外派缅甸华文学校。我和陈春惠校长多次上门动员和做两位老校长工作，做家属的宣传解释工作，李为佑主任也亲自出面动员。终于两位老同志同意赴缅任华校的负责人，担任培养缅甸华文教育本土人才重任。1999年春，两位老校长出国前，我们在侨办马路旁边一个简陋餐厅为他们送行，气氛相当凝重，我代表省侨办向他们深深鞠躬，寄厚望于两位老校长，期望他们此行能打开赴缅外派教师局面。

至此，我们拓展缅甸华文教育之役，开启了新的阶段。若干年后，缅华社会和侨界一直称此次云南省侨办代表团访缅，是云南省拓展对缅华文教育的破冰之旅。历史会记住这一艰难的开拓。

第二节 国务院侨办、省政府加强华文教育措施

一、促进云南华文教育初见成效

在省委、省政府的领导下，在国务院侨务办公室直接领导下，在省侨办领导班子的领导和支持下，云南省从1998年开拓对缅华文教育工作，逐年将华文教育工作拓展到老挝、越南、泰国、柬埔寨等国，华文教育的领域、规模、内容逐年扩展和增加。到2008年，经过10年奋斗，云南省的华文教育工作引起了中央和国家高层重视。

2009年2月，刘延东国务委员在新华社一篇关于云南开展华文教育报道上批示：对周边国家开展华文教育是一件有意义的事情。请教育部对云南省的建议研究并提出意见。2010年6月，温家宝总理在访问缅甸期间指示云南省要重视加强对缅的华文教育工作。2013年10月，李克强总理访问泰国期间，专程前往崇华新生学校看望慰问华校师生，鼓励大家为增进中泰人文交流作出更大贡献。2014年4月，全国政协主席俞正声主持召开了主题为“努力破解海外华文教育发展瓶颈”的政协“双周座谈会”，邀请有关专家和政协委员专门研究海外华文教育发展的问题和出路。此外，国务院副总理张高丽、刘延东，国务委员杨洁篪等都就进一步做好华文教育工作作出过重要批示。

省委、省政府十分重视华文教育工作，为华文教育工作的开展创造了良好的环境和条件。指出面向周边国家开展华文教育工作是一项重要的战略任务，要帮助海外华文学校提供所需的华文教材；要新办一所华文学院。根据形势发展的积极变化，急需新的政策支持，为此，2009年5月，我率省侨办

同志赴京，专门向国侨办主任李海峰作专题汇报：一是请求继续扩大对我省华文教育支持力度，二是采取部、省合作的方式，支持云南新办云南华文学院。李海峰主任高度重视，表态支持云南大力拓展对周边国家的华文教育，指示国侨办文宣司与我们商议提出具体方案。经过大量调研和向各部门征求意见，根据我办上报意见，2009 年 6 月，省政府出台《云南省人民政府办公厅关于加强周边国家华文教育工作的意见》，提出了云南对周边国家开展华文教育工作的指导思想、具体目标、区域重点、主要任务和工作措施。每年安排 200 万元华文教育工作专项经费，对国家下达的华文教育项目经费，省财政按照 1∶1.5 予以配套。

二、云南华文教育发展的机遇

云南华文教育出现重大机遇，是 2010 年 6 月。这年温家宝总理出访缅甸，温总理会见了缅甸知名侨领，了解海外侨界的需求。当得知缅华社会迫切希望祖籍国加大对缅华文教育的心愿时，温总理指示：云南要重视加强对缅华文教育工作。2010 年 6 月，省政府顾副省长专门听取我办汇报全省对缅开展华文教育的情况、发展现状，发展困难、政策和机制建议等重大事项。省政府领导明确：云南要认真贯彻中央领导指示，加大海外华文教育力度，要办几件实事。指示我们牵头调研周边国家重点是缅甸华侨华人对加大华文教育的需求，从机制和国家对外开放大局，谋划好云南华文教育大事。

2010 年 7 月，根据省政府领导指示，由我率团，副主任袁光兴、文教处副处长胡恒富（主持工作），国外处副处长杨波，昆明华文学校校长张明军、副校长金海，组成赴缅甸华文教育考察团，就落实国家和省政府领导重要指示，赴缅甸进行深入系统调研考察。这是 10 年后就加强开展对缅华文教育，我率团再次出访考察，此时缅甸华校出现蓬勃发展态势，华侨华人各社团、各知名华商纷纷捐资办学。我们深入仰光和曼德勒、东枝、腊戌、美苗等缅北重镇华侨华人分布较多的地区，作了深入考察，与驻外使领馆领导深入充分沟通交流，由于这次调研比较深入，调研小组在缅甸进行了认真分析讨论，形成了较系统开展对缅华文教育意见。

回昆后，我主持起草了向省政府专报的《关于加强对缅甸华文教育的建议》，主要内容包括：要将华文教育工作列入云南在国家对外开放大局中的重要工作布局；要建立和形成省级华文教育中心、沿边州市华教基地、海外重点侨校三级华教结构；要积极推动建设一所国务院侨办与省政府合办的大学本科的云南华文学院，向周边国家培养输送华教师资高层次人才；要加大对华教的投入，同时形成省政府与国务院侨办 1∶1 对应投入体制；要加大外送教材、外派教师、夏令营等工作。省政府顾朝曦副省长专门听取了我们赴缅甸调研形成的初步方案汇报，要求我们组织省、州力量精心深化方案。我带队先后与云南大学、云南师范大学、昆明理工大学与主要领导沟通协商拟建设的云南华文学院合作方案。形成初步意见之后，顾副省长再次带队到国侨办向李海峰主任、赵阳副主任、文宣司领导专门汇报省政府的意见。李海峰主任明确指示：国务院侨办积极支持云南省开展周边国家的华文教育工作，这是一项关于国家战略的问题，对云南省的汇报方案原则同意，要求国务院侨办各个司积极支持。在国务院侨办、省政府领导下，我们经过半年多的多部门协调，反复修改方案，与省发改委、财政厅、教育厅等领导多次沟通协调汇报争取支持，终于形成较成熟的供国务院侨办、云南省政府决策的方案。

三、国务院侨办、省政府加强华文教育的主要措施

国务院侨办主任李海峰十分关心云南华文教育工作，多年来，在发展定位、政策、主要任务、资金、人力、高层协调上，亲自领导、支持我省做了大量工作。特别是在云南成立华文学院、加强对缅甸外派华文教师、加强对外派送华文教材、加强经费支持等，对云南省作了明确指示和要求，给予了政策支持。

在国侨办明确支持我省扩大华文教育具体政策措施基础上，省政府对加

强华文教育出台了政策措施。根据向国侨办汇报形成的共同意见，省政府提出具体政策措施。

一是建设一所面向东南亚、南亚国家的云南华文学院。学院的建设模式由国务院侨办、云南省政府共建，由省侨办和云南师范大学共同管理，主要任务是为海内外华侨华人提供高等教育，做好师资培训。云南师范大学重点负责学院教学、科研、行政、后勤等方面的管理工作，省侨办重点研究分析华文教育的新形势、新要求，与云南师范大学共同谋划好云南华文学院的发展。要加强向国务院侨办的请示汇报，争取部、省共建，得到国家更大力度支持。

二是积极做好向周边国家免费发送华文教材工作。要扩大免费发送范围，将范围扩大到湄公河次区域五国的华文学校，并丰富发送华文教材的种类，以满足不同国家、不同层次学生的需求。

三是加强海外华文教师培训。进一步整合教育资源，充分发挥我省大中专院校、中小学校在华文教师培训方面的作用，争取通过全日制学历教育、函授学历教育、走出去巡回讲学、边境州（市）办班等多种形式，适应不同的培训工作需要。要增大培训覆盖面，目前主要开展缅甸、老挝、泰国北部华文教师的培训，向缅、老、泰南部和柬埔寨、越南拓展，并进一步拓展到南亚等印度洋周边国家。要提高培训质量，确保每个接受培训的海外华文教师的华文教学水平都取得显著提高。通过不懈努力，力争实现海外华文教师的本土化。

2010 年代表团拜访缅甸仰光云南会馆的知名侨领，洽谈交流加强华文教育工作

2010 年作者在缅甸云南同乡会与缅甸知名侨领同乡会长虞有海先生（右一）商议扩大和加强缅甸华文教育工作

2010年，省侨办代表团专门拜访我国驻缅甸曼德勒总领事馆，张总领事（左五）与我们进行了深入沟通交流，提出了积极建议

2010年，代表团拜访中国驻缅甸大使馆，大使表示积极支持我们开展对缅甸的华文教育工作

2010 年缅甸华文学校的师生使领管领导、侨领到机场为代表团送行

四是成立云南华文学院。（大学本科）实行国务院侨办、云南省政府共建，省政府侨办、云南师范大学共管领导体制。行政级别定为副厅级。有关领导职数问题，请省编办按程序办理。学院所招学生按省财政综合生均定额予以补助。

五是由省财政安排一次性筹建经费 1900 万元，用于云南华文学院教学场地改造、学生宿舍维修、办学设施配备等。从 2011 年起，省财政每年新增安排省侨办 1700 万元，用于对云南华文教育的云南华文学院招录海外华侨华人困难学生补助及海外华文教师的培训费用。由省侨办向国务院侨办汇报，按照国侨办和省政府领导沟通议定的部、省加强华文教育 1∶1 配套经费，落实国务院侨办的资金。

2011 年 6 月，国务院侨办与省政府正式签订部省共建云南华文学院协议。正式确定双方议定的上述内容并决定各方每年投入 2000 万元，共计 4000 万元用于云南开展海外教育，另外，还继续给予云南华文教育工作项目资金支持。

根据省政府的决策，我和云南师范大学杨林校长多次沟通、密切配合，立即开展建校、师资配备、运行机制、教学计划、招生等工作。我向省委组织部部长汇报学院书记、学院领导等配备问题，协调财政厅资金到位事宜，向省发改委、省教育厅、省编办汇报学院编制问题。省侨办副主任袁光兴协调省招生委，落实当年招生事宜，负责招办的招生计划。2011 年华文学院当年招生 982 人。省政府领导要求该校 5 年招生规模达 2000 人，我们 3 年即超出目标。

在国务院侨办领导的统筹协调大力支持下，以省政府加强华文教育工作出台重要政策为标志，云南省对外开展华文教育跃上新台阶，进入新阶段，海内外侨界盼望已久的，建设一所面向华人华侨子女的大学本科华文学院夙愿，终于实现。华文教育的资金由省财政年均 300 万元跃升到国侨办、省政府年均支持 4000 余万元，华文教育工作在战略和政策上上了新的台阶，在机制、体制上纳入了政府对外开放更高层次统筹布局。

2008 年，云南省政协主席王学仁（前排左六）率团访问老挝，专门到知名侨团看望老挝侨领，考察老挝华文教育情况

2008 年，云南省政协主席王学仁（左四）看望柬埔寨侨团领导

2008 年，云南省政协主席王学仁（后排左十一）考察成立 80 年的老挝僚都公学开展华文教育情况

2014年，云南省侨办主任杨焱平（前排右一）与美国华文学校协会签订合作协议

2014年，参加夏令营活动的海外同学在知名侨乡——保山市开展活动

第三节 云南开展华文教育的成就和发展趋势分析

云南省华文教育过去20年的发展历程可划分为两个阶段，1998—2008年是华文教育艰辛探索开拓期；2010—2020年是华文教育迈上新台阶，体制机制完善步入快速发展期。

一、周边国家华文教育

（一）缅甸华文教育成果

缅甸约有250万名华侨华人，云南籍占比高达70%。有近800所华文学校，在校学生约30万人，教师1.5万人左右。缅甸华校人数最多的是曼德勒孔教学校，该校在曼德勒共有东、西、南、北四个分校，拥有教师136人，从幼稚园到高中三年级共有154个班，共有学生7080人。全缅华校规模较大的是明德系统的华文学校，有22个分校，2011年在校学生9833名，教师236名。其他学生在1000人以下的华校、华文补习班有几百所，学生人数从几十人到600 ~ 900余人不等。其中，福星语言与电脑学苑、正友语文商业中心、东方语言与商业中心实行收费制，设备最好、师资力量较强。其他华校对所有学生均实行免费，具有慈善性质。

缅甸华文学校发展较快的典型，是缅甸曼德勒云华师范学院（大专制）。2012年3月，省委副书记、省长李纪恒率团访问缅甸，首站到曼德勒，曼城侨界举行500余人盛大欢迎会，会上高唱《五星红旗迎风飘扬》，朗诵《共饮一江水》。云南省代表团近300人出席活动，大家无不为海外侨胞对祖（籍）国的真情而动容。会上李省长热泪盈眶发表讲话，当听到尚会长讲到海外侨胞对云南省政府的唯一请求，就是加大对华文教育的支持时，李省长当即指示我们，一定要全力支持尚先生办好华文教育。

2012年，缅甸曼德勒云南同乡会会长尚兴玺先生到昆明拜访省侨办，专题协商拟建立一所新的综合性华文学校事宜。我主持会议，参加会议的有省侨办文教处长和雪莲、副处长胡恒富，秘书处副处长马昌志、昆明华文学校校长张明军。我们听取了尚会长打算建一所中专性质华校，土地曼德勒云南同乡会已落实，尚先生本人拟带头捐资建校打算。拟筹资4000万～5000万元，我代表省侨办提出，为适应缅甸几十万名侨胞学习中文的需求，而缅甸本土师范类教师奇缺的实际，应在缅甸支持侨胞，建一所师范类华文学院，定位可高一点，办成大专性质的师范院校，采取缅甸华校+昆明华文学校+厦门华侨大学共同举办的模式，云南省侨办代表省里全力支持。

会议决定给予曼德勒云南同乡会建设云华师范学院大力支持：当年拨给一套40人/套的电脑，一套40人/套的语音设备，该校所需教材省侨办全部免费提供，外派华文教师数量按省侨办掌握的每年最高限支持。该校于2013年年初动工，2015年建成，并已经缅甸教育部门合法注册，总投资5000万元（60亿缅币），尚会长并尚氏家族捐资近32亿缅币。2021年，该校在校生达3000人，成为海外第一所由华人捐资的全日制缅、中、英教学的大专建制华文学校和师范类专科教育学校，幼稚园至高中基础教育课程设置与中国大陆同步，师范部设有汉语言专科和学前教育专科。

（二）泰国华文教育成果

泰国有华侨华人730万人，泰国华文教育近10年来有较快发展，有各类华校246所，学生7万多人，教师2000人。其中，泰国各府的华文学校有118所，泰北山区有96所山村华文中小学。华裔学生在结束每天从早上8点至下午3点的泰国学校义务教育课程后，再进行中文补习。

泰国华侨华人、知名社团和各类同乡会，对捐资办华校较积极，在泰北的华文学校，华人村学校和新办补习学校为独立办学，由学校董事会承担办学费用，泰国政府没有纳入义务教育给予相应的经费支持。

泰北较成功的华校是清迈崇华新生学校，为全日制，在校生超3000人。2013年李克强总理考察过该校并给予大力支持，该校成为省侨办长期支持办学的华文学校之一。

（三）老挝华文教育

老挝有 2 万多名华侨华人，不含近年进入的 20 万名国内工商业者和务工人员。华侨华人捐资办学积极性很高，现有 9 所华文学校：万象寮都公学，百细华侨公学，他曲寮东公学，沙湾那吉崇德学校，南塔省寮龚华学校，波乔省程自德中老学校，乌多姆赛省寮北华文学校，乌多姆赛省侨联学校，琅勃拉邦新华学校。老挝华校在校学生 15000 人，华文教师 320 人，全部使用大陆版教材。

老挝华文学校的标志是万象寮都公学，至今已有 82 年历史，是老挝规模最大的华校，也是万象市著名的学校，现有学生 3000 人，华文教师 100 余人。2012 年省委副书记、省长李纪恒专门访问了该校，指示我们要支持该校办学。根据该校侨领提出的主要困难，回昆后我办专门沟通了省建工集团张工程师对该校进行勘察，其校舍属危房，之后该校董事长林俊雄先生带头捐资，共筹到 100 万美元，新建了学校大楼。2015 年李克强总理访问了该校，鼓励办好学校，我办支持提供免费教材，支持该校一套 40 人 / 套电脑，40 人 / 套语言设备，该校已成为省侨办长期支持办学的重点华校之一。

（四）柬埔寨华文教育成果

柬埔寨有华侨华人 60 万，近年来华文学校有了较快发展，有各类华校 75 所（包括公立和私立学校），在校生学近 5 万人，教师约 1000 人。其中金边公、私立华校最多。潮州会馆兴办的端华学校规模最大，分为正校和分校，共开 200 个班，教职员工有 230 多人，学生有 1.1 万多人，其中华裔学生约占 80%，其余 20% 是柬人子女。

柬埔寨的华校绝大多数在办学模式上具有如下共性：一是各地社团会馆是华校直接领导者；二是柬华理事总会对华校发展进行统筹；三是华校实行半日制教学；四是每学期对学生收取一定的学费。柬埔寨华文公校已形成一套完整的教学和管理体系，包括统一学制、统一教材和统一师资调配。

二、云南华文教育形成完善工作格局

多年来，在国务院侨办的大力帮助和指导下，在省委、省政府的重视支持下，在国务院侨办领导重视支持下，省侨办充分发挥毗邻东南亚的区位优势和侨务大省的资源优势，以师资培训、外派教师、教材发送、招收华裔学生、组织华裔青少年夏（冬）令营等为主要内容，整合各类资源，调动各方力量，积极有效开展对缅甸、老挝、越南、泰国、柬埔寨等周边国家的华文教育工作。对华文教育工作，省侨办党政领导政治站位高、立足于服务国家外交总体战略，抓大事、抓重点，几任班子一张图纸画到底，一任接着一任干。2013年，我从省侨办主任的任上调到省政协任常委、港澳台侨外事委正厅级副主任后，继任的杨焱平、杨锦昆主任，继续高度重视华文教育工作，发展了新的工作局面。

（一）完善政策保障，努力为华文教育发展打牢基础

自2011年以来，在国侨办、省委、省政府的重视支持下，先后成立云南华文学院、云南海外文化教育中心，设立23个华文教育基地，在沿边境一线建设12个边境先修点，在海外成立9个“华文书苑”，在缅甸、老挝和泰国成立了3个云南海外文化教育中心海外分中心，在泰国成立“云泰文苑”。

（二）建立华文教育工作平台和体系

全省形成在中心城市昆明，做强华文教育基地（云南华文学院、昆明华文学校、云南海外文化教育中心），强化其华文教育和文化交流综合功能；在边境一线，做实边境先修点，依托国民教育优秀学校服务居住在边境线上的华裔学生，帮助华裔学生回国学习深造；在境外做大联系点，设立云南海外文化教育中心海外分中心、华文书苑、博览书苑等的工作布局；实现了“昆明—边境—海外”三个层次体系格局，华文教育工作体系建设实现新突破。

（三）多形式、多层次开展培训，努力提高周边国家华文教育水平

多年来，在国侨办和省政府的大力支持帮助下，在投入形成制度保障的条件下，云南省在华文教师培训、外派华文教师教材发送和华裔青少年夏令

营等方面开展了大量工作。在师资培训上，积极促进周边国家华文教师队伍的本土化。我们根据周边国家华文教师队伍不稳定、师资力量缺乏及整体水平较低的实际，积极开展边境华文教师培训、师资学历教育、请进来短期培训、巡回讲学交流、才艺培训班等多形式的师资培训。2007 年以来，共为周边国家华文学校培训教师 1.8 万多人次，向华文学校外派教师 270 多人次。

（四）积极探索依托周边国家重点侨校侨团，开展本土华文教师培训工作的路子

2013 年 7 月，昆明华文学校、云南华文学院、厦门华侨大学先后与缅甸曼德勒云南同乡会联合开办了云华师范学院，开展汉语言师范类大学专科教育，培养缅甸本土华文教师。

（五）发送华文教材，努力提高覆盖面和实用性

2007 年以来，我们共向缅甸、老挝、泰国、越南等国家华文学校发送华文教材及教辅、学生读物等共计 1500 多万册。在海外华文学校捐建博览书苑图书室 72 个，中文语言学习室 10 个。同时，针对周边国家侨校急需一套适合海外学生学习需求的华文教材的现实情况，我们积极争取，主动承担了国侨办委托的九年制义务教育教材改编工作，改编了一套缅甸、老挝、泰国华校需要的《语文》（1—9 年级）、《数学》（1—9 年级）教材，已向周边国家桥校发送，2018 年发送数量每年超过 200 万册。

（六）强化华裔青少年工作，打造“中国寻根之旅 · 七彩云南行”品牌

2007 年以来，共组织 137 期各类夏（冬）令营，有 1 万多人次华裔青少年参加。

（七）扩大招收华侨华人学生规模

2011—2018 年，云南华文学院共招收缅甸、老挝、泰国、越南等国留学生 1150 人，昆明华文学校 4 年就读学生中海外侨生有 1450 多人。云南省政府设立的华裔学生助学金已资助困难华裔学生 2400 多人次。同时，我们与普洱、腾冲、镇康、耿马和畹町等边境州市合作开设的华裔高中班，共有 203 名缅甸华裔学生就读；与地方院校合作招收周边国家华文教师学历班 100 人。

（八）各方面重视华文教育工作

2015年，省政协决定，将围绕云南辐射中心建设加强周边国家华文教育，列为当年重点调研项目，由省政协常务副主席白成亮、副主席曾华牵头，省教育厅、省侨办、省发改委、省商务厅等部门领导参加，赴昆明、德宏、普洱、保山、文山作专题调研。省政协听取省侨办主任扬焱平同志做云南开展周边国家华文教育专题汇报，到6州市实地考察了华文教育开展情况。省政协领导充分肯定我省华文教育取得的成绩，认为华文教育对我省辐射中心建设具有重要战略意义，并提出了六个方面的建议。省政协以政协专报上报省委、省政府，省委、省政府领导高度重视，专门作了批示转各部门落实。省发改委专门拨9000万元加强云南华文学院建设。云南对海外华文教育工作继续迈上新台阶。

第十章

克难攻坚的云南华侨农场改革发展研究

第一节 云南华侨农场改革的几个重要阶段分析

云南华侨农场三大改革阶段分析

云南是我国集中安置归难侨的重要基地之一，自20世纪50年代起，国家先后在我省安置了来自印度尼西亚、缅甸、越南、印度等国归难侨8万多人。云南省共有12个华侨农场、1个华侨林场，分布在7个州（市）的9个县（市）。其中，有5个侨场在国家重点扶持县，11个侨场在民族自治地方。侨场总人口中有归侨侨眷25954人，占总人口的57.63%。中央和省委、省政府高度重视华侨农场的发展工作。在我省改革开放40年的历史中，华侨农场经历了三次大的改革。

1988—2007年的云南华侨农场改革，经历了前两个阶段，这两个阶段是在国务院侨办、省委、省政府的领导下，主要是在时任省侨办主任李为佑同志的领导下开展的。

2008—2012年的云南华侨农场改革，经历了第三个阶段，在国务院侨办、省委和省政府的领导下，省政府侨办党政领导班子和同志共同奋斗完成的。这一阶段是云南华侨农场改革的全面完成阶段，至此，云南华侨农场完成了自己的历史使命。

（一）1988年的华侨农场改革

1988年1月16日，省政府印发《省人民政府批转省侨办关于我省华侨农（林）场领导体制改革的意见的通知》，文件包括了以下改革内容：

华侨农（林）场的领导体制改革，从1988年1月1日起，由县政府的农、林部门主管。由省侨办主管的计划、统计、财务、物资、基本建设、人事、劳动工资等工作，在领导体制改革的同时一并划转有关地、州、县的主管部门。明确改革后省侨办对各场的主要任务为：对贯彻执行中央《关于国营华侨农场经济体制改革的决定》文件的情况进行督促检查，负责监督检查侨务政策的落实，维护归难侨的合法权益，管理华侨农林场的华侨事业费和农场事业费。各项政策应继续贯彻执行。指导有关地、州、县党委和政府，应切实加强领导，认真贯彻党的十三大和中央《关于国营华侨农场经济体制改革的决定》的精神，加快和深化各场的经济体制改革。

（二）2000 年华侨农场改革

根据省政府的决定，2000 年对华侨农场进行改革。

一是领导体制改革：确定华侨农场为农业企业性质，实行县属县管，管人管事相结合；组织人事管理，推行企业干部管理制度，华侨农场党委、行政领导班子的考察、考核、任免、奖惩、调配由县委县政府决定。

二是实行场员制度改革：侨场的劳动人事管理实行企业职工工资分配制度和劳动合同考核聘任制度，精简非生产人员和管理机构。从事农业生产经营和其他产业家庭经营、个体经营、合作经营的，男未满 50 岁、女未满 45 周岁的固定职工，经协商后依法解除劳动合同，办理一次性离职手续后改制为场员。

三是养老保险制度改革：改制场员一次性离职补偿金直接划入社保部门，全部记入个人基本养老保险账户，改制场员达到国家规定的退休年龄且缴费年限满 15 年及以上者可申请办理退休，并按月领取基本养老金。

四是场办社会事业改革，全部下放地方政府管理。

第二节 2008 年云南省华侨农场全面改革

国侨办、云南省委、省政府对云南侨场改革发展工作高度重视，给予了大力支持。为贯彻好《国务院关于推进华侨农场改革和发展的意见》（以下简称国务院6号文件）精神，2008年年初，云南省政府出台了《云南省人民政府关于推进全省华侨农（林）场改革和发展的实施意见》（以下简称省政府13号文件）。2008年年初，中共云南省委决定我由省政府侨办副主任升任省政府侨办主任并兼任省侨场改革领导小组办公室主任，省侨办副主任胡明学同志任办公室副主任。按照中央和省的要求，我们班子和全办同志在国务院侨办和省委、省政府的正确、坚强领导下，团结13个华侨农场所在州市的各级领导干部，克难攻坚、坚定不移，推进云南侨场深化改革，加快发展工作全面展开。这一历史性重任和历史性难题的破解，成为我担任正职后的首要重任与考验。

一、调研并出台云南省华侨农场改革新意见

根据国务院6号文件精神，从2008年开始，在省政府分管领导刘平副省长亲自领导下，我和省侨办党组书记盛云富、副主任胡明学、国内处处长古志辉、副处长樊心红等同志，与省级有关部门领导，历时3个月跑遍全省13个侨场，几易其稿，终于在2008年年初云南省政府出台了《云南省人民政府关于推进全省华侨农（林）场改革和发展的实施意见》13号文件。云南侨场改革的这个文件，客观地说是一份维护广大归侨侨眷利益，结合云南侨场实际，完全贯彻国务院6号文件"三融入"的核心思想，在解决体制、侨场历史遗留问题、侨场职工民生问题、侨场发展等根本问题上作出了重大制度性突破的好文件。在全国有侨场改革任务的各个省，云南的这份侨场改革意见，是含金量最高的。但是文件制定得好，贯彻落实下去势必触及很多传统的利益格局，要平衡协调政府各部的政策和资源到位，要解决侨场职工的传统思想观念。完成这一侨界的历史性改革，真是历史问题成山，从根本上触动传统利益格局，矛盾尖锐，全省侨场改革从艰辛中启程。

20 世纪 60 年代，国家安排从印度尼西亚、缅甸、越南回国的归侨，到云南省 13 个华侨农场从事农业生产

21 世纪初，已经有 50 多年历史，十分残破的陆良华侨农场职工住房情况

2008 年，作者陪同云南省人大常委会党组书记、常务副主任晏永琼（前排左二），省政府副省长顾朝曦（前排左三）到大理州的华侨农场视察

二、2008—2011 年国务院侨办、省政府实施华侨农场改革的回顾分析

（一）事起芒市华侨农场

按照国务院 6 号文件和省政府 13 号文件的规定，侨场改革必须 3 年内完成，即 2009—2011 年完成六大任务：侨场体制改革、实施危房改造、实施养老保险全覆盖、实施医疗保险、完成土地确权、处理金融债务。上述任务事权涉及省级 19 个部门，完成主体涉及 7 个州市 9 个县。组织开展 13 个侨场改革必须寻找实施路径和操作性措施。当时我们面临完成改革的最大难题是三个方面：一是人往哪里去（13 个侨场 500 余人管理层如何分流），二是钱从哪里来（省级需配套资金 7.14 亿元），三是侨场职工惠民政策如何落实。中央各项改革资金支持云南省是总盘子 1.35 亿元，分年到位。而 2008 年云南省启动侨场改革，最紧迫的是省级配套中央的危房改造资金当年必须到位 4000 余

万元，社保资金必须到位3500余万元。而2008年省本级资金预算，上年已确定。根据顾副省长指示，我多次找时任省发改委主任米东生同志沟通协调，恳请其帮助解决这4000余万元云南省首批启动性配套资金。米主任多次耐心听取我的汇报，表示非常理解侨场改革工作，但当时省里确实没有这笔资金预算。侨场职工的社保资金，我们又多次跑了相关部门，也面临上述问题。侨场改革的启动实施，由于缺乏启动资金，工作陷入僵局。

但这时，一场我们很不愿意但还是回避不了的大规模侨场职工群体性事件发生了：德宏州芒市华侨农场300余职工，集体上访静坐德宏州政府长达1个月余。2008年底，芒市华侨农场职工为橡胶林地被侵占、要求享受改制场员待遇、享受危房改造待遇、落实社保待遇等问题集体到州政府静坐上访。此事一出，立即惊动了中央和省委、省政府乃至国侨办主任李海峰同志。国侨办接到反映后，李主任当及电话指示我，让我带几个同志，立刻赶赴芒市华侨农场，实地了解侨场职工的主要诉求，准确把握上访的主要问题和地方政府工作存在的差距。我和省侨办副主任胡明学等立即赶到现场了解情况之后专题上报了国侨办领导。2009年1月初，时任国侨办副主任的马儒沛同志，根据李海峰主任指示，专程从北京飞德宏进一步了解侨场职工集体上访事件，我和省侨办副主任胡明学、国内处处长古志辉、秘书处马昌志同志陪同。抵达芒市后我们连夜听取州委、州政府领导情况汇报。这时上访群众听到国侨办、省侨办领导到德宏，强烈要求向我们当面申诉，会场外群众的情绪一时很激动。德宏州的领导担心场面难以控制，建议我们不要见上访群众。国侨办马副主任与我们商议后，觉得见一见侨场的群众直接了解情况，宣传中央华侨农场改革政策为宜，决定连夜让上访群众派代表与我们当面沟通。在会议室中，我们见了6个职工代表，向他们转达中央和省侨场改革的方针、政策，讲明改革是国家关心维护广大侨场职工的根本利益，对侨场各类历史遗留问题，对职工的合理诉求，我们一定会督促地方政府逐项落实。会议确定让6个代表向上访职工转达国侨办、省侨办对职工的问候，要求其尽快撤离政府大院，并将他们的诉求归纳整理上报州政府和省侨办。马副主任返京后，向李海峰主任作了汇报。李海峰主任亲自对云南省加强侨场改革，稳妥处置上访作了批示。

2009年1月12日，省政府领导听取了我们到芒市华侨农场了解群众上访的汇报，详细询问了德宏芒市华侨农场职工集体上访的主要情况、侨场改革推进存在的困难、群众上访原因、职工的主要诉求、问题的主要症结、解决职工困难的建议等。当天下午，省政府办公厅紧急通知：由省委常委、常务副省长罗正富同志，牵头召开处置芒市华侨农场职工集体上访会议。会上罗副省长指示：尽管我省侨场改革和发展工作取得一定成效，但侨场仍然面临诸多突出的困难和问题。由于长期投入不足，侨场基础薄弱、发展滞后、场员收入低、贫困面大，推进侨场改革发展过程中，存在诸多不稳定因素。侨场改革是一项政治性、政策性、涉外性强的工作，要增强紧迫感和责任感。会议确定：由省委常委、常务副省长罗正富同志带队，省发改委、省财政厅、省交通厅、省社保厅、省住建厅、省侨办6个单位的领导，当天即到德宏，由罗正富常务副省长亲自统筹协调，直接面对群众，解释中央和省的侨场改革优惠政策，帮助解决侨场发展的困难，疏导上访群众撤离州政府。经过5个日夜的艰苦细致工作，省级6个厅局的领导、省级6个厅局的领导省侨办胡副主任和古处长与德宏州市、乡镇几百名干部一起深入侨场各职工家庭，对群众上访的130条各类诉求，逐条进行分析梳理，最后归类为9大类30余条意见。同时充分发挥我们党的政治优势，州市党政领导、侨场驻地各党支部党员在省、州（市）的统一领导下，深入上访群众家中，逐户做宣传化解矛盾工作，终于在2009年1月16日春节前，上访群众全部撤出，一场大规模侨场群众集体上访事件平稳妥善解决。而这一事件的妥善解决，形成了推动全省侨场改革的转机，统一了全省各级领导认识，高度重视侨场改革这一事关大局的工作。

在时任副省长顾朝曦同志的亲自领导下，盛云富书记、我和副主任胡明学同志带领侨办领导班子和全体干部，依托省侨场改革领导小组办公室工作协调机制，团结奋战了3个月，多番协调涉及侨场改革事项的省级十几个部门，精心准备了向国务院侨办、省政府关于加强云南省侨场改革的实操性工作方案，侨场改革所需中央、省、州资金配套方案，侨场危房改造实施方案实操、侨场办社会机构移交方案，侨场职工医保、社保实施方案，侨场发展五年规划方案，土地确权实施方案，侨场基础设施建设配套方案等，为国务院侨办、省政府进一步制定侨场改革具体实操措施提供依据。

（二）国务院侨办、省政府加大华侨农场改革的措施

国务院侨办领导从2009年以来，对加强云南华侨农场改革作出了一系列指示。国侨办领导亲自到云南侨场考察指导，省政府顾朝曦副省长率队带我们到国务院侨办，向李海峰主任、马儒沛副主任汇报加强改革的政策措施，就加强云南华侨农场改革、强化落实措施形成一致意见。在此基础上，2009年，国侨办、省政府在省政府已出台13号文件的基础上，就加大华侨农场改革出台了进一步的强化措施。

国侨办和省政府领导指出，2008年以来，省级各有关部门和相关州（市）、县（市）认真贯彻落实国务院和省政府华侨农场改革文件精神，密切配合，精心组织，统筹安排，突出重点，确保了全省侨场改革和发展各项工作积极稳妥推进，全省侨场改革方案、土地确权、税费改革等工作全面完成，社会保障工作基本完成，体制改革工作取得重大进展，归难侨危房改造工作全面推进，取得了阶段性成果。

云南省侨场改革和发展工作虽然有了一定成效，但侨场仍然面临诸多突出的困难和问题。由于长期投入不足，侨场基础薄弱，发展滞后，经济社会发展水平普遍低于周边农村；场员经济收入低，贫困面大，居住环境差；侨场基础设施落后，产业结构单一，生产力水平低；在推进侨场改革发展过程中，存在诸多不稳定因素等。要使全省侨场真正实现体制融入地方、管理融入社会、经济融入市场，促进侨场全面、协调、可持续发展，任务仍然十分艰巨。侨场改革和发展工作是一项政治性、政策性、涉外性强的重要工作，各地、各部门要深刻认识侨场改革发展的长期性、艰巨性和复杂性，进一步增强紧迫感和责任感，狠抓各项工作任务的落实，推动侨场加快发展。省政府要按照国务院和国侨办要求确定进一步推动侨场改革措施：

一要进一步贯彻落实国务院和省人民政府深化华侨农场改革文件精神。各地、各部门要进一步加大关注力度、支持方度和落实力度，认真抓好国务院和省人民政府文件精神的贯彻落实，确保侨场改革发展各项目标任务的实现。

二要把侨场改革发展作为云南改革发展的一项重要任务来抓。要按照全面推进侨场的改革发展目标，尤其要重点抓好基础设施建设、产业扶持、社会事业发展等各项工作，努力促进侨场经济社会的全面协调发展。

三要加强领导，狠抓落实。各部门要建立责任制，明确工作时限，扎实推进侨场改革发展的各项工作。省级有关部门和当地人民政府要将侨场的道路交通、农田水利、产业发展等纳入经济社会发展规划，统筹安排；在安排项目时，对侨场要优先考虑、重点支持。

经汇报国侨办同意，省政府对推动全省侨场改革作出重大决定：

1. 关于侨场交通、水利和电网建设

省交通运输厅要把侨场道路纳入农村乡村道路建设规划，逐年安排一些项目给予支持，并积极争取国家支持；2009 年安排 1300 万元用于解决芒市华侨农场道路通达问题。省发展改革委、水利厅要积极做好芒市农场清塘河水库项目前期工作，争取国家支持列入“十二五”规划项目，并安排一批小型水库和农田水利建设项目；省发改委 2009 年安排 1000 万元用于解决侨场饮水安全。云南电网公司要将侨场纳入农村电网改造范围，积极帮助侨场解决用电问题，对尚未通电的侨场要优先安排。

2. 关于侨场扶贫工作和产业扶持

省扶贫办要加大扶持力度，在整村推进、小额信贷等项目安排上对侨场给予重点支持。省农业厅要对侨场沼气池建设给予积极支持。省发展改革委、工业和信息化委、财政厅、农业厅等有关部门要把侨场产业发展纳入本部门相关规划，有计划地每年安排一定资金给予重点扶持。省国土资源厅和省农业厅要分别将侨场土地整理与中低产田改造纳入规划项目予以优先支持。

3. 关于侨场危房改造和配套设施建设

要抓紧推进全省侨场 9432 户归难侨危房改造工作，对目前尚未下达的国家2009年计划安排的归难侨危房改造补助资金，先由省发展改革委垫付，以确保年内完成改造任务；5681户非归难侨危房改造纳入农村危房改造项目，省里每户补助1.5万元，资金由省财政厅统筹解决。归难侨危房改造涉及连片新建住房的配套设施建设资金补助问题，年内由省财政厅安排2000万元，省发展改革委安排1600万元。

4. 关于侨场职工的低保、社保和社会事业发展

省民政厅要把侨场困难场员纳入城乡低保范围。侨场非归难侨职工享受省人民政府规定的归难侨养老保险补助政策，所需资金3637万元按照该文件明确的渠道解决。省教育厅、卫生厅、科技厅、文化厅等部门要将侨场社会事业发展纳入规划，加大支持力度，改变侨场社会事业发展滞后的状况。

5. 关于侨场改革发展的规划

由省政府办公厅牵头，省侨办商有关部门提出的侨场改革发展规划的时限、项目安排等问题作进一步协调，修改完善后抓紧实施。

6. 关于侨场改革发展工作经费

考虑到2009年侨场改革发展工作任务繁重，为确保各项工作顺利推进，由省财政厅一次性安排300万元侨场改革发展工作经费给省政府侨办（省侨场改革领导小组办公室）。

7. 关于侨场稳定问题

要高度重视和切实维护侨场稳定工作，妥善安置侨场管理人员，对历史遗留问题要因人、因事具体研究解决，对原企业改制后的职工要纳入城镇低保，并积极帮助他们实现再就业。

国侨办、省政府的强化侨场改革措施，从根本上打破了全省侨场改革组织实施的瓶颈，从维护国家和省的对外开放高度、从体制机制和政策措施上抓实。解决困难问题务实，措施针对性强。根据国侨办和省政府指示，我主持召开侨办主任办公会，研究提出落实上述政策的领导分工责任制。省侨办立即行动，抽调机关一半以上干部编为3个督导组，下到13个农场抓落实。分别由盛云富书记带一个组负责玉溪市的甘庄、红河2个侨场；杨光民主任

负责德宏芒市侨场、曲靖陆良侨场、文山金坝、平远街、稼依共5个侨场；胡明学副主任负责保山柯街、临沧勐库、耿马、大理州宾居、彩风、太和共6个侨场。省侨办实行侨场改革领导分片包干负责制，下面又组建7个驻侨场小组，由侨办机关7个处级干部担任组长。侨办领导和各组同志深入侨场一线，与州（市）、县（市）领导一同督促改革各项任务落实，深入侨场职工家，访贫问苦，鼓励职工积极投身改革，用好国家给予每户1.5万元危房改造资金补助政策［州（市）、县（市）每户还补助1万～1.5万元］。

这些重大议决策措施得到了国务院侨办高度重视和肯定，国务院侨办主任李海峰专门批示给予充分肯定。各省纷纷组团来我省学习考察侨场改革经验。上述决策措施在国内外侨界引起了良好评价。

第三节
云南华侨农场改革的历史性成果

经过2009—2011年的3年华侨农场改革克难攻坚战，华侨农场改革主要任务全面完成。2011年9月16日，国务院派出督查组，对全国开展侨场改革的各个省进行专项督查。时任中央财政部副部长李勇亲率国家发改委、财政部、民政部、交通部、国土资源部、住建部、国务院侨办等有关部委领导成立国务院华侨农场改革督查组赴云南督查。李勇副部长一行深入各侨场实地检查，与侨场职工亲切会谈，实地逐一现场考察改革项目，详细查看台账，听取省政府汇报。督查组的评价是：云南省委、省政府高度重视侨场改革工作。认真贯彻国务院侨场改革“三融入”目标任务，研究制定了《云南省人民政府关于推进全省华侨农（林）场改革和发展的实施意见》和《云南省华侨农（林）场改革发展五年（2008—2012年）规划》，从政策、项目、资金、组织保障等方面加大支持力度，推进全省侨场改革发展取得了突出成效，全面完成国务院6号文件规定的任务。云南华侨农（林）场改革取得如下成果。

第一，深化侨场体制改革，理顺管理关系。

云南省委、省政府针对全省侨场体制不顺、管理不畅的实际，研究提出将侨场全面纳入县域管理的3种改革模式：一是就近并入周边乡（镇），成为基层合作经济组织，在乡（镇）政府设置华侨管理办公室；二是设立华侨管理区，挂靠周边乡（镇），管委会作为县级人民政府派出机构；三是整体改制为公益性事业单位，直接隶属县级人民政府。全省13个侨场中有7个并入周边乡（镇），5个设立华侨管理区，1个林场整体改制为公益性事业单位，全面理顺了关系，实现了规范管理。为保证体制改革顺利推进，全面融入地方，实现政企分开、事企分开、管办分开，省级核定了165个行政编制和62个事业编制，有关州（市）调剂使用行政、事业编制171个，共计398个，妥善解决了原侨场管理人员的分流安置问题。这一政策在全国侨场改革中，是全国领先。侨场体制改革后，实现了5个转变：一是侨场由农业企业转变为乡（镇）职能部门或政府派出机构；二是侨场管理人员由企业职工转变为国家公务员或事业人员，基层一线职工、场员转变为城乡居民；三是管理人员由企业管理人员变为财政供养的行政事业人员；四是由国企经营变为农村经济合作组织经营；五是侨场由独立小社会纳入县域经济体系中，变为各项惠农、惠民政策全覆盖的地方基层组织。

第二，加大扶持力度，改善发展条件。

针对云南省侨场大多以农业、种植业为主，产业结构单一，经济规模小，经营普遍亏损的实际，省政府制定出台了《云南省华侨农（林）场改革发展五年（2008—2012年）规划》，将侨场经济社会发展纳入全省改革发展大局统筹安排，给予重点支持，重点实施了水利基础设施建设、道路建设和电网改造、产业发展培育、安居和民生工程建设、基本农田建设与中低产田改造5大工程，5年内建设94个重点项目，总投资11亿元，切实加大对侨场的扶持力度，推动侨场实现可持续发展。经过三年的改革，到2011年，省政府及侨场所在地政府对侨场改革涉及的危房改造、基础设施、社会保障、民生工程、产业发展等方面的投入资金达7.14亿元。其中省级投入资金2.57亿元，各州（市）投入改革配套资金1.13亿元，整合支农、惠农项目资金3.44亿元，实施侨场产业发展和基础设施建设项目79个。在产业扶持方面，种粮补贴、养猪补贴、农机补贴、农产品种植补贴等各项惠农、惠民政策全面覆盖侨场。侨场基础设施建设、产业发展、社会事业等方面的97个项目，纳入各地“十二五”发展规划，总投资19.9亿元。同时，全面启动实施科技入户工程，深入开展绿色证书、农村劳动力转移、农村实用人才等培训，提高侨场职工发展致富能力。2007年全省侨场人均纯收入仅2750元，通过实施侨场改革，2010年人均纯收入已达3640元，人均增长890元，增长32.4%。

第三，坚持以人为本，切实保障和改善民生。

一是全面实施危房改造工程，实现“住有所居”。按照统一规划、自主选择、个人自筹、国家补助、自建自用、一次审批、分年实施的原则，全面完成全省13个侨场、9432户归难侨危房改造任务。其中中央补助资金8488.8万元（每户补助9000元），省、州（市）配套资金5659.2万元（每户补助6000元）。2009年，省政府决定投入资金7861.5万元，将侨场5241户非归难侨危房户纳入改造范围（每户补助1.5万元），并安排配套设施建设资金3600万元。各州（市）、县（市）投入资金7293.5万元，用于推动侨场危房改造工作的奖励性补助。全省侨场共完成14673户危房改造任务，其中中央投入补助资金8488.8万元，云南省投入补助资金24414.2万元，共计32903万元，户均补助2.24万元。

二是推动养老保险全覆盖，实现“老有所养”。采取政府适当补助、个人自筹为主的办法，妥善解决侨场归难侨养老保险欠费及缴费困难问题。2007年年底，全省13个侨场共有4055人欠缴基本养老保险费，已分别得到政府不同比例和数额的补助，省政府已安排补助资金1025.96万元。同时，为解决侨场职工后续养老保险缴费困难问题，由财政每年给予一定比例的缴费补助，按8年（2008—2015年）测算，在国家补助4854万元的基础上，省政府再逐年安排6753万元。全省侨场职工、改制场员应参保16625人，已全部参加基本养老保险统筹，参保率100%。

三是全面实施医疗保险，实现“病有所医”。围绕实现“病有所医”的目标，全省侨场退休人员、在职职工、改制场员和家属，分别参加城镇职工基本医疗保险、城镇居民基本医疗保险和农村新型合作医疗保险。其中，在职职工 835 人、退休人员 8180 人全部参加了城镇职工医疗保险，参保率 100%；改制场员和家属参加城镇居民基本医疗保险 8643 人，参加新型农村合作医疗保险 25935 人，参保人员共 34578 人，参保率达 96.2%。

四是开展扶贫救灾，帮助解决突出困难。“十一五”期间，全省投入 1379 万元，妥善解决了侨场 34473 人的饮水安全问题。开展侨场病险水库除险加固工作，12 座水库被列入国家病险水库除险加固规划，其中 2 座已完成除险加固工作，3 座已下达计划完成主体工程建设任务，7 座于“十二五”期间完成除险加固工作。积极开展救灾捐款，2010 年我省遭遇特大旱灾，积极争取海外华侨华人捐助抗旱资金达 1.1 亿元。积极争取海外华侨华人支持侨场所在地教育、卫生等公益事业发展，先后捐建小学 12 所、卫生所 3 个，捐助 120 名贫困大学生，共捐助资金 546 万元。

第四，加大协调力度，妥善解决历史遗留问题。

一是维护群众利益，全面完成土地确权办证工作。加大协调力度，全面完成全省 13 个侨场、46.7 万亩土地确权办证工作，完成率 100%。土地确权费用中央补助 194.04 万元，省级补助 194.04 万元。全省侨场的场员均已建立与家庭承包经营相适应的土地承包制度，实行农场集体经营和场员家庭承包经营相结合的经营制度，土地承包政策 30 年不变，侨场群众土地权益得到保障。

二是做好金融债务处置工作，减轻侨场发展负担。根据国家有关部委关于侨场金融债务处置有关规定，结合全省侨场实际，研究制定了《云南省华侨农场金融债务处置方案》，豁免侨场金融债务 1592 万元。

三是深化税费改革，减免相关费用。认真落实《云南省深化国有农场税费改革方案》，采取由财政转移支付全额补助的办法，免除侨场职工所承担的类似“乡镇五项统筹”等费用 2740 万元，其中，1370 万元直接补贴侨场职工，即从事农业生产的改制场员平均每人每年补助 600 元，自然场员平均每人每年补助 480 元。其余 50% 补助各侨场，作为项目经费，用于侨场危房、饮水、道路等基础设施项目建设。

侨场拖欠省级财政的周转金本金725万元和应缴占用费全部给予豁免。

第四节 云南侨场改革发展经验的回顾分析

一、领导高度重视，把侨场的改革发展纳入全省改革发展的大局中来推动

领导亲自抓。国务院侨办主任李海峰十余次批示云南省侨场改革工作，亲自到侨场视察指导改革工作，亲自与省政府领导沟通协调侨场改革重大、全局性政策。国侨办副主任马儒沛亲自到华侨农场指导。中国侨联领导多次组织全国政协华侨委员到华侨农场指导工作。省政府领导多次对侨场改革发展工作作出指示，召开了省政府推进侨场改革和发展工作相关会议。分管副省长顾朝曦同志担任省政府侨场改革和发展领导小组组长，多次主持召开全省侨场改革和发展工作会议，对侨场改革发展工作进行安排部署，亲自率队到国侨办汇报侨场改革工作，争取中央政策支持；多次深入侨场实地检查、指导工作，多次召开协调会对危房改造、体制改革、产业发展等重点工作的政策制定和工作落实进行督促和指导。省人大常委会党组书记、常务副主任晏友琼同志率人大代表视察组，对全省侨场改革和发展工作进行专题视察，给予侨场改革工作大力支持。

省侨办党、政领导政治站位高，团结一致、敢于担当、抓重点、抓难点。侨办领导落实蹲点抓。省侨办作为省侨场改革和发展领导小组办公室单位，积极主动承担起侨场改革的监督、推进、协调统筹等工作，省侨办主要领导及分管领导分别任督导组长，组成3个督导组，下面设7个工作小组驻侨场指导工作。抽调机关29名处级干部直接到13个侨场指导、督促改革工作，侨办领导全年下乡近工作日的1/3，确保省委、省政府下达目标按期完成。

基层领导一线直接抓。各州（市）、县（市）政府负责侨场改革发展工作的领导机构和工作机构按照分工要求，一线抓落实。县（市）政府县（市）长，作为侨场改革工作第一责任人具体协调、指挥侨场改革各项工作的推进，各相关职能部门也安排了大量工作人员进入侨场直接开展工作，完成了改革任务。

二、以体制融入地方为核心，推进“三融入”目标的实现

由于体制不顺、机制不活、改革滞后等多种因素，侨场经济发展落后于周边农村，体制管理长期处于二元状态。侨场承担了大量的经济和行政管理职能，社会负担繁重，是一个自成体系的“小社会”，与侨场所在县政府管理系统脱节。针对侨场具有企业和行政双重管理职能的特点，全省以理顺体制为核心，通过体制创新，建立与社会主义市场经济相适应的管理体制、经营机制，使侨场真正走向市场，推进“三融入”目标的实现。

云南省以转变侨场职能为核心，按照政企分开、事企分开、管办分开的原则，顶层设计体制改革方案，提出了并入周边乡（镇）或建立管理区的模式。我们认为，侨场就近并入周边乡镇的模式，是结合云南实际并从根本上解决侨场体制问题，彻底实现“三融入”的最终途径。但全省 13 个侨场经济水平不同，支付改革成本的能力不同，同步按照这个模式改革的条件不成熟。部分侨场可通过设立华侨管理区（挂靠周边乡、镇）的模式作为过渡，待条件成熟之后，再并入乡（镇）。

对于融入乡（镇）新成立的华侨管理办公室，我们提出了用行政、事业编制对原管理人员进行安置的创新举措，全省共安排了 397 个行政、事业编制稳妥解决，确保了侨场管理工作的平稳过渡和有序衔接。这在全国是第一！我们坚持“立足侨场，适当引入”的原则，确保配优配强领导班子，把一批年纪轻、能力强、经验丰富的干部选配为管理办公室的党政主要领导。同时，开展村委会、居委会选举，把党性强、威信高的同志选出来担任村委会、居委会领导，通过体制融入地方，带动管理全面融入社会。

三、以可持续发展为根本，把侨场基础设施、产业发展、社会事业纳入地方发展规划统筹安排

第一，按照一场一策、因地制宜的原则，制定2008—2012年全省华侨农（林）场五年发展规划，提出了基础设施建设和产业发展项目94个，总投资11亿元，加大对侨场产业发展的扶持。加快发展现代特色农业，做大做强龙头产业，合理调整并优化产业结构，大力发展二、三产业。

第二，把侨场基础设施建设、产业发展、社会事业纳入地方政府发展规划。对侨场的水利建设、道路建设、电网建设、产业扶持、土地整理和中低产田改造、中低产林改造、危房改造和配套设施建设、农村沼气池建设、扶贫工作、城乡最低生活保障、社会事业发展等重点建设纳入地方发展盘子，统筹安排，优先解决，给予倾斜支持。

第三，把中央、省各项支农、惠农政策全面覆盖侨场，把相关实惠落实到职工场员身上。

四、以抓政策、资金落实为关键，围绕民生强化各级政府责任

我们在侨场改革中，突出侨场所在地州、市、县政府的责任，突出解决侨场归难侨的困难，做好他们的工作。工作在国内，影响在国外。基于这样一种认识，云南省改革的一项关键措施就是解决侨场职工民生问题：按照“住有所居”的目标，实施危房改造工程；按照“老有所养”的目标，实施养老保险；按照“病有所医”的目标，实施医疗保险。通过解决一系列的民生问题，让广大职工场员共享改革发展成果。

省级各部门围绕解决侨场民生问题，协调配合抓改革配套政策和资金的落实。

省侨场改革和发展领导小组各部门积极配合，多次召开工作会议，对省政府13号文件确定的主要工作任务进行细化分解、安排部署。全省在中央补助资金外，投入改革资金超过4亿元。为认真贯彻落实国务院6号文件精神，在制定省政府13号文件的基础上，省侨办积极作为，与省级有关部门联合出台了一系列配套政策，如《关于编制推进华侨农（林）场改革和发展实施方

案的指导意见》《云南省华侨农（林）场归难侨危房改造工程实施意见》《关于推进全省华侨农（林）场改革和发展的实施意见做好劳动保障工作的通知》《关于我省华侨农场深化管理体制改革中部分管理人员转为公务员有关问题的通知》等具体政策。

省侨办作为领导小组办公室，加强督导协助、指导、督促改革配套政策、工作进度、经验总结和资金的落实。省发改委采取特殊措施支持侨场危房改造工作的推进，在国家未下达危房改造资金前，垫资 3921.3 万元下达各地，确保了危房改造工程进度并积极支持侨场的基础设施建设。省财政厅在侨场危房改造、配套设施建设及养老保险补助等方面积极筹措资金并及时全部下达；省人力资源和社会保障厅多次到侨场实地指导做好社保补助工作和体制改革工作；省国土厅积极争取国土部支持，请相关司局领导深入侨场指导土地确权工作；省林业厅整合林业项目资金，在中低产林改造、林产业发展等方面给予支持；省水利厅积极支持侨场水利建设，帮助解决一批水库进入“十二五”规划；省住建厅深入一线指导危房改造工程；省编办解决侨场管理人员行政和事业编制。省侨场改革和发展领导小组其他成员单位分别按照省政府的要求，认真履职，积极采取措施支持侨场发展，并多次联合赴侨场进行工作指导。

各级政府加强危房改造政策扶持。省政府对 5241 户非归难侨职工实施危房改造，每户由省政府补助 1.5 万元，并投入 3600 万元配套设施建设资金。各地结合实际进一步加大支持力度，如砚山县通过以工代赈、上海市侨办对口帮扶项目、财政转移支付等措施支持 795.7 万元；德宏州、芒市两级政府在国家补助的基础上每户再补助 1 万元；保山市昌宁县对困难归难侨再给予 1.5 万 ~ 2 万元不等的补助；临沧市耿马自治县政府协调金融机构，每户安排 3 万 ~ 5 万元贷款，县政府贴息；双江自治县投入侨场危房改造资金 83 万元；曲靖市陆良县以奖代补，对年内完成改造的每户奖励 1000 元。在补助医疗保险欠费方面，玉溪市投入资金 4025 万元，并支持元江县侨场改革工作经费 350 万元，推进任务落实。

五、敢于担当，解决场员职工合理诉求

我们在贯彻国务院6号文件的过程中，围绕侨场的体制机制，从根本问题、突出困难方面着眼，下决心解决民生问题。如在解决养老保险补助上，结合其长期从事农业生产收入较低的实际，我们进行了认真测算，出台了对原侨场职工缴纳养老保险进行补助的措施，彻底解决了侨场职工的后顾之忧，对他们最大的民生问题给予了最优惠的政策。

我们变上访为下访，国务院侨办副主任马儒沛亲自到芒市华侨农场，下访协调群众上访事件。我率领班子和全办同事，敢于担当，不回避矛盾困难。我担任芒市华侨农场改革指导组长，与省侨办副主任胡明学、古志辉处长、樊新红副处长、马昌志副处长一道，勇敢直接面对芒市华侨农场群众大规模上访，率队主动深入侨场了解情况，亲自听取群众意见。在矛盾最尖锐、工作压力最大的时候，我们团结一心，相互鼓励支持，坚定信心，多次与德宏州委书记赵金、州政府主要领导沟通协调，分析群众上访的主要矛盾，以解决合理诉求为切入点，全力做好矛盾纠纷排查和化解工作。省侨办7个工作组的同志，在各个组长（处长）的带领下驻场抓改革、促发展、保稳定。我们和各州（市）党政府领导站在一线，亲自上门做上访重点户工作，平稳处置了大规模群体上访，受到国务院侨办、省委、省政府领导的肯定。

在华侨农场改革3年攻坚工作中，我们党、政领导班子团结一心，主要领导站在一线敢于担当，紧紧依靠国侨办和省委、省政府的正确领导和办领导班子的团结支持，困难任务冲锋在前，矛盾面前不后退，大事难事敢担当，依靠领导班子和集体的力量，依靠华侨农场职工的积极性，取得改革的圆满成功。3年多中，我每年到华侨农场时间超过95天，跑遍全省13个华侨农场，与各个地方党委、政府的领导紧密团结，终于完成了海内外侨界高度关注的侨场改革这一艰巨历史性任务。

2009 年，作者到陆良华侨农场，现场考察指导侨场危房改造进度、质量工作

2009 年，德宏州侨办主任聂和云（左一）、副主任左利民（左三）同志陪同作者（左二）在芒市华侨农场现场检查危房改造工程

2011 年 9 月 16 日，国务院督察组在昆明召开云南省华侨农场改革和发展汇报会

云南省政府参加会议汇报云南华侨农场改革情况的各个部门领导

国务院督察组组长财政部副部长李勇（左）和陆良华侨农场越南归侨职工亲切握手

2010年，陆良华侨农场改革后新建设的农场职工新居

2013年，全国人大华侨委员会及中国侨联李卓彬副主席（前排右三）一行到陆良华侨农场考察侨场新村建设情况

附　录

附录一

加强我省利用外资工作的思考

云南省政府侨办副主任　杨光民
2000年9月

2000年初，中共云南省委令狐书记对加强我省引资工作作了重要批示，从战略高度指明了我省引资工作的方向和重点，阐述了"十五"时期我省经济发展要克服城镇不发达、消费市场狭小的矛盾，一定要将拉动内需与开拓省外、国外市场结合，一定要立足于发展外向经济的重要思想。在全省外经贸工作座谈会上，邵副省长就贯彻令狐书记批示精神作了安排部署。现特结合学习上述精神和利用外资促进工作的实践，作一对策建议。

一、云南省利用外资工作的问题分析

（一）利用外资利益机制不健全

亚当·斯密创立比较利益和比较经济学理论以来，国际贸易和国与国间的投资，大都是受比较利益驱使开展的，数百年来概莫如外。中国的发展离不开世界，当代经济全球化趋势增强和跨国公司对全球资源配置力增强趋势，使得各国或区域间争夺国际资本、技术、市场愈演愈烈。而争夺和吸引国际资本的诸因素中，最根本的是利益，即吸引外资地能向输入者提供何种更具比较优势的利益。从我办外资促进工作实践看，尽管省委、省政府领导多次强调让利外商，强调你发财我发展，然而肥水不流外人田的个案一再发生。我们未能从利益机制、从体制上给予外商利益保障。

（二）云南省经济结构外向度低矛盾突出

一是经济外向度低。国际上衡量地区经济发展水平，通常考核对外贸易占 GDP 的比例，即经济对外依存度。20 世纪 90 年代中后期以来，全省外贸进出口总额年均 20 亿美元左右，占同期全省 GDP12% 左右。全省对外依存度比全国平均水平 45.5% 低 33.5%，比广东等东部低 40% ~ 50%。

二是出口商品结构不合理。一般贸易占 70%，加工贸易仅占 10%，全国为 50%，出口产品基本以初级产品和粗加工品为主，支柱产品单一，市场风险大。

三是受外资来源地制约，出口市场结构单一矛盾突出。由于我省三资企业 70% 为侨资和港澳台资，受投资来源地限制，全省出口市场结构 70% 在东南亚 10 国，北美、日、韩、欧盟市场占有份额甚小。

（三）利用外资结构不合理

迄今年 8 月，全省有外资企业 1916 户，协议利用外资 26.57 亿美元，实际利用外资 12.8 亿美元。其中华侨华人、港澳同胞投资企业 1296 户，侨资占全省外资的 65%。全省利用外资由于受投资来源地的局限，结构上表现出单项规模小、技术含量低、第三产业多、出口市场单一等特点。在产业结构、产品结构上，全省三资企业中第一产业为 5.2%，第二产业 24.8%，第三产业 70%。利用外资的结构性矛盾，又导致了国际 500 强企业、大财团到滇投资甚少的结果。

（四）未营造出吸引国际游资的浓厚氛围

随着经济全球化趋势加强，国际资本规模不断扩大，流动速度加快，在地区经济中营造热点，形成“注意力经济”已成为吸引外资的重要契机。据国侨办提供的统计：广东省 1999 年外资企业近 8 万户，其中侨企 5.65 万户，全省实际利用外资 962 亿美元，侨资占 66%。辽宁省外企 1.6 万户，实际利用外资 316.9 亿美元，侨企 9600 余户，侨资 191 亿美元。广西壮族自治区 1999 年实际利用外资 80 亿美元，有侨企 3658 户，侨企出口额 7.21 亿美元，占全省总额的 24.1%。全球 500 强企业中，在上海落户的有 210 户。各地在营造浓厚引资氛围，形成区域间、国际上的“注意力”均各有特色。

（五）微观经济缺乏引资活力和约束力

云南省利用外资长期上不去，一个重要因素是招商的源头——企业缺乏应有活力和积极性。由于政府对市场主体和微观经济缺乏引资的约束力，缺乏引导和激励长期以来企业投资转型滞后，政府对企业脱困、技改、嫁接改造，缺乏引资有效引导和约束，企业习惯于等政策扶持，缺乏争取国际资本的活力。

（六）利用外资整体工作机制不完善

令狐书记在批示中阐述了“一定要立足于发展外向型经济，才能克服云南城镇不发达、消费市场狭小的不足”的经济发展思路。从整体上讲，云南引资工作要取得重大突破，有赖于外向型经济框架的建立，极大提高全省经济对外依存度。引资工作从管理机制上看，应形成哑铃型模式，即在招商、审批、管理服务三个环链中，要突出抓好两头。从全省引资机制现状分析，存在如下不足。一是缺乏各级政府首长引资目标责任制；二是缺乏将引资纳入国民经济总体发展规划机制；三是缺乏重大引资项目推动责任制；四是缺乏推动企业吸引外资的鼓励和督促机制；五是缺乏引资工作的专门部门（现各级外资办的主要职能是抓审批而非抓引资源头，兄弟省份均已建招商局或招商委，而我省还仅停留在完善一个窗口审批体制上）；六是缺乏引资工作各部门的配合协调服务机制；七是缺乏引资工作的奖励兑现机制；八是缺乏按照市场需求挖掘、包装项目的工作机制；九是缺乏依托国际中介组织，驻华机构，侨、台、外协调配合引资机制；十是缺乏引导扶持办好现有三资企业的工作机制。

二、强化云南省利用外资工作对策建议

根据令狐书记“引资工作近年要有所突破”的批示精神，结合我省西部开发战略和正拟定的“十五”规划，建议当前和今后一段时期引资工作着重抓好突出重点、完善机制、改进方式三个方面的工作。

（一）突出引资工作重点

一是尽快实施大项目引资战略。引资工作要抓源头、抓项目招商工作。从全省实际和国际资本流动规律来看，吸引世界500强、跨国公司和华人大财

团，要以全省的支柱产业、优势资源和国内外市场为目标，以能源、交通、矿业、旅游、生物技术等一批资金吸容量大、产业关联度高、技术含量高的大项目为引资载体，以500强中与我省产业关联度高的企业为对象。建议由省政府牵头，省计委、省经贸委、省经研中心、省外资办、省外经贸厅、外办、侨办、台办、贸促会、有关厅局参加，组成“云南省重大项目引资协调小组”，按照《云南省鼓励发展产业产品目录》，推出一批重大项目，有目标、有步骤在国际上招商。

二是抓紧形成“昆交会”等我省参与各类招商会项目落实制度。对在“昆交会”等我省参与全国各类洽谈会形成初步意向的项目，要建立推进落实制度，建立行政首长负责和项目法人责任制，限期推进。对有意向的、关系全局的重大项目，各级政府领导要亲自过问协调。对加快支柱产业发展的大项目，要加大各行业和部门协调力度，如把外商参与意向较高的小湾、糯札渡项目拿出招商，使澜沧江梯级开发形成国际资本流向的热点。今年，我办率省计委、交通厅、红塔实业的同志专赴上海，与香港中华电力、中信（香港）集团公司就昆明—曼谷（我省磨憨）公路先后商谈电力和公路项目，该路全长680千米，计划投资180亿元，香港中信对此公路极有兴趣，愿投资55亿元人民币。由于双方对合作方式意见不一致，而暂搁置，对这类意向，仍应积极推进。

三是积极完善全省利用外资的“十五”计划。要按全省“十五”发展战略、生产力布局和经济区域协调发展目标，有计划、有重点地规划全省引资重点，把利用外资作为全省扩大投资的有机部分，纳入国民经济计划。要制定全省引资的总体战略。引导外商有序参与西部开发云南计划，促使引资与开拓两个市场、拉动内需结合起来。

四是积极向中央争取设立加工保税区。用活中央西部开发政策，最大限度提高交易机会，减少交易成本，发挥我省参与国际竞争的比较优势。建议在昆明经济开发区设立保税区，亦可考虑在昆—曲高等级公路沿线的嵩明地区设立此区，以设保税加工区大幅拉动投资，承接东部产业转移，增加就业，扩大加工贸易出口额。

五是加大企业技改引资力度。为避免重复建设，增强国有企业活力，建议由省经贸委牵头，省级有关集团公司参与，提出一批技改引资项目，在国际上招商。

（二）改进引资工作方式

一是拓宽引资渠道。对外交往渠道不宽、层次不高是我省引资难的一个老问题。商务厅、外事、侨务、台办、贸促会均有一定的涉外渠道，尤其侨务对外渠道宽，海外3000万华侨华人是扩大开放的重要资源。建议加大赋予涉外部门引资工作的事权和职权，调动其引资的积极性。省侨办将继续按省政府云政发〔2000〕164号文件要求，围绕我省支柱产业建设，对世界500强与我省产业关联度高的企业进行分析排队，精心实施“省侨办外联十百千工程”，即今后3年内，联系世界500强企业中的10户，联系世界华人大公司、大财团100户，深交世界华人知名人士、社团领袖100人。要按照国别、地域，分财团、社团、人物抓紧落实。

二是有步骤、有目标地交往跨国公司、大财团驻华首席代表。据上海、广东侨办同志介绍，各地在接触引进500强时，往往是从大公司驻华首席代表开始的。我办今年“昆交会”引进香港中华电力、中信（香港）集团亦是通过上海市侨办从驻沪首席代表开始的。建议有关部门密切配合，围绕我省引资重点项目，拿出一批拟交往名单，加大走出去和请进来力度，分批分期交往，最终达到引进世界500强目的。

三是以更灵活的方式吸引外资。要进一步解放思想，学习东部经验，采取更灵活的引资方式。如东部已采用的外商投资特许权项目方式，外商投资股份有限公司方式，外商利用项目经营权或收益权投资的方式等引资。上述方式在我省的公路项目、电力、服务贸易等领域均可大胆鼓励试验。

四是大胆推行招商代理制。要能够让小利，凭借海外华商成熟的市场网络、进入主流社会的经验、健全的商业关系，帮助我省招商。今年“昆交会”国侨办邀请了16个国家和地区近300位华商赴会后，目前美、加华商已主动与我办联系，欲代为招商。招商代理制已议论多年，症结是缺乏可行的操作方案，建议有关部门尽快形成可供实施的意见。

五是积极参与国际性专题招商活动。国际资本流动总是凭借一定的载体，在一定的空间形态寻求商机。涉外部门要熟悉国际上分区域、分行业的专题招商活动，主管部门要统筹协调，联合各部门、企业适时进入国际招商主渠道，从国际互联网捕捉商机。要积极筹备项目，按国际惯例包装、组织精干队伍参与国际专题招商活动。

六是运用电子招商。国侨办今年“昆交会”曾推出龙脉网站“云南招商周”，访问量近4000人次。电子招商的技术节点问题解决后，当前重点要解决培训有关部门人员熟练操作，以满足外商访问要求。

七是发挥侨务整体优势招商。国务院侨办配合中央西部开发战略主动提出作为“昆交会”协办方，为发挥全国侨务整体优势奠定了组织基础。要在今年成功配合的基础上，继续探索，在实效性和深度上努力。

八是加大吸引东部侨资企业到我省二次投资力度。要紧紧抓住全国性新一轮产业结构调整机遇，与行业主管部门和企业配合，以有力措施增强与东部沿海侨资企业的联络和宣传，在产业机构梯度调整中，承接一批东部转移出的产业，吸引侨资企业到我省二次投资。

（三）完善引资工作机制

一是建立引资工作行政首长负责制。对列入省、地重大引资项目，建立责任制，对拟推进的重大项目分析排队，确定行政首长和项目单位第一责任人的负责制，限期突破。

二是建立省政府招商局。参照兄弟省份做法改省外资办为省招商局，使引资工作从职能上由管下游的审批，转变为抓上游的招商。对全省招商引资工作进行统筹协调，从组织机构上保障引资工作。

三是加强各部门的协调配合。综合经济部门、涉外部门和企业要加强协调配合，建立有效的协调互动机制，重大引资项目一旦确定推出后，根据各自职能和优势共同做好工作。

四是建立重大项目遴选机制。要改变现行的政府发文，下面层层申报项目的行政命令制。要围绕我省经济发展战略目标，组织专家和企业，对能影响全局、能带动地区和行业发展的，具有支柱性和先导性的产业和产品项目进行协作攻关遴选，拿出高质量项目在国际招商。

五是认真抓好省级大型企业和集团公司、非公有制重点企业的引资工作。企业是市场经济的主体，只有企业具有引资活力，引资工作才能落实。要建立一套激励企业引资的奖惩机制，用市场手段引导企业在国际资本市场融资，推动企业嫁接改造。要从体制上扭转国企用外资不如用银行钱的老观念和行为模式，使企业真正掌握引资不单单是要素引进，而且是市场、机制、技术、管理模式、国际关系的引入。

六是建立多元化、多层次引资机制。在巩固东南亚、港澳传统投资来源地的同时，加大对北美、日韩、欧盟的引资工作力度。在组织招商团组时强化这一地区，要让利推动国际著名中介组织帮助招商。

七是建立招商引资奖励机制。参照省外的做法，制定明确的引资奖励办法，落实兑现机制，调动各方面引资的积极性。

2009年，云南省政协主席王学仁（中间左一）率团访问菲律宾，与菲议会斯登副议长（中间左二）会谈，促进云南与菲律宾文化合作

2018 年，省侨办副巡视员李荣（前排左三）率队访问香港中华总商会

2010 年，作者与英国知名侨领单声（右一）在北京京西宾馆合影

1999年，作者陪同国际知名华人侨领陈香梅女士访问昆明

1998年，作者与全国政协常委、中国香港永芳集团主席姚美良（左一）在香港合影

2004 年，作者与泰国中华总商会副会长胡玉麟（左二）、印度尼西亚知名侨领陈大江（右一）在北京钓鱼台国宾馆参加世界华商论坛时合影

2006 年，作者在菲律宾拜会知名侨领菲律宾航空董事长陈永栽（左）

附录二

东盟华商投资云南的优势和特点研究

云南省政府侨办主任　杨光民
2010年10月

本文结合云南实际，提出了我省扩大开放，积极利用外资要突出东南亚，抓好中国—东盟自由贸易区（CAFTA）建设历史性机遇新思路。本文拟就东盟华商在CAFTA建设背景下投资云南的优势和特点作一分析。

一、东盟华商投资我省的优势分析

研究制定我省吸引东盟的投资和贸易战略，离不开研究东盟国家一个强大的经济实体——东盟华人经济圈。

因此，分析我省在CAFTA过程中的经济问题，离不开研究、分析东盟华商投资优势和特点，这是我省经济工作的一个重大战略问题。

（一）东盟华商拥有雄厚的资金优势

海外3000万名华侨华人及其强大经济实力是我国扩大开放的特殊机遇和重要资源，这是邓小平侨务思想的精髓。全球华侨华人70%分布在东盟各国，在世界华商500强中，1/3分布在东盟。东盟是全球华商的富矿区。东盟华商的首要优势是资金优势，有统计表明，在亚洲整体经济复苏带动下，全球华商经济增长强劲。2004年9月最新评选的国际华商500强市值高达5910亿美元，比2003年增长29.6%。《亚洲周刊》高调评价进入21世纪的世界华商奋力摆脱“非典”、美伊战争的负面影响。今年上榜的国际华商500强总市值比去年激增近三成，显示华商在国际市场地位日益重要。银行、电子、房地产、零售、物流、电信等行业表现最为出色，新元素注入传统产业，华商展现新生命力。国际华商金融资本在世界经济中左右一域，其中，一批华人企业进入了世界500强。21世纪初以来，华人大企业通过收购、兼并、参股等形式，扩大了经营领域和范围、强化了企业实力，发展成为多元化经营的跨国企业集团。东盟各国华人企业已拥有相当实力。

在经历了亚洲金融危机后的东盟新、马、泰、菲、印度尼西亚五国中，华商资产迅速恢复。按最新世界华商500强企业排名，在东盟上述五国中，按照股票市值、销售额、资产总额计依次为：

国家	股票市值（亿美元）	销售额（亿美元）	资产额（亿美元）
新加坡	633.24	142.18	1505.61
马来西亚	286.09	184.57	636.60
印度尼西亚	183.37	78.64	250.80
泰国	138.61	56.73	798.80
菲律宾	97.45	27.85	238.19
合计	1338.76	489.97	3430.00

注：根据2004年《亚洲周刊》“国际华商500强”编制。

据统计，华商上市公司占东盟证券交易市场上市企业的70%，华商资本占日本、韩国、中国大陆以外的亚洲10个股票市场价值总额的66%。显示了东盟华商强大的金融资本实力。

2004年9月《亚洲周刊》“2004国际华商500强”排行榜中，东盟华商有140家列入。其中，新加坡63家，马来西亚46家，菲律宾13家，泰国11家，印度尼西亚7家，香港入围的13家中，多数也属东盟华商控股的企业，使全球华商500强中东盟占据了绝对优势。有关资料还显示，新加坡、马来西亚、菲律宾、泰国、印度尼西亚5国上市公司的市值总额中，60%以上为华人所有。据作者2003年参加第六届世界华商大会了解的资料，香港、台湾和东南亚300家最大华商上市企业中，东盟5国占78户，占市值32.1%。目前，东盟华商掌握着约1.5万亿美元的巨额游资。

以上分析说明，东盟华人企业集团在国际华商500强中占有重要地位，显示出强大的经济实力和资金优势，其资金寻求安全、具有比较优势回报率的投资地成为内在动力。

（二）东盟华商产业转移与投资互动优势

21世纪初，随经济全球化进程加快，华人企业进入产业转型和升级的关键期。据作者在工作实践中与东盟华商巨贾接触感受到，当前是东盟华商产业向中国转移的重要时期。表现为一是华商拥有的巨额游资正积极寻求投资安全地；二是由于华商居住国劳力、资源、行政成本攀升，迫使华商产业向成本低谷地域转移。上述因素形成华商对华投资的二元互动推力，加速了华商产业向中国大陆的产业转移。新一轮华商产业转移与20世纪70年代“亚洲四小龙”经济高速发展期相比，东盟华商面临着传统出口导向时期以欧美为主要出口市场的变化。各国间贸易壁垒、本地区劳动力成本上升、资源萎缩等因素的挤压，导致华商产业转移成为自身经济发展的内在要求。2004年7月在京召开的“第三届世界华人论坛”上，华商明确指出，东盟华商能否再创奇迹，关键要看华商企业能否从劳动密集型产业顺利转移到高知识含量、高附加值的技术密集型产业领域，华人企业如果不在产业升级上下功夫，不依托中国经济顺风车，将跟不上世界经济发展潮流。据最新评选的2004年国际华商500综合企业十大排名，华商依托中国经济顺风车加速产业转移带动高速增长的轨迹是耐人寻味的。

2004年全球华商综合企业十大排名

公司名称	国别地区	首脑	主要产业	现市值（亿美元）
和记黄埔有限公司	香港	霍建宁	港口、电信、制造、能源	291.059
九龙仓集团有限公司	香港	李唯仁	投资、地产、运输、通信	70.287
中信泰富有限公司	香港	荣智健	投资、地产、零售分销	53.629
恒基兆业发展有限公司	香港	李兆基	投资、地产、通信、科技	34.133
云顶有限公司	马来西亚	林梧桐	投资、旅游、制造、电力	28.359

续表

公司名称	国别地区	首脑	主要产业	现市值（亿美元）
国浩集团有限公司	香港	郭令海	银行、保险、地产、投资	27.425
IOI 凯业集团	马来西亚	李深静	投资、种植、地产、工业	24.991
会德丰有限公司	香港	李唯仁	投资、地产、运输、通信	24.486
花沙尼有限公司	新加坡	Han Cheng Fong	啤酒、制造、地产、出版	18.814
杨忠礼机构有限公司	马来西亚	杨肃斌	建筑、地产、制造、电力	18.238

为了更深入分析东盟华商产业转移与加快对我省投资的互动关系，我们根据有关资料进一步分析东盟华商的产业结构现状。

泰国，华商在所有经济部门都起着重大作用。在传统制造业的总资本中占 90%，纺织业占 60%，钢铁业占 7%，运输业占 70%，商业占 80% 左右。

印度尼西亚，华商只占总人口不到 4%，但华商所占经济份额则占全印度尼西亚的 80%。在全印度尼西亚销售额前 20 位的企业集团中，有 18 位华商企业。制造业、制胶、航运、地产、金融等产业成为华商主导产业。

马来西亚，华商在该国的经济中占重要的地位。如郭鹤年的郭氏兄弟集团公司涉及砂糖、制粉、化学、宾馆 8 个行业，其中，砂糖成交量占世界的 10%、马来西亚国内成交量的 80%。华商在制造业、地产、旅游、金融、建材等产业占主导地位。

新加坡的华人占全国人口的 3/4。在该国的经济中，外资企业、政府所属企业以及华商各占 1/3。华人企业在传统的航运、石油、物流、金融、商业、宾馆、制造业等产业起着支配作用。

菲律宾华人只占全国人口的 1%，但华商在民航、金融、保险、海运、食品、制造等产业占较大比重。

对华商产业结构与对华投资的相互关系，有经济学者作了抽样分析：

华商在华 40 个抽样分析的企业投资产业分布

产业	样本数（40 个）	占总样本的比重（%）
房地产、酒店	18	45
制造业（轻、重工业）	16	40
基础设施建设	13	32.5
银行、金融、控股	8	20
商业、服务业	6	15
娱乐、休闲	5	12.5
农业综合经营	4	10
电脑、通信、航天	2	5

上述华商投资结构分布揭示了华商产业转移带动的对华投资互动优势主要表现如下。

第一大投资产业为房地产与酒店业，40 个样本中有 18 个涉足该行业，占 45%，位居第一。随着中国经济迅速发展，房地产不断升温，投资回报率高，国内市场潜力大，因而备受华商青睐。仅马来西亚郭氏兄弟集团在北京、上海、南京、厦门等地兴建了 15 家 Shangri-La（香格里拉）系列高级酒店。

第二大投资行业为制造业，占 40 个总样本数的 40%。华人企业集团对中国投资的制造业处于标准化产品生产阶段，是其所在国竞争激烈或出口导向的行业，主要包括食品、啤酒、饲料、家用电器、造纸、轮胎、建材、玻璃、服装等。

第三大投资领域为基础设施，涌现出一大批规模大、周期长的大项目。如新加坡在苏州、无锡、龙口、青岛等地投资的 10 个工业园区，均是以政府为主导联合广大华商企业集团参与的。其中，苏州工业园区占地 70 平方千米，总投资达 20 亿美元。

第四大投资领域为银行、金融业，占总样本的 20%。随着我国金融市场的逐步开放，近年来不少东南亚国家华商银行和金融机构开始进军中国大陆。如泰国投资在云南的盘谷银行、泰华农民银行，菲律宾的首都银行和联盟银行，新加坡大华银行、华侨银行和华联银行，印度尼西亚力宝集团的香港华人银行，马来西亚大众银行和丰隆集团属下的香港道亨银行等在中国设立了分行或金融机构。

第五为商业、服务业，占40个样本总数的15%。我国开放商业和服务业领域以来，华人企业集团在该领域的投资比较大型的有：马来西亚金狮集团在北京、上海、青岛、云南等地投资开办“百盛公司”连锁店。施至成的SM集团在厦门、石狮等地兴建大型商场。正大谢国民投资的卜蜂莲花大型超市等。

第七为投资农业综合经营项目，占总样本数的10%。投资规模较大的企业集团为泰国的正大卜蜂集团。自1981年进入中国大陆以来，投资项目从饲料加工、家禽养殖、孵化和肉类加工扩展至制造业、不动产、金融证券业。饲料是其投资的主要行业，在中国的市场占有率为8%，在云南投资昆明正大饲料厂。

综上所述，东南亚华人企业集团对华直接投资的产业结构与其直接投资FDI的自身产业结构是相一致的，较集中在房地产、金融和商业、第三产业、制造业中技术标准化型的项目。华商在华投资产业优势形成的动因，一方面是华商受居住国经济环境、生产成本、产业转移的拉动，另一方面是受我国消费市场变化和消费结构升级形成的投资需求带动，于是形成华商产业转移与投资互动的经济现象。华商产业转移不同于西方跨国公司对华投资以全球化战略利益为目的，华人企业的投资更多的是追寻出口替代市场、新兴消费市场以获取较高的回报率，这些特殊原因形成了华商产业转移带来的对我投资优势。

（三）东盟华商投资我省的特殊动因优势

华商投资行为究其核心而言，离不开国际资本流动的三大动因推动，即占领资源、分享市场、追求利益，在CAFTA建设大背景下，东盟华商投资我省更显示了这一特殊动因。

云南与东盟特殊的地缘关系，使华商的资金优势和产业转移优势组合为特殊投资推动力。20世纪末迄今，东盟华商中一大批有影响力的企业看好云南优势资源，在我省做了一批大手笔投资。如印度尼西亚金光集团总投资19亿美元，依托我省丰富林资源开发林浆纸一体化项目；香港中华电力、由华人企业家掌控的香港美亚电力等投资滇东电厂项目，从事我省丰富电力资源开发。在分享我省日渐发展的消费市场方面，马来西亚金狮投资百盛、新加坡吉宝投资8200万美元建春城湖畔高尔夫和中国香港新世界新巴投资建昆明新公司、菲律宾世纪金源集团投资上百亿元建世纪金源大型地产综合项目。在追求资本高收益领域，一批与我省支柱产业、先导产业配套的投资项目中也可看到东盟知名华商的重点项目。印度尼西亚三林集团投资3200万美元建昆岭薄膜公司，香港侨通纸业公司已被国务院侨办评为“全国百名侨资企业”。泰国正大继投资昆明正大饲料厂后，在“第二届东盟华商投资西南项目推介会”上，拟在曲靖再投一配套大型项目。泰国TCC集团投资昆明邦克酒店五星级、樱花酒店四星级。

另外，华商作为世界经济一个特殊实体，其投资行为另具一特殊动因——中华文化融合剂张力。作者参加了2004年由国务院侨办在京举办的“第三届世界华人论坛”。会上，当代华商泰斗、泰国正大集团谢国民董事长，印度尼西亚融侨房地产有限公司董事长林文镜，菲律宾陈永栽集团董事长陈永栽先生对华商投资中国的特殊动因的分析，应是我们引起理性认知的。上述东盟华商领军人物认为：世界华商投资中国除遵循一般国际资本流动规律外，华商对祖籍国的亲情、文化渊源认同感是促使华商投资中国的文化要素。华商在CAFTA背景下，与欧美投资商比较，具有对华投资的桥梁推介、向导服务和黏合剂融合作用，从现实华商对我省投资和全国投资分布结构特点看，这种文化要素特点更加明显。

一是沿海12省市是华商投资首选区位，占东盟华商对华投资的87.34%，这与广东、福建、海南移民全球的比例吻合；二是中部9省占东盟华商投资的9.45%；三是西部10省市区占东盟华商投资的3.21%。我省在西部各省中位居前列。东盟华商对华直接投资的空间分布格局特点，是以华人的祖籍地——华南地区为中心，由中向西呈梯度递减，其中华南地区为东南亚华人企业投资的最优选区位。同时，不同国别的华人企业集团在中国大陆的投资流向各异。新加坡华商在对华投资的地域分布上，以长江三角洲和环渤海地区为主。马来西亚华人企业集团对华投资集中在沿海地区，其中北京、上海、天津三大城市占1/2，广东、福建两省占30%。泰国华商对华投资额的70%以上流向沿海地区，广东和海南两省合占1/3。印度尼西亚华人企业集团投资额中接近1/2集中在福建和广东两省，仅福建省占1/3以上。菲律宾华人企业集团地域则高度集中在闽南地区，尤其是厦门、泉州等城市，该地区所吸引的投资额在80%以上。

东盟华商对云南在CAFTA的窗口和桥梁作用的特殊认同性。从国务院侨办、云南省政府连续举办的“东盟华商投资西南项目推介会”洽谈项目成果结构分析，第一届洽谈会有13个国家和地区的250余名华商参会，共签订合同、协议8项，引进外资3820万美元。第二届洽谈会有15个国家和地区的150余名华商参会，东盟五国华商总商会领袖率团参加，其中新加坡、泰国、印度尼西亚、菲律宾的一批华商500强企业在会上签订了一批重大项目，签订合同、协议17项，拟引进外资4.79亿美元。参会东盟华商评价，该项目推介会搭架了东盟华商进入云南和中国市场的平台，是东盟华商产业转移和商业网络向中国内地延伸的有效途径。正是云南的这种特殊功能，形成了拉动东盟华商投资云南的强大动因。

在充分肯定东盟华商对云南投资具有比较优势的同时，我们也要客观冷静地看到，东盟华商虽然具有雄厚资金和产业转移优势，但对我省的投资与中、东部相比，我省尚处较低层次。华商投资额在全省经济总量中所占比例不大，我省经济对外依存度较低，净出口对经济拉动力较弱。由于我省工业配套力不足，城乡二元经济导致消费市场较小，因此，东盟华商投资云南的优势近期仍是潜在的，形成东盟华商大规模投资云南局面还需做大量艰苦、务实的工作。

二、当代东盟华商投资云南特点分析

20世纪末、21世纪初，东盟华人企业集团经过重构和整合，经济实力有了一定的恢复，其跨国投资出现一些新特点。在重构整合自身经济实力、巩固传统市场的同时，积极开拓区域外新市场，实现市场多元化的经营目标。

（一）东盟成为我省华商投资主要来源地

迄2003年，云南3000余家外资企业中，按投资来源地排序分为东盟和中国香港、中国台湾、美国、欧洲等，东盟是云南引进外资的主要来源地。而香港投资中，有很大一部分是由海外华人，尤其是东盟华侨华人转移资本后通过香港投入云南实现的。2003年，云南外商投资企业接近3000家，合同外资41亿美元，其中65%来自东盟国家，以新加坡、泰国、印度尼西亚、马来西亚、菲律宾五国和中国香港、中国台湾为主要投资来源地。东盟华商在我省投资范围及产业领域主要集中在第二、第三产业，如酒店、地产、旅游、制药、化工、烟草配套、饲料和食品等行业。从产业结构分析，以资金密集型和劳力密集型为主，高科技行业较弱，这与东盟华商自身的产业结构和特点相吻合，与云南处于工业化初期阶段的发展阶段实际相符合。

（二）东盟华商投资态势强劲

20世纪80年代后期，东盟华人企业跨国公司逐步形成，华人资本开始大规模进军中国市场。有资料统计，2003年外商直接投资（FDI）总额530亿美元中，海外华商（包括港澳台的华商）投资占60%，其显示的重要性十分突出。东南亚华商尽管受到金融危机的冲击，但已在经济强劲复苏过程中重振雄风，成为我国FDI的主力，他们在中国经济全球化的过程中将发挥独特的作用。在CAFTA建设过程中，他们将对居住国的原住民投资中国起到良好的示范作用。

（三）华商产业转移与我省发展战略契合

21世纪初，东盟华商在产业投资上出现回归主业或核心业务的倾向，东盟一批华人知名企业家敏锐提出，华人经济要搭乘中国经济顺风车，产业转移要与中国经济发展战略密切配合。有的华商明确提出在华投资要紧跟中国政府经济战略走。随着国家西部大开发和CAFTA的推动，我省提出建设国际大通道战略，十大行业整合、能源综合开发、现代新昆明建设等重大战略，吸引东盟华商在我省广泛投资，涉及国民经济的诸多行业门类。在我省举办的项目洽谈会上，东盟华人大财团投资兴趣与我省新型工业化十大行业整合和重点能源建设项目进程契合。华商欲依托我省丰富资源题材的工业、制造业成为投资的重点，如林浆纸、工业大麻造纸、磷化工、建材、旅游等项目。兴办的生产项目提供了具有国际先进水平的技术设计标准、制造工艺、关键设备。东盟华商产业转移的同时，还带来了国际商业网络和经营机制、商誉品牌。为了适应我省经济发展形势，一些华人企业集团开始调整投资方式，配置海外经营网络与国内消费市场互动。近年来开始出现资源深度加工型、产业聚集型、市场优势型、跨国并购型、低成本扩张型等方式投资我省。

（四）投资规模扩大，出现一批有影响力的大项目

21世纪初以来，在我省经济发展带动下，华商对我省投资规模逐步扩大，形成一批单项投资规模较大的重点大项目。就第二届“东盟华商投资西南项目推介会”达成华商投资合作的项目结构分析，一批大项目今后几年拟在云南落户：泰国宪成集团拟投资2.2亿美元在曲靖新建年产20万吨工业大麻纸浆项目，泰国正大集团拟投资9400万美元在曲靖新建60万吨饲料磷酸氢钙项目，新加坡金轮集团拟投资1000余万美元合作开办曲靖职业学院，马来西亚南发机构拟投资3600万美元新建草海综合旅游项目，香港皇骏、新加坡商会拟投资1.1亿美元新建嵩明东盟国际商务游乐园项目，以贸易带动投资的印度尼西亚YUDA公司拟出口一汽红塔轻卡到印度尼西亚市场，印度尼西亚英多斯马尔集团与曲靖越州钢厂合作在印度尼西亚开采年100余万吨铁矿砂项目正抓紧落实。菲律宾上好佳集团在保山、曲靖开展马铃薯种植合作已起步。上述态势表明，CAFTA背景下云南吸引东盟华商投资正逐步形成大项目进入的可喜局面。

（五）投资领域扩大区域延伸

华商产业转移与我省新型工业化互动的结果，是华商投资领域的扩大。

以泰国正大投资个案分析，正大在全国投资200余家企业，总投资超过50亿美元，领域遍布农业、食品、工业、零售、生化、制药、地产、金融等。继在我省成功投资昆明正大饲料厂后，在省政府和中国驻泰大使馆领导的积极推动下，正大经过在“第二届东盟华商投资西南项目洽谈会”上与曲靖市政府的认真商洽，拟投资一大型饲料磷酸氢钙项目。正大再次进入云南具有极为重要的东盟华商在滇投资带动意义。值得注意的是，新一轮东盟华商投资带有水平分工和垂直分工组合的二元特征。华商在我省投资不再以单纯资源粗加工后出口导向型的垂直分布方式，而是出口和本地市场销售双重经营方式。在投资区域上，华商改变以昆明为中心的传统区域分布，向资源富裕、投资环境好的地州市投资，如金光集团在思茅、文山，正大集团、金轮集团在曲靖、玉溪，上好佳集团在德宏、曲靖等。

三、云南与东盟华商投资贸易合作机会分析

（一）中国与东盟国家的双边贸易快速增长

近年来中国与东盟国家的双边贸易总额保持了快速增长，2003年，双边贸易总额达到782亿美元，同比增长40%。东盟为中国的第五大贸易伙伴，双方在资源构成、产业结构品等方面各具特色，有较强的互补性，开展经贸合作潜力巨大。在“早期收获”计划鼓励下，中泰蔬菜、水果贸易额上半年达1.14亿美元。

（二）中国—东盟自由贸易区的建立将为中国云南和东盟带来无限商机

CAFTA建成后，将形成一个拥有17亿消费者、近2.2万亿美元国内生产总值、1.2万亿美元贸易总量的经济区。贸易区将覆盖世界30%的人口，拥有约占世界40%的外汇储备，国内生产总值和对外商品贸易额分别占世界总额的10%左右，将给中国云南和东盟带来巨大的商机。在中国—东盟10+1领导人会议上，各方议定，2005年把中国和东盟的年度双边贸易额提高到1000亿美元，同时到2006年关税降为零，显示了这一新经济区域的强大活力。

（三）云南与东盟各国合作前景广阔

目前，东盟已成为云南最大的贸易伙伴。2003 年，云南省对东盟国家的进出口贸易额为 10.1 亿美元，去年云南对东盟国家的进出口总额已占到全省总额的 37.8%。2004 年 1—8 月，我省对东盟国家贸易总值 7.6 亿美元，占全省外贸总值的 32.5%，同比增长 18.1%。其中，对泰国贸易在中泰果蔬零关税协议的带动下增长显著，同比增长了 1.4 倍。

云南对东盟出口的主要商品有磷化工、两烟、成套机械设备、化肥、轻纺、建材、机电、农副产品、医药及日用品等，从东盟进口的主要商品包括农产品、矿产品及木材等。

（四）云南与东盟在资源型产业合作互补性强

云南与东盟各国在水利资源、矿产资源、农业产品、农林业、经贸合作等方面具有较强互补性。与云南相邻的缅甸、老挝、柬埔寨、泰国和越南都不同程度存在能源不足问题。东盟特别是与云南相邻的周边国家蕴藏着丰富的水能、矿产、林业，而云南在电能开发方面有着丰富的经验和雄厚的施工力量，可以与这些国家建立长期合作关系。云南的矿产资源的勘探、开采、冶金技术都比较高，双方在这方面具有较大的合作前景，老挝万象钾盐矿的建设就体现了双方资源和技术的互补性。泰国和越南是世界上最重要的大米出口国，云南在进口大米的同时，可向这些国家出口农业机械产品、农田水利设施。

（五）云南与东盟华商产业相互促进的优势

截至 2003 年，云南外资企业合同外资达 41.7 亿美元，增长 15.8%。目前，除文莱以外，东盟 9 个成员国在云南省都有投资。截至 2003 年底，东盟国家累计在云南投资的项目有 238 个，合同外资金额占全省合同外资的 64.65%，印度尼西亚金光、力宝、三林，泰国正大、TCC/ 协联，新加坡吉宝，菲律宾康达、上好佳等知名华人企业纷纷进入云南，云南企业“走出去”与东盟的经贸投资合作领域正逐渐扩大。

云南与东盟产业相互促进具有特殊窗口和桥梁作用，特别是在国际大通道建成后，云南成为与东盟物流的集散地，承接产业转移重要地域的机会增大。云南与周边国家的能源合作前景广大。云南省建设投资集团、云南省城市投资集团、云南省海外投资集团等大型企业，都在缅甸、老挝、柬埔寨、泰国有大型投资项目。

2015年9月第十三届世界华商大会在印度尼西亚巴厘岛召开，印度尼西亚力宝集团主席李文正在印度尼西亚与作者商洽投资云南重点项目工作

2010 年上海世界园艺博览会期间，国务院侨办专门举办华侨华人回家看世博活动。这是泰国正大集团谢国民董事长（前排左二）参加活动

2010 年，参加活动的侨领与谢国民先生（左四）、中国侨商会副会长屠海明（左二）、中国侨商会副会长王林达女士（左三）、韩国侨商会会长宋在国（左五）和作者

附录三

缅甸曼德勒云华师范学院情况介绍*

一、创办缅甸华文教育的新模式

缅甸云华师范学院是在中国国务院侨办、云南省侨办等祖籍国有关部门和缅华社会各界的大力关心支持下成立的。2012年，曼德勒云南同乡会理事长尚兴玺先生率领同乡会代表团，专程来到云南省政府侨办，向杨光民主任作专题汇报，准备成立一个培养缅甸华文教育大学历的学院，请省政府侨办支持。杨光民主任十分重视，积极支持，表示争取省政府、国务院侨办的支持举办该学院。

学院于2013年创办，是一所集教学和文化交流于一体，以培养华校语文、数学教师为主，小学至高中基础教育和职业培训为辅的综合性公益院校。学院经缅甸教育部门合法注册，采用中、缅、英三语教学。2014年，被国务院侨办授予"海外华文教育示范学校"。学院占地22亩，建筑面积2.6万多平方米，有教学楼3幢（常规教室75间，多媒体教室3间，物理、化学和生物实验室各1间），宿舍楼1幢，还设有图书室、阅览室、塑胶跑道、灯光球场等教学设施。6年来，学院正确定位，科学规划，高起点、高规格、高远景，确立了"蒙学养正，培根启智；中华底蕴，世界视野"的办学理念和"诚、礼、知、行、乐"的院训。办学过程中，努力规范教学管理，丰富校园文化，学院办学规模不断扩大，教育教学质量逐年提升，社会知名度不断提高。同时，学院创新华文教育发展模式，探索标准化、正规化、专业化方向新途径，

* 这是2020年缅甸曼德勒云华师范学院整理的一个资料，报告了最新的学校发展数据。充分说明在国务院侨办，省政府领导下，在云南省政府侨办的大力支持指导下，缅甸的华文教育进入一个新的阶段。这所学校是在国内支持下，缅甸侨胞投资兴建的东南亚第一所全日制大专华文师范学院，是海外华文教育的一个成功范例。

领军缅甸华文教育转型升级，充分发挥出了中国文化的影响力。

二、发挥华文教育示范学院的引领带头作用

学院成立以来，已成为缅甸乃至东南亚华文教育的一面旗帜。目前，学院已启动智慧校园建设，逐步搭建网络分享教育新平台，利用“智能手机+电脑”“互联网+QQ+微信”新载体、新技能，探索网络教育、远程教育与校常规教育相结合的新模式，计划从基础教育开始，融入中国优质教学科研成果，为缅甸华文教育的科学、持续发展增砖添瓦。

（一）学院学生发展情况。

目前学生生总人数3100人，其中院本部2781人，昆明华文学校251人。目前，学院培养了5届共384名师范生，有的毕业生已成长为当地华校的校长和优秀骨干教师，为缅甸华文教育源源不断地输送了新生力量。

（二）学院师资情况

学院共有教师137人，其中中文教师115人（学院特聘2人，国侨办公派教师20人，汉办外派教师1人、志愿者10人，大学实习生51人，本土教师31人），缅文教师23人。

（三）学院收费情况

幼稚园：32万缅币/学期（约合1600元/学期）；小学：44万缅币/学期（约合2200元/学期）；中学：50万缅币/学期（约合2500元/学期）；师范部自费生：12万缅币/学期（约合600元/学期）。对已与当地华校签订了服务协议的贫困学生，由云华师范学院给予全免经费资助（免学费、免住宿费、免伙食费）。师范部2/3的学生均是全免资助。

三、学院学科设置情况

学院设有幼稚园至高中基础教育和大专师范类教育。幼稚园至高中基础教育课程设置与中国大陆同步。师范部设有大学汉语专科、语文专科和学前教育专科专业。

四、学院与中国合作情况

（一）学院与昆明华文文学校、华侨大学的合作

共同培养华校语文和数学教师。采取“2+1”的办学模式，即在云华师范学院学习2年，最后1年在昆明华文学校学习或者华侨大学学习，学生毕业后发放中国华侨大学汉语言专业的大专文凭。

（二）学院与云南华文学院合作

共同培养华校学前教育教师。所有课程在云华师范学院完成，学生毕业后发放云南师范大学毕业证明。

（三）学院与国内大学合作情况

与云南民族大学、红河学院、保山学院、大理大学、德宏师专、丽江师专和吉林外国语大学建立了合作关系，主要由以上院校选派志愿者到云华师范学院授课。

缅甸云华师范学院

2020年2月

2012 年，李纪恒省长（前排左四）率团访问老挝僚都公学，考察海外华文教育工作

2012 年，作者代表省政府侨办与曼德勒华文学校签订战略合作协议

2016 年，马来西亚华文教师参加云南侨办组织的中华文化采风活动

附录四

省政府、省侨办领导关于华文教育的讲话

云南华文教育工作，历时 40 年，经历了云南省侨办几届领导班子的探索，经历了大的两个阶段，李为佑主任、盛云富主任、杨光民主任和继任人杨焱平主任均做了大量工作。

1996 年，我从担任省侨办副主任开始，至 2007 年担任省侨办主任，到 2018 年在省政协担任省政协常委、港澳台侨和外事委员会副主任（正厅级），历时 23 年一直负责分管、联系华文教育工作。国务院侨务办公室主任李海峰对华文教育工作高度重视，从战略定位、政策支持、重点工作、协调省政府等，都做了很明确指示，对云南省给予极大支持！下面附录的是：

2011 年，云南省政府顾朝曦副省长在全国侨办会议上的讲话；

2015 年，云南省政协关于华文教育情况的调研报告；

2015 年，云南省侨办主任杨焱平在向省政协汇报华文教育情况的讲话；

2019 年，云南华文学院党委书记和雪莲向省政协的汇报发言。

附录五

充分发挥云南独特优势积极开展华文教育工作

（2011年在国务院侨办工作会议上讲话）

云南省人民政府副省长　顾朝曦

2011年10月

云南是我国第五大侨乡，旅居海外的华侨华人、港澳同胞达250多万人，分布在以东南亚、南亚为主的70多个国家和地区，归侨侨眷达50多万人。近年来，在党中央、国务院和国务院侨办等部委的大力支持帮助下，云南立足为国家战略服务、为国家大局服务，充分发挥毗邻东南亚、南亚的区位优势和侨务大省的资源优势，以师资培训、教材发送、招收华裔学生、组织华裔青少年夏（冬）令营等为主要内容，整合各类资源，调动各方力量，积极有效开展对缅甸、老挝、越南、泰国、柬埔寨等周边国家的华文教育工作。

一、充分发挥云南优势，推动华文教育取得新实效

华文教育是华侨华人传承和弘扬中华民族优秀文化传统、保持民族特性的重要保证，是促进华侨华人与祖籍国联系的重要桥梁，也是涵养侨务资源、增强国家软实力的有效途径。近年来，云南充分发挥区位优势突出、与周边国家地缘相近、人文相通、友好交往历史悠久、开展华文教育优势独特、基础良好等特点，大力推进华文教育工作，取得了良好成效。

（一）加大师资培训力度，努力提高周边国家华文教师素质

云南与缅甸、老挝、越南接壤，与泰国、柬埔寨毗邻，这些周边国家是云南省开展侨务工作的传统地区，也是华文教育工作的重点地区。针对周边

国家华文教师队伍不稳定、师资力量缺乏及整体水平较低的实际，云南省坚持多种举措，通过国务院侨办委托承办、合作举办、安排工作项目等形式，开展边境华文教师培训、师资学历教育、“请进来”短期培训、出国巡回讲学交流等多种形式的师资培训，培养了一批骨干教师。5 年来，共为周边国家华文学校培训华文教师 11791 人次，向周边国家华文学校外派教师 193 人次，为提高周边国家华文教师素质发挥了积极作用。

（二）加强华文教材免费发送工作，努力满足周边国家华文学校教材需求

云南周边国家有华侨华人近 600 万人，各类华文学校 500 多所，华文教师 8000 多人。针对周边国家华文学校教材版本杂乱、适用教材缺乏及教材数量严重不足的实际，在国务院侨办的大力支持下，云南省积极采取措施，加大华文教材免费发送力度，努力满足周边国家华文学校教材需求。一是扩大教材免费发送范围，从面向缅甸、老挝、泰国 3 个国家华文学校发送教材逐步扩大到大湄公河次区域 5 个国家；二是丰富发送华文教材种类，从单一的汉语教材向九年义务教育教材、汉语、“三常”（中国文化、中国地理、中国历史）和编制本土化教材等拓展，努力满足不同层次的需求；三是在工作方式方法上，采取“分区域、分内容、巧搭配、先试点、再推广”的方式发送。5 年来，共向周边国家各类华文学校免费发送教材 275 万册，基本缓解了周边国家华文学校教材缺乏的状况。

（三）扩大招生规模，加强华裔学生教育工作

充分发挥昆明华文学校作为国务院侨办华文教育基地的优势，先后招收了来自 20 多个国家和地区的外国学生 3000 多人次，并拓展了在越南、泰国的对外合作办学。为充分发挥云南特殊优势，加强华文教育工作，云南省政府于 2011 年 3 月决定成立云南华文学院，并与国务院侨办共同建设。云南华文学院已正式挂牌成立，首期招收学生 982 人，其中国内生（含归侨侨眷子女）682 人、海外华侨华人学生（含预科、本科及函授学历教育）300 人。

（四）积极开展寻根活动，涵养侨务资源

做好华裔青少年工作，促进侨务资源可持续发展，是当前侨务工作的重要内容。在国务院侨办“中国寻根之旅活动”统筹指导下，云南省注重发挥独特的旅游、民族文化资源优势，积极组织以“走进七彩云南，体验民族文化”为主题的各类华裔青少年夏（冬）令营活动，通过学习民族文化、体验民族风情，进一步增强海外华裔青少年对祖籍国和云南的热爱，涵养了华裔新生代侨务资源。5年来，先后组织了95期“中国寻根之旅·七彩云南行”华裔青少年夏（冬）令营活动，有5290多名华裔青少年参加。

二、采取有力措施，务实开展华文教育工作

（一）加强组织领导，措施保障有力

云南省委、省政府高度重视华文教育工作，省委、省政府主要和分管领导多次作出批示、主持召开会议，要求切实加大政策支持和组织协调力度，积极有效开展华文教育，努力在服务国家总体外交、提升国家软实力等方面作出应有的贡献。按照国务侨办要求，省政府还研究制定了关于加强周边国家华文教育工作的意见，进一步明确了当前和今后一段时期全省华文教育工作的指导思想、区域重点、具体目标和主要任务，为深入开展华文教育提供了政策支持和机制保障。省级财政每年安排华文教育工作经费1700万元，为华文教育提供了有力保障。同时，建立了云南省华文教育联席会议制度，及时研究华文教育涉及的重大问题，统筹协调有关华文教育的重要事项，制定华文教育政策措施。

（二）坚持两个结合，着力服务国家大局

一是坚持华文教育与海外华侨华人需求相结合。东南亚是世界上华侨华人最集中、人数最多的地区。近年来，随着我国国际地位和影响力日益提升，周边国家侨胞对华文教育的需求更加迫切，发展海外华文教育的热情更加高涨。云南省坚持开展华文教育与华侨华人学习华文的强烈愿望相结合，不断总结经验，着力体现云南特色，在华侨华人社会中反响良好。二是坚持华文教育与民间外交相结合。开展中华文化交流是建设我国向西南开放桥头堡的重要内容，云南省坚持把开展华文教育作为侨务工作的重要基础，作为凝聚侨心、发挥侨力的重要抓手，作为开展民间外交的重要途径，加大工作力度，

创新工作方式，进一步激发了海外侨胞的爱国热情。

（三）加强纵向联系，建立联动机制

经过多年实践，云南省华文教育工作已初步形成国家、省、州（市）、县（市、区）侨务工作部门四级联动的工作格局，即国务院侨办给予华文教育工作项目支持，省侨办负责统筹规划、部署安排和检查指导，各相关州（市）、县（市、区）侨务工作部门结合各自实际承担相应工作任务。特别在华文教育工作项目实施方面，从提出工作计划、安排布置、组织实施到工作总结，基本建立了自下而上、按照工作程序和规范组织的工作模式。

（四）整合各类资源，形成工作合力

云南省华文教育工作已形成依托财政、教育、公安、外事、海关、宣传等有关部门配合协作的工作机制，在具体业务方面建立了与大专院校、中小学校等教育机构的合作机制，各有关部门、单位加强协调配合，落实工作责任，形成齐抓共管、共同推进华文教育工作的整体合力。

三、深入实施“四个一”工程，努力开创华文教育工作新局面

根据党中央、国务院和省委、省政府的部署要求，“十二五”期间云南省将按照“发挥优势、服务大局、巩固成果、再创辉煌”的思路，深入实施“四个一”工程，即办好一所学院、培养一批教师、编写一套教材、巩固一个品牌，努力开创全省华文教育工作新局面。

一是办好一所学院。进一步发挥云南特殊优势，把云南华文学院建设成为面向东南亚、南亚，在海外华侨华人中有一定知名度和影响力的国际化、综合性、开放式、有特色的新型学院，成为我国开展华文教育的重要基地。学院2011年9月已招生办学，争取2015年在校生达1500人，2020年达到2500人。

二是培养一批教师。以提高华文教师教学质量和水平为目标，继续开展多层次、多形式的海外华文教师培训，力争“十二五”期间培训海外华文教师8000人次以上，使周边国家主要华文学校骨干教师都接受1次以上培训。

三是编写一套教材。以提高大陆版教材覆盖面和使用效果为目标，编写

一套适合周边国家华文学校使用的汉语教材，努力使大陆版华文教材成为周边国家华文学校使用范围较广、使用效果较好的适用性教材。

四是巩固一个品牌。继续打造“中国寻根之旅·七彩云南行”华裔青少年夏（冬）令营品牌，不断丰富活动内容，创新活动形式，增进华裔青少年对中华优秀传统文化的认识和了解，激发对祖籍国的认同感，培养华裔青少年的“中国情结”。

华文教育是一项政策性、涉外性、综合性较强的工作，也是一项需要不断开拓、探索、创新的长期性工作。在今后的工作中，我们将继续坚持以邓小平理论和“三个代表”重要思想为指导，全面落实科学发展观，深入贯彻这次全国侨务工作会议精神，开拓进取，务实创新，扎实工作，不断加大华文教育工作力度，提高华文教育工作水平，努力为弘扬中华文化、提升国家软实力作出新的更大贡献。

老挝知名的寮都华文学校，有80余年历史，由侨胞捐款建设，在校生达到3600多人。这是2013年建的新校区

2013 年，缅甸云华师范学院新的大院。云华师范学院有在校生 3000 多人，是目前东南亚最大的大专制华文学校

2019 年，云南省委、省政府领导专门访问了曼德勒云华师范学院，看望学生和教师

2016年，作者率团考察老挝琅勃拉邦华文学校，临沧市、玉溪市政协领导陪同考察

2016年，作者率队考察老挝琅勃拉邦华文学校，该校由云南省支持建设，在学校学生达到600多人

在昆明华文学校读书的缅甸学生正在学习中文

昆明华文学校（昆明华侨补校）是成立于20世纪60年代的一所专门面向东南亚华侨华人子女回国学习华文的学校，归云南省政府侨办直接领导。20世纪90年代，被国务院侨办命名为“全国华文教育基地学校”

2012年，缅甸学生在昆明参加夏令营活动

附录六

围绕云南面向南亚东南亚辐射中心建设
加强周边国家华文教育调研报告*

（政协云南省委、港澳台侨外事委员会）

2015年10月

华文教育是以海外华侨华人为主要教学对象，以传授华文和传承中华文化为主要内容的国家对外文化交流重要工作，是我国公共外交的重要组成部分，是培养海外长期对我友好力量的重要工程，在云南与周边国家友好交往中发挥着特殊的作用。习近平总书记在2015年考察云南时，要求云南“用全面建成小康社会、全面深化改革、全面依法治国、全面从严治党引领各项工作，主动服务和融入国家发展战略，闯出一条跨越式发展的路子来，努力成为我国民族团结进步示范区、生态文明建设排头兵、面向南亚东南亚辐射中心，谱写好中国梦的云南篇章”，强调云南的优势在区位，出路在开放。这是中央对云南发展确立的新坐标、明确的新定位、赋予的新使命。在此背景下，为加强对周边国家的华文教育工作，围绕辐射中心建设，发挥我省优势，经省政协主席会议审议通过，将“围绕云南面向南亚东南亚辐射中心建设，加强周边国家华文教育”列为2015年度重点调研课题。2015年4—6月，在白成亮常务副主席、曾华副主席领导下，课题调研组与省发展改革委、省教育厅、省财政厅、省侨办，云南华文学院、昆明华文学校等单位交流座谈，先后赴昆明、保山、文山、普洱、西双版纳和德宏等地实地调研，进一步厘清了当前云南和周边国家的华文教育的现状，分析了存在的主要困难，提出了对策建议，现将调研情况报告如下。

* 这是云南省政府侨办主任杨焱平同志2015年向云南省政协领导汇报华文教育工作的讲话。

一、华文教育在建设面向南亚东南亚云南辐射中心中的重要意义

（一）华文教育是建设辐射中心的优先着力点

云南省委九届十次全会审议通过的《中共云南省委关于深入贯彻落实习近平总书记考察云南重要讲话精神闯出跨越式发展路子的决定》中提出，强力推进路网、航空网、能源保障网、水网、互联网五大基础设施建设，其核心是实现与周边国家的互联互通。互联互通包含政策沟通、设施连通、贸易畅通、资金融通、民心相通五大领域，其中民心相通所涉及的扩大人文交流是建设辐射中心的重要内容，此项工作也最易启动。东南亚有3000多万华侨华人，是开展民心相通的重要工作对象。我省华文教育基础良好，深受周边国家华侨华人的欢迎和支持，在辐射中心建设中可以作为优先工作进行谋划部署，为“走出去”奠定良好的人脉基础。

（二）华文教育是建设辐射中心的重要载体

华文教育主要任务是传播汉语和中华文化，不断满足华侨华人对于中华民族归属感、祖籍国认同感的心理需求，积极维系华侨华人对祖籍国深厚情感，是发挥国家软实力的重要依托。同时，通过语言和文化的教育，可以让周边国家更多的民众掌握汉语，熟悉中国文化，不断培养和壮大知华、友华力量，促进睦邻友好关系，为云南建成辐射中心发挥载体作用。

（三）华文教育是建设辐射中心的平台和纽带

我省的华文教育，始终秉承“以侨为桥”理念，积极服务对外文化交流、对外合作交往和国家外交战略。通过华文师资培养、外派教师、招收华裔学生、华裔青少年夏冬令营、提供华文教材等方式，为周边国家培养了大量人才，深受当地人民和友好政府的欢迎，华文教育已经逐步成为与周边国家友好交往的最佳平台和纽带。

二、云南省开展华文教育的主要成效和面临的问题

在国务院侨办、省委、省政府的重视支持下，云南华文教育进入良性发展时期，华文教育的目标任务，政策保障、经费投入、项目规模、工作体系

等都有较大拓展，面向周边国家的华文教育成为全国侨务系统和云南对周边国家公共外交的特色和亮点。党的十八大以来，中央提出“一带一路”和“孟中印缅经济走廊”宏伟决策，催生我省华文教育顺势而为，进入关键转型期。

（一）云南开展华文教育工作成效显著

云南的华文教育起步较早，成绩突出，在全国华文教育战略布局中位置重要，工作名列前茅，在与周边国家对外交往中发挥了独特重要作用。据云南省侨办提供数据，截至 2014 年底，省内共有涉侨开展华文教育各类学校约 100 所（小学至大学）、教师近 1000 人，周边国家外籍在校学生近 8 万人，已投入资金总额达 2 亿元，并呈现出以下特点。

1. 完善政策保障，云南华文教育基础不断夯实

省委、省政府高度重视华文教育工作，为华文教育工作的开展制定了目标政策，提供了重要的工作机制和经费保障。2009 年 6 月，出台《云南省人民政府办公厅关于加强周边国家华文教育工作的意见》。2011 年明确成立云南华文学院、增加经费投入等政策，省财政每年安排华文教育专项经费 1700 万元，国务院侨办 1∶1 配套 1700 万元。2011 年 6 月，国务院侨办与省政府签署了共同建设云南华文学院的协议，并于 6 月 5 日在云南师范大学挂牌成立云南华文学院，9 月正式招生。同年 11 月，云南海外文化教育中心成立。2012 年 3 月，时任省长李纪恒同志出访东南亚国家，专程考察了缅甸曼德勒福庆学校、老挝寮都公学等侨校，并赠送了一批教学设备。2014 年 11 月，云南省委李纪恒书记出访陪同李克强总理缅甸时，再次向缅侨领表示要继续加强缅甸等周边国家华文教育工作。

2. 明确区域重点，云南华文教育工作体系初步形成

根据国务院侨办部署和省委、省政府突出周边国家华文教育总要求，我省积极构建华文教育国内和周边两大体系。一是省内建立了三级体系，省会昆明成立了云南华文学院、云南海外文化教育中心；全省各级各类学校中设立 23 个华文教育基地；沿边境一线建设立 12 个边境先修点。二是在海外成

立9个华文书苑，在缅甸、老挝和新加坡成立了3个云南海外文化教育中心海外分中心。至此，省内形成以昆明为中心，边境州市为基地，边境县为点的三级国内华文教育体系；周边国家形成以缅、老、泰、柬、越近1000所各类华文学校为平台的纵向教育体系；形成了以省侨办为主导，省级相关部门支持参与，相关各级各类学校互动的网络工作体系。

3. 丰富形式和层次，务实推动华文教育健康发展

一是积极促进周边国家华文教师队伍逐步实现本土化。根据周边国家华文教师队伍不稳定、师资力量缺乏及整体水平较低的实际，积极开展边境华文教师培训、师资学历教育、“请进来”短期培训、“走出去”巡回讲学交流、各类专题培训班等多形式的师资培训。2007年以来，共为周边国家华文学校培训教师18000多人次，向华文学校外派教师270多人次。2013年7月，昆明华文学校与缅甸曼德勒云南同乡会联合开办了缅甸云华师范学院，依托华侨大学开展汉语言师范类大学专科教育，培养缅甸本土华文教师。

二是努力提高华文教材的针对性和覆盖面。2007年以来，云南省共向缅甸、老挝、泰国、越南等国家华文学校发送国侨办牵头编印的华文教材及教辅、学生读物等共计500多万册。在海外华文学校捐建博览书苑图书室72个，现代化中文语音学习室10个。同时，针对周边国家侨校急需一套适合海外学生学习需求的华文教材的现实情况，积极争取国务院侨办支持，委托云南省侨办承担九年制义务教育教材改编工作，由云南大学附属中学、昆明明通小学分别负责具体改编任务，于2013年底完成了一套适用于缅甸、老挝、泰国北部华文学校需要的《语文》《数学》教材，目前已向周边国家华文学校发送，2015年发送数量超过100万册。

三是积极打造“中国寻根之旅·七彩云南行”华裔青少年夏冬令营品牌。2007年以来，全省各级侨办共组织以周边国家为主的137期各类夏冬令营，有1万多人次华裔青少年参加。

四是不断扩大华裔学生的云南各类学校招收人数。云南省政府设立的华裔学生助学金，为周边国家华裔学生圆大学梦提供了重要的支持，该项奖学

金现已资助困难华裔学生2400多人次。省内各地高校招收华裔学生的人数也不断攀升，云南华文学院已招收华裔学生440余人；红河学院、保山学院、玉溪师院、德宏师专和滇西科技师范学院（原临沧师专）等院校招收周边国家华文教师学历班100多人；普洱、腾冲、镇康、耿马和畹町等边境州市县开设的华裔高中班，共有200多名缅甸华裔学生就读。边境一线的小学、中学招收华裔学生超10多万人。

（二）周边国家华文教育基本情况

云南紧邻的东南亚国家是华侨华人最集中的地区。全世界6000多万华侨华人中东南亚占60%。全世界的各类华文学校中，东南亚占80%以上，且种类、形式和层次最齐全。按照国侨办部署，云南省华文教育工作主要涉及缅甸、老挝、泰国、越南和柬埔寨。近年来，周边国家对华侨华人政策变化较大，呈现出从限制到逐渐开放的趋势，对华侨华人没有明显的族群歧视和限制，各国华侨华人已基本融入当地社会，已从"落叶归根"的传统思想转变为"落地生根"的现实状态。对华文教育也持较为包容和宽泛的态度，但不同国家又呈现出不同特点，具体情况分列如下。

（1）缅甸是云南对外开展华文教育的重要国家，表现为需求量大、学校众多、历史悠久、师资匮乏、硬件设施差，侨团积极，政府尚无明确支持态度的总体特点。缅甸华校主要分布在缅北，云南籍侨胞有250万人，当地侨团有很高的办学积极性。缅甸现有800多所各类华文学校，在校学生约30万人、教师8000人左右。华文学校1000名学生以上有15所，百人以上学生的有几百所。近年出现了由曼德勒云南同乡会捐资兴办的海外第一所大专建制的缅甸云华师范学院，专门培养本土的华文教师。缅甸华校使用中国大陆和中国台湾两种教材。

（2）泰国华文教育呈现出大中城市为主，泰北点多线长，需求旺盛，政府政策相对宽松的特点。共有华校246所，学生7万多人、教师2000人。其中华文民校有150所，主要分布在首都曼谷和各府。泰北山区以云南籍同乡为主建设96所山村华文学校。

（3）老挝华文教育呈现出学校集中，国内版教材全覆盖，老挝本国学生占比大，师资匮乏，设施陈旧，政府政策宽松的特点。现有9所华文学校，在校学生共5498人（80%属于老挝当地民族学生）、华文教师120人，从幼儿园到高中全部使用中国大陆版各类华文教材。学校实行以华文教育为主，华文与老文双语教学模式，许多课程使用华文进行教学；高年级学生还要学习英文。老挝教育局规定，学生必须学完小学、初中老挝文课程，并且参加由教育局出题的统一考试。

（4）越南华文教育呈现出政府控制，侨团自办为主，学校集中，与我合作较少的特点。华文学校主要集中在胡志明市，共有36所，1万多名学生、400多位华文教师。华文学校分为三类：直属普通中小学的华语学校，学校采用半日制的教学形式，除了教授汉语外，还教授越文课；全日制华文学校，上午上越文课，下午上华文课，使用汉语教学；华文培训中心，学生主要是成人和大学生，教材多为越南编写的《华语语文》，以中国内地或中国港台地区教材作为补充。

（5）柬埔寨华文教育呈现出单体规模大，运行规范，国内版教材全覆盖，政府政策较宽松的特点。现共有华文学校54所，学生近5万人、教师约1000人。金边端华学校在校生达1万多人，是世界上最大的华文学校。在柬华校由柬华理事总会统筹发展，华侨社团直接领导，实行半日制教学，有一套完整的教学和管理体系，使用中国大陆版教材。柬埔寨教育部门不承认华校毕业生学历，不能参加柬埔寨学校升学统考。

近年来，东南亚国家华文教育发展较为迅速，华侨社团纷纷创办华文学校，住在国政府多数支持华侨华人开展华文教育和汉语教育。这些国家在允许华侨华人学习华文的同时，也强调要求华侨华人学习住在国的语言和文化。

（三）云南及周边国家开展华文教育面临的主要问题

经过30多年的发展，云南华文教育工作虽然硕果累累，成绩斐然，但是在国家“一带一路”和“孟中印缅经济走廊”决策的推动下，要在云南面向南亚东南亚辐射中心建设中发挥更为显著的作用，仍然面临不少的困难和问题。

1. 省内华文教育工作面临的主要问题

一是从事华文教育的学校、机构之间缺乏有效的统筹协调机制。目前，我省有一个国务院侨办华文教育基地，23个省级华文教育基地，以及一大批服务华文教育的学校和机构，这些华文教育平台缺乏在省侨办的统一领导管理下，更好地协同配合开展工作，没能形成合力产生集群效应推动华文教育更好地发展。

二是周边国家华文教育的拓展仍受经费、政策等因素限制。从华文教育工作经费的总量上看，国家逐年增加投入，但与海外华文教育的实际需要还有较大差距，包括在外派教师规模和待遇、华裔学生奖助学金、海外华文教育示范学校建设、教材建设等方面。云南省自2011年起，每年安排1700万元华文教育专项经费，国务院侨办按照协议，按照1：1投入1700万元，这在全国省级政府支持力度是唯一的。但从云南的财力来讲，要继续增加很困难，需要争取从国家层面加大投入。从外派教师的规模来看，国务院侨办每年委托云南省派出的教师规模，从最初的每年几人，发展到了现在的每年80人左右，但海外华校每年需求外派教师的规模在数百人，需求和供给矛盾大。

三是跨境华裔学生在学籍、学历、教育经费和出入境等方面还存在政策障碍。目前，我省边境一线的国门小学、国门中学、国门大学接受了近8万名缅、老、越的学生，绝大多数是华裔学生，由于没有护照，一般没有学籍。就读小学和初中的，一般会由学校变通，给予他们“两免一补”政策。但在高中阶段，华裔学生只能自费学习，也因没有护照不能参加我国高考。缅、老、越各国对公民出入境政策规定不同，因此周边国家到云南跨境就读的华裔学生，在出入境身份认证等方面还有诸多困难。

2. 周边国家华文教育中面临的主要问题

一是周边国家政府对华侨华人政策的不稳定性对华文教育的影响。20世纪六七十年代，周边国家纷纷爆发排华事件，华文教育受到沉重打击，导致很多华侨华人出于自我保护，放缓了华文教育的发展，甚至很多地方被迫放弃华文教育。近年来周边国家华侨华人政策虽然有所松动，华文教育也因华文的实际价值而得到各国的重视，缅、越虽政策放宽，仍然存在戒备和防范；泰国、柬埔寨、老挝等国，已逐步把华校纳入国民教育体系，但经费投入等方面还很有限。

二是周边国家社会环境对华文教育的影响。周边各国政府始终把维持国家稳定和发展经济，凝聚国家主体民族力量，发展自身文化作为最大任务，对华文教育存在一定的排斥性。另外，除越南外，周边其他国家受到南传上座部佛教文化影响，华侨华人旅居时间越长，受到这种文化影响就越发深入。同时，相较于中国而言，周边国家经济总量小，经济社会尚处于相对落后状态，在处理国际关系问题中，只能从自身利益多加考虑，与中国有时甚至出现意见分歧或矛盾冲突，从而影响华文教育在周边国家开展。

三是海外华文教育自身存在的问题。周边国家经济发展水平普遍不高，依靠侨团开办的华校多数办学经费紧张、教学设备严重缺乏，学校硬件设施较差，有些华文学校还在篾笆围成的茅草房中办学；严重缺乏专业素质和专业水平较高的华文教师，经常出现高中毕业生教初中，初中毕业生教小学的情况；教材尚未统一，缺乏本土适应性教材。

三、推进华文教育服务辐射中心建设的对策建议

为进一步服务和融入国家“一带一路”和“孟中印缅经济走廊”重大决策，为云南建设面向南亚东南亚辐射中心发挥更加重要的作用，就进一步加强云南周边国家华文教育提出以下对策建议。

（一）将华文教育作为云南辐射中心建设的重要内容进行谋划部署

云南面向南亚东南亚辐射中心建设是国家“一带一路”重大决策的重要组成部分，是国家西向开放的重大工作部署。华文教育直接面对周边国家3000多万名华侨华人，辐射作用突出，对其他辐射工作可以发挥基础性支撑作用。为此，建议国家高度重视华文教育，将华文教育作为国家长期的战略工程予以支持。省侨务、教育等部门要将文化教育的辐射功能充分发挥出来，进一步完善云南省华文教育工作联席会议机制，更好地衔接统筹中央、地方

和社会力量等资源，重点做好华文教育规划、政策制定、组织实施和监督检查等职能。积极引导社会力量参与海外华文教育发展建设，鼓励省内政治素质强的企业、社会团体和知名院校“走出去”，与周边国家华文学校合作或独立创办名校分校、双语华校或国际学校，职业学校等为当地华校培养本土的骨干教师，为华侨华人社会培养更多具有中华文化特质的优秀人才。

（二）争取周边国家政府支持华文教育工作

周边国家对于华文教育工作，有的国家政府比较认同，有的不支持，建议国家相关部门在周边外交工作布局中，积极稳妥地同周边国家政府、教育主管部门协商沟通，创造华文教育合法条件，逐步形成与周边国家各级政府和院校间多层次的文化教育交流局面，积极争取各国教育部门支持华文教育工作，出台更多有利于华文教育（汉语学习）的政策，为开展华文教育创造良好的外部环境。

（三）创新经费保障体系，实现华文教育转型发展

华文教育与孔子基金会主导的孔子学院（学堂）都是传承中华文化的重要方式，但华文教育经费只占汉办投入资金的1/4，然而国侨办系统在周边国家开展教育培训对象却是孔子学院（学堂）的几十倍。并且，海外孔子学院（学堂）目前面临着极大的困境。建议国家有关部门进一步整合孔子基金会和侨办的力量，加大华文教育经费支持力度，以实现中华文化对海外的顺利传播。尤其是针对海外华校硬件建设普遍落后的情况，设立专项经费改善其办学条件。此外，云南省各级政府为周边国家跨境就读小学、初中的华裔学生，比照国内学生给予“两免一补”政策，已投入大量经费。为维护周边亲邻睦邻友好关系，建议国家应对此项经费给予统筹划拨。同时，要对外派教师、华校教师设立科学合理的生活补助经费，让他们安心教学，不断提高教学水平，确保师资稳定。建议省侨办尝试以基金会的形式，积极吸引民间资本参与华文教育项目，不断拓宽华文教育资金渠道。

2015 年 6 月

附录七

围绕云南辐射中心建设加强周边国家华文教育

云南省政府侨办主任　杨焱平

2015 年 4 月 15 日

近年来，在国侨办、省委、省人大、省政府、省政协的领导、支持、帮助下，云南侨务工作不断拓展，为全省对外开放和经济社会发展作出了积极贡献，尤其是华文教育工作充分发挥我省沿边、侨乡两大优势，不断深化与周边国家侨校、侨团合作，取得了较好的成效。在此，对省政协长期以来给予云南侨务工作的关心重视和大力支持表示衷心的感谢！根据会议安排，我将云南华文教育工作开展情况汇报如下。

一、华文教育在建设辐射中心工作中的重要意义

云南地处中国西南边疆，是我国建设和谐周边、打造周边战略依托的重要省份，在我国周边工作中，特别是在对东南亚、南亚工作中发挥着重要作用。习近平总书记在云南省考察时，要求云南主动服务和融入国家发展战略，努力成为面向南亚东南亚辐射中心。这是以习近平同志为核心的党中央统筹国内国际两个大局、把握时代发展脉搏，对云南发展确立的新坐标、明确的新定位、赋予的新使命。

面对新机遇、新挑战，我们将紧紧依靠国侨办、省委、省政府的支持，加强与教育部门的合作，发挥优势、突出特色、巩固基础、拓展领域，坚持“三化”方向，建设“两大机制”，打造“六大体系”。

（一）围绕“三化”目标，全面推动我省华文教育转型升级

紧紧抓住海外华侨华人学习汉语和中华文化热情持续高涨，周边国家与

我交往不断密切的机遇，发挥好周边数以千计华校传播和弘扬中华语言文化的独特作用，努力实现我省华文教育工作向标准化、正规化、专业化方向转型升级，更好服务国家“一带一路”建设。

（二）建设“两大机制”，为海外华文教育发展创造良好环境

一是建立与周边国家中央和地方政府交流合作机制，为海外华文教育创造良好政策环境。

二是建立国内华文教育资源统筹协调机制，为海外华文教育发展提供更多支持。不断健全完善云南省华文教育工作联席会议机制，充分发挥其组织领导和统筹协调作用和功能，更好地统筹中央、地方和社会力量与资源。

（三）打造“六大体系”，全面提升华文教育发展水平

（1）施教体系。研发教学考核评估体系，推进办学标准化和专业化。重视和加强海外华文教育理论研究和学科建设，构建稳定的教学科研和人才培养基地，指导华文教育工作和周边国家华文学校朝着专业化方向发展。

（2）教材体系。根据不同国家和地区华校的特点和需求，组织专业力量编写“适销对路”的华文教材及相关教辅资料，建设本土化华文教育体系，加强分国别教材研发，满足个性化需求。

（3）培训体系。继续通过“走出去”“请进来”等方式，多形式、多渠道、全方位、多专题培训周边国家华文教师，建立和完善培训、考核、认证“三位一体”的华文教师培训机制。

（4）帮扶体系。支持华文学校和华教组织发展，夯实和完善对华文学校和华教组织的帮扶措施。在支持现有贫困华文学校和华教组织、设立“博览书苑”的基础上，此外，在华文教育规模较大、基础较好、条件成熟的华文教育重点国家，推动设立华文师范学院或华文教育服务。

（5）支撑体系。在省内科学构建以国侨办华文教育基地（云南华文学院、昆明华文学校）和全省 23 个华文教育基地院校为主体的华文教育支撑体系，面向周边国家华裔青少年大力开展预科、大专、本科、研究生和师范教育。

（6）体验体系。丰富中华文化体验活动，满足海外，特别是周边国家华裔青少年需求。继续联合各州市侨办、华文教育基地院校联合组织和举办以“中国寻根之旅”夏（冬）令营、中华文化大赛、中文作文比赛等为头部品牌的中华文化体验活动，在提升活动内涵、提高活动成效上下功夫。

各位领导，云南华文教育的发展离不开各方面的支持和参与。在此，向各位领导长期以来对我省华文教育工作的关心、帮助和支持表示最衷心的感谢！同时，希望能得到大家一如既往的关心、帮助和支持，推动云南华文教育工作再创辉煌！

谢谢大家！

2016年，在昆明参加“中国寻根之旅”活动的泰国华侨学生

参加教师培训的缅甸华文教师

2013 年，东南亚参加夏令营的同学参观大理三塔

2019年在云南华文学院读书，获得大专毕业证的缅甸云华职业学院学生参加毕业典礼

2015年，参加由云南华文学院主办的“汉语桥·世界中学生作文比赛”的各国学生

附录八

服务国家战略，推动教育国际化，促进中外人文交流的实践与成效

云南华文学院党委书记　和雪莲

2019 年 10 月

近年来，随着“一带一路”建设、面向南亚东南亚辐射中心建设的深入推进，中国与南亚东南亚各国的交往日益密切，区域合作不断深化，对于国际化人才的需求越来越大。云南师范大学以人才培养、教育合作为先导，培育国际化办学特色，推动教育国际化进程，在促进中外人文交流方面取得了积极成效。

2011 年以来，云南师范大学充分发挥部、省共建的云南华文学院的平台作用，以“传播中华文化、培养国际化人才、服务区域发展”为任务，整合国内外教学资源、完善国际化办学层次、创新国际化人才培养模式、搭建国际合作办学平台，构建面向东南亚华文教育体系取得积极成效，为促进中国与周边国家的人文交流发挥了积极的作用。

一、云南华文学院的基本情况简介

云南华文学院于 2011 年 6 月正式成立，是国务院侨办、云南省政府共建，云南省侨办、云南师范大学共管的一所国际化学院，隶属云南师范大学。学院的建立，是发挥云南沿边地缘优势，整合侨务部门对外联系渠道和侨务资源优势、云南师范大学的教师教育特色和国际化办学优势，拓展海外华文教育，主动服务“一带一路”建设、面向南亚东南亚辐射中心建设的创新举措。

学院成立以来，充分发挥国务院侨办华文教育基地、国家汉办汉语国际推广师资培训基地（昆明）、教育部来华留学示范基地等平台优势，初步形成了综合集成，优势互补，相互促进的发展合力；形成了非学历教育、本科教育、研究生教育兼具，全日制教育、函授教育、短期培训结合，中国学生、留学生兼招的多层次、多形式办学体系；完成了以华文教育、汉语国际教育为基础，东南亚语种教育为特色的专业构架；构建了“国内国外相互衔接、职前职后相互贯通”的东南亚华文教育体系，促进了周边国家华文教育的发展；创新了“国际化、特色化、多元化”人才培养模式，培养了一批应用型复合型国际化人才，为“一带一路”建设提供人才服务。

学院现有汉语国际教育专业博士点1个；汉语国际教育、亚非语言文学2个专业硕士点，开设了华文教育、汉语国际教育、汉语言文学、金融学、国际贸易、旅游管理、泰语、越南语、缅甸语、老挝语、柬埔寨语等本科专业。2011年以来，学院累计招收国内学生4320人，其中，本科生3853人，硕士研究生467人。累计招收学历留学生2466人、非学历留学生3785人次，短期项目留学生1万余人次，是云南省留学生规模较大的高校之一。留学生生源国覆盖面广，涵盖五大洲，每学期的在读留学生生源国保持在40个国家左右，南亚东南亚学生占留学生总数的90%，其中，老挝、泰国、缅甸的留学生规模位列前三名。2019年，全日制在校留学生总数1334人。

目前，学院有教职工136人（正式在岗教职工115人、合同制教职工20人），其中，教授7人、副教授19人、讲师66人、博士生导师3人、硕士生导师19人；具有博士学位的教师45人，97%以上的教师具有硕士学位，80%的专任教师有国外任教经历。国外、校外聘请专家10余人。

二、学院办学取得的积极成效

（一）构建东南亚华文教育体系的积极实践

学院积极探索与实践，初步构建了“国内国外相互衔接、职前职后相互贯通”，地域辐射广泛、层次结构完整、培养类型丰富，集空间、层次、类型三位于一体的东南亚华文教育体系。

（1）建立了海外华裔学生的升学“直通车”。东南亚华文教育历史悠久，发展规模较大，但是以基础教育为主，高等教育缺失，华文教育体系不完善。针对这一现状，结合华裔青少年到中国接受系统教育的需求，云南华文学院面向华裔学生开展了专科、本科（函授、全日制）、硕士研究生、博士研究生教育，为海外华裔学生建立了从国内到国外、从基础教育到高等教育的升学“直通车”，与东南亚华文基础教育体系形成互补，弥补了东南亚华文高等教育的空白。学院对留学生采用“2+2”或“1+3”人才培养模式，汉语基础课程学习与专业课程学习相结合，培养语言能力和专业能力兼具的语言类、教育类、经济类、管理类专业的应用型国际人才。

（2）探索了“四结合”的华文教师职后教育模式。东南亚华文教师匮乏，师资水平低，教学不规范，且没有组织开展专业化职后教育培训的条件。学院按照“长短结合（长期班与短期班）、内外结合（“走出去”与“请进来”）、高低结合（学历教育与非学历教育）、专兼结合（专业教育与职业技能培训）”的“四结合”模式，对东南亚华文教师进行多形式、多层次培训，着力提升华文教师的专业能力、学历层次、教学技能，取得了较好成效。2011 年以来，学校承办了国侨办、省侨办委托的 24 期海外华校校长研习班、教师研习班，有来自缅甸、泰国、老挝、越南、印度尼西亚、菲律宾及欧美共 17 个国家的 1635 名华校校长、华文教师参加了培训。承担了赴缅甸、泰国、澳大利亚、斐济、瓦努阿图等国家的 5 期巡回讲学交流、“三位一体”华文教师培训等项目，有 500 多名教师参加了培训。承办了省侨办“缅甸华文教师培训”“东南亚华文教师艺术类师资培训”“东南亚华文教师幼儿师资培训”等项目，共有来自马来西亚、泰国、缅甸、越南的 130 名华校教师参加了培训。实施了国务院侨办委托的缅甸、泰国华文教师函授学历教育项目，先后招收 3 届学员，共 423 人，为当地华文学校培养了一批骨干华文教师。

（3）构建了国内国外“一体化”华文教育专业工作网络。在云南省侨办的支持下，整合优质教育资源参与华文教育，搭建国内国外华文教育专业化平台。国内以国务院华文教育基地院校云南师范大学（云南华文学院）、昆明华文学校为引领，以31所云南省华文教育基地学校为节点，地域上从省会城市到边境县市，层次上从小学到大学，形成服务海外华文教育的专业化支撑体系。国外以海外华文学校、华文教育机构为主体，搭建多样化海外华文教育工作平台，在东南亚国家建立了1个孔子学院、4个孔子课堂，设立了5个海外招生点、5个函授教学点、6个中国语言文化中心、3个境外办学机构等平台，服务于海外华文学校及华文教育机构。形成了国内国外相互支持的“一体化”华文教育专业工作网络，促进了东南亚华文教育的标准化、正规化、专业化建设。

（二）培养东南亚语种人才取得初步成效

学院发挥“云南省高等学校小语种人才培养示范点”“云南省高等学校东南亚南亚语种人才培养基地”的作用，着力培养具有专业背景和语言优势、国际视野和国际竞争力的应用型高素质东南亚语种人才，取得初步实效。

（1）创建了“三互型”人才培养模式。按照“专业＋语言”“2+1+1”的人才培养模式，就读泰语、越南语、缅甸语、老挝语、柬埔寨语专业的学生，以及就读汉语国际教育、华文教育、金融、国际贸易等专业选修东南亚语种的学生，第三学年都要在语言对象国学习实习。这样的培养模式，整合了国内国外两种教学资源，实施学生整班建制到国外学习，国内国外教学计划贯通、课程体系接轨、学习内容衔接，搭建了课程、实践、管理相结合的国际化人才培养平台，中外学生互相交流、互为老师，成功创建了国内国外互通互认、语言能力与专业技能互补互促、中外学生互帮互学的“三互型”人才培养模式。2013年以来，累计有2552名中国学生到泰国、越南、缅甸、老挝、柬埔寨等国外高校学习实习。中国学生毕业面向国内国外两个就业市场，形成了双向就业新机制，毕业生平均就业率均在95%以上，其中国外就业、创业和继续深造占23.5%。

（2）拓展了与海外高校的实质性合作。学院先后与泰国、越南、缅甸、老挝、柬埔寨等国的15所高校建立了联合培养合作协议，每年有400名左右的中国学生到这些高校学习。与美国俄克拉何马大学、瑞典达拉纳大学、韩国建阳大学实施了交换生项目，与泰国的佛统皇家大学、萱素南塔大学、苏拉塔尼大学、玛哈莎拉坎大学实施了“2+2”合作项目，这些高校每年派出学生到云南师范大学留学，实现了学生的双向联合培养。2014年6月，云南师范大学与缅甸仰光大学签署战略合作协议，是全国首家与仰光大学合作的高校。

（三）整合华文教育与汉语国际推广优势实现互促

2012年，云南师范大学把云南华文学院、国际汉语教育学院合并，实现了华文教育、汉语国际推广工作资源的有机整合，工作基础的有效对接，工作渠道的有力联通，形成了相互补充、相互促进的工作机制。

1. 积极发挥华文教育基地平台作用

云南华文学院是国务院侨办华文教育基地、云南省华文教育基地，在国务院侨办、省侨办的大力支持下，积极承办了一系列华文教育培训项目，包括海外华校校长研习班、华文教师研习班、“三位一体”华文教师证书培训、名师赴海外巡回讲学、外派教师储备人员培训、华文教师证书培训承办单位人员培训、东南亚华文教师艺术类师资培训、东南亚华文教师幼儿师资培训等，有3000多人次的华文教师、外派教师及相关人员参加了培训。面向中外学生开设了华文教育本科、汉语国际教育本硕专业，面向缅甸、泰国的在职华文教师开展函授学历培训，培养了一支有志于从事华文教育、汉语国际教育专业的骨干师资队伍。实施了云南省华裔学生助学金、中国华文教育基金会华裔学生奖学金项目，累计奖助华裔学生1278人。与东南亚30多所华文学校和华文教育机构建立了长期合作关系。

2. 积极发挥汉语国际推广师资培训基地平台作用

汉语国际推广师资培训（昆明）基地先后组织承办了国家汉办委托的50多期5000多人次参加的海外校长、汉语本土教师及教育官员培训、“汉语桥”大中学生夏冬令营、外派汉语教师 / 志愿者选拔培训。组织承办了2期国际汉语教师资格证考试，来自全国各地高校教师、学生602人参考。成功承办了第五届至第十一届“汉语桥·世界中学生作文比赛”，全球112个国家的2515名海外师生来华参赛，有效拓展了汉语国际推广的形式和内涵，扩大了汉语国际推广的影响，促进了中外人文交流。实施了中国政府奖学金、孔子学院奖学金和云南省政府奖学金等项目，累计1000多人次获得奖学金。向海外派出汉语公派教师、汉语教师志愿者200多人次，服务海外汉语推广工作。承办了商务部、省商务厅等部门委托的援外培训项目及自主开发的涉外培训交流项目近20个，培训南亚东南亚官员、海外师生400余人。

3. 积极发挥孔子学院（课堂）的平台作用

与泰国清迈大学共建的清迈大学孔子学院，已成为较有影响力的孔子学院，每年组织近4000人参加的汉语培训，数万人次参加中国文化交流活动，已成为促进中泰人文交流的重要桥梁，被孔子学院总部/国家汉办被评为2014年度全球先进孔子学院。缅甸仰光东方语言与商业中心孔子课堂积极推动汉语教学走入当地主流社会，率先把汉语教学拓展到了缅甸政府部门、仰光大学、公立中小学校、私立中小学校等，组织了缅甸内政部、建设部、商务部、巩发党等13个部委、部门的公务员汉语培训班，在缅甸公务员中掀起学习汉语的热潮。泰国清迈崇华新生华立学校孔子课堂、清迈福蒙学校孔子课堂、印度加尔各答中文学校孔子课堂先后获批。2017年11月，印度加尔各答中文学校孔子课堂正式挂牌运行。

（四）探索“走出去”境外合作办学迈出实质性一步

2016年10月，云南师范大学与缅甸曼德勒恩瓦教育培训中心签署了合作共建“缅甸云华职业学院”协议，已于2017年9月招生办学，招收了首届学前教育专业专科学生32名，迄今已连续招收三届学生80名，在职幼儿师资培训班学员60名。2017年3月，与泰国清莱美塞鹏博冠学校签署了合作共建“泰国云华职业学院”协议，2018年9月，招收华文教育专业学生27人。2018年11月，与老挝乌多姆赛中老友谊学校签署了合作共建“老挝云华职业学院”协议，2019年10月已招收汉语进修生100人。

1. 办学项目的形式和层次

“缅甸云华职业学院”“泰国云华职业学院”“老挝云华职业学院”的办学，采取学历教育与非学历培训相结合的形式，在缅甸、泰国招收当地学生，开展高等学历教育、学位教育及非学历职业技能培训。完成相关的学习任务后，授予云南师范大学相应的学习证明、培训证书。

学历教育包括专科、本科及以上学历培养。项目起步阶段，以专科教育为主，全部课程教学在境外完成，学制两年或三年。学生在境外完成专科学习毕业后，可根据自身意愿及学习成绩到云南师范大学完成相应专业的专升本学习，专升本的学制为两年。项目运行正常，条件成熟后，计划开展本科及以上学历教育，本科及以上学历教育的全部课程教学在云南师范大学完成。非学历培训以短期培训为主，结合当地实际需求组织相关的职业技能培训，如幼儿师资、艺术类师资、信息技术、中文导游等。可以采取周末班、假期班、集中短期培训等形式组织培训。

2. 办学项目的内容

三个境外的云华职业学院项目，立足于服务境外民众、服务当地社会、服务中外教育文化交流的需要，发挥云南师范大学教师教育、汉语国际教育等学科特色和优势，为当地培养学前教育、中小学教育的专业化师资人才以及职业教育、职业技能人才，为推动“一带一路”建设、促进中外友好合作提供人才支撑。

人才培养方案采取语言教学与专业技能相结合培养的方式来组织相关的教学。所有专业都设置汉语基础知识及技能课程，专科学历学生的汉语水平要求达到 HSK4 级，专升本学历学生的汉语水平要求达到 HSK5 级。根据不同专业设置相应的专业技能核心课程和专业实践课程。

3. 办学项目的合作模式

鉴于项目没有独立的合作办学主体，为确保合作办学项目的运行，由中外合作双方共同成立理事会，负责该办学机构建设、发展和管理中涉及的重大事项的决策。

理事会由合作双方各 5 人，共计 10 人组成，每年召开一次理事会，在境外办学机构点、昆明轮流召开。每年的理事会负责审议项目运行年度报告、经费情况报告，研究解决项目实施过程出现的具体问题等。

三、主动谋划，推动学院发展上新台阶

“一带一路”建设，面向南亚东南亚辐射中心建设的不断推进，对学院的发展提出了新的要求，我们要结合自身实际，发挥优势作用，积极主动谋划发展，努力把华文学院建设成为面向南亚东南亚的华文教育中心。

（一）建设成为华文师资培养的重要基地

一是进一步发挥云师大教师教育特色优势，借助云师大基础教育集团所属学校的优质教育资源，发挥由云师大牵头、省内14所高校组成的云南高校教师教育联盟功能，积极争取中央统战部、省委统战部更多的华文师资培训项目，开展面向南亚东南亚华文教师的多层次、多形式的培养。二是抓好华文教育专业的学科建设，培养一支有志于从事华文教育事业的国内外华文教师专业队伍，努力把这个专业建设成为面向周边国家培养和输出华文教师的重点学科。三是积极推动与海外华校共建“云华职业学院”境外办学机构项目的稳步发展，把华文师资学历培训从请进来全日制学习拓展到海外合作办学，在海外设立专科、本科以及研究生学历的华文师资培养项目，进一步扩大海外华文师资培养的规模和覆盖面。

（二）建设成为华文教育研究的重要基地

一是整合学校资源，参与华文教育相关教材建设，有针对性地开发一批华文教育教材。二是积极参与海外华文教育的办学标准化建设，提供专业化、标准化的意见建议。三是注重加强海外华文教育理论研究，积极开展南亚东南亚国家华文教育研究，每年推出一批有决策参考价值、有指导实践意义的研究成果。

（三）建设成为国际化人才培养的重要基地

一是抓好面向留学生开设的专业建设，包括华文教育、汉语国际教学、国际经济与贸易、金融学等。以培养“语言+专业”应用型人才为目标，进

一步规范教学标准，改进教学方法，提高人才培养质量。同时，逐步扩大留学生选择的专业面，鼓励更多的学院、更多的专业招收留学生，促进学校的国际化办学。二是实施好各类奖助学金项目，进一步规范各类奖助学金项目的评审和组织实施工作，加大学校的经费支持力度，鼓励和吸引更多优秀的华裔学生到我校学习。三是进一步完善东南亚语种的学科建设，扩大学科覆盖面。以市场为导向，培养“语言＋专业”应用型人才，提高人才培养的针对性，完善人才培养方案，提高人才培养质量。加强就业指导和开拓就业渠道，实现专业发展的可持续。四是积极探索面向南亚东南亚的高端人才培养项目。争取国家、省的项目支持，有针对性地为南亚东南亚国家培养一批精英管理人才、相关专业人才，为促进中外合作提供人才支持。

四、需要解决的问题和提出的建议

（一）关注各国政策环境影响，争取更宽松的政策支持

目前，对传播中华文化，一些国家的政策环境还存在障碍。如缅甸、越南、印度对孔子学院（课堂）建设尚未真正接纳。缅甸有三个孔子课堂，但都未经缅甸政府批准认可。在缅甸，华文教育仍未纳入国民教育体系，800多所华校基本上没有合法的办学资格，我们在与这些华校合作中仍存在一些政策限制。印度对孔子课堂的建立仍有态度上的防范和抵触。

建议我省在推动与这些国家的合作交往中，加强与该国政府各相关部门的沟通，建立共同推进华文教育、汉语教育的机制，为在这些国家推进华文教育、汉语教育争取宽松的政策环境保障。

（二）重视各国主流社会对中华文化的关注问题

2016年，在中国驻缅甸大使馆的支持下，缅甸仰光东方语言与商业中心孔子课堂在内比都成功开办了为期半年共计70人参加的“缅甸建设部公务员汉语班”“缅甸商务部公务员汉语班”。大使馆参赞田善亭称：两个汉语班的开办，是20世纪60年代缅甸政府停办中文学校之后，50多年来缅甸政府机构首次为公务员组织的汉语培训，是一个重大的突破。随后，缅甸各部委纷

纷提出办汉语班的需求，已累计为缅甸13个部委、部门开设了汉语班，为缅甸政府机构培训汉语学员1300余人次，先后有6位缅甸政府省部级领导、十余位厅局级领导参加了缅甸公务员汉语班的开班、结业仪式。缅甸政府机构及各相关部门表现出来学习汉语的积极需求态势，将为汉语教育在缅甸的发展争取更宽松的环境和条件。应该抓住机遇，乘势而上，进一步扩大面向缅甸政府机构及各相关部门官员的汉语教育培训力度，推动汉语教育走进缅甸主流社会。

（三）加大力度为周边国家培养适应型国际化人才

目前，中国的高等教育对周边国家的学生还是有一定的吸引力的，周边国家留学生到中国留学选择的专业，已从单纯的汉语学习向其他感兴趣的专业学习转变。

围绕深化中外区域合作的需求，在经贸、文化、传媒、教育、管理、职业技术教育等专业方向扩大留学生的招生规模，并适当增加云南省政府奖学金、云南省华裔学生奖学金等力度，吸引更多的周边国家学生到中国、云南留学，培养出更多适应中外合作交流需要的国际化人才。

（四）给予境外办学项目专项经费支持

目前，“缅甸云华职业学院”“泰国云华职业学院”“老挝云华职业学院”三个项目的实施，都没有专项的经费来源。

这些项目的实施地是缅甸曼德勒市、泰国清莱美塞市、老挝乌多姆赛市，辐射的生源地主要为缅甸北部、泰国北部、老挝北部地区。鉴于当地经济社会及民生现状，尚未通过收取学费来维持办学所需。项目启动初期，涉及派出的师资、提供的教材及项目运行所需的相关费用，都由合作双方分别承担，基本属于公益办学，有社会效益，但没有经济收益。长此以往，会给项目合作双方带来越来越多的经济负担，不利于项目的顺利推进。为更好地实施“一带一路”教育行动计划，鼓励多形式多渠道境外办学。希望国家、省的相关部门能对境外办学项目给予专项经费支持，包括比照来华留学生给予一定的奖学金安排，对承担境外办学机构教学任务的外派教师纳入公派项目等。

（五）在云南师范大学设立“云南省来华留学预科基地”

建设“云南省来华留学预科基地”，开展相应的汉语及专业教学，可以为来滇留学生进入本科专业学习前打好中文基础及专业基础课，将极大拓宽我省来华留学招收的专业，提高来华留学生培养质量，对扩大留学生规模、提高留学生质量、改善留学生结构产生积极的影响。

2002 年，全国政协副主席罗豪才（右二），国务院侨办副主任李海峰（右一）专门到云南陆良华侨农场，考察华侨农场改革工作

云南是我国的五大侨乡省之一。从 20 世纪 50 年代开始，国家先后在云南建立了 12 个华侨农场、1 个华侨林场，安排来自印度尼西亚、缅甸、越南、印度等国家的归难侨 8 万多人。由于历史和生产力条件的限制，这些华侨农场经济发展比较困难，归难侨生产和生活也比较困难，从中央到省、市、县各级都比较重视关心这个特殊的群体

附录九

云南省华侨农（林）场改革和发展工作情况汇报*

云南省副省长　顾朝曦

2011 年 9 月 16 日

尊敬的李勇副部长，国务院督查组各位领导、同志们：

今天，国务院督查组前来督促检查云南省贯彻国务院华侨农（林）场改革和发展政策措施落实情况，充分体现了党中央、国务院对云南的关心、重视和支持。在此，我代表云南省人民政府，对国务院办公厅、财政部、国家发展改革委、民政部、国务院侨务办公室、人民银行等国家部委各位领导的到来表示热烈欢迎！

根据会议安排，下面，我代表云南省人民政府汇报我省贯彻侨场改革和发展政策措施落实情况。

一、云南侨场改革发展基本情况

云南是我国集中安置归难侨的重要基地之一。自 20 世纪 50 年代起，国家先后在我省安置了来自印度尼西亚、缅甸、越南、印度等国归难侨 8 万多人。目前，我省共有 12 个华侨农场、1 个华侨林场，分布在 7 个州（市）的 9 个县（市），其中，有 5 个侨场在国家重点扶持县，11 个侨场在民族自治地方。侨场总人口 45038 人，其中归侨侨眷 25954 人，占总人口的 57.63%。

云南省委、省政府对加快全省侨场改革和发展工作极为重视，要求深入抓好中央各项方针政策的贯彻落实，进一步加大政策、资金扶持力度，全面

* 这是顾副省长 2011 年在国务院全国华侨农场工作督察汇报会上代表省政府作的汇报讲话。

推进侨场改革发展各项工作，从根本上解决侨场困难和问题。针对全省侨场体制不顺、基础薄弱、负担沉重、发展乏力等实际，在经济欠发达、财政十分困难的情况下，省委、省政府下决心投入 3.4 亿元，于 2000 年率先对侨场管理体制、劳动用工制度、分离场办社会职能、参加基本养老保险等进行了改革。2007 年，国务院制定出台了《关于推进华侨农场改革和发展的意见》（国发〔2007〕6 号），并召开会议进行安排部署。云南省及时组织开展调查，研究制定出台《云南省人民政府关于推进全省华侨农（林）场改革和发展的实施意见》和《云南省华侨农（林）场改革发展五年（2008—2012 年）规划》，从政策、项目、资金配套等方面加大支持力度，推进全省侨场改革发展取得了良好成效。

（一）深化侨场体制改革，理顺管理关系

"非工非农、非城非乡"的体制障碍，是长期以来影响我省侨场发展的一个关键问题。针对全省侨场体制不顺、管理不畅的实际，我们研究提出将侨场全面纳入县域管理的 3 种改革模式：一是就近并入周边乡（镇），成为基层合作经济组织，在乡（镇）政府设置华侨管理办公室；二是设立华侨管理区，挂靠周边乡（镇），管委会作为县级人民政府派出机构；三是整体改制为公益性事业单位，直接隶属县级人民政府。全省 13 个侨场中有 7 个并入周边乡（镇）、5 个设立华侨管理区、1 个林场整体改制为公益性事业单位，全面理顺了关系，实现了规范管理。为保证体制改革顺利推进，全面融入地方，实现政企分开、事企分开、管办分开，省级核定了 165 个行政编制和 62 个事业编制，有关州（市）调剂使用行政、事业编制 171 个，妥善解决了原侨场管理人员的分流安置问题。侨场体制改革后，实现了 5 个转变：一是侨场由农业企业转变为乡（镇）职能部门或政府派出机构；二是管理人员由企业职工转变为国家公务员或事业人员，基层一线职工、场员转变为城乡居民；三是管理人员由企业管理人员变为财政供养的行政事业人员；四是由国企经营变为农村经济合作组织经营；五是侨场由独立社会纳入县域经济变为各项惠农、惠林政策全覆盖的地方基层组织。

（二）加大扶持力度，改善发展条件

针对我省侨场大多以农业、种植业为主，产业结构单一，经济规模小，经营普遍亏损的实际，省政府制定出台了《云南省华侨农（林）场改革发展五年（2008—2012年）规划》，将侨场经济社会发展纳入全省改革发展大局统筹安排，给予重点支持，重点实施了水利基础设施建设、道路建设和电网改造、产业发展培育、安居和民生工程建设、基本农田建设与中低产田改造等五大工程，计划5年内建设94个重点项目，总投资11亿元，切实加大对侨场的扶持力度，推动侨场实现可持续发展。目前，省政府及侨场所在地政府对侨场改革涉及的危房改造、基础设施、社会保障、民生工程、产业发展等方面的投入资金达7.14亿元。其中省级投入资金2.57亿元，各州（市）投入改革配套资金1.13亿元，整合支农、惠农项目资金3.44亿元，实施侨场产业发展和基础设施建设项目79个。在产业扶持方面，种粮补贴、养猪补贴、农机补贴、农产品种植补贴等各项惠农、惠林政策全面覆盖侨场。侨场基础设施建设、产业发展、社会事业等方面的97个项目，纳入各地"十二五"发展规划，总投资19.9亿元。同时，全面启动实施科技入户工程，深入开展绿色证书、农村劳动力转移、农村实用人才等培训，提高侨场职工发展致富能力。2007年全省侨场人均纯收入仅2750元，通过实施侨场改革，2010年人均纯收入已达3640元，人均增长890元，增长32.4%。

（三）坚持以人为本，切实保障和改善民生

一是全面实施危房改造工程，实现"住有所居"。按照统一规划、自主选择、个人自筹、国家补助、自建自用、一次审批、分年实施的原则，全面完成全省13个侨场、9432户归难侨危房改造任务。其中中央补助资金8488.8万元（每户补助9000元），省、州（市）配套资金1.5万元。2009年，省政府决定另外投入资金7861.5万元，将侨场5241户非归难侨危房户纳入改造范围（每户补助1.5万元），并安排配套设施建设资金3600万元。各州（市）、县（市）投入资金7293.5万元，用于推动侨场危房改造工作的奖励性补助。全省侨场共完成14673户危房改造任务，其中中央投入补助资金8488.8万元，云南省投入补助资金 24414.2 万元，共计 32903 万元，户均补助 2.24 万元。

二是推动养老保险全覆盖，实现“老有所养”。采取政府适当补助、个人自筹为主的办法，妥善解决侨场归难侨养老保险欠费及缴费困难问题。2007 年年底，全省 13 个侨场共有 4055 人欠缴基本养老保险费，已分别得到政府不同比例和数额的补助，省政府已安排补助资金 1025.96 万元。同时，为解决侨场职工后续养老保险缴费困难问题，由财政每年给予一定比例的缴费补助，按 8 年（2008—2015 年）测算，在国家补助 4854 万元的基础上，省政府再逐年安排 6753 万元。全省侨场职工、改制场员应参保 16625 人，已全部参加基本养老保险统筹，参保率 100%。

三是全面实施医疗保险，实现“病有所医”。围绕实现“病有所医”的目标，全省侨场退休人员、在职职工、改制场员和家属，分别参加城镇职工基本医疗保险、城镇居民基本医疗保险和农村新型合作医疗保险。其中在职职工 835 人、退休人员 8180 人全部参加了城镇职工医疗保险，参保率 100%；改制场员和家属参加城镇居民基本医疗保险 8643 人，参加新型农村合作医疗保险 25935 人，参保人员共 34578 人，参保率达 96.2%。

四是开展扶贫救灾，帮助解决突出困难。“十一五”期间，全省投入 1379 万元，妥善解决了侨场 34473 人的饮水安全问题。开展侨场病险水库除险加固工作，12 座水库列入国家病险水库除险加固规划，其中 2 座已完成除险加固工作，3 座已下达计划、年内可完成主体工程建设任务，7 座将于“十二五”期间完成除险加固工作。积极开展救灾捐款，2010 年我省遭遇特大旱灾，我省积极争取海外华侨华人捐助抗旱资金达 1.1 亿元。积极争取海外华侨华人支持侨场所在地教育、卫生等公益事业发展，先后捐建小学 12 所、卫生所 3 个，捐助 120 名贫困大学生，共捐助资金 546 万元。

（四）加大协调力度，妥善解决历史遗留问题

一是维护群众利益，全面完成土地确权办证工作。加大协调力度，全面完成全省 13 个侨场、46.7 万亩土地确权办证工作，完成率 100%。土地确权费用中央补助 194.04 万元，省级补助 194.04 万元。全省侨场均已建立与家庭承包经营相适应的土地承包制度，实行农场集体经营和场员家庭承包经营相结合的经营制度，土地承包政策30年不变，侨场群众土地权益得到保障。

二是做好金融债务处置工作，减轻侨场发展负担。根据国家有关部委关于侨场金融债务处置有关规定，结合我省侨场实际，研究制定了《云南省华侨农场金融债务处置方案》，豁免侨场金融债务1592万元。

三是深化税费改革，减免相关费用。认真落实《云南省深化国有农场税费改革方案》，采取由财政转移支付全额补助的办法，免除侨场职工所承担的类似“乡镇五项统筹”等费用2740万元，其中1370万元直接补贴侨场职工，即从事农业生产的改制场员平均每人每年补助600元，自然场员平均每人每年补助480元。其余50%补助各侨场，作为项目经费，用于侨场危房、饮水、道路等基础设施项目建设。侨场拖欠省级财政的周转金本金725万元和应缴占用费全部给予豁免。

我省侨场改革发展取得的成果，是党中央、国务院和国家有关部委高度重视、大力支持的结果。在此，我代表云南省人民政府，向对我省侨场改革发展给予了大力支持帮助的国务院办公厅、财政部、国家发展改革委、民政部、国务院侨务办公室、人民银行等国家有关部委及督查组各位领导表示衷心感谢！

二、云南侨场改革发展的主要做法和基本经验

（一）高度重视，把侨场的改革发展纳入全省改革发展的大局中来推动

一是领导亲自抓。国务院侨办主要领导多次就推动云南华侨农场改革做出批示，召开全国性会议推动工作落实。省委、省政府领导同志多次对侨场改革发展工作作出指示、召开了省政府侨场改革和发展会议，分管副省长顾朝曦同志担任省侨场改革和发展领导小组组长，多次主持召开全省侨场改革和发展工作会议，对侨场改革发展工作进行安排部署，多次深入侨场实地检查、指导工作，多次召开协调会对危房改造、体制改革、产业发展等重点工作的政策制定和工作落实进行督促和指导。省人大常委会党组副书记、常务

副主任晏友琼同志率人大代表视察组，对全省侨场改革和发展工作进行专题视察。

二是侨办落实蹲点抓。省侨办作为省侨场改革和发展领导小组办公室单位，积极主动承担起侨场改革的监督、推进工作，主要领导及分管领导分别任督导组长，组成3个工作小组，抽调机关19名干部直接到13个侨场指导、督促改革工作，办领导全年下乡时间近累计工作日的1/3，确保省委、省政府下达目标按期完成。

三是基层领导一线直接抓。各州（市）、县（市）负责侨场改革发展工作的领导机构和工作机构按照分工要求，一线抓落实。县（市）政府县（市）长，作为侨场改革工作第一责任人具体协调、指挥侨场改革各项工作地推进，各相关职能部门也安排了大量工作人员进入侨场直接开展工作，实现了改革任务完成。

（二）以体制融入地方为核心，推进“三融入”目标的实现

由于体制不顺、机制不活、改革滞后等多种因素，侨场经济发展落后于周边农村，体制管理长期处于二元真空状态。侨场承担了大量的经济和行政管理职能，社会负担依然繁重，是一个自成体系的“小社会”。针对侨场具有企业和行政双重管理职能的特点，我省以理顺体制为核心，通过体制创新，建立与社会主义市场经济相适应的管理体制、经营机制，使侨场真正走向市场，推进“三融入”目标的实现。

我省以转变职能为核心，按照政企分开、事企分开、管办分开的原则，设计体制改革方案，提出了并入周边乡（镇）或建立管理区的模式。我们认为，侨场就近并入周边乡镇的模式，是从根本上解决侨场体制问题，彻底实现“三融入”的最终途径，但全省13个侨场经济水平不同，支付改革成本的能力不同，同步按照这个模式改革的条件不成熟。部分侨场可通过设立华侨管理区（挂靠周边乡、镇）的模式作为过渡，待条件成熟之后，再并入乡（镇）。

对于融入乡（镇）新成立的华侨管理办公室，我们创新提出了用行政、事业编制对原管理人员进行安置的举措，全省共安排了397个行政、事业编制稳妥解决，确保了侨场管理工作的平稳过渡和有序衔接。我们坚持“立足侨场，适当引入”的原则，确保配优配强领导班子，把一批年纪轻、能力强、经验丰富的干部选配为管理办公室的党政主要领导。同时，开展村委会、居委会选举，把党性强、群众公认的同志选出来担任村委会、居委会领导，通过体制融入地方，带动管理全面融入社会。

（三）以可持续发展为根本，把侨场基础设施、产业发展、社会事业纳入地方发展规划统筹安排

一是按照一场一策，因地制宜的原则，制定2008—2012年全省华侨农（林）场五年发展规划，提出了基础设施建设和产业发展项目94个，总投资11亿元，加大对侨场产业发展的扶持。加快发展现代特色农业，做大做强龙头产业，合理调整并优化产业结构，大力发展二、三产业。

二是把侨场基础设施建设、产业发展、社会事业纳入地方发展规划。对侨场的水利建设、道路建设、电网建设、产业扶持、土地整理和中低产田改造、中低产林改造、危房改造和配套设施建设、农村沼气池建设、扶贫工作、城乡最低生活保障、社会事业发展等重点建设纳入地方发展盘子，统筹安排，优先解决，给予倾斜支持。

三是把中央、省各项支农、惠农政策全面覆盖侨场，把相关实惠落实到职工场员身上。

（四）以抓政策、资金落实为关键，强化各级政府责任

侨场归难侨是一个特殊的困难群体，关于他们的工作，做在国内，影响在国外。基于这样一种认识，我省改革的一项关键措施就是解决民生问题：按照“住有所居”的目标，实施危房改造工程；按照“老有所养”的目标，实施养老保险；按照“病有所医”的目标，实施医疗保险。通过解决一系列的民生问题，让广大职工场员共享改革发展成果。

（1）省级各部门协调配合抓改革配套政策和资金的落实。省侨场改革和发展领导小组各部门积极配合，省政府分管领导牵头召开了多次工作会议，对省政府13号文件确定的主要工作任务进行细化分解、安排部署，我省在中央补助资金外，投入改革配套资金超过4亿元。为认真贯彻落实国务院6号文件精神，在制定省政府13号文件的基础上，省级有关部门联合出台了一系列配套政策，如《关于编制推进华侨农（林）场改革和发展实施方案的指导意见》《云南省华侨农（林）场归难侨危房改造工程实施意见》《关于推进全省华侨农（林）场改革和发展的实施意见做好劳动保障工作的通知》《关于我省华侨农场深化管理体制改革中部分管理人员转为公务员有关问题的通知》等具体政策。

省侨办作为领导小组办公室加强督导，协助、指导、督促改革配套政策、工作进度、经验总结和资金的落实。省发改委采取特殊措施支持侨场危房改造工作的推进，在国家未下达危房改造资金前，垫资3921.3万元下达各地，确保了危房改造工程进度，并积极支持侨场的基础设施建设。省财政厅在侨场危房改造、配套设施建设以及养老保险补助等方面积极筹措资金并及时全部下达。省人力资源和社会保障厅多次到侨场实地指导做好社保补助工作和体制改革工作；国土厅积极争取国土部支持，邀请相关司局领导深入侨场指导土地确权工作；省林业厅整合林业项目资金，在中低产林改造、林产业发展等方面给予支持；省水利厅积极支持侨场水利建设，帮助解决一批水库进入“十二五”规划；省住建厅深入一线指导危房改造工程；省编办解决了侨场管理人员行政和事业编制。省侨场改革和发展领导小组其他成员单位分别按照省政府的要求，认真履职，积极采取措施支持侨场发展，并多次联合赴侨场进行工作指导。

（2）各级政府加强危房改造政策扶持。省政府对5241户非归难侨职工实施危房改造，每户由省补助1.5万元，并投入3600万元配套设施建设资金。各地结合实际进一步加大支持力度，例如砚山县通过以工代赈、上海市侨办对口帮扶项目、财政转移支付等措施支持795.7万元；德宏州、芝市两级政府在国家补助的基础上每户再补助1万元；保山市昌宁县对困难归难侨再给予1.5万～2万元不等的补助；临沧市耿马自治县政府协调金融机构，每户安排

3万~5万元贷款，由县政府贴息；双江自治县投入侨场危房改造资金83万元；曲靖市陆良县以奖代补对年内完成改造的每户奖励1000元。在补助医疗保险欠费方面，玉溪市投入资金4025万元，并支持元江县侨场改革工作经费350万元，推进任务落实。

（五）以改善民生为出发点和落脚点，解决场员职工合理诉求

我们在贯彻国务院6号文件的过程中，从根本问题、突出困难方面着眼，下决心解决民生问题。如在解决养老保险补助上，结合其长期从事农业生产收入较低的实际，我们进行了认真测算，出台了对原侨场职工缴纳养老保险进行补助的措施，彻底解决了侨场职工的后顾之忧，为他们最大的民生问题给予了最优惠的政策。

我们变上访为下访，主动深入侨场了解情况，以解决合理诉求为切入点，全力做好矛盾纠纷排查和化解工作，工作组驻场抓改革、促发展、保稳定。各州（市）党政府领导站在一线，亲自上门做上访户工作。德宏州芒市华侨农场大规模上访事件发生后，党中央、国务院领导作了重要批示。省委、省政府对此高度重视，就维稳工作作出重要批示。省委常委、省政府常务副省长罗正富率队到芒市了解群众诉求，开展维稳工作。在侨场改革过程中，我们深入侨场了解实际情况，积极帮助归侨侨眷解决困难和问题，278件合理诉求得到了妥善解决，维护了侨场和谐稳定大局。

2011 年，国务院督察组的领导听取陆良华侨农场改革工作汇报

2011 年，国务院督察组在德宏州召开华侨农场改革发展督察汇报会

2011年，财政部李勇副部长（右二）亲自检查德宏州华侨农场改革的几十件资料、报告、财务资料、项目建设资料等台账，高兴地评价说：云南华侨农场改革工作，是全面落实国务院农场改革六项任务的典型，芒市华侨农场改革后来居上，成果值得肯定。时任德宏州委书记赵金、德宏州龚州长陪同汇报考察

附录十

关于云南落实华侨农场改革发展工作督查情况的反馈意见

国务院赴云南督查组组长
财政部副部长 李 勇

2011 年 9 月 19 日

按照国务院第 156 次常务议部署和国办具体安排，9 月 15—18 日，我们督查组一行，对云南省贯彻落实国务院 6 号文件精神，推进华侨农场改革发展情况进行了督查。督查组听取了云南省政府关于华侨农场改革发展工作总体情况的汇报，实地察看了陆良、柯街、芒市三个华侨农场。督查工作得到了云南省委、省政府的大力支持，李纪恒、罗正富等省委、省政府主要负责同志高度重视，主管副省长顾朝曦同志、省政协副主席倪慧芳同志，事前精心安排，事中亲自陪同，事后听取反馈意见。在云南省委、省政府及华侨农场所在地党委、政府的积极配合下，督查工作取得了圆满成功。在此，我代表督查组，对云南省委、省政府和各职能部门，对各州（市）、县（市）和华侨农场的大力支持表示衷心感谢！

下面，对云南省贯彻落实华侨农场改革发展工作总体情况分三个方面反馈意见。

几天来，通过听取汇报、召开座谈会、现场察看、查阅资料、随机走访华侨农户，督查组感到，云南省按照国务院 6 号文件要求，围绕华侨农场"三融入"改革目标，结合云南实际，科学设计实施方案，合理把握实施进度，全面落实工作责任，"有路线图、有时间表、有责任人"，领导得力、措施得体、投入到位、动作迅速，华侨农场改革发展工作总体情况良好，很多方面积累了一些好的经验和做法。主要表现在三个方面：

一、思想认识到位，工作部署全面扎实

云南省各级党委、政府高度重视国务院6号文件的贯彻落实工作。一是组织保障有力。省领导就华侨农场特殊群体危房改造、产业发展、维稳工作、建立责任制抓落实等问题10次作出重要批示，主持召开了多次专题会。云南省共有12个华侨农场和1个华侨林场，分布在7个州（市）的9个县。华侨农场总人口45038人，其中归侨侨眷25954人，占总人口的57.6%。

几天来，通过听取汇报、召开座谈会、现场察看、查阅资料、随机走访华侨农户，督查组感到：云南省按照国务院6号文件要求，围绕华侨农场“三融入”改革目标，结合本南实际，科学设计实施方案、合理把握实施进度、全面落实工作责任，“有路线图、有时间表、有责任人”，领导得力、措施得体、投入到位、行动迅速，华侨农场改革发展工作总体情况良好，很多方面积累了一些好的经验和做法。

云南省各级党委、政府高度重视国务院6号文件的贯彻落实工作。

一是组织保障有力。

省政府领导就华侨农场特殊群体、危房改造、产业发展、维稳工作、建立责任制抓落实等问题10次作出重要批示，主持召开了多次专题会议，研究部署华侨农场的改革、发展、维稳工作。省政府成立了由顾朝曦副省长任组长，19个省级有关部门领导为成员的全省华侨农场改革发展领导小组。华侨农场所在州（市）政府按照省政府的工作部署，均建立了相应的华侨农场改革领导工作机构，由政府主要领导或分管领导担任组长，相关政府部门负责同志为成员。各县（市）政府还结合改革工作内容，组建了体制改革组、危房改造组、产业发展组等专项工作小组。

二是工作部署扎实。

多次召开省政府专题会议，下发专题会议纪要，把华侨农场改革发展作为全省改革发展的重要内容来抓，就深化华侨农场改革作了七个方面重大部署，进一步明确了侨场改革政策的工作思路。

三是配套政策全面细致。

出台省政府文件，明确政策措施和改革发展方案。按照国务院6号文件精神，制定了《云南省人民政府关于推进全省华侨农（林）场改革和发展的实施意见》（省政府13号文件），围绕“三融入”改革目标，明确了解决华侨农场困难的政策措施，从政策、项目、资金等方面加大支持力度。编制华侨农场五年发展规划，明确可持续发展措施。在对华侨农场基础设施、产业发展进行了全面调研的基础上，编制了《云南省华侨农（林）场改革发展五年（2008—2012年）规划》，制定了华侨农场总体发展目标和经济发展、基础设施建设、产业发展、社会发展4个方面的具体目标，提出了今后五年的建设重点和投资概算。

二、工作落实到位，华侨农场改革发展取得重要阶段性成果

国务院6号文件下发以来，按照国务院第156次常委会议部署和国办具体安排，9月15—18日，我们督查组一行，对云南省贯彻落实国务院6号文件精神，推进华侨农场改革发展情况进行了督查。督查组听取了云南省政府关于华侨农场改革发展工作总体情况的汇报，实地察看了陆良、柯街、芒市三个华侨农场。督查工作得到了云南省委、省政府的大力支持，李纪恒、罗正富等省委、省政府主要负责同志高度重视，抓产业发展、维稳工作、建立责任制抓落实等问题十次作出重要批示，主持召开了多次专题会议，研究部署华侨农场的改革、发展、维稳工作。省政府成立了由顾朝曦副省长任组长，19个省级有关部门领导为成员的全省华侨农场改革发展领导小组。华侨农场所在州（市）政府按照省政府的工作部署，均建立了相应的华侨农场改革领导工作机构，由政府主要领导或分管领导担任组长，相关政府部门负责同志为成员。各县（市）政府还结合改革工作内容，组建了体制改革组、危房改造组、产业发展组等专项工作小组。多次召开省政府专题会议，把华侨农场改革发展作为全省改革发展的重要内容来抓，就深化华侨农场改革作了七个方面重大部署，进一步明确了工作思路和主要政策措施。出台省政府文件，明确政策措施和改革发展方案。按照国务院6号文件精神，制定了《云南省人民政府关于推进全省华侨农（林）场改革和发展的实施意见》（省政府13号文件），围绕“三融入”改革目标，明确了

解决华侨农场困难的政策措施，从政策、项目、资金等方面加大支持力度。编制华侨农场五年发展规划，明确可持续发展措施。在对华侨农场基础设施、产业发展进行了全面调研的基础上，编制了《云南省华侨农（林）场改革发展五年（2008–2012年）规划》，制定了华侨农场总体发展目标和经济发展、基础设施建设、产业发展、社会发展4个方面的具体目标，提出了今后五年的建设重点和投资概算。

三、巩固改革成果和下步工作建议

一是继续加大力度巩固成果。

云南省委，省政府。要在前几年云南华侨农场改革取得成果的基础上。继续贯彻好国务院华侨农场改革的文件精神。按照“三融入”的总的要求。继续巩固好云南华侨农场改革的成果。

二是继续落实好华侨农场的相关优惠政策。

国务院各部门要继续协调好华侨农场金融债务减免问题、继续给予华侨农场社保补助问题等，我们要会同人民银行、人社部等部门慎重研究支持。

三是继续加强华侨农场基础设施建设。

对华侨农场基础设施建设、危房改造、产业发展扶持等方面的问题，国家发展改革委方言副司长已表示：在现有规划、投资渠道内的，要尽力向华侨农场倾斜，国务院侨办系统，也要积极对接；对未纳入规划的，向国家发改委杜鹰副主任报告，尽量给以支持。基础设施和产业扶持是华侨农场今后发展的重要条件，云南省华侨农场人均收入较低（只有3640元，全国最低），总体水平甚至低于周边农村，发展问题尤其突出。这是今后一个时期华侨农场工作的重心。我们督查组要积极反映，争取为云南华侨农场生产发展创造一个相对有利的条件。

最后，我再次代表督查组，对云南省委、省政府，对顾副省长、倪副主席和各职能部门，对各州（市）、县（市）党委、政府和各华侨农场，对我们这次督查工作的大力支持和精心安排表示衷心感谢！

附录十一

云南省华侨农（林）场改革和发展工作情况汇报*

云南省副省长　顾朝曦

2012 年 7 月 26 日

尊敬的国务院领导、国务院侨办领导、各位领导、同志们：

根据会议安排，下面，我代表云南省政府，汇报云南省华侨农（林）场改革和发展工作情况。

一、云南侨场改革发展基本情况

自 20 世纪 50 年代起，国家先后在我省安置了来自印度尼西亚、缅甸、越南、印度等国归难侨 8 万多人。改革前，我省共有 12 个华侨农场、1 个华侨林场，分布在 7 个州（市）的 9 个县（市）。其中，有 5 个侨场在国家重点扶持县，11 个侨场在民族自治地方。侨场总人口 45038 人，其中归侨侨眷 25954 人，占总人口的 57.63%。

云南省委、省政府高度重视全省侨场改革和发展工作，在经济欠发达、财政十分困难的情况下，于 2000 年下决心投入 3.4 亿元，对侨场管理体制、劳动用工制度、分离场办社会职能、参加基本养老保险等进行了改革。2007 年，《国务院关于推进华侨农场改革和发展的意见》（国发〔2007〕6 号）下发后，按照“理顺体制、融入地方，夯实基础、振兴产业，增加收入、改善民生，协调发展、和谐稳定”的工作思路，我省制定了《云南省人民政府关于推进全省华侨农（林）场改革和发展的实施意见》和《云南省华侨农（林）场改革发展

* 此文是云南省政府副省长顾朝曦在国务院召开的全国侨场改革经验交流会上，代表省政府作经验交流。

五年（2008—2012年）规划》，加大支持力度，推进全省侨场改革发展取得了良好成效。

（一）深化侨场体制改革，理顺管理关系

研究提出了将侨场全面纳入县域管理的3种改革模式：一是就近并入周边乡（镇），成为农场经济合作组织，在乡（镇）政府设置华侨管理办公室；二是设立华侨管理区，挂靠周边乡（镇），管委会作为县级人民政府派出机构；三是整体改制为公益性事业单位，隶属县级人民政府。按照以上思路，全省13个侨场有7个并入周边乡（镇）、5个设立华侨管理区、1个林场整体改制为公益性事业单位，全面理顺了关系，实现了规范管理。为保证体制改革顺利推进，省级核定了165个行政编制和62个事业编制，有关州（市）调剂使用行政、事业编制171个，全省共拿出398个行政、事业编制妥善解决了原侨场管理人员的分流安置问题。侨场体制改革后，实现了4个转变：一是侨场由国企经营变为农村经济合作组织经营；二是侨场由独立社会转变为纳入县域经济各项惠农、强农政策全覆盖的地方基层组织；三是管理人员由企业职工转变为国家公务员或事业人员；四是基层一线职工、场员转变为城乡居民。

（二）加大扶持力度，改善发展条件

出台了《云南省华侨农（林）场改革发展五年（2008—2012年）规划》，将侨场经济社会发展纳入全省改革发展大局统筹安排，重点实施了水利基础设施建设、道路建设和电网改造、产业发展培育、安居和民生工程建设、基本农田建设与中低产田改造等五大工程，总投资11亿元。目前，云南省对侨场改革涉及的危房改造、基础设施、社会保障、民生工程、产业发展等方面的投入资金达7.14亿元，其中，省级投入资金2.57亿元，各州（市）投入改革配套资金1.13亿元，整合支农、惠农项目资金3.44亿元。侨场基础设施建设、产业发展、社会事业等方面的97个项目，纳入各地“十二五”发展规划，总投资19.9亿元。2007年，全省侨场人均纯收入仅2750元，通过实施侨场改革，2011年人均纯收入已达4250元，2007年增长了1500元。

（三）坚持以人为本，切实保障和改善民生

一是全面实施危房改造工程，实现“住有所居”。按照统一规划、自主选择、个人自筹、国家补助、自建自用、一次审批、分年实施的原则，全面完成13个侨场、9432户归难侨危房改造任务。2009年，省政府决定投入资金7861.5万元，率先在全国将侨场5241户非归难侨危房户纳入改造范围，并安排配套设施建设资金3600万元。目前，全省侨场共完成14673户危房改造任务，其中，中央投入补助资金8488.8万元，云南省投入补助资金24414.2万元，共计32903万元，户均补助2.24万元。

二是推动养老保险全覆盖，实现“老有所养”。采取政府适当补助、个人自筹为主的办法，妥善解决侨场归难侨养老保险欠费及缴费困难问题。2007年底，省政府安排补助资金1025.96万元，解决了全省13个侨场共4055人欠缴基本养老保险费问题。同时，由财政每年给予一定比例的缴费补助，在国家补助4854万元的基础上，省政府再逐年安排6753万元。全省侨场职工、改制场员应参保16625人，已全部参加基本养老保险统筹，参保率100%。

三是全面实施医疗保险，实现“病有所医”。全省侨场退休人员、在职职工、改制场员和家属分别参加城镇职工基本医疗保险、城镇居民基本医疗保险和农村新型合作医疗保险。其中在职职工835人、退休人员8180人全部参加了城镇职工医疗保险，参保率100%；改制场员和家属参加城镇居民基本医疗保险8643人，参加新型农村合作医疗保险25935人，参保率达96.2%。

四是开展扶贫救灾，帮助解决突出困难。“十一五”期间，全省投入1379万元，妥善解决了侨场34473人的饮食安全问题。开展侨场病险水库除险加固工作，12座水库列入国家病险水库除险加固规划，其中2座已完成除险加固工作，3座已下达计划、年内可完成主体工程建设任务，7座将于“十二五”期间完成除险加固工作。积极开展救灾捐款，2010年我省遭遇特大旱灾，积极争取海外华侨华人捐助抗旱资金1.1亿元。积极争取海外华侨华人支持侨场所在地教育、卫生等公益事业发展，先后捐建小学12所、卫生所3个，捐助120名贫困大学生，共捐助资金546万元。

（四）加大协调力度，妥善解决历史遗留问题

一是维护群众利益，全面完成土地确权办证工作。全省13个侨场、46.7万亩土地确权办证工作完成，完成率达100%。土地确权费用中央补助194.04万元，省级补助194.04万元。全省侨场均已实行农场集体经营和场员家庭承包经营相结合的经营制度，土地承包政策30年不变，群众土地权益得到保障。

二是做好金融债务处置工作，减轻侨场发展负担。根据国家有关部委关于侨场金融债务处置有关规定，结合我省侨场实际，研究制定了《云南省华侨农场金融债务处置方案》，豁免侨场金融债务1592万元。

三是深化税费改革，减免相关费用。采取由财政转移支付全额补助的办法，免除侨场职工所承担的类似"乡镇五项统筹"等费用2740万元，其中50%共1370万元直接补贴侨场职工；其余50%补助各侨场作为项目经费，用于侨场危房、饮食、道路等基础设施项目建设。侨场拖欠省级财政的周转金本金725万元和应缴占用费全部给予豁免。

二、云南侨场改革发展的主要做法

（一）高度重视，落实侨场改革发展责任

在国务院侨办的领导下，省委、省政府主要领导和分管领导多次作出批示和主持召开会议，要求进一步深化侨场体制改革，加快侨场经济发展，切实维护归侨侨眷合法权益，共享改革发展成果。省人大组织开展了华侨农（林）场改革与发展专题督查工作，省政府成立了由分管副省长任组长的云南省华侨农（林）场改革和发展领导小组。侨场所在州（市）、县（市）政府加强对侨场改革发展工作的组织领导，把侨场改革发展工作纳入地方经济社会发展规划和年度基本建设规划，为推进侨场改革发展工作提供了坚强的组织保障。省侨办领导下沉侨场一线，组成多个工作组深入各侨场督促指导工作，各级财政、发展改革、国土资源、规划、建设、侨务、民政、金融等部门密切配合，及时协调解决具体困难和问题，确保了侨场改革发展工作的顺利开展。

（二）以体制融入地方为核心，全面推进“三融入”

针对侨场具有企业和行政双重管理职能的特点，我省以理顺体制、转变职能为核心，按照政企分开、事企分开、管办分开的原则，将侨场并入周边乡（镇）或建立管理区，力求实现“三融入”的目标。对融入乡（镇）后新成立的华侨管理办公室，通过增加行政和事业编制对原管理人员进行安置，确保了侨场管理工作的平稳过渡和有序衔接。同时，确保配优配强领导班子，并通过选举产生村委会、居委会领导，推动体制融入地方、侨场全面融入社会。

（三）以可持续发展为根本，加快侨场发展步伐

研究制订了全省侨场5年发展规划，把侨场基础设施建设、产业发展、社会事业纳入地方发展规划，对侨场食利建设、道路建设、电网建设、产业扶持、土地整理和中低产田改造、中低产林改造、危房改造和配套设施建设、农村沼气池建设、扶贫工作、城乡最低生活保障、社会事业发展等重点事项纳入地方发展盘子，统筹安排，优先解决，给予倾斜支持。同时，把中央和省里各项支农、惠农、惠林政策全面覆盖侨场，把相关实惠落实到职工场员身上。

（四）以改善民生为出发点和落脚点，解决职工场员合理诉求

坚持以改善民生为出发点和落脚点，注重从根本问题、突出困难方面着眼，努力回应群众合理诉求，下决心解决侨场民生问题。2008年4月，芒市原华侨农场城西分场四队部分人员到潞西市政府上访静坐，反映企业改制、土地征用补偿、解决基础设施以及社会保障等方面的问题。事件发生后，国务院侨办领导、省政府领导多次批示，常务副省长亲自带队赴现场处置。省政府侨办主要领导，德宏州委、州政府抽调140多人组成9个工作小组，省侨场改革领导小组成员单位派出人员到一线，认真向上访群众宣传解释政策，争取群众理解和支持。由于思想工作认真细致、有效回应了群众诉求，事件得以妥善处置。

我省侨场改革发展取得的成果，是党中央、国务院和国家有关部委高度重视、大力支持的结果。在此，我代表云南省人民政府，向对我省侨场改革发展给予大力支持帮助的国家有关部委表示衷心感谢！

我省侨场改革与发展工作虽然初见成效，但由于侨场基础薄弱，产业单一，发展后劲不足，场员人均收入与当地居民相比还有一定差距。我们将以此次会议的召开为契机，深入贯彻落实好会议精神，学习借鉴兄弟省区的好经验、好做法，继续深入推进侨场改革发展工作，促进侨场加快发展，维护侨场和谐稳定的大好局面。

谢谢大家！

2011年，云南省政府顾朝曦副省长（前排左三）、省政协副主席倪惠芳（前排左四）在国务院督察组反馈会议上代表云南省作表态发言，感谢督察组对云南省华侨农场改革工作的肯定，对督察组提出的问题，下一步云南省将认真改进，抓好落实

2011 年 9 月，财政部李勇副部长（左四）、云南省政协副主席倪惠芳（左五）与陪同督察的云南省各部门领导等合影

附录十二

克难攻坚　大胆创新
切实推进云南侨场改革发展工作*

云南省政府侨办主任　杨光民

2009年，在云南省委、省政府的正确领导下，在国侨办的有力指导下，云南省侨办认真学习贯彻党的十七大和全国侨办主任会议精神，深入学习江苏侨务工作经验，结合云南实际，积极拓展思路，创新工作方法，围绕中心、服务大局、依法护侨、促进发展，带着感情做活侨务工作，围绕发展做实侨务工作，在侨场改革、侨务招商引资、华文教育等各个方面取得了新成效。

一、云南侨务工作的思路和主线

（一）一条思路、两项要求、三个重点

围绕省委、省政府的中心工作和国务院侨办总体安排，从我省侨务工作实际出发，经办公会认真研究，进一步明确了符合云南侨务工作实际的工作思路。即，一条思路：围绕中心、服务大局、依法护侨、促进发展。两项要求：带着感情做活侨务工作，围绕发展做实侨务工作；三个重点：一是发挥侨力资源促进发展，二是为侨服务促进侨场改革，三是创新思路促进华文教育。今年，我们坚持这一工作思路，使侨力资源优势得到了有效发挥，有力促进了工作的开展。

（二）工作主线——突出三个服务

突出为大局服务、突出为侨服务、突出为国家软实力服务。一年来，我

* 此文是作者2009年在国务院侨办召开的全国侨场改革会议上作的经验交流汇报。

办以“突出三个服务”为工作主线，一是办党组、行政按照省委、省政府应对国际金融危机的一系列决策，按照调结构、扩内需，保增长、保民生、保稳定的方针，按照省领导关于云南应对金融危机的八大对策措施，全办同志团结拼搏，成功举办东盟华商会，实现侨力资源为大局服务；二是以人为本，深化侨场体制改革，全面落实省政府 13 号文件，实现了为侨服务；三是突出为国家软实力服务，华文教育工作取得明显成效。

二、云南推进华侨农（林）场改革和发展工作情况

云南省是我国五大侨乡和国家集中安置归难侨的重要基地之一。国侨办、省委、省政府对云南侨场改革发展工作高度重视，给予了大力的支持。为贯彻好《国务院关于推进华侨农场改革和发展的意见》（以下简称国务院 6 号文件）精神，2008 年初，云南省政府出台了《云南省人民政府关于推进全省华侨农（林）场改革和发展的实施意见》（以下简称省政府 13 号文件）。按照中央和省的要求，云南侨场深化改革、加快发展工作全面展开，深入推进。

（一）我省侨场基本情况

1. 自然情况

从 20 世纪 60 年代起在我省先后安置了来自印度尼西亚、缅甸、越南、印度等国的归难侨 8 万多人。我省共有 12 个华侨农场、1 个华侨林场，分布在 7 个州（市）的 9 个县。其中，有 5 个侨场分布在国家级贫困县内，有 11 个侨场分布在民族自治地方。13 个侨场现有总人口 43480 人，其中归侨侨眷 25954 人，占总人口的 60%。

2. 发展情况

经过产业结构调整，侨场主要以种植经济林果和经济作物为主，粮经比例为 20∶80。近年来，侨场职工场员的收入有所增加，但仍低于周边农民的收入。2008 年侨场实现社会总产值 46997 万元，其中，第一产业 32521 万元，第二产业 8904 万元，第三产业 5572 万元。侨场人均纯收入为 2515 元，比全省农民人均纯收入 3103 元低 588 元。

3. 主要困难

近年来在国家和省的大力支持下，侨场虽然发展较快，但存在的困难和问题仍然十分突出。

（1）民生问题突出。一是归难侨困难群体比重大。我省侨场现有总人口43480人，人均年收入低于924元以下的贫困人口为16869人，占总人口的38.8%，其中归难侨10603人，占实际贫困人口的62.9%。二是侨场住房大部分为20世纪60年代建房，居住环境差，食、电、路等基础设施落后。三是养老保险、医疗保险缴费困难。

（2）体制二元性矛盾突出。由于体制不顺，侨场发展游离于地方经济发展之外，各项发展很少纳入地方规划，难以得到政策的有力支持，经济发展水平与周边农村的发展已拉大了差距。

（3）发展问题突出。一是基础设施薄弱。侨场的道路等级低、路况差；水利基础设施较差，水利化程度低。二是产业结构单一，生产力水平低。农副产品以初级产品为主，附加值低，农业科技含量低。

（二）云南侨场改革工作推进情况

1. 工作思路

国务院6号文件是侨场改革发展的纲领性文件，尤其是“体制融入地方，管理融入社会，经济融入市场”的“三融入”改革目标非常符合云南侨场实际，是一个惠侨、护侨、促进侨场可持续发展的重要文件。

根据国务院侨办的要求，云南省委、省政府高度重视国务院6号文件的贯彻落实，及时成立全省侨场改革和发展领导小组，由省政府分管领导带队赴侨场进行全面、深入调研，在此基础上，提出了云南省贯彻落实国务院6号文件精神，推进侨场改革工作的基本思路和主要措施。

我们在推进侨场改革工作中，提出了“三抓四到位”的要求，即“抓方案、抓班子、抓房子”“领导到位、措施到位、责任到位、工作到位”。紧紧抓住工作的难点、重点和关键点，以危房改造为突破口，全面推进侨场改革工作。

2. 政策措施

（1）及时出台省政府13号文件，明确6个方面的政策措施。省政府13号文件以贯彻落实国务院6号文件为主线，紧扣“三融入”改革目标，明确了解决侨场6个方面困难的政策措施，从政策、项目、资金等方面加大支持力度。一是理顺体制机制，省级核定165个行政编制、62个事业编制，下决心把侨场管理人员纳入财政供养，真正实现体制融入地方，管办分开、政企分开。二是在中央对我省补助资金1.38亿元的基础上，由省、州（市）配套资金1.45亿元，解决民生问题。三是在解决民生问题上，从危房改造、养老保险、医疗保险等方面出台政策，含金量高，政策普惠性强。

（2）把侨场的改革发展作为全省改革发展的重要内容来抓。省政府召开侨场改革和发展会议，把侨场的改革发展作为全省改革发展的重要内容来抓，明确了推进侨场改革和发展的七条政策措施。

（3）出台侨场五年发展规划，明确可持续发展措施。省发改委、省侨办联合对侨场基础设施、产业发展进行了全面调研，编制成《云南省华侨农（林）场改革发展五年（2008—2012年）规划》，经省政府审核同意下发执行。拟在五年内建设61个重点项目，总投资9.27亿元，实施水利基础设施、道路建设和电网改造、培育发展产业、土地整理与中低产田改造、安居和民生等五项重点工程。

3. 工作成效

（1）体制改革任务顺利完成，实现突破。

一是体制改革任务实现突破。按照“体制融入地方，管理融入社会，经济融入市场”的“三融入”目标，云南侨场并入乡（镇）或设立管理区的挂牌授印工作于2009年3月20日前全部完成。其中，4个侨场并入周边乡（镇），8个侨场改制为华侨管理区，1个华侨林场改制为财政全额拨款事业单位。省政府拿出165个行政编制、62个事业编制，9个侨场所在州（市）党委、政府拿出99名事业编制，积极做好人员分流工作。4月25日，侨场改革公务员招录考试工作全面结束。7月起，各华侨管理区和侨场并入的乡（镇）按照新的管理体制正式运行，这标志着华侨农（林）场管理体制进入了新阶段。

（2）侨场危房改造高效推进。

我省侨场共有归难侨危房9432户，按照国家规定的每户1.5万元补助标准，由中央补助每户9000元，共8488.8万元；由省州（市）补助每户6000元，共5659.2万元。全省侨场9432户归难侨危房改造任务已全部完成。此外，将5681户非归难侨危房户统一纳入全省农村危房改造项目给予解决，每户补助1.5万元，共8521.5万元。同时，2009年，省财政安排3600万元资金用于实施危房改造的配套设施建设。

（3）侨场基本养老保险实现全覆盖。

根据省政府13号文件精神，对“4050”归难侨（女40岁、男50岁）和非“4050”归难侨2007年以前欠缴的基本养老保险费由财政分别按照60%和40%给予补助；对“4050”归难侨从2007年起至退休前所需缴纳的基本养老保险费，由财政补助12%，所需资金由中央补助4854万元，省级财政补助6753万元。对非“4050”归难侨也按照上述政策给予欠费、缴费补助。

全省13个侨场共欠费4055人，已落实补助资金1025.96万元，“4050”归难侨人员缴费补助4947人次，补助金额1092.33万元，两项合计欠费、缴费补助金额2118.29万元。我省侨场职工、改制场员及退休人员应参保人数16625人已全部参加基本养老保险，参保率100%。

（4）侨场医疗保险基本覆盖。

按照“病有所医”的要求，侨场退休人员和在职职工全部参加城镇职工基本医疗保险，场员参加农村新型合作医疗保险，参保人员共36964人，医疗保障覆盖率达92.3%。

（5）侨场土地确权工作全部完成。

全省13个侨场46.7万亩土地全面完成确权办证工作，完成率100%。土地确权经费中央补助191万元，省级补助191万元。

（6）侨场维稳工作见成效。

稳定是改革的主要保障，按照中央、省的要求，我办高度重视侨场稳定工作，多次率调研组赴德宏，协助州委、州政府处理芒市原华侨农场群体性上访事件，接待上访人员13批66人，听取他们的诉求，对上访群众9个方面诉求研究提出答复意见并报省政府审定。处置了文山州原平远街华侨农场、玉溪市原甘庄华侨农场进京上访事件。接待群众来信132件，来访348人次，进一步化解了矛盾。

（三）我省侨场改革工作主要做法

1. 领导到位

一是领导高度重视。为贯彻好国务院6号文件精神，国务院侨办主任李海峰多次批示，省委、省政府领导多次批示，顾副省长多次主持召开全省侨场改革和发展领导小组会议，对侨场改革发展工作进行安排部署。省人大常委会党组副书记、常务副主任晏友琼同志率人大代表视察组，对全省侨场改革和发展工作进行专题视察。

二是成立侨场改革发展领导小组。省政府成立了以顾朝曦副省长为组长，19个厅局领导为成员的省华侨农（林）场改革和发展领导小组。办公室设在省侨办，由侨办主任担任办公室主任，分管领导任副主任，各州（市）、县（市）政府均成立了由党委、政府主要领导或分管领导任组长的负责侨场改革发展工作的领导机构和各相关部门组成的工作机构。

2. 措施到位

为认真贯彻落实国务院6号文件和省政府13号文件精神，省侨办会同省级有关部门，出台了一系列配套政策，如《关于编制推进华侨农（林）场改革和发展实施方案的指导意见》《云南省华侨农（林）场归难侨危房改造工程实施意见》《关于推进全省华侨农（林）场改革和发展的实施意见做好劳动保障工作的通知》《关于我省华侨农场深化管理体制改革中部分管理人员转为公务员有关问题的通知》等政策。

各州（市）因地制宜地出台了一系列贯彻落实国务院6号文件和省政府13号文件精神的惠侨措施。在体制改革工作中，大理州给予侨场改革新增7个行政编制和21个工勤编制；文山州给予侨场体制改革新增25个事业编制；德宏州潞西市政府安排了31个事业编制妥善安置未录用为公务员的原侨场管理人员；保山市昌宁县采取安排行政、工勤编制的办法，把侨场管理人员全部安置到柯街镇；临沧市安排 17 个事业编制安置耿马、双江两个侨场场部机关管理人员；玉溪市元江县制定了人员分流细化工作方案，妥善解决侨场的人员安置问题。通过一系列有力的措施，我省侨场体制改革工作中，没有出现大的群体性上访事件。

在危房改造工作中，各地结合实际进一步加大支持力度，例如陆良县整合项目建设资金支持 432.1 万元，对年内完成的每户奖励 1000 元；砚山县通过以工代赈、上海市侨办对口帮扶项目、财政转移支付等措施支持 795.7 万元；元江县积极争取市政府基础设施补助经费 100 万元；双江县投入侨场危房改造资金 83 万元；昌宁县、潞西市、富宁县考虑侨场归难侨较为贫困的实际，在每户补助 1.5 万元的基础上，再给予 1 万 ~ 3 万元不等的补助。

在社会保障工作中，玉溪市为解决侨场职工医疗保险问题，投入资金 4000 多万元，并支持元江县侨场改革工作经费 50 万元。

3. 责任到位

一是改革责任到县。侨场所在县（市）党委政府主要领导对侨场改革以高度的责任感，切实履行第一责任人的责任。一些县（市）由党委、政府主要领导担任了侨场改革领导小组的组长；一些县（市）党委、政府主要领导多次到侨场现场指导开展工作；一些县（市）党委、政府主要领导多次主持召开会议，研究支持侨场改革工作的措施和办法。

二是省级 19 个部门积极协调配合，有力推动。省发改委按照省政府的要求，1 月 16 日将侨场危房改造省级配套资金 4028.9 万元一次性下达各地，5 月初垫资将中央 2009 年未下达的危房改造资金 3921.3 万元下达各地。省财政厅在侨场危房改造、配套设施建设以及养老保险补助等方面积极筹措安排资金并及时全部下达。省侨办加大协调力度，与侨场改革和发展领导小组成员单位多次深入侨场及所在县（市）进行督导和现场办公共同研究侨场改革发展工作。

4. 工作到位

省政府将侨场改革工作连续列为2008年、2009年省级20项重大工作进行督查，召开了3次全省性的侨场改革和发展工作会议，下发了两个专题会议纪要；省侨办作为全省侨场改革和发展领导小组办公室进一步加大督导协调力度，组成了由省侨办党组书记、主任、分管副主任为组长的3个督导组，分州（市）负责督导侨场改革工作，并在3个督导组下设7个工作小组，抽调机关19名同志，赴侨场所在州、县蹲点督导，协助、指导、督促各地推进侨场改革工作。

（四）对做好侨场改革发展工作的体会

1. 要用长远发展的意识，来推进侨场改革

在推进侨场改革的过程中要按照国家确定的改革方向和要求，结合侨场的实际来确定具体的改革措施和方法。我们通过对云南侨场实际情况的全面调研，认真分析制约侨场发展的主要体制问题后，提出了以政企分开、管办分开为出发点的侨场体制改革，以进一步理顺侨场行政管理关系，规范侨场国有资产的经营管理为重点，以转变促逐步融入周边乡（镇）为目标将侨场纳入地方整体经济社会发展中。

作为侨务部门更要从贯彻落实国家侨务政策和为侨服务的角度，来理解认识侨场改革发展工作的重要性，为提高广大归难侨生产生活水平，促进侨场融入地方更好地发展做好工作。

2. 侨场改革要有整体意识

要将侨场改革发展融入全省改革发展的全局中来推进工作。要把侨场危房改造与抓住中央扩大内需，加强保障性住房建设和省委、省政府全面加强农村住房安全，提高人民群众住房质量的要求结合起来，要把侨场基础设施建设与县的整体规划结合起来，要把侨场的产业发展与县域经济发展和支柱产业培育结合起来。只有真正把侨场纳入县域经济整体工作中，实现有效的管理，才能说明侨场改革工作的成功，才能真正实现“体制融入地方、管理融入社会、经济融入市场”的目标。

3. 侨场改革要有系统性意识

侨场改革解决的是广大职工场员的安居问题、民生问题、发展问题，各级各部门要深刻认识侨场改革的长期性、艰巨性和复杂性、涉外性、政策性。侨场改革是一个系统工程，我们的工作方式和方法也要有系统性，危房改造涉及规划设计、用地、资金补助、质量监督、进度安排等各个环节，我们必须有一个整体、系统的安排和计划，才能确保按时、按质完成任务。侨场体制改革要与地方管理制度、侨场的长远发展结合起来系统考虑，才能避免走弯路，确保体制改革后新机构的有效运转。解决侨场的养老、医保等民生问题要与场员的增收致富结合起来系统考虑，才能避免同样的问题再次出现。

（五）下一步推进华侨农（林）场改革发展的打算

2010年，云南侨场改革工作要继续贯彻落实好国务院6号文件和省政府13号文件精神，全面推进侨场改革发展。着力做好5项工作。

（1）努力做好体制改革后续工作。一是指导侨场体制改革后新机构切实抓好衔接运转工作，确保侨场改革后管理平稳过渡，各项工作有序推进。二是督促新机构加强机制建设，指导新机构抓好“三定”方案、国有资产管理办法的制定等工作，实现规范健康运转。

（2）全面完成非归难侨危房改造任务。一是2010年底全面完成5681户非归难侨危房改造任务；二是做好新建居住点的水、电、路等公共配套设施建设工作。

（3）做好社会保障工作。认真汇总、审核华侨农场归难侨、非归难侨基本养老保险缴费补助，做好后续服务。

（4）积极推动侨场可持续发展。一是协调相关州（市）、省级有关部门落实《云南省华侨农（林）场改革发展五年（2008—2012年）规划》项目。按照“三融入”的要求，督促各地把侨场基础设施建设、产业发展全面纳入地方经济社会发展规划。二是协调指导文山州3个侨场实施好沪滇对口帮扶项目。三是加强对场员技能的培训，通过培训、讲座等形式，使场员更新观念、提升素质、增强就业能力。

（5）做好侨场维稳工作。按照以人为本、构建和谐社会的要求，做好管理人员分流工作，解决遗留问题，理顺情绪，化解矛盾，维护侨场稳定。

总体上看，一年来，云南侨务工作在促进经济增长和对外开放，促进为侨服务，实施侨场改革，为提升国家软实力，拓展华文教育工作，加强机关党的建设等方面均取得较好成绩，这是国务院侨办正确领导和支持的结果，是省委省政府高度重视、正确领导的结果，是省级有关部门协调配合的结果，也是全省侨务干部团结拼搏、努力奋斗的结果。

省政府侨办华侨农场工作指导组的部分处长和各个工作人员，在陆良华侨农场危房改造的新村前合影：副巡视员李荣（左三）、机关党委书记赵军（后排右二）、李能（后排右三）、秘书处副处长余渊（前排左一）、陆良华侨农场党委书记许刚（右二）和工作人员等

附录十三

在大理州政府与丹麦嘉士伯集团签约仪式上的致辞

云南省政府侨办主任　杨光民

2012年6月2日

苍山不墨千秋画，洱海无弦万古琴。清风漫卷宏图，伟业催人奋进。在省委、省政府的有力支持与指导下，在省侨办，大理州、市党政领导下，在丹麦嘉士伯集团的不懈努力下，今天我们齐聚一堂，共同见证“大理市政府与嘉士伯集团100万吨啤酒基地项目”的签约。过几天在第十届东盟华商会上云南省政府还将与嘉士伯集团签署战略合作协议，这一项目的开花结果，对推动我省啤酒产业跨越发展，铸造我省“酒业强省”地位具有里程碑式的重大意义。在此，我受云南省政府领导的委托，谨代表云南领导和省政府侨办对协议的正式签署表示衷心的祝贺，对所有为协议签署付出辛勤劳动、做出突出贡献的各位领导、嘉士伯企业家、朋友们致以亲切的慰问和热烈祝贺!

朋友们，十年铸一剑，从2003年省侨办积极引进嘉士伯集团投资大理开始，由10万吨规模，到100万吨规模，我们与嘉士伯集团一路携手走来，风雨同舟，互助共进，今天的成果饱含着双方辛勤的汗水，凝聚着双方无限的智慧。我借此机会讲四点意见。

一、包容合作，交流融合

当今世界经济全球化和区域化是两大特征，中西方有着各自的文化背景和价值理念。省、州（市）、县各级政府与嘉士伯集团均秉持开放包容的姿态，坚持包容合作、交流融合、沟通协调、求同存异，以真诚感染了对方，以行动检验了诚意，促进中外企业管理、技术、理念融合。确保了近十年卓有成效的包容合作。2011年，经省政府批准，我率包括大理州、市政府领导在内的省侨办经贸代表团访问具有165年悠久历史的丹麦嘉士伯集团的总部，其成熟的市场运作机制、先进的管理经验和精良的制造工艺给了我们极大的启发，我们被其多元的企业文化所深深吸引，由此坚定了与嘉士伯集团深度合作的信心和决心。这次访问我们精心准备，介绍我国“十二五”规划、云南桥头堡商机，积极争取嘉士伯总部进一步扩大对我省投资。大理州、市党委政府高度重视嘉士伯扩产计划，主要领导亲自抓，坚定了外方投资决心。

二、定位准确，前景广阔

多年来，嘉士伯集团面向国内、国际两个市场，在我国投资规模不断扩大，销售量不断攀升，市场占有率不断提高，已成为我国啤酒业的中坚力量和标志性企业。综观当今世界，金融危机后续影响仍在继续，而中国则是一片繁荣稳定的热土，智者审时度势，顺势而谋，谋定而动。嘉士伯集团志存高远，准确把握中国又好又快发展战略，敏锐把握云南面向南亚开放桥头堡重大商机，提出扩产大理项目为100万吨，总投资8.288亿美元，要建成嘉士伯中国的标志性项目，成为面向南亚市场的基地。此次签约投资，也是嘉士伯集团紧紧抓住中国实施桥头堡战略和云南实施跨越发展的机遇，加速在云南的发展，开辟南亚市场，巩固拓展云南市场的重要举措。我们有理由相信，这一举措必将使集团在中国区的实力得到不断壮大，在全球中的竞争力得到不断增强！

三、产业兴省，快速拓展

为了满足我省城乡人民市场需求，覆盖周边国家，在《云南省“十二五”酒产业发展专项规划》中，“酒业强省”战略目标已提上议事日程。省委、省政府提出：工业兴省、工业富省，工业是云南经济增长的主要支撑，必须坚定不移地推进工业强省战略。省侨办发挥侨务资源优势，以侨引外，加大招商工作力度，促进外商落户云南。嘉士伯集团在2025年前，将再次增加投资40亿元，把在滇啤酒生产能力扩产至160万吨，预计年上缴税将突破12亿元，嘉士伯啤酒产业上下游形成120亿销售收入。这一大手笔契合我省桥头堡战略和跨越发展要求，契合我省工业强省、产业兴省战略和“酒业强省”战略目标，必将有力推动我省社会经济的发展。同时，我们希望，也相信嘉士伯集团能以雄厚的资本、先进的生产技术、广泛的商业网络和先进的管理经验，为云南啤酒产业在提升质量水准、保证食品安全、强化节能减排、提升市场管理水平等领域提供技术帮助，助推我省啤酒产业整体向好发展。

四、优质服务，做大做强

十年奋斗、十年探索、十年辉煌。嘉士伯项目引进工作，一直得到国务院侨办、省委、省政府领导的高度重视，李纪恒省长3月18日专门作出批示，要求项目所在地党、政主要领导和分管领导亲自抓落实，顾朝曦副省长多次听取汇报、多次接见外方高层促进项目，大理州党、政主要领导多次过问项目推进情况，亲自协调解决问题，今天的签约标志着嘉士伯集团与大理州乃至全省的合作踏上了新的征程。云南省侨办和项目所在州（市）将在国侨办、省委、省政府的统一领导下，将项目列入省级重大外资项目，建立绿色通道给予支持。在省、州（市）、县相关部门的密切协同下，我们将坚持策划大项目、吸引大外商、促进大发展的侨务招商引进思路，一如既往以最大的诚意，尽最大的努力，秉承“为投资者着想，帮投资者盈利，促投资者成功”的宗旨，积极为嘉士伯集团开辟投资绿色通道，提供“零距离”贴身服务，“零缺陷”个性服务，“零干扰”优质服务，帮助企业早开工，早投产，早见效，真正做到成本最低，效率最高，回报最快，信誉最好，实现我们之间合作的互利双赢。十年前，我曾是此项目引进的组织协调者，十年后再次见证项目感到十分高兴！预祝项目圆满成功！

附录十四

嘉士伯标志性的工厂将在大理这里诞生
——在《年产100万千升啤酒生产项目合作协议》签约仪式上的致辞

嘉士伯中国区总裁 Stephen Maher

2012年6月2日

尊敬的云南省侨办杨光民主任阁下，尊敬的何州长、马市长阁下，尊敬的大理州市各位政界朋友、各位来宾，女士们、先生们：

大家好！

今天，我非常荣幸地代表嘉士伯丹麦总部，代表嘉士伯亚洲出席年产100万千升啤酒生产项目合作协议签约仪式，并将作为签约方代表签字，感到十分荣幸！首先请允许我代表嘉士伯集团对云南省政府、大理州政府和社会各界为嘉士伯企业在云南的发展给予的关心支持表示感谢！

我们真诚地感谢云南省侨办杨光民主任和其团队为嘉士伯在云南的发展所做的一切；非常敬佩大理州市政府各级官员发展工业的智慧和勇气；十分赞赏双方合作谈判团队的敬业精神和为合作协议达成一致所作的艰辛而富有成效的努力，对合作协议能成功签署表示祝贺！

嘉士伯是一家有着超过160年历史的啤酒酿造企业，一直遵循创始人J.C.雅各布森倡导的“嘉士伯啤酒厂酿造啤酒的长远目标不在于赚取短期利润，而是将啤酒酿制艺术发展到十全十美的境界，务使嘉士伯啤酒厂及其产品，能树立一个优良的规范，把嘉士伯啤酒的酿造技术保持在一个永远受人推崇的高超水准”。带着这样的理念，我们在中国区已参与投资了46家啤酒厂，拥有一大批当地知名的啤酒品牌。云南两家啤酒厂作为嘉士伯在中国西部最早投资的企业，其发展对于嘉士伯而言，具有重要的意义。因此，在云南经营的10年间，我们投入了大量的资源，全方位推动两家工厂的发展。

大理啤酒有限公司是嘉士伯投资中国和云南区产能最大的企业，我们一直将其视为嘉士伯在中国西南发展的重要基地和标志性项目。通过不断努力，这家工厂的销量逐年上升，在2008年完成了20万千升的扩建投资，2011年完成了年产25万千升的投资，工厂上缴的税收更是达到了每年近1亿元人民币，这是我们作为一个外资企业非常乐意担当的社会责任。

中国有句古语："天时地利人和。"嘉士伯在云南，特别在大理有良好的发展业绩，得益于跨国公司的发展与政府的发展战略吻合，有良好的发展区位优势，有东西方文化交融的环境。嘉士伯决定在大理进行如此大规模的投资，说明嘉士伯对于未来与当地政府继续保持良好合作关系充满信心，也说明我们与当地政府部门以及社会各界的期望一致，都希望大理的啤酒产业成为当地工业发展中更闪耀的亮点。为了实现这一目标，嘉士伯一方面将以全球最先进啤酒厂的标准来投资新工厂的硬件设备，将新工厂建成嘉士伯中国区乃至全球的样板工厂；另一方面，我们将继续加大市场的巩固和拓展，努力实现新工厂的更好业绩，从而在上缴税收等方面为当地作更多贡献，实现企业和政府的双赢。

今天合作项目签约，标志着嘉士伯与云南的合作有了新的起点，标志着嘉士伯全球一流的工厂将在这里诞生。为实现合作不同阶段的发展目标，我们需要做大量的工作，完成各自的任务。我们有理由相信：

相互诚信、责任、配合、务实和长期合作的战略永远是我们合作成功的关键。我们共同为实现合作目标而努力！

参考文献

1.《邓小平文选》(1—3 卷),北京:人民出版社,1993 年。

2.《习近平谈治国理政》(1—3 卷),北京:人民出版社,2020 年。

3. 国务院侨办侨务干部学校:《侨务工作概论》,北京:中国致公出版社,2006 年。

4. 国务院侨办侨务干部学校:《华侨华人概述》,北京:九州出版社,2005 年。

5.《世界侨情报告》组委会:《世界侨情报告(2011—2012)》,广州:暨南大学出版社,2012 年。

6. 庄国土、刘瑞晴:《华侨华人分布状况和发展趋势》,北京:国务院侨务办公室政策法规司编,2011 年。

7. 庄国土:《华侨华人经济资源研究:华商资产估算》,北京:国务院侨务办公室政策法规司编,2011 年。

8. [美] 保罗 · A. 萨缪尔森:《经济学》(第十四版),北京:北京经济学院出版社,1996 年。

9. 郭海峰:《哈佛经济学》,北京:中国华侨出版社,2013 年。

10. 屈哲、卢洪升:《投资经济学》(第三版),大连:东北财经大学出版社,2015 年。

11. 中共中央统战部:《中国共产党统一战线史》,北京:中共党史出版社、华文出版社,2017 年。

12. 云南省地方志编纂委员会:《云南省志 · 侨务志》,昆明:云南人民出版社,2018 年。

13. 石若坤:《经济学盛宴》,北京:北京工业大学出版社,2011 年。

14. [美] 乔 · 史塔威尔:《亚洲教父——香港、东南亚的金钱和权力》,上海:复旦大学出版社,2001 年。

15. 廖小健:《全球化时代的华人经济》，北京：中国华侨出版社，2003年。

16. 郭梁:《东南亚华侨华人经济简史》，北京：经济科学出版社，1998年。

17. 龙登高:《跨越市场的障碍：海外华商在国家、制度与文化之间》，北京：科学出版社，2007年。

18. 李红建:《华人华侨经济概论》，福州：福建人民出版社，2020年。

19. 游仲勋:《华侨华人经济》，载《华侨华人历史研究》，2005年第1期。

20. 唐礼智:《东南亚华人企业集团直接投资：动因、区域与产业选择》，厦门：厦门大学出版社，2004年。

21. 张鑫炜:《东盟国家在华投资现状及前景展望》，载《国际经济合作》，2003年第12期。

22. 杨联民、花善岱:《华人资本驰骋全球》，中国新闻社，2000年03月30日。

23. 郭树华:《外国直接投资与东道国产业关联演进》，载《思想战线》，2004年第2期。

24. 施本植、王云昌:《我国西部地区外贸出口发展的差距、成因及对策思考——以云南为例》，载《思想战线》，2004年第3期。

25. 曹卫平:《东盟20世纪后期的区域性经济合作》，载《常德师范学院学报》，2003年第6期。

26. 单纯:《海外华人经济研究》，深圳：海天出版社，2018年。

27. 纪硕鸣、萧雅:《2004国际华商500排名》，香港:《亚洲周刊》，2004年第9期。

28. 福布斯:《全球华人富豪2018年》，香港：福布斯（中国）有限公司，2018年。

29. 丘进:《华侨华人研究报告（2011）》，北京：社会科学文献出版社，2011年。

30. 庄国土:《东南亚华侨华人数量的新估算》，载《厦门大学学报》（哲学社会科学版），2009年第3期。

31. 廖小健:《战后各国华侨华人政策》，广州：暨南大学出版社，2004年。

32. ［美］施坚雅:《泰国华人社会：历史的分析》，许华等译，厦门：厦门大学出版社，2010 年。

33. 周南京:《印度尼西亚华侨华人研究》，香港：香港社会科学出版社有限公司，2006 年。

34. 冯之浚:《海外华人投资、从中餐馆转向金融房地产》，北京：中国新闻社版，2007 年 6 月。

35. 林远辉、张应龙:《新加坡马来西亚华侨史》，广州：广东高等教育出版社，1991 年。

36. 林锡星:《中缅友好关系研究》，广州：暨南大学出版社，2004 年。

37. 庄国土、刘文正:《东亚华人社会的形成和发展：华商网络、移民与一体化趋势》，厦门：厦门大学出版社，2009 年。

38. 冉金:《缅甸华文教育与缅甸华人的命运纠葛》，载《海外华文教育动态》，2011 年。

39. 姜永仁:《对缅甸投资贸易研究与指南》，芒市：德宏民族出版社，2000 年。

40. 杨泽彪:《大理啤酒那些事》，昆明：云南民族出版社，2015 年。

41. 刘友波:《博弈大时代的人生之路》，香港：香港刘公文化出版社丛书，2014 年。

42. 李文正:《李文正自传》，北京：清华大学出版社，2016 年。

43. 杨光民:《以昆明为中心的滇中城市群发展战略研究》，昆明：云南人民出版社，1999 年。

44. 杨光民主编:《县域：区域经济的活力源》，昆明：云南人民出版社，1997 年。

45. 昆明市社会科学界联合会、昆明市官渡区人民政府编:《小城镇：农村城市化趋势》，昆明：云南教育出版社，1996 年。

46. 杨光民:《侨务资源涵养与应用的思考》，昆明：云南省政府侨办编，2006 年。

47. 陈元:《政府与市场之间：开发性金融的中国探索》，北京：中信出版社，2012 年。

48. 龙登高:《侨资企业发展年度报告 2008》，北京：国务院侨务办公室，2009 年。

49. 龙登高:《侨资企业数据库的开发与应用》，北京：清华大学经济学研究所编，2007 年 10 月。

50. 本书编写组:《改革开放简史》，北京：人民出版社、中国社会科学出版社，2021 年。

51. 林昌华:《改革开放 40 年海外华商投资中国的演进历程及经济发展贡献》，载《中共福建省委党校学报》，2018 年第 11 期。

52. 谭天星、刘继坤、邹传彪:《从“全国百家明星侨资企业”看当代中国侨资企业的发展》，载《侨务工作研究》，2007 年第 2 期。

53. 龙登高、张洵君、唐云建：海外华商主导中国外资：近年来的强势成长与深刻变化（EB/OL），新华网，2014-03-19。

54. 龙登高、丁萌萌、张洵君:《海外华商近年投资中国的强势成长与深刻变化》，载《华侨华人历史研究》，2013 年第 1 期。

55. 薛承:《改革开放以来海外华商在中国大陆的投资及其作用》，载《党史研究与教学》，2006 年 6 期。

56. 庄国土:《东南亚华商软实力及其对中国与东南亚友好关系的贡献 · 华侨华人研究报告》，北京：社会科学文献出版社，2014 年。

57. 杨宁、徐莹莹：华商与改革开放同频共振 40 年，人民日报海外版（N/OL），2019-01-09（06），http://paper.people.com.cn/rmrbhwb/htm/2019-01/09/node_870.htm。

58. 贺圣达:《缅甸史》，昆明：云南人民出版社，2015 年。

59. 贾益民主编:《华侨华人研究报告 2014》，北京：社会科学文献出版社，2014 年。

60. 高德明、雷耀民主编:《华侨归侨投身云南建设——心路历程》（内部资料），昆明：云南人民出版社，2019 年。

后 记

一、时代背景与本书的形成

伴随中国改革开放的快速发展，海外华侨华人群体出现新的发展变化态势。一是数量迅速增长，由传统的几千万表述，已发展达6000余万人；二是分布广泛，除东南亚是侨胞传统聚居地外，北美、欧洲、美洲、非洲、日、韩等地区已出现大批海外侨胞；三是经济实力搭乘中国顺风车，快速增长，形成学术界称为的全球第四大华商经济体。我作为全国五大侨乡省之一的省政府侨办主任，历经海外侨胞近25年参与国家改革开放的发展变化，时常思考应该如何反映和掌握海外侨情的这种历史性变化，如何把握海外华商投资云南的发展变化的规律。

2013年，经中共云南省委决定，我从云南省政府侨办主任转任到云南省政协担任常委、港澳台侨和外事委员会副主任（正厅级）。从政府到政协，有了更多时间学习、读书、思考、写作。我在省侨办工作期间，撰写了《侨务资源涵养与应用的思考》一书、《东南亚华商特点与发展趋势》论文（国侨办、清华世界华商研究中心重点课题）。我利用在省政协工作六年的时间，系统研读国内外大量关于华侨华人、全球华商的经济著作、论文，颇感这一领域的研究潜力很大，空白很多，国内目前在国务院侨办、中国新闻社、暨南大学、华侨大学、清华大学等形成几个较知名的研究此领域的机构。然而专家学者的研究，通常缺乏侨务实际工作者掌握的第一手丰富资料；缺乏对政府系统侨务工作的丰富内容、发展战略、重大活动、重大项目、重要事件的深入研究和阐述；缺乏对华商投资项目从项目策划、项目考察、项目合谈、项目审批到项目投资营运的微观经济深入了解和把握；缺乏对华商投资规律的揭示；缺乏经济学最重要的实证性研究；缺乏对海外侨胞发展发展演变趋势的系统研究；缺乏对海外华侨华人、华商积极参与中国改革开放宏大时代潮流深入而全景式的研究。于是我思考，应该将本人近25年的实践积累，特别是我牵头负责的华商重大投资项目的实践经历，上升到理性层面进行分析研究，形成学术专著。因此，这本书的酝酿和筹备、资料收集、学习研究国内外学术界，对华商经济的研究撰写，我用了五年左右的时间。

二、本书的结构和主要内容

全书共分10章，主要涵盖四大板块：概论、华商投资、华文教育和华侨农场改革。做这样一个谋篇布局是考虑：改革开放40年，海外华侨华人（和国内归侨侨眷）华商积极参与和促进开放发展，可圈可点事宜甚多，如何将其最重要、最出彩，且国内外对这一特殊群体最关注的事集中反映出来。经过反复思考，我将华商投资、华文教育、华侨农场这三大领域提炼出来，放在改革开放40年大时代背景下，加以分析研究，本书的重点是探索华商投资规律。

华商投资是华商和华侨华人搭乘中国改革开放顺风车，在促进中国发展的同时，促进自身的快速发展。学术界对海外华商有“两个70%”论断，全球华商的资金70%在东南亚，全球华侨华人70%集中在东南亚。云南由于特殊地缘优势，与东南亚紧密相连。我们客观、理智分析云南侨办工作在全国侨办工作中的战略定位：云南优势在区位、出路在开放。在国务院侨办的直接领导和重视下，在省委、省政府的领导下，我们确立以大力引进东南亚华商投资云南，促进云南开放发展为工作主线。在国务院侨办的领导下，于2003年创造性地创建了东盟华商会，打造全球华商投资的国际性平台。我们提出围绕国家发展战略重点，吸引国际大华商促进大投资思路，我们提出高位策划、高位推动、政策支撑的吸引国际大华商投资的三原则。我们探索提出华商投资的项目策划、项目考察、项目审批投资运营三环节，我们提出遵循华商投资资源、市场、要素、模式、认同的国际华商投资五规律。

我们靠忠诚、干净、担当和勤奋拼搏，创造了云南吸引外资65%是华商、华侨华人（含港澳台同胞投资）的好成绩。

我们以围绕发展大局、顽强坚守、抓铁有痕，以功不必在我的精神，成功引进了一批国际500强华商重大项目，创造了一批吸引外资的全国性经典投资项目。本书在第一章至第八章着重分析研究华商投资的规律、特点、趋势，重点分析研究了省侨办团队历经克难攻坚，引进七大重点侨商投资项目。我力图通过这一真实的历程和投资实践案例，以微观经济学的实证性研究方法，探索华商投资的规律。这是本书的重点和核心价值，相信读者或许从中受益。

华文教育是海外华侨华人赖以保持中华传统文华的根。对中华传统文化认同，是华商投资的重要因素。随着中国的日益强大，与中国交易、经商都离不开华文，因此全球性学习华文热日益高涨。云南地处连接东南亚、南亚的特殊地缘，海外云南籍侨胞超过 300 万人。东南亚华侨华人占全球华人 70% 以上。因此把握海外华侨华人对学习华文的巨大需求顺势而谋划，做大华文教育领域，培养和巩固我对周边国家的友好力量，华文教育显然同时具备了实用性和战略性。过去的 40 年中，云南省政府侨办在海外华文教育领域，在国务院侨办的直接领导和支持下，在省委、省政府的领导扶持下，以巨大勇气、毅力、和智慧，顽强拼搏，顽强坚守，创出了一片拓展周边国家海外民间外交的广阔天地，赢得了海外侨胞的赞誉，鼓舞和培育了一大批对知华、爱华、亲华友好的宏大力量。因此，本书在第九章对云南华文教育进行了系统分析研究。

华侨农场是中国侨务事业的一个特殊重要工作领域，牵动着海外侨胞的心。2008 年，国务院专门下发文件，对全国 87 个华侨农场推行改革。云南省有 13 个华侨农（林）场，4.5 万名归侨、侨眷和侨场职工，45 万亩土地，由于多元和复杂的历史原因，华侨农场发展不能与全国其他领域的改革同步，侨场经济长期滞后于周边农村，侨场职工生活十分困难。在国务院侨办的重视支持下，在省委、省政府领导下，云南省政府侨办从 2008 年开始，全力投入全省华侨农林场改革工作，按照中央“三融入”的改革目标，几经困难和风险，用三年时间终于在 2011 年圆满完成 13 个侨场改革任务，受到国务院督察组的高度肯定，被称为全国华侨农林场改革的云南模式。本书在第 10 章特别对这一历史性改革作了分析研究。

三、本书的主要特点

本书是以中国40年改革开放为大时代背景，以若干海外华商投资重大项目为实证性基础案例，以华商投资规律分析研究为主线，因此其主要特点是：

时代性。中国改革开放总设计师邓小平，在谋划中国改革开放全局时，就曾精辟指出，我们有几千万爱国侨胞在海外，他们关心祖国发展，这是中国发展的独特机遇。党的十八大以来，习近平总书记关于侨务工作的重要论述内容十分丰富，涵盖了侨务工作的各个方面。明确了凝聚侨心侨力同圆共享中国梦的新时代侨务工作主题。①

华商参与中国改革开放40年发展史，具有鲜明时代性特征，40年改革开放带来海外华侨华人无论是人口迁移，经济实力发展，在海外政治、社会地位提升，均与这40年分不开。这一变迁的深度和广度，超过过去数百年西方工业化进程中华侨华人的深刻变化。因此本书把分析华商投资规律，准确定位于中国40年改革开放的大时代。

史实和实证性。本书忠实于改革开放40年中，华商、华侨华人投资中国（云南）发生的重大项目和历史事件，忠实于华商投资项目的生动鲜活的实证，以作者近25年从事华商投资的丰富实践经历，从若干个国际性跨国华商公司投资的真实史实事例中，以微观经济学的实证性科研方法，去揭示和反映：如何把握华商为什么来华投资，华商投资作为一种国际通行的资本流动行为，其本质在追求利润之外，与西方外资有何不同；如何把握在这些大华商公司投资行为背后，究竟发生了什么史实，华商投资的规律是什么；如何遵循国际化和全球化的制度，打造优良的投资环境、法制环境，依法保护华商投资的权益；如何在面临百年未见之大变局，在中国崛起过程中不断面临西方的打压形势下，在华商投资和西方企业投资中，如何取其利大；如何培育对华友好的国际大型跨国华商公司，积极对中国加大投资；如何充分发挥华商大型跨国公司，

① 详见中共中国侨联党组：《新时代侨联工作改革创新的根本遵循》，载《求是》2018年第16期。

对祖籍国文化认同，对中国发展大局的维护特殊功能，稳定和带动更多的华商企业投资中国。作者在本书中对这些问题作了深入分析。

在21世纪外资南移东南亚（越南、柬埔寨、泰国、老挝）背景下，泰国正大集团大手笔投资中国，并购中信集团15%股权，总投资高达95亿美元；在2020年春的疫情下，正大集团带头捐款6500万元支持祖籍国抗疫；等等。透过这些史实和实证，我们能从更高层次和更广阔的历史视野，把握华商投资中国具备的特殊性、文化认同性规律。

从华商投资占我国和我省外资的65%的实际出发，作者重点分析了7个华商重点投资项目，其中6个是华商投资成功的经典案例。未成功的投资项目，尽管国务院侨办领导、省政府、省侨办和华商都做了大量的工作，但是最终投资没有能够落实，作者也客观、实事求是地做了分析评价。作者力求以这种客观真实的治学态度，真实反映华商开展来华投资和各级政府积极招商，并非所有项目均能百分之百落实，这样使本书能够真实地反映华商投资的历程。

资料翔实性。以中国40年改革开放为大时代背景，以作者近25年从事吸引华商投资实践为坚实基础，本书的撰写是建立在华商投资的项目客观事实和翔实的丰富资料基础之上。综观国内外研究华商、华侨华人经济的著作或论述可谓汗牛充栋，但是对华商参与中国40年改革开放的经济研究，却论著甚少，对华商投资项目的微观经济实际项目案例实证性分析研究，而论述更少。我分析这与学者缺乏华商投资具体案例的资料和实践活动有关。本书的撰写以我近25年经历华商投资的实践，在工作之余积累了大量丰富资料，其显著优势是：

一是国务院侨办系统的侨务工作法规，国务院侨办领导讲话，工作安排，重大调研课题，如《2007—2008年国务院侨办课题重点项目——华侨华人分布状况和发展趋势》《2009—2010年国务院侨办课题重点项目——华侨华人经济资源研究》等书。

二是国务院侨办所属中新社按年度推出的《世界华商发展报告》，这个报告的系列研究资料较翔实，且统计学方法较客观真实，颇具本学术领域的权威性。

三是暨南大学、华侨大学、清华大学华商研究中心专家学者的大量学术著述，其中，暨南大学、华侨华人研究院于2012年出版的《世界侨情报告2011—2012》，填补了这个领域的空白，其分国别侨情研究，具有较高参考价值。

四是云南省政府、云南省政府侨办，过去25多年出台的各类涉侨工作的大量文件、规章，年度工作安排意见，重要工作经验总结，云南侨务工作规划等。我对这些资料，从一个跨度较大的时间去考察研究，会发现40年来我国从国家、到省政府层面，历届政府领导对侨务工作的关心和支持。看到人们对这一特殊群体工作的发展变化轨迹。

五是我长期积累的各种研究论文、调查报告，华商投资考察报告，华商投资协议，华商投资项目策划方案，华商投资会议纪要等各种重要珍贵一手资料。如《加强云南利用外资工作的思考》，2000年被中共云南省委令狐安书记批示，转全省正厅级领导干部学研；我25年来60余次出国考察洽谈项目（东南亚国家为主）的大量第一手资料；我亲自牵头引进跨国公司华商项目过程中形成的大量项目商业策划、项目谈判文案、项目合作协议、项目政策、项目审批等珍贵资料。

当2020年初开始，我宅在家中埋头6个月撰写本书时，蓦然发现，这些大量第一手珍贵项目洽谈资料、大型华商跨国公司董事局主席、总裁等与我往来的大量传真、文稿、项目策划方案，国际化的项目可行性研究报告，各类项目会谈纪要，项目协议、项目洽谈会议记录是如此珍贵，既反映了各类华商当时对投资项目商务合作的思路、需求，商业模式、控制点，商业利益要求，又客观真实记录了和反映了改革开放40年人们思想观念的变革，政府吸引外资机制、体制不断变化进步。更反映了这一特定时代条件下，国务院侨办——中国侨务事业的领导者，对中国侨务事业规律的认识和对全球侨务发展潮流全局的把握。

六是我经历了25年收藏的大量侨务历史性珍贵照片资料。这些照片客观真实记录了中国（云南）若干侨务重大历史性事件，如世界华人社团领袖大会，全国侨务工作会议，全国侨办主任会议，全国性涉侨招商、科技引进大会，华侨华人科技交流大会（武汉），华侨华人回国看世博大型国际交流活动（上海），文化中国大型出国展演活动，全球华裔青少年中华寻根之旅夏令营活动，各类出访招商项目考察洽谈等照片。这些珍贵照片资料生动、真实反映了全球华侨华人、华商领袖深度参与中国40年改革开放的波澜壮阔历程，反映了我国政府涵养和培育侨务资源，在海外建立广泛爱国统一战线的努力和时代画卷。这些重大活动其实正是吸引华商积极参与中国投资的重要的政治基础。这些珍贵照片一部分由我的同事，昆明华文学校金海校长拍摄和提供，一部分是省侨办与州市侨办和侨联的同事提供，一部分是华商企业这次为帮助我完成本书，专门收集整理提供的，另一部分是我本人拍摄的。

七是全国性和云南省组织的几次大型华商企业状况第一手调查资料。云南省于1994年省人大，1998年省侨办，省政府外资办，2000年省侨办和省政府外资办，2003年省侨办的调查资料。2005年国务院侨办组织的全国性侨资企业调查，这是全国第一次，也是国务院侨办牵组织的唯一一次全面系统性华商投资统计，这是一次十分重要的系统性的全国侨资企业状况调查，其形成的资料十分珍贵。这次调查在国侨办谭司长的亲自领导下开展，我牵头云南的侨资调查，省侨办经科处、国外处的同志全力参与，我们协调云南省统计局领导，将侨企情况纳入云南省年度工业普查统计系统的科目，形成了“云南省经济企业数据库”。这次调查时间跨度大、涉及内容多、工作量很大，成果丰富。这些数据客观、真实、科学反映了云南华商发展情况。在撰写本书时，帮助本人以近25年的时间跨度，去冷静、客观考察分析华商企业的成长变化历程。在上述系统性调研中，李荣处长、张鹏处长、刘云娥处长、胡恒富副处长、樊心红处长、马春副处长、马昌志副处长、杨波副处长等同事协助我做了大量的工作。2020年5月，秘书处何薇副处长专门到云南省档案馆帮助我查询到统计资料，在省侨办奋斗前行中，副主任胡明学、古志辉处长协助抓华侨农场改革，敢于担当，克服了巨大困难而完成任务。张新明副主任协助抓华商引进东盟商会、侨资源涵养做了卓有成效工作。当我伏案疾书，当我抚摸着这些珍贵的历史资料时，仿佛看到了当年华商积极参与云南改革开放的历程，看到我的团队奋斗的历程，令人久久激动、感慨不已。

四、感恩时代，莫负韶华

像我这样“50后”的一代人，能够为国家改革开放大业尽绵薄之力，首先要感谢邓小平和党的十一届三中全会开创的中国特色社会主义伟业，使我成为改革开放的参与者、支持者、受益者。是这个大时代推动我40岁走上省政府一个部门的厅级领导岗位（1996年，中共云南省委面向社会公开招考副厅级领导干部。我以全省笔试第二名、面试第一名的成绩，被云南省委任命为云南省政府侨办副主任）。25年来，我个人将最好的青春韶华，奉献给了侨务事业，奉献给了改革开放宏业，奉献给了华商投资中国的事业。

这本书得以完成，首先要感谢国务院侨办领导的支持鼓励，李海峰主任（十二届全国政协副主席）给予指导和支持，国侨办副主任谭天星、国侨办经科司副司长张毅给予了具体指导和建议。感谢省委、云南省政府领导、云南省政协领导的指导支持。特别要感谢我工作了近20余年的云南省政府侨办的几届领导班子的各位领导，特别是李为佑、盛云富同志的领导和支持，班子成员张新明、胡明学、袁光兴、李荣等同事大力支持！感谢20余年共事的同事的支持和帮助，他们为书中许多章节的史实、人物、项目、时间节点、资料提供了帮助和订正，在书中将近25年时间跨度的事件表述准确，从浩如烟海的资料中，钩沉出最突出和最能反映本书主题——探索华商投资规律的历史资料，工作量之大，是我在投入写作时始料不及的，两个1000G的硬盘装满了资料，文字和图片资料整理花费了我大量精力和时间。有些文字资料由于时间太长个人未保存，感谢胡恒富处长和马昌志处长，帮我系统搜集整理习近平总书记关于统一战线涉侨工作论述，学术界涉侨研究观点。余渊副处长帮我搜集了侨场改革资料。我特别要感谢省侨办秘书处何薇副处长，她负责机关文档工作，对侨办 25 多年工作的资料如数家珍。她几次亲自跑云南省档案馆，帮助查询到历年来国务院侨办领导对我省工作的重要批示，李海峰主任在第九届东盟华商会上的主旨演讲，2000 年 9 月 16 日中共云南省委书记令狐安在我撰写的论文上的重要指示原件；帮我查询到这一时期我撰写的几篇重要调查报告、论文，查询到 2005 年国务院侨办组织的云南侨资企业调查资料库文档，查询到国务院华侨农场督查组组长、时任财政部副部长李勇同志的讲话等重要资料。这些珍贵资料既还原了历史，又让后人了解和把握前辈人奋斗和对事物发展规律的把握，对重要观点和重要项目、事件、人物的表述。

要特别感谢我的家人的帮助支持。女儿杨文珈凭借在央企从事国际金融的专业知识，提供了对华商重大投资项目的经济分析和投资项目的经济测算。21 世纪的国际化视野和全球化经济观、现代经济分析方法，无疑让我受益匪浅。写作中我的电脑几次出故障、文稿消失，女儿鼓励帮助我重新写作。夫人施惟瑄默默地帮助支持我写作，并且校对这份书稿。在近半年写作过程中，家人不断给予我鼓励和支持。特别是杨文珈教我掌握了电脑写作、图片编撰，学习如何进行 WORD—WPS—PDF 文档之间的转化和应用，帮助我编辑大量文稿、图片，与我讨论修订本书。

要感谢薛忆欣，帮助我按照西方经济学的数学模型实证性分析方法，对 2007—2017 年的世界华商 40 强经济数据、《亚洲周刊》等资料统计，进行分析和建立数学模型。使本书对全球华商的经济规模做出了一个迄今在学术界、政界全新的分析判断。

要特别感谢海外华商、云南省侨商会的朋友对撰写本书的支持帮助，他们远在丹麦、英国、美国、荷兰、泰国、新加坡、印度尼西亚、马来西亚、菲律宾、缅甸、老挝和中国香港、中国台湾等国家和地区。我撰写时需要的项目资料，他们总是反复修订后发给我，对一些项目推进中的重要史实，回忆订正；对项目主要经济指标和主要数据，反复发函确认，有的还查找到一批珍贵照片。看着这些浸透了海外华商情谊的资料，令人颇有“相知无远近，万里尚为邻”之感！

特别感谢中国华侨出版社的各位领导、编辑对本书倾注心血的指导、修改，对一些重大事件、观点、史实数据进行订正。总编辑亲自做了全书统改。桑梦娟责任编辑做了大量协调服务、编辑业务指导，反复耐心帮助我订正资料的数据、帮助我熟习出版社的出版流程。

本书写作的初心策划设计是：一部基于华商投资云南的客观史实书，以科学的实证性研究方法，严肃客观地探讨华商投资规律的理论和学术性专著。如果说这一撰写策划思路能够实现，那么本人努力笔耕的愿望就实现了。

撰写过程中，我反复研读学习了《习近平谈治国理政》以及涉侨的一些重要讲话、论述，力图以习近平新时代中国特色社会主义思想为本书的指导思想，对有关对外开放重要论著，如在纪念改革开放40周年大会上的重要讲话、习近平在深圳特区建立40周年庆祝大会上讲话等进行了深入的学习研究。利用外资是我们的长期方针，中国利用外资的政策不会变，对外商投资企业合法权益的保障不会变，为各国企业在华投资兴业提供更好服务的目标不会变。

我深切感受到，坚持对外开放是我们党制定的基本国策，积极吸引利用外资，就要坚持积极引进华商投资。从当前的形势看，更重要的部分是稳住华商对中国的投资。从这个意义上讲，这本书也是学习和理解习近平总书记对外开放系列论述的一个体会，是对改革开放40周年的献礼，是对建党100周年的一份真诚的献礼！

对华商投资规律进行研究分析是本书的核心。虽然该书稿是在我吸引华商投资实践的基础上展开的，并以25年的时间跨度和丰富的历史资料为基础，但是作为一部研究海外华商投资的微观经济学实证性分析研究成果，肯定存在很多不足，敬请领导、同事和读者见谅并批评指正。

杨光民　谨识于昆明九夏书斋

2021年9月16日